本书为国家社会科学基金项目"宋代《春秋》学与理学研究"
（项目批准号：13XZS011）

宋代『春秋』学与理学研究

侯步云 著

中国社会科学出版社

图书在版编目（CIP）数据

宋代《春秋》学与理学研究 / 侯步云著 . —北京：中国社会科学出版社，2021.7
ISBN 978 - 7 - 5203 - 8477 - 3

Ⅰ.①宋⋯ Ⅱ.①侯⋯ Ⅲ.①《春秋》—研究—宋代②理学—研究—中国—宋代 Ⅳ.①K225.04②B244.05

中国版本图书馆 CIP 数据核字（2021）第 092681 号

出 版 人	赵剑英
责任编辑	安　芳
责任校对	张爱华
责任印制	李寡寡

出　　版	中国社会科学出版社
社　　址	北京鼓楼西大街甲 158 号
邮　　编	100720
网　　址	http://www.csspw.cn
发 行 部	010 - 84083685
门 市 部	010 - 84029450
经　　销	新华书店及其他书店
印　　刷	北京明恒达印务有限公司
装　　订	廊坊市广阳区广增装订厂
版　　次	2021 年 7 月第 1 版
印　　次	2021 年 7 月第 1 次印刷
开　　本	710×1000　1/16
印　　张	25.25
插　　页	2
字　　数	387 千字
定　　价	128.00 元

凡购买中国社会科学出版社图书，如有质量问题请与本社营销中心联系调换
电话：010 - 84083683
版权所有　侵权必究

序

张茂泽

在中国学术思想史上,《春秋》学属于儒家经学之一,宋代理学属于宋明理学思潮的一部分。将《春秋》学和理学联系起来加以思考、研究,有重要理论意义和学术意义。

《春秋》本为鲁国史书,经孔子整理、笔削,用做教材,后来成为儒家经书。史学著作而成为经典,标志着儒家之道开始明确地展开为时间的绵延,体现在人类文明史上,后人所谓道统及其表达形式,已经呼之欲出;作为经典的史学著作诞生,意味着儒学核心价值观和历史观已经隐约统一起来。孔子创立儒学,栖栖惶惶,周游列国,教育弟子,努力改变天下无道局面,追求实现"天下有道"理想。孔子作《春秋》,变史著为经典,他难道不是要创作出历史中有道的经典著作,以改变人们历史只是"相斫书"、历史中无道的潜意识吗?

中国正统史学的诞生,正在此时。《春秋》为经,史事和道理一体,暗含着历史和逻辑统一的朴素辩证思维,极大影响了后来中华民族精神世界的格局。从此,人们可以反复观察并思考这类道理:道与人性统一,道和历史不离。历史不仅是道的呈现史,而且是人成为理想的人的历程。一方面,人们可以借助历史发现如何做人成人的道理,历史成为人成为理想的人的丰富材料和鲜活借鉴,史学成果可以提炼为经学的内容。另一方面,人们也可以站在儒学人成为理想的人的视角看历史、写历史、评论历史,发掘和提炼历史进程中的规律("道");在认识掌握道的基础上，参与和改进历史，让历史体现更多道的内涵，提升历史进展的文明程度。历史不断变化，"道"也不断绵延呈现，遂为道统。人们认识"道"、追求实践"道"的历史，自然便是"道统"在社会人生上的表现；人们只有承继了道统，学统、政统才能由此开出。从纷繁复杂的人类历史材料中讲出道统、学统（主要内容是圣人之学）、政统（主要内容是王道政治）等内容，当然是史学研究的人性升华。这时，史学不仅是表达理性认识的科学，而且尤其要成为人学，以帮助所有人成为理想的人。人性与天道统一的抽象道理，具体展示在浩瀚壮阔的历史长河中；儒学致力于认识和追求的道及道统，具体化为学统、政统，以及其他优秀传统，抽象真理具体化为历史经验和人生感悟，才能展示出强大的现实力量。这时，儒学不仅是人学，一种历史上的理论形态，而且就是现实的人成为理想的人、社会成为理想社会的实践经验概括，一种人文精神的结晶。

所以，人们阅读理解《春秋》经典的意义，很容易就能感受到历史和经典统一，史学和经学合流，历史评论渗透着仁义道德等人类文明的核心价值内容。《春秋》成为中华文化的人文经典，正是中华民族精神塑造完成的重要标识之一。故《春秋》学一方面要研究《春秋》一书的史学意义和价值，这相对容易些；另一方面，《春秋》著作的特点是作者——古人认为就是圣人孔子——用一些特殊词语表达作者对历史人物、历史事件的褒贬意义，故《春秋》学还要研究《春秋》经典的特殊用词和书例，即所谓"春秋笔法"，研究圣人这些"书法"隐含的褒贬意义，即所谓"微言大义"，理解圣人所立的褒贬之法、所含的是非之理，如立王法、代赏罚、尊王道、辨夷夏等。这却有很大困难。

朱熹认为，困难之一是，《春秋》只是记载今年什么事、明年什么事，礼乐征伐自天子出，还是自诸侯出、大夫出；经文简略，难于考证。困难之二是，《春秋》笔法的意义，涉及圣人笔削用心。后人如何懂得圣人之心？朱熹举例说："今只眼前朝报差除，尚未知朝廷意思如何，况生乎千百载之下，欲逆推乎千百载上圣人之心！况自家之心，又未如得圣人,如何知得圣人肚里事!"① 所以,后来的《春秋》诸家注疏多穿凿弊病,人们研究《春秋》,难以作为参考。故朱熹特别要求学者须先识得道理,而后去读史,才能真正理解历史发展的意义。具体做法是,应先读《大学》《论语》《孟子》《中庸》四书,打下理论基础,而后去研读历史,才不会细碎促狭,不会只知道成败利钝、趋利避害。而《春秋》学的这些内容,本就内蕴着史家和哲人对价值问题的思考。在中国学术思想史上,理解《春秋》中的微言大义,可谓义理之学的历史源头之一。

作为义理之学典型的宋明理学,则因其讨论"性与天道"统一等问题"致广大,尽精微",而成为古代中华民族理论思维的高峰;宋明理学家提炼出的"天理""良知",则成为古代和近现代国人生产生活的虔诚信念、做人成人的内在依据,宋明理学也因此成为古代中华民族精神家园的核心内容。宋明理学对清代、近现代中国思想史都产生了广泛而深远的影响。现代新儒学注重引入西洋哲学以阐释宋明理学中的某些道理,说明我们当下的学术界并没有完全走出理学时代,没有摆脱纠缠理学家的性与天道问题。儒学的新发展,只能在中国传统哲学现代化的道路上继续前进,才能有所收获。无数学术史实反复说明,哲学的历史进步,只能遵循哲学的发展规律,由哲学自身来进行,不能由政治权力、经济财富来消灭或拔高,也不能由哲学史研究的发展做替代;只能以哲学的方式,即逻辑分析和推论的形式发展,而不能代之以工程建设规划;哲学发展的标志只能是抽象的逻辑系统,而不能是一些专家设计出的几套实践操作方案。同时,一些学人发展儒学,完全撇开宋明理学,只从西洋移植,或者只是从先秦、汉代或近代招魂,或者只是根据现实社会某方面的需要加以取舍,也是非历史的态度,根本行不通。

这时,我们回望过去,科学审视宋明理学的历史发展实际情况,系统考察《春秋》学和宋明理学的相互联系,就是必不可少而且非常重要的一步。步云新作《宋代〈春秋〉学与理学研究》的重要意义,正在于此。

宋明理学作为哲学,是理性认识的成果。从学术史角度看,宋明理

---

① 黎靖德编:《朱子语类》,中华书局1994年版,第2155页。

学取得的这些哲学成果,除了源于逻辑思维、天才直观外,在认识上其实颇赖于各门学科的学术支持;否则理学家对性与天道的认识,就难免抽象,结论难以具体,观点难以清晰而可靠。宋明理学思潮本就建基于发达的经学、史学、子学、文学等各学科基础上。理学家在思想上建立世界结构,将世界万物、人类社会都纳入天理的秩序中、良知的范围内加以关注、思考,《春秋》学等正是这个体系能够成立的基石之一。宋代《春秋》学著作众多,有学者统计四库全书收录数据,宋代经学著作,易学最多,其次就是《春秋》学。面对宋明理学这座学术思想的高峰,我们后人研究宋明理学史,从哲学的大门直接进入固然可以,从宋明理学的学科基础,如宋代《春秋》学史的侧门进入,也未尝不可。从哲学入,是哲学史研究的方法;从学术史、经学史等入,涉及更细微具体的学科论域、学术方法、学科特色等,可谓学术史、思想史的路径。

从20世纪90年代以来,学界兴起学术史研究热。考察历史上的哲学思潮和各门学科在学术思想上的互动关系,揭示哲学思想产生和发展的学术秘密,指明学术发展的理论方向,一直就是西北大学中国思想文化研究所进行思想史研究的志趣所在。侯外庐提出思想史和社会史结合的思想史研究方法,在张岂之先生领衔的思想文化研究所集体中,进一步落实为思想史和学术史结合,拓展为思想史和文化史结合;而追本溯源,之所以思想史能够和社会史结合、能够和学术史文化史等结合,其实是因为思想史、社会史、学术史、文化史等,都属于文明史,是人类文明史的一部分,从根本上说,只是不同时代人们人性修养的对象化表现。所以,我认为,思想史研究方法,还要更进一步升华为思想史和人成为理想的人的历史相结合。有什么样的人,就会有什么样的学问;什么样的学问,正表现了学者为人的志向理想、格局心胸、终极关切和精神世界。这在古人那里,就叫为学与为人统一。

实践上做好为学为人统一,仰赖认识上、理论上澄清为学与为人的关系,关注历史上哪些学问大家如何做到学问与人生统一。理学家们讨论天理、良知等抽象问题,但落到实处,还是做人成人、希贤成圣问题。学问彰显人格特点,理学家思想的伟岸架构,难道不就是他们心目中圣贤气象的逻辑表现吗?在这种思想框架里,人生意义和价值一定要在学术著作中体现出来，孔子所谓"知我罪我，其惟《春秋》"，正是鲜活事例。

步云硕士论文即研究韩愈的儒学思想，对韩愈的儒学史地位进行了爬疏整理，为她从事经学史研究打下了必要基础。博士论文又以《北宋〈春秋〉学研究》为题，毕业后到陕西科技大学工作，继续研究宋代《春秋》学史。从本书看，其论域扩及范仲淹、欧阳修、孙复、石介、胡瑗，以及刘敞、王安石、苏辙、二程、崔子方、萧楚、叶梦得、道南学派、朱熹、吕本中、陈傅良、戴溪、洪咨夔、黄仲炎、家铉翁等学者的《春秋》学思想。在此基础上提炼整理北宋《春秋》学与理学的关系，水到渠成。

作者将宋代《春秋》学置于两宋社会历史背景下分阶段加以考察，并根据不同时代特点而将《春秋》学与理学的关系纳入其中，分别进行叙述。如各章题目"宋代学人研究《春秋》学的前提条件""回归儒家之道的《春秋》研究""政治重压下的《春秋》学——研究路向的转变""理学初步发展中的《春秋》学""理学框架下的《春秋》学""理学与史学交融中的《春秋》研究"，既可以作为两宋《春秋》学发展的历史背景、不同阶段的特点，也可以视为宋代《春秋》学和理学关系的不同方面。《春秋》学是经学，涉及社会的方方面面。历史条件、政治压力是《春秋》学的外部条件，儒家之道是《春秋》学的核心内容，史学则是《春秋》学的载体形式，而理学则是宋代儒家之道的学术形式。步云将《春秋》学和理学的关系划分为理学初步发展中的《春秋》学、理学框架下的《春秋》学、理学和史学交融的《春秋》学三个方面。在义理解经方法上，作者认为，从周敦颐对《春秋》以"人道"推至孔子所作《春秋》，到二程以"理"解《春秋》的二十年，再到胡安国体用统一的《春秋传》，《春秋》在理学家这里完成了从点到线再到面的立体呈现，成为义理解经的典型。这就以义理化解经为历史主线，将《春秋》学和理学的历史联系非常清楚地呈现了出来。朱熹指出了理学指导下《春秋》学的基本思想就是："'正其谊不谋其利，明其道不计其功'，《春秋》大法正是如此。今人却不正其谊而谋其利，不明其道而计其功。"① 可见，此书可谓比较全面而系统地研究宋代《春秋》学和理学关系的新作，是宋代《春秋》学史领域的新贡献，即使对宋代理学之经学史、学术史研究而言，也不无助益。

比如，作者发现，孙复解《春秋》，排除三传，舍传求经，"不复信史"。王安石相信自然之道，"任理而无情"，相信普遍的理而不免忽视实际情况。苏辙解《春秋》则力纠其偏，强调史实的基础性和理情统一的必要性。本书概括出苏辙自身的解经特点，即紧扣史实、史料，在事件的实际发展的情势中展开讨论，做出较客观、理性的评判，使解读平实通达。三苏皆文豪，议论充满忠直之气；三苏蜀学重视"古今成败得失"，国家历数、道德风俗，强调应根据实"情"寻找相应的道"术"，即在实际情况、民心所向中寻找问题解决方法。而苏辙著《春秋集解》，乃是其"平生事业"。他少时治《春秋》，多明圣人喜怒好恶。后来则重在以道势统一、经史相资方法解《春秋》，求得理与情的统一，而一归于礼和实。理解《春秋》的方法，即经传统一。具体做法是，以《左传》史实为基础，至于孔子褒贬之义，则要参考《公羊传》《谷梁传》以及后来啖助、赵匡等人的注解。这种经传结合、经史互资的方法，与理学大家朱熹的老师李侗提出的"更须详考其事，又玩味所书抑扬予夺之处看如何"②的《春秋》解经法实有相通处。

此外，像朱熹的《春秋》学，分为朱熹的经学思想、朱熹对《春秋》的整体看法、朱熹对《春秋》经文的自解和他解三部分，条分缕析，简明扼要，令人一目了然，读之意味深长，很能见到作者学术工夫。理学与史学交融中的《春秋》学部分尤其有特色。南宋一些学者研究《春秋》，偏重其史学性能，即用历史方法研究《春秋》，注重史实，划分历史阶段，进行史评，强调历史借鉴功能，注意编辑整理《春秋》学史料，创制《春秋》学新体例等。同时，理学影响依然不容低估。在胡安国《春秋传》影响下的《春秋》学部分，即研究了赵鹏飞、高闶、张洽、陈

---

① 黎靖德编：《朱子语类》，中华书局1994年版，第2174页。
② 李侗：《李延平集》，上海商务印书馆1935年版，第7页。

深几位南宋学者的《春秋》学著作及其思想。这些内容，涉及人物众多，触及《春秋》学诸多方面，真可谓蔚为大观。

笔者读史多年，却偏爱哲思，对《春秋》未曾专门研讨，恰如朱熹所言："《春秋》熹所未学，不敢强为之说。"今见步云《春秋》学史新著，很是欣慰，有从此不再遗憾之感。步云博士毕业后从事教学工作，作为女性学者，还有不少繁杂的生活琐事。但她依然不断学习，坚持学术研究，学术成果日益增多，学术修养日渐深厚，我钦佩她，也真替她高兴。

是为序。

2020 年 8 月 6 日于西安

目 录

导 论 ……………………………………………………………… (1)

第一章 宋代学人研究《春秋》的前提条件 ……………………… (12)
第一节 两宋社会危机与儒学困境 ……………………………… (12)
第二节 朝廷与学人的努力及《春秋》在其中的影响 ………… (16)
　一 科举改革 ……………………………………………………… (17)
　二 排斥佛老，怀疑经传 ………………………………………… (21)

第二章 回归儒家之道的《春秋》研究 …………………………… (26)
第一节 疑经惑古中的《春秋》研究 …………………………… (26)
　一 范仲淹：《春秋》"褒贬大举，赏罚尽在" ………………… (27)
　二 欧阳修对《春秋》的理性认识 ……………………………… (29)
第二节 "宋初三先生"论《春秋》 ……………………………… (38)
　一 胡瑗、石介致用性的《春秋》观 …………………………… (39)
　二 孙复《春秋》学的"尊王"思想 …………………………… (45)
第三节 刘敞体系化的《春秋》学 ……………………………… (58)
　一 王道之下的《春秋》五书 …………………………………… (60)
　二 经、史关系与经、传关系 …………………………………… (64)
　三 "《春秋》之义，王道也" …………………………………… (67)

第三章 政治重压下的《春秋》学
——研究路向的转变 (74)

第一节 《春秋》学的转折 (74)
- 一 两大公案考 (75)
- 二 王安石与《春秋》的关系及其影响 (79)

第二节 苏辙与《春秋集解》 (90)
- 一 《春秋集解》产生的内外缘由 (91)
- 二 "道""势"下的《春秋》 (97)

第三节 "王道"《春秋》：孙觉《春秋经解》 (115)
- 一 《春秋经解》的缘起 (116)
- 二 "《春秋》，假鲁史以载王道" (119)
- 三 《春秋经解》解经方法 (130)

第四章 理学初步发展中的《春秋》学 (135)

第一节 理学奠基者之辅助性的《春秋》观 (135)

第二节 程颐以"理"解《春秋》 (142)
- 一 "经所以载道也" (142)
- 二 "学《春秋》可以尽道" (144)
- 三 《春秋传》的具体内容 (151)

第三节 体用结合的胡安国《春秋传》 (158)
- 一 胡安国论"致知" (158)
- 二 《春秋》"史外传心" (163)
- 三 体用合一而偏于用的《春秋传》 (168)

第四节 《春秋》研究方法的新探索 (182)
- 一 崔子方以例与"理"解《春秋》 (183)
- 二 萧楚专题性研究《春秋》 (189)
- 三 叶梦得《春秋》学体系 (192)

第五章 理学框架下的《春秋》学 (200)

第一节 道南学派之《春秋》观 (200)

第二节　朱熹《春秋》学 …………………………………… (208)
　　　一　朱熹经学思想 ………………………………………… (208)
　　　二　朱熹对《春秋》的整体看法 ………………………… (212)
　　　三　朱熹对《春秋》具体经文的理解 …………………… (221)

第六章　理学与史学交融中的《春秋》研究 ………………… (255)
　　第一节　史学之《春秋》 …………………………………… (255)
　　　一　从吕本中《春秋集解》到吕祖谦"《春秋》三书" …… (256)
　　　二　陈傅良"经致"之《春秋》 ………………………… (283)
　　　三　戴溪"讲幄之体"《春秋讲义》 …………………… (297)
　　　四　胡安国《春秋传》影响下的《春秋》学 ………… (304)
　　第二节　理学"影子"下的《春秋》 ……………………… (333)
　　　一　洪咨夔"《春秋》以奉天命而立人极" …………… (333)
　　　二　黄仲炎《春秋通说》"远稽孟子，近酌朱熹" …… (338)
　　　三　吕大圭"《春秋》扶天理遏人欲" ………………… (343)
　　　四　家铉翁"《春秋》垂王法示后世" ………………… (347)
　　第三节　创新与归纳 ………………………………………… (355)
　　　一　《春秋》体例之创新 ………………………………… (355)
　　　二　归纳宋代诸儒《春秋》观点 ………………………… (368)

结　语 …………………………………………………………… (376)

参考文献 ………………………………………………………… (383)

后　记 …………………………………………………………… (389)

导　　论

《春秋》，孔子据鲁史《春秋》笔削修作而成，始自鲁隐公元年（周平王四十九年，公元前722年），终于鲁哀公十四年（周敬王三十九年，公元前481年），共12公，242年。大约西汉初年，形成五家解经之传：《左传》《公羊传》《谷梁传》《邹氏传》《夹氏传》。据《汉书·艺文志》称：《左传》流转最早，"四家之中，《公羊》《谷梁》立于学官，邹氏无师，夹氏未有书"①。所以，流传较广并最终取得经典地位的是《左传》《公羊传》《谷梁传》三传。宋代研究《春秋》的著作数量众多，已成为学界共识。四库馆臣有言："说《春秋》者，莫多于两宋。"② 马宗霍也认为：两宋"《易》与《春秋》，作者尤繁"③；有学者详加考证，得出"宋代共有各种《春秋》学专著达602种"④；也有学者据《四库全书总目》列表对比宋代五经、四书类著作：

表1　　　　　宋代"五经"及"四书"研究著作比较⑤

	诗类	易类	书类	礼类	春秋类	四书类
总目	18	56	22	25	38	22
存目	3	7	3	3	5	6

---

① （汉）班固：《汉书》，中华书局1999年版，第1360页。
② （清）永瑢等：《四库全书总目》，中华书局1965年版，第234页。
③ 马宗霍：《中国经学史》，载《民国丛书》第2编，上海书店1989年版，第121页。
④ 张尚英、舒大刚：《宋代〈春秋〉学文献与宋代〈春秋〉学》，《求索》2007年第7期。
⑤ 陈战峰：《宋代〈诗经〉学与理学》，陕西人民出版社2006年版，第66页。

续表

	诗类	易类	书类	礼类	春秋类	四书类
总计	21	63	25	28	43	28
备注		含托名之作3种		含附录所列3种，伪书4种，有异义者1种	含伪书2种	含托名之作5种

虽然四库所收集的《春秋》学著作并不一定完整，其中有漏选、筛汰等主观或客观原因，但仍旧可以从某一侧面反映出《春秋》在两宋文化中的优势。宋代学术以理学（性理之学）为其突出特征，学界对理学的研究视角广泛而多元，相关著作、论文浩如烟海。令人尴尬的是：一方面是数量之广的《春秋》学文献，一方面是影响深远的理学思潮，二者之间的关系如何却很少进入学者系统、专门研究的视野，不能不说是学界的遗漏之处。本书以宋代《春秋》学发展为主题，试图寻找其成长脉络，揭示其与理学的互动关系，以期有益于拓展宋代学术的研究视野。

一 研究现状

《春秋》及其传注自出现以来，就引起学人们的兴趣，两宋对《春秋》的关注超出其他时期。近几十年来对宋代《春秋》学的研究，在取得可观的学术成果的同时也存在一些问题。

1. 着重于经学意义的梳理，疏于社会学的考察。20世纪以来，研究者尤其是经学家通常把两宋《春秋》学纳入中国经学史的范围，指明北宋儒者治经特点及其表达主旨。皮锡瑞在《经学历史》中视宋代为"经学变古时代"，分述五经在这一时期的变化，其中归纳宋代研究《春秋》的特征为"皆沿唐人啖、赵、陆一派"①；陈廷杰所著《经学概论》以"宋代经学之变革及其流派"为论证对象，探讨两宋《春秋》类专著的治经优劣，总结其为"盖宋代诸儒，大都兼采三传，不尽如汉世专门之学

---

① 皮锡瑞：《经学历史》，中华书局2004年版，第179页。

也,然其失也多穿凿"①;马宗霍《中国经学史》②论及先秦到清代的经学,其中就"宋代经学"区分为"道学"与"宋学",说明宋代《易》学、《春秋》学盛行的原因;周予同《群经概论》中考察《春秋》经及三传的基本情况,进而说明"宋学的《春秋》学以弃传谈经为特色"③;蒋伯潜《十三经概论》④,指明宋代学人研究经学的特点为"由客观的趋向主观的",《春秋》学方面以"并弃三传"的胡安国、"斥《春秋》为'断烂朝报'"的王安石为代表。20世纪中后期,出现了新的经学史体裁,章权才研究经学断代史《宋明经学史》⑤,简述不同的历史时期、社会条件下五经发展情况,涉及胡安国的《春秋》观。姜广辉《中国经学思想史》⑥,以经学思想在中国古代社会的演变为主线,介绍汉唐以前、汉唐、宋明、清代四个阶段儒家经典的发展情况,《春秋》经传思想的变化亦在其中。蔡方鹿《中国经学与宋明理学研究》⑦探讨两宋时期经学与理学的关系,论述二程、朱熹、吕祖谦、魏了翁的《春秋》学。

这种从经学史角度对两宋《春秋》学所做的考察,依据其自身特征,确立其在经学发展史上的地位,有一定的学术意义;但这种论证并没有把北宋、南宋《春秋》学的发展分开分类论述,忽略宋代《春秋》学出现的社会、文化背景,也疏于观照《春秋》学与当时理学的关系,至少缺乏详细的论证与分析。或许正是这种疏忽,使得上述学人对宋代《春秋》类专著的具体评论有所偏误,如蒋伯潜所讲的胡安国"并弃三传",实际上胡安国对三传、前人学术成果都有所吸收。

2. 单一性彰显宋代《春秋》学在《春秋》学史上的学术特征,缺少对其内在关系的探讨。沈玉成、刘宁《春秋左传学史稿》⑧通过文献梳

---

① 陈廷杰:《经学概论》,商务印书馆1930年版,第117—118页。
② 马宗霍:《中国经学史》,第119—121页。
③ 周予同:《群经概论》,载朱维铮编《周予同经学史论著选集》,上海人民出版社1983年版,第253—270页。
④ 蒋伯潜:《十三经概论》,上海古籍出版社1983年版,第19页。
⑤ 章权才:《宋明经学史》,广东人民出版社1999年版,第151—182页。
⑥ 姜广辉主编:《中国经学思想史》,中国社会科学出版社2003年版。
⑦ 蔡方鹿:《中国经学与宋明理学研究》,人民出版社2011年版。
⑧ 沈玉成、刘宁:《春秋左传学史稿》,江苏古籍出版社1992年版,第202—220页。

理，认为宋元明时期的《春秋》经传研究"进一步政治化"，指出宋儒议论大都为有感而发，《春秋》学更多的趋向于政治化，并阐述了孙复、刘敞、苏辙、胡安国、朱熹、吕祖谦等主要《春秋》学人的《春秋》观。戴维《春秋学史》①以人物为横线，以历史时期为纵线，把北宋《春秋》学划分为庆历前后的《春秋》学、王安石新经义系统下的《春秋》学、北宋中后期诸学派的《春秋》学，论及"北宋五子"《春秋》理学化的趋势；把南宋《春秋》学划分为以胡安国为代表的程学系统、朱学系统的发展、其他诸派《春秋》学等。赵伯雄《春秋学史》②立足于《春秋》学为政治哲学的观点，总述北宋前期《春秋》学的发展趋势，议论胡瑗、孙复、刘敞、王安石、二程等的治经宗旨、方法、影响等，又着重论证两宋之际胡安国、南宋朱熹的《春秋》观，简述高闶、陈傅良、吕祖谦、张洽、赵鹏飞、黄仲炎、吕大圭等的《春秋》著作；杨向奎《宋代理学家的〈春秋〉学》以天人关系为理论基础，探讨孙复、程颐、胡安国、朱熹等《春秋》学的亮点，总结北宋至南宋《春秋》学主题的细微变化，"'大一统'本《公羊》主旨，时至南宋，无一统可言，何况大一统，于是胡氏以应变代守常，变内为一，而申其讨伐夷狄之义。至朱熹时遂又变'大一统'为'正统'，以为南宋虽非'大一统'，但'正统'也……"③宋鼎宗《春秋宋学发微》④概述宋代前期、中期和后期《春秋》学人著述，专题探讨宋儒《春秋》尊王说与攘夷说。

对宋代《春秋》学阶段的划分及其或理学化或政治化的定性，有利于我们宏观上把握宋代《春秋》学的发展。但是这种历史阶段的划分标准是什么，是否成立。如果是按政治化的逐渐加深进行划分，那么各阶段是如何表现这种深入的；如果是按理学化的标准，则这种理学化的细微过程又是如何表现的，理学化的具体内容也需要界定。宋代《春秋》学或政治化或理学化的特点，是否独立发生发展，二者之间有何关联，诸如此类的问题都需要进一步考证。

---

① 戴维：《春秋学史》，湖南教育出版社2004年版，第310—352页。
② 赵伯雄：《春秋学史》，山东教育出版社2004年版，第419—484页。
③ 杨向奎：《宋代理学家的〈春秋〉学》，《史学史研究》1989年第1期。
④ 宋鼎宗：《春秋宋学发微》，台北：文史哲出版社1983年版。

3. 重个案研究，轻系统论述。吴德义《论孙复思想的贡献及其时代价值》① 探讨孙复对《春秋》的整体性解读；徐洪兴《思想的转型——理学发生过程研究》② 其中论及范仲淹、孙复对《春秋》的认识；何泽恒《欧阳修之经史学》③ 分析了欧阳修史学与《春秋》学思想，并认为其史学成就源于《春秋》；葛焕礼分别讨论了苏辙、崔子方的《春秋》学特点④；侯外庐等主编的《宋明理学史》⑤、张岂之主编的《中国思想学说史》⑥ 等通史类著作也或多或少的涉及宋代某学人的《春秋》学研究情况，如对孙复、胡安国《春秋》观的介绍；蔡方鹿《程颢、程颐与中国文化》⑦ 讲到二程的经学思想，包括他们对《春秋》的态度；黄觉弘《杨时〈春秋〉遗说及其渊源》⑧ 考证杨时《春秋》遗说，论述其《春秋》学的渊源，与孙复、程颐、胡安国等《春秋》学的关系；赵伯雄《朱熹〈春秋〉学考述》⑨ 专门论述朱熹对"三传"的怀疑，对程颐、胡安国《春秋传》的评价。张尚英《家铉翁〈春秋〉学论述》⑩ 从家铉翁对《春秋》性质及三传的评说、对《春秋》起止的讨论、对《春秋》义例的论说、对《春秋》"尊王攘夷"大义的阐发四个方面阐述其《春秋》观。

这种专门性的探讨发掘了个体研究《春秋》学术价值，但相对于整体性的宋代《春秋》学来看，则缺乏系统性、连贯性，不足以显示宋代《春秋》学发展的内在逻辑性。即便把这些个案研究成果主观的组成整

---

① 吴德义：《论孙复思想的贡献及其时代价值》，《晋阳学刊》1990 年第 4 期。
② 徐洪兴：《思想的转型——理学发生过程研究》，上海人民出版社 1996 年版，第 243、331 页。
③ 何泽恒：《欧阳修之经史学》，台北：台湾大学出版委员会 1980 年版，第 77—95 页。
④ 葛焕礼：《论苏辙〈春秋〉学的特点》，《孔子研究》2005 年第 6 期；《崔子方的〈春秋〉学》，《山东大学学报》2006 年第 4 期。
⑤ 侯外庐、邱汉生、张岂之主编：《宋明理学史》（上），人民出版社 2005 年版。
⑥ 张岂之主编：《中国思想学说史》（宋元卷上），广西师范大学出版社 2007 年版。
⑦ 蔡方鹿：《程颢、程颐与中国文化》，贵州人民出版社 1996 年版。
⑧ 参见黄觉弘《杨时〈春秋〉遗说及其渊源》，《贵州大学学报（社会科学版）》2009 年第 5 期。
⑨ 赵伯雄：《朱熹〈春秋〉学考述》，《孔子研究》2003 年第 1 期。
⑩ 张尚英：《家铉翁〈春秋〉学论述》，载《儒藏论坛》2012 年版。

体,也是各自当家,不能成为一个整体。

4. 学术视角广泛而缺乏整合。牟润孙《论两宋〈春秋〉学之主流》[①]以孙复、胡安国为例,指出北宋与南宋《春秋》学的各自偏重;江湄《北宋诸家〈春秋〉学的"王道"论述及其论辩关系》[②] 从北宋《春秋》学的角度,分析"王道"的制度性、文化性、求实性等特点;张志强《从思想史到政治哲学》[③] 重于从方法论方面肯定宋代《春秋》学在宋学研究上的学术意义;张尚英、舒大刚《宋代〈春秋〉学文献与宋代〈春秋〉学》[④] 以文献学的视角梳理、分析宋代《春秋》学的相关著作;李建军《宋代〈春秋〉学与宋型文化》[⑤] 探讨宋代《春秋》学与宋代社会背景下的政治学、理学、文学、史学等诸多文化层面的相互关系;张高评《台湾〈春秋〉经传研究之师承与论著》[⑥] 整理台湾地区五所大学对《春秋》经传的研究成果,包括史学、文学、科技等各个学术领域,其中谈到对两宋《春秋》学的研究论著;黄觉弘《唐宋〈春秋〉佚著研究》[⑦] 梳理唐宋时期重要的《春秋》学论著佚文,尤其是对宋初"三先生"、庆历前后、程颐及其门人和后学、浙东著学人的《春秋》佚著作了考证与论述;池田秀三著、石立善译《日本京都大学的〈春秋〉学研究之传统》[⑧] 论及作者对"京都学派"的认识以及对日本各《春秋》学人研究特点的总结。虽然其讨论对象主要为两汉《春秋》学,但为研究两宋《春秋》学提供了方法上的参考。

这种多角度的分析,有助于我们多元地理解宋代《春秋》学。但这种形式的研究是否应该归总,不同研究方向之间是否有联系,能否归入

---

① 牟润孙:《论两宋〈春秋〉学之主流》,载《注史斋丛稿》,中华书局1987年版,第140—161页。

② 江湄:《北宋诸家〈春秋〉学的"王道"论述及其论辩关系》,《哲学研究》2007年第7期。

③ 张志强:《从思想史到政治哲学》,《哲学动态》2006年第11期。

④ 张尚英、舒大刚:《宋代〈春秋〉学文献与宋代〈春秋〉学》,《求索》2007年第7期。

⑤ 李建军:《宋代〈春秋〉学与宋型文化》,中国社会科学出版社2008年版。

⑥ 张高评:《台湾〈春秋〉经传研究之师承与论著》,《江海学刊》2004年第4期。

⑦ 黄觉弘:《唐宋〈春秋〉佚著研究》,中华书局2014年版。

⑧ 池田秀三:《日本京都大学的〈春秋〉学研究之传统》,石立善译,载《台湾东亚文明研究学刊》第二卷第二期,台北:台湾大学人文社会高等研究院2005年版。

上述所论宋代《春秋》学政治化、理学化的特征，需要我们进一步思考。

二 研究的框架结构及其相关概念

鉴于目前宋代《春秋》研究中存在的不足，本书致力于系统研究宋代学人研究《春秋》的情况，揭示其历史的和逻辑的发展进程。纵观《春秋》学在古代的发展脉络，北宋王安石本人的学术特点及其新法对《春秋》的官方定位成为《春秋》学研究方向、方法上的转折点，即《春秋》开始与抽象概念发生关系，开始由主动方转为被动方。此前宋初学人对《春秋》的认识、阐述集中于制度、法则等操作层面，力图从中回归儒家之道；此后北宋中后期至南宋中期《春秋》学逐渐成为"理"的落实载体，尤其是在朱熹那里《春秋》完全成为理学的附庸；到南宋后期，《春秋》逐渐摆脱理学框架，走向自觉，与史学、考据学日渐密切。这其中既有理性精神的成长因素，也与《春秋》经传自身的特点有关。

又，宋代《春秋》学的研究可分为理学的解经与一般儒学的解经两种模式。宋初疑经惑古思潮下的《春秋》研究，主要是一般儒学的阐释，其中蕴含理学解经的萌芽；熙宁新法前后，《春秋》学者既承接了前期学人一般儒学的解经方式，又开始或有意或无意探索到新的解读视角，即理学的研究；之后到南宋中期，以"理"解经成为研究《春秋》的重要方式。南宋中后期，《春秋》在理学与史学的交融中继续发展，既有理学之解经，又有一般儒学的解经方式。当然，理学的《春秋》研究与一般儒学的《春秋》研究并非绝对独立，而是相互间有影响、渗透；而且，无论是哪一种研究，都是宋代学者投身于社会实践，进行理论探讨和思考的结果。

基于以上所述研究主线，本书主要分为三大部分：第一部分，论述两宋学人研究《春秋》的社会背景、学术环境。面对政治与儒学危机，朝廷与学人配合采取相应举措，《春秋》于其中发挥了积极作用。第二部分，具体探讨理学兴起、初步发展中的《春秋》研究，可划分为三个阶段，即宋初范仲淹、欧阳修、"宋初三先生"等以回向儒学之道为学术宗旨，解读《春秋》；熙宁新法前后，王安石《春秋》"断烂朝报"说引起学界强烈反响,苏辙、孙觉为其中代表。虽然二人均以"断烂朝报"说为治《春秋》的起点,但研究思路并不一致。苏辙以"道""势"解经,推进《春秋》与最高范畴"道"的直接关系,同时也关注一般儒学解经时的《春秋》问题;孙觉主要是沿袭宋初学人一般儒学《春秋》研究的治经方式,但也受到抽象思维方式的影响。所以,这一时期的《春秋》学有承上启下之功;新法后,程颐视《春秋》为抽象之"理"的文化载体,胡安国在前人研究成果的基础上,既以"理"解经,又体现《春秋》的致用精神。同时,一般儒者在解经方法上进行了新的探索,如以日月例解经、专题性解经。第三部分探讨理学进一步发展及其官学地位确立后的《春秋》研究,由道南学派的杨时、罗从彦、李侗在解读《春秋》方法上的创新到朱熹以史解经,以理判史的《春秋》观,《春秋》完全成为理学的附属。正是在这一过程中,《春秋》依据自身的学术资源,逐渐走出理学桎梏,与史学密切关联,《春秋》在理学与史学的融汇中发展。既有吕祖谦、陈傅良、戴溪、张洽等从史学角度、致用层面解读《春秋》,又有洪咨夔、黄仲炎、吕大圭、家铉翁等在理学外壳下的《春秋》观点;既有章冲、沈棐、程公说、李琪等以史书体例改编《春秋》,又有李明复、黄震等总结、归纳宋代学人,尤其是理学家的《春秋》观点。

为了便于清晰的论证,有必要对以下几个概念进行界定。

1.《春秋》与《春秋》学。关于《春秋》名称的由来及其含义的变化,许多学人都有过考证、分析。① 目前学界对此的基本认识为:《春秋》,最早见于《国语》,是当时各国史书的通名,如《墨子·明鬼》中载有"周之《春秋》""燕之《春秋》""宋之《春秋》""齐之《春秋》"。后成为鲁国史书的专名,《孟子·离娄下》:"晋之《乘》,楚之《梼杌》,鲁之《春秋》一也。"② 今本《春秋》是孔子据鲁史而修作③,

---

① 参见范文澜《群经概论》,载《民国丛书》第2编,上海书店1989年版;周予同:《群经概论》,载朱维铮编《周予同经学史论著选集》,上海人民出版社1983年版;杨伯峻:《春秋左传注》,中华书局1981年版;沈玉成、刘宁:《春秋左传学史稿》,江苏古籍出版社1992年版等论著。

② 朱熹:《四书章句集注·孟子集注》,中华书局1983年版,第295页。

③ 有学者反对是孔子修订《春秋》,如杨伯峻《春秋左传注·前言》中所论。

为儒家经典之一。为什么称为"春秋"？一般认为与古代社会的农业有关，"春秋"连用表示一年时间，如此记录，《春秋》成为编年体史书。

《春秋》从通名到专名再到经典的变化，则《春秋》学也有相应的含义。以鲁史《春秋》讲，孔子在此基础上进行编修，突显其中大义，可以说是最初的《春秋》学。随着后人对《春秋》经传的不断解读、阐发，《春秋》学的视角日渐广泛。有学者就提出："《春秋》学是经学的一个分支，它也正像经学一样，是一种综合性的学问，几乎涉及了旧时学术的各个领域。"又指出《春秋》学的性质"主要应该是一种政治哲学"①。的确，《春秋》学包含诸多内容，关系到史学、文学、哲学、政治学、地理学等多个领域，把《春秋》学归入政治哲学的范围，有一定的道理与学术意义，但笔者倾向于《春秋》学包容性、开放性的学术品质，其性质的归属或许可以说是综合的，这其中既有《春秋》经传本身所含有的可解读资源的因素，又有其所处的不同社会环境、研究者的学术体系或取向等因素。

2. 宋学与理学。对"宋学""理学"概念的解析，学人们多有论证。②"宋学"，广义上讲，指宋代学术，包括史学、文学、哲学、政治学等多种学科；狭义上讲，"宋学"之称出现于清代，是相对于"汉学"而言。汉学是指解经者通过校勘、辨伪、训释等方法解释儒家经典，始于汉代，盛于唐初，复兴于清。宋学是指从唐中后期开始而大兴于宋的、以摆脱汉唐注疏传统而重视义理阐发为特色的新的解经方式，即义理之学。

"理学"，宋代已出现此名。广义的理学，即为以寻求儒经大义的义理之学，包括有宋一代的濂学、关学、蜀学、新学、洛学等学派；狭义

---

① 赵伯雄：《春秋学史·自序》，山东教育出版社2004年版，第4页。
② 邓广铭：《略谈宋学》，载《邓广铭治史丛稿》，北京大学出版社1997年版；张岂之主编：《中国思想学说史·宋元卷》，广西师范大学出版社2007年版；周予同：《"汉学"与"宋学"》，载朱维铮编《周予同经学史论著选集》，上海人民出版社1983年版；陈来：《宋明理学》，辽宁教育出版社1991年版；陈植锷：《北宋文化史述论》，中国社会科学出版社1992年版；漆侠：《宋学的发展和演变》，河北人民出版社2002年版；姜广辉：《"宋学"、"理学"与"理学化经学"》，《哲学研究》2007年第9期；徐洪兴：《思想的转型——理学发生过程研究》，上海人民出版社1996年版等相关论著。

的理学，以"性与天道"为主题，"道""理"等抽象概念既具有形上特性，又有伦理价值的含义，即义理之学中的性理之学，主要包括濂学、关学、洛学等学界公认的学术派别。本书所用的"理学"为性理之学，如介绍周敦颐、张载、邵雍、程颐、杨时、李侗、朱熹等理学家的《春秋》观，理学的《春秋》研究主要是指以形上之"理"或"道"解释、评价《春秋》，与此相对的是一般儒学的《春秋》研究。

三 研究方法

1. 思想史与学术史相结合。20世纪以来，许多学人如胡适《清代思想史》、钱穆《中国近三百年学术史》、侯外庐《近代中国思想说学史》等普遍论及学术史与思想史的结合。关于这种结合，张岂之简明扼要地指出："学术史不同于政治史、法律史等，也不同于思想史""在思想史中含有一定学术史的内容，同样，在学术史中也含有一定思想史的素材"，二者中"思想史更加偏重于理论思维（或逻辑思维）演变和发展的研究"，并且二者的结合"并不是人为地将它们捏合在一起，而是要寻找二者的沟通处，使之融合为一个整体"。① 同时，认为思想史的研究注意与学术史、社会史、经学史等多种学科结合。② 可见，对思想史研究视野的拓宽，就是要把思想史作为整体进行立体研究，其中思想史与学术史的结合不失为有意义的研究方法之一。就本书《春秋》学而言，我们不仅要考察孙复、苏辙、程颐、胡安国、朱熹等研究《春秋》的特点及学术意义，也要研究宋代《春秋》学与理学的互动关系。

2. 历史与逻辑的统一。此为历史学研究的基本原则，也是其重要的研究方法。本书在对宋代《春秋》学发展的论述中，一方面要关注这一时期学人研究《春秋》的历史演变过程；另一方面要寻求其内在发展的逻辑性，即对宋代学人研究《春秋》所进行的阶段划分既要体现历史性，更要体现其必然的逻辑性。

3. 比较、归纳、分析等的综合运用。即以宋代学人《春秋》类原典

---

① 张岂之主编：《中国近代史学学术史·序》，中国社会科学出版社1996年版，第1页。
② 张岂之：《五十年中国古代思想史研究》，《中国史研究》1999年第4期。

文献为基础，分析其《春秋》观的具体内容，归纳其不同的《春秋》学特点，并适时地进行或横向或纵向的比较，凸显《春秋》学的主体性、流动性。

4. 列表法。为了较直观、较客观而多形式的分析、归纳宋代学人研究《春秋》的特征，本书采用了一定数量的列表法，如对苏辙、朱熹、陈傅良、高闶、张洽、李明复、黄震等《春秋》观的阐述中都有图表。

第一章

宋代学人研究《春秋》的前提条件

宋代《春秋》学成为显学，并非偶然，是与赵宋政权所面临的一系列问题及贤人学士所做的诸多理论思考、实践操作分不开的。建立在唐末五代分裂、战乱、价值观迷失基础上的北宋政权，虽然采取了积极措施进行补救，但补救取得成效的同时又带来了新问题。南宋政权偏安江南，周边少数民族政权长期与之并立、对立，战争不断。当学人们把目光投向儒学，寻求解答时，儒学自身也正面临困境。因此，以消除政治危机为起点的儒学中兴运动拉开了序幕，《春秋》作为儒家政治经典之一，积极投身于这场运动。

第一节 两宋社会危机与儒学困境

赵宋王朝建立之初，为避免重蹈唐末五代的覆辙，最高权力者采取了一系列加强中央集权的措施。皇帝直接控制军事、财政、行政大权，削弱州郡实力；随后又加强禁军制度、建立通判制度和转运使制度。依当时情形看，宋初的集权政策成功地避免了地方割据的分裂局面，如史学家范祖禹讲："唯本朝之法，上下相维，轻重相制，如身之使臂，臂之使指……藩方守臣，统制列城，付以数千里之地，十万之师，单车之使，尺纸之诏，朝召而夕至，则为匹夫。是以百三十余年，海内晏然。"[①] 中央对地方的控制确实达到了一呼百应的效果。宋太祖也颇为自信地对宰

---

① 范祖禹：《范太史集》卷22《转对条上四事状》，《四库全书（文渊阁本）》。

相赵普讲：" 朕与卿定祸乱以取天下，所创法度，子孙若能谨守，虽百世可也。"① 但实践证明，宋太祖开创的施政法度只适用于一时，而并不能以体系化、制度化的姿态推行一世。

宋初的集权政策遗为后患。由于高度集权，官僚机构叠生，从政人员队伍庞大，如真宗时官吏总数 57 万，占当时户籍总数的 9%。② 而且，官僚队伍缺乏相应的监督、考察机制，形成苟且守旧、不思进取的士风、官风。朱熹曾讲："本朝李文靖公、王文正公当国以来，庙论主于安静，凡有建明，便以生事归之，驯至后来天下弊事极多。"③ 其中李文靖公指"圣相"李沆，此人可谓宋初士林风气萎靡的代表。真宗时，与北方契丹处于战争状态，王旦感叹不应无所作为，李沆回应："少有忧勤，足为警戒。他日四方宁谧，朝廷未必无事。"有人议论李沆不论政事，李辩解："吾非不知也。然今之朝士得升殿言事，上封论奏，了无壅蔽，多下有司，皆见之矣。若邦国大事，北有契丹，西有夏人，日旰条议所以备御之策，非不详究。荐绅如李宗谔、赵安仁皆时之英秀，与之谈，犹不能启发吾意。自余通籍之子，坐起拜揖，尚周章失次，即席必自论功最，以希宠奖，此有何策而与之接语哉？"④ 可见，李沆一切按惯例行事，认为官吏之间的交流并无可取之处。有学者指出：宋初政治指导思想主要是黄老思想。⑤ 这种观点虽有待进一步考证，但确实表明宋初政治运作因循守旧，缺少可行性的施政宪纲和文化纲领。

宋初不仅有内忧，还有外患。契丹族建立辽，于真宗时期大举入侵，后签署盟约，以银绢换取和平。党项族建立西夏政权，先后在仁宗、英宗、神宗、哲宗时期发生大小规模不等的战争。为防范农民起义，抵抗少数民族的侵犯，朝廷大量扩军，国家一大半财政用于养兵，由此也造成冗费，财政危机日益严重。"财不足用于上而下已弊，兵不足威于外而

---

① 李心传：《建炎以来系年要录》卷 61，《四库全书（文渊阁本）》。
② 郭正忠：《中国古代官僚机构的膨胀规律及根源》，《晋阳学刊》1987 年第 3 期。
③ 黎靖德编：《朱子语类》，中华书局 1994 年版，第 3095 页。
④ 脱脱等：《宋史》，中华书局 1977 年版，第 9539—9540 页。
⑤ 张其凡：《吕瑞与宋初的黄老思想》，载《宋史研究论文集》，河南人民出版社 1984 年版。

敢骄于内，制度不可为万世法而日益丛杂，一切苟且，不异五代之时。"①

靖康之难，北宋灭亡。宋徽宗第九子康王赵构在应天府（今河南商丘）即位，改年号为建炎，史称南宋。南宋统治阶级内部集团之间矛盾斗争，致使政治腐败混乱。高宗时期的秦桧专权植党，屈膝主和；宁宗时赵汝愚与韩侂胄争权立党，理学也被裹挟其中，出现"庆元党禁"。南宋后期的史弥远、贾似道长期擅权，独断专行，纲常礼制破坏殆尽。外部环境更是恶劣。宋高宗建立政权的最初几年，一路躲避金朝军队，仓皇南逃，史称建炎南渡。直到绍兴二年（1132），宋高宗驻跸临安，南宋政权才算基本稳定。此后，主战派与主和派纷争不断，战事不断。孝宗时隆兴北伐，宁宗时开禧北伐，与金朝战败和议。金朝灭亡后，蒙元军队南侵宋地，从理宗到度宗以至南宋覆灭，烽火连天，民族矛盾异常尖锐。

依托圣人之言，通过注解经书阐述自己的观点、看法②，已成为学人们普遍而行之有效的思考模式，而文化典籍也只有在不断的注解与阐释中才会彰显其价值。当学人们以自觉担当精神、忧患意识，怀抱希望转向传统儒家经典时，他们看到的只是空虚、苍白而与现实社会严重脱节的章句训诂之经学。

西汉时，为适应大一统政治的需要，文化上儒学取得官方学术地位。武帝时已立五经博士，如言《诗》鲁有申培公，齐有辕固生；言《春秋》齐鲁有胡毋生，赵有董仲舒。同时，经学已成为士人猎取功名的手段，经学内部不同派别之间为利益而相互排斥。由于秦火，经本残缺，恪守"师法""家法"成为士人治经的主要方式，经学由此出现了"一经说至百余万言"的烦琐局面。这种支离蔓延的治经学风已经远离了先秦儒学所具有的经世致用、深奥大义的实践、理论精神。

至唐初，经学面临的是：一方面，唐太宗下诏诸儒撰定《五经正义》，高宗时颁行天下，成为科举考试的唯一标准答案。经学取得了统一，但在治经方法上并无创见，只是南北朝训诂之学的延续；另一方面，

---

① 欧阳修：《欧阳文忠公集》卷17《本论》，《四部丛刊》本。
② 张岂之主编：《中国思想史》，西北大学出版社1989年版，第3页。

怀疑、不满官方注疏之经的风气日盛,"及乎大历年间,啖助、赵匡、陆淳(质)以《春秋》,施士丐以《诗》仲子陵、袁彝、韦彤、韦茝以《礼》,蔡广成以《易》,强蒙以《论语》,皆自名学,盖不复守旧说"①。其中又以啖、赵、陆《春秋》学派为显,四库馆臣称:他们的治径特点为"考三家之得失,弥缝漏阙,故其论多异先儒","盖舍传求经,实导宋人之先路"。②此前注解《春秋》,尊传甚于尊经,宁信经误而不信传非。啖、赵、陆治《春秋》则援经击传,以主观体验解圣人精神,变专门《春秋》学为通学。但是,唐代学人为改变经学弊端所做出的努力并没有成为普遍的学术风尚,只是少数人的个体行为;而且经过唐末五代的战乱,唐人怀疑注疏之风早已成为落花流水。

宋初庆历以前,经学仍旧无甚变化。开国三朝,官方大规模地组织整理旧籍的工作。如太宗时,下诏校刻《五经正义》,"太宗以孔颖达《五经正义》刊板诏孔维与(李)觉等校定"③。直到真宗时,"咸平二年……(邢昺)受诏与杜镐、舒雅、孙奭、李慕清、崔偓佺等校定《周礼》、《仪礼》、《公羊》、《谷梁春秋传》、《孝经》、《论语》、《尔雅义疏》,及成,并加阶勋"④。科举取士,仍旧以官方《正义》为准,严守经传注疏,不许标新立异。如广为熟知的科试黜贾边事件:省试题目为"当仁不让于师赋",李迪作赋符合官方《正义》的要求,贾边解"师"为"众",与注疏相异,所以取李迪而黜贾边。⑤可见,宋初三朝学风沿袭汉唐传注之学,正如清人皮锡瑞所讲:"经学自唐以至宋初,已陵夷衰微矣。然笃守古义,无取新奇;各承师傅,不凭胸臆,犹汉唐注疏之遗也。"⑥

不仅如此,佛道二教于外部挑战儒学权威。佛教自印度传入中国,

---

① 马宗霍:《中国经学史》,第103页。
② 永瑢等:《四库全书总目》卷26,第213页。
③ 《宋史》卷431,《儒林传·李觉》。
④ 《宋史》卷431,《儒林传·邢昺》。
⑤ 《宋史·王旦传》卷282,马端临:《文献通考》卷30,《选举考》,《四库全书(文渊阁本)》均有载入。
⑥ 皮锡瑞:《经学历史》,第156页。

道教为中国本土宗教,二者在唐代取得了长足发展。宋初统治者基本上袭用唐代儒、佛、道并行的文化政策,提倡三教并用,又大兴佛、道二教。如宋太祖派和尚赴印度求法取经,敕修《大藏经随函索引》;太宗时在五台山、天台山等处修造寺院、佛像,又令赞宁编撰《宋高僧传》,认为浮屠之教有益于政治;真宗则亲自撰写《崇释论》,并为佛经作注。就道教而言,宋太祖曾向道士苏澄请教养生之要,赐号"颐素先生";真宗命张君房专修道藏,编成《大宋天宫宝藏》。

比较二者的社会影响力,佛教对社会各阶层都有相当大的吸引力。当时,士大夫谈禅论佛已成为一种风尚。如范仲淹曾作《十六罗汉因果识见颂序》,"一句一叹,一颂一悟,以至卷终,胸臆豁然,顿觉世缘大有所悟"①,很有体会;欧阳修指出当时情况,"比见当世之名士,方少壮时力排异说,及老病畏死,则归心释老,反恨得之晚者,往往如此也。"②张载也认为:"自其说炽穿中国,儒者未容窥圣学门墙,已为引取,沦胥其间,指为大道。及其达之天下,至善恶、智愚、男女、藏获,人人着信。"③异质文化的盛况,表明儒学地位逐渐被削弱。

无论是两宋面临的社会危机,还是儒学自身所处困境,都促使有识之士思考、探索,寻找复兴之路。

第二节 朝廷与学人的努力及《春秋》在其中的影响

面对政治、文化上所存在的种种问题,上至皇帝、宰相下至士人都积极地做出回应。范仲淹、欧阳修等制定科场改革的具体方案,奖掖人才,促进学风的转变;胡瑗、孙复、李觏等学人排击佛老,批判汉唐经学弊端,提倡直寻经义,推动学术创新;宋高宗自上而下重视《春秋》,陈傅良创新《春秋》科举时文,扩大《春秋》在科举中的影响。

---

① 范仲淹:《范文正公集·别集》卷4《十六罗汉因果识见颂序》。
② 欧阳修:《欧阳文忠公集》卷140《唐徐浩玄隐塔铭》。
③ 张载:《张载集》,章锡琛点校,中华书局1978年版,第64页。

一 科举改革

科举制度既是政治制度的一种,又属文华的一部分。从某种程度上讲,科举考试在形式上引导了社会士风、学风,如汉代以训诂之学、唐代以文章之学选拔官吏,于是治经者一经说至百万余言,作文者以奢靡、华丽辞藻为治学目标。宋初科举考试基本沿袭李唐,分进士科、明经科,前者以诗赋分等,后者重帖经、墨义。为了改变儒学自身发展受到束缚的现状,有必要从官方政策上对科考进行一次革新。北宋时期,科举考试有三次改革①,范仲淹、欧阳修倡导、实践的庆历至嘉祐年间的兴学是其中一次。这次改革范仲淹上奏《答手诏条陈十事》在前,确定大政方针;欧阳修具体起草细则,并于嘉祐年间大张旗鼓地执行。改革的指导思想为重策论轻诗赋,即着重发挥儒学义理与经世之道,减轻诗赋在其中的地位。"今先策论,则文辞者留心于治乱矣;简程序,则宏博者得以驰骋矣;问大义,则执经者不专于记诵矣。"② 可见,这一改革以官方政令的形式提倡义理解经,应用于实际。

庆历至嘉祐年间兴学的具体过程,有学人已做过详细考论③,这里仅就改革的意义做一简单说明,从中探求《春秋》的地位。

1. 科举制度的革新促进了宋代学校的发达。最显著的变化是州县学校增多,范仲淹到任苏州时,置办苏州府学,聘胡瑗执教。同时,乡塾式的私人讲学兴盛,如"宋初三先生"都是以私人讲学著称,其弟子多能应举中第。

2. 有助于培养适应社会需要、儒学革新的有用人才。以策论取士,激励学子关心时政,改变朝廷官员因循之风。如范仲淹授孙复《春秋》,荐举其为国子监直讲;又推荐李觏为太学助教。嘉祐二年(1057)的科举考试,又使得苏轼兄弟、张载、程颢等新秀人才脱颖而出。

3. 改变了宋初注疏训诂的经学之风。由于改革后的科举考试要求依

---

① 参见陈植锷《北宋文化史述论》,中国社会科学出版社1992年版,第78—120页。
② 参见陈植锷《北宋文化史述论》,第102页。
③ 参见陈植锷《北宋文化史述论》,第95—114页。

经发表时论,不再是背诵、记忆性的考试内容,所以必然会激发学子脱离传注,凭己意发挥创造性见解,为疑经惑古的新学风奠定了基础。

虽然庆历新政作为一场政治运动失败了,但其中所提倡的创新、务实精神不断壮大,为理学思潮的崛起准备了条件。这场改革中,《春秋》经传作为传统科考内容,仍旧发挥其应有的作用。《宋史·选举志一》:"初,礼部贡举,设进士、九经、五经、开元礼、三史、三礼、三传、学究、明经、明法等科。"又,"凡进士试诗、赋、论各一首,策五道,帖《论语》十帖,对《春秋》或《礼记》墨义十条"①。其中涉及《春秋》及三传。可以说,无论是帖经、墨义式的重章句注疏,还是先策论后诗赋式的重义理经旨,《春秋》都有一定的学术地位。虽然王安石新法罢《春秋》,以《三经新义》为考试的统一标准,但其后多次讨论科考《春秋》出题从正经还是从三传的问题。熙宁变法后,朝廷对《春秋》博士设立的态度摇摆不定。哲宗元祐元年(1086)恢复《春秋》博士,绍圣四年(1097)又再次罢免《春秋》博士,元符三年(1100)又再次恢复;徽宗建中靖国元年(1101)罢免《春秋》博士,钦宗靖康元年(1126)又恢复《春秋》博士。②

南宋初期,宋高宗基于政治(北宋灭亡的责任)与现实(内忧外患)需要③,极力推崇《春秋》——《春秋》自身"尊王攘夷"的主旨也符合这种需求。不仅奖励进献《春秋》者,更让学者(如胡安国、张九成、吕本中、高闶等)为其进讲《春秋》④,下诏令胡安国纂述《春秋传》。宋高宗自己也承认"朕居宫中,自有日课,早阅章疏,午后读《春秋》、《史记》,夜读《尚书》,率以二顾罢。尤好《左氏春秋》,每二十四日而读一过"⑤。胡安国进书《春秋解》(即《春秋传》)后,"上(宋高宗)

---

① 脱脱等:《宋史》,第3604页。
② 《中国历代经籍典》,中华书局1970年版,第842页。
③ 参见高纪春《宋高宗朝初年的王安石批判与洛学之兴》,《中州学刊》1996年第1期;何俊:《王学、洛学之消长与南宋理学的开始》,《浙江社会科学》2000年第6期;吴宁、范立舟:《南宋立国后的学术抉择与理学之兴》,《新疆师范大学学报》2003年第1期;张尚英:《宋高宗与〈春秋〉学》,《史学月刊》2007年第12期等相关论著。
④ 参见张尚英《宋高宗与〈春秋〉学》,《史学月刊》2007年第12期。
⑤ 李心传:《建炎以来朝野杂记》,中华书局2006年版,第31—32页。

置之坐侧，甚爱重之"①。同时，高宗绍兴年间多次就科考中《春秋》的出题范围进行讨论。绍兴五年（1135）"令诸《春秋》义题听于三传解经处出"②；绍兴十三年（1143），高阅认为《贡举令》中《春秋》义题由三传解经处出题，"此法殊失尊经之意"，建议"只于《春秋》正经出题，庶使学者专意经术"，得到高宗认可；绍兴十四年（1144），吏部员外郎严抑称："正经其辞至简，为题者历历可数，使士子私习满百篇，则有司出题殆无逃者。罢去三传，虽曰尊经，其于考校，实有未便。"③高宗下诏依据《崇宁贡举法》，从三传解经出题。此时的《春秋》占据科考"一席之地"。

值得注意的是，绍兴三十一年（1161），礼部郎中王普谈到取士分科的弊端："后生举子竞习词章，而通经老儒存者无几，恐自今以往，经义又当日销，而二《礼》、《春秋》必先废绝。"④至孝宗淳熙元年（1174），有官员上奏："近岁科举，士子习诗赋者比之经义每多数倍，至于《二礼》、《春秋》之学习者绝少"，并建议"如《春秋》文理优长，亦乞许侵用诸经分数取放"⑤。可见，宋高宗虽然提倡《春秋》，但在其晚年以至孝宗淳熙时期，《春秋》在科场中并不受欢迎。直到嘉泰元年（1201），有官员上奏称："近岁有司专尚《春秋》，盖复《春秋》习者少，姑务诱进。岁月积久，假借太过，今岁诸处多以《春秋》首荐，而西蜀类试十名之前，辄占其三。《春秋》虽有三传，士子临时结社，相与分记。况其巨题绝少，易以牢笼。"⑥意味着此时的《春秋》在科考中大受欢迎，科举士子甚至为《春秋》经传试题范围进行结社分工，由《春秋》而得到功名的学子人数增多。

究其原因，一方面是因为科考规则本身有缺失，经义、诗赋有时分为两科，且举子录取比例不定，有时又合为一科。南宋末年马端临指出：

---

① 李心传：《建炎以来朝野杂记》，第31—32页。
② 丁度：《贡举条式》，《四库全书（文渊阁本）》。
③ 徐松：《宋会要辑稿》，中华书局1957年版，第4304页。
④ 李心传：《建炎以来系年要录》，卷190"甲申"条，《四库全书（文渊阁本）》。
⑤ 徐松：《宋会要辑稿》，第4313页。
⑥ 徐松：《宋会要辑稿》，第4324页。

"然共场而试，则经拙而赋工；分科而试，则经少而赋多。流传既久，后来所至场屋率是赋居其三之二，盖有自来矣。"① 即士子们更多报考诗赋科，且被录取的概率较高。即便是经义科，也存在"苟合时好""议论乖僻""穿凿迎合""悖戾圣人之意"、不通史书等弊端。所以，"学者竞习词赋，治经甚少。又于六经之中，舍其所难，则经学寝微"②。《春秋》经本身言辞简略，自然在六经之"难"之行列。那么，绍兴二十九年（1159）出现的"近者国学发解，凡六经人数通一千一百七十六人，而治《书》者七百七十有八人。余合五经之数，不及其半"③ 的《尚书》流行的景象也就不足为怪。

另一方面，《春秋》之所以在庆元、嘉泰前后成为科场中的热门科目，除却朝廷相关部门的政策鼓励，如"近岁有司沮抑词赋大甚""近岁有司专尚《春秋》""姑务诱进"④，还有陈傅良对科举《春秋》时文的改造，《春秋》在科场中得以复兴⑤。陈傅良不仅自己以《春秋》应举，而且其门人弟子也多以《春秋》时文中举，如蔡幼学以《春秋》试礼部第一。同时代的理学大家朱熹感叹："《春秋》为仙乡陈、蔡诸公穿凿得尽。诸经时文愈巧愈凿，独《春秋》为尤甚，天下大抵皆为公乡里一变矣。"⑥ 朝中大臣也认为"科举以文章取士，文章关时之盛衰，傥以浮靡之文，盖其空疏之学，岂惟无补于寔用，殆将有累于盛时"，建议相关部门从科考命题范围到面试、录取都应当务实。"属意命题，示之趋向。考校之际，审观其文，委是器识宏远，学问淹该，然后充选。虽或质实，固亦无害。或立说抵于注疏，措辞乖于理趣，而空疏浮靡者悉置勿取。"⑦ 可见，此时《春秋》时文的影响之大。

总之，《春秋》在科举中的地位受外部政治、政策等因素的影响，而

---

① 马端临：《文献通考》，卷32《选举考五》。
② 徐松：《宋会要辑稿》，第4305—4306页。
③ 徐松：《宋会要辑稿》，第4307页。
④ 徐松：《宋会要辑稿》，第4324页。
⑤ 参见王宇《南宋科场与永嘉学派的崛起》，《浙江社会科学》2004年第2期。
⑥ 黎靖德编：《朱子语类》，第2761页。
⑦ 徐松：《宋会要辑稿》，第4324页。

根本上与其自身或经或史的性质、尊王攘夷的主旨有关。

二 排斥佛老，怀疑经传

佛道二教的发展，产生的后果之一是破坏儒家纲常名教、价值观念，尤其是佛教，因此当时士人主要是排斥佛教。中唐时期，韩愈成为反佛斗士，以佛为夷狄之人，不通伦常礼教，主张"人其人，火其书，庐其居"。虽然其理论建树有限，但为重新树立儒学权威开了先路，并对宋初学人在攘佛理论探索方面有一定的启发意义。

宋初的柳开、田锡、王禹偁承中唐韩愈反佛的大旗，首开北宋排佛运动的先河。他们没有提出有建设性的理论意见，但社会影响力比较大。至孙复、石介等继续从儒家道统、伦理纲常等方面攻排佛教。孙复认为："佛老之徒，横乎中国。彼以死生、祸福、虚无、报应为事，千万其端，绐我生民，绝灭仁义以塞天下之耳，摒弃礼乐以涂天下之目……去君臣之礼，绝父子之威，灭夫妇之义。儒者不以仁义礼乐为心则已，若以为心，得不鸣鼓而攻之乎？"① 指出佛教主题与中国礼教相异。排佛论又表现在孙复的《春秋》观中，《春秋》的主线之一为"攘夷"，"攘夷"之"夷"主要是指文化意义上的夷狄。

欧阳修、李觏较理智地看到佛教理论的长处及其盛行的原因，主张以阐明儒家礼乐来战胜佛教。欧阳修认为：中国"王道不明而仁义废，则夷狄之患至矣。及孔子作《春秋》尊中国而贱夷狄，然后王道复明。"② 这里的"夷狄"既有地域之夷，又有文化之夷的含义，而《春秋》可以作为明王道、排夷狄的经典依据。但欧阳修并没有对《春秋》展开论述，而是冷静地指出佛教自身有精致的"为善之说"的理论。在这种情况下，简单地从形式上毁佛并不能解决问题，关键是"礼义者，胜佛之本也"。"使天下皆知礼义，则胜之也。"重建儒家礼义之教才是排佛的根本。这一思路对当时学人们思考探索新儒学体系有重要的启发意义。陈善《扪虱新语》讲："此论一出，而《原道》之语几废。"李觏也

---

① 孙复：《孙明复小集·儒辱》，《四库全书（文渊阁本）》。
② 欧阳修：《欧阳文忠公集》卷17《本论下》。

认同佛教中存在有价值的理论,"佛以大智慧独见情性之本,将驱群迷,纳之正觉,其道深至,固非悠悠者可了"①。但佛教中的"情性之本"这种心性学儒家经典中也早已涉及,"欲闻性命之趣,不知吾儒自有至要,反从释氏而求之……释之行固久,始吾闻之疑,及味其言,有可爱者,盖不出吾《易·系辞》、《乐记》、《中庸》数句者"。主张以缓和、渐进的消极方式辟佛,如先禁剃度,禁修寺观,但更为积极的方法是重建礼教,复兴儒学。"儒之强则礼可复,虽释老其若我何!"②可以看出,虽然同是提倡从加强礼乐教化的角度辟佛,但其中的途径并不一样。欧阳修倾向于对《春秋》《易》等六经的整体理性认知;李觏侧重于以《易》为理论支持,以《礼》为具体的制度化操作模式,颇有功利主义的色彩。但无论哪一种方式都为儒学新体系的构建提供了思考路向。

排斥佛老是儒学复兴的外在途径,怀疑经传、以义理解经是内在的拯救儒学自身,二者相辅相成。从唐《五经正义》统一经学开始,便陆续有学者公开批评、怀疑权威性经典,最突出的为啖助、赵匡、陆淳《春秋》学派。到庆历年间,这一怀疑经传的学风成为影响深远的社会思潮。关于疑古思潮,学人们多有考察论述。③ 这里解释两点:

一是从疑传到疑经再到改经,是宋初学人开拓意识、理性精神发展的必然结果。但应该注意到这种变化更大意义上代表庆历之际一股强劲的批判之风兴起,其中不免有矫枉过正之嫌。正如司马光所言"新进后生,口传耳剽,读《易》未识卦爻,已谓《十翼》非孔子之言;读《礼》未知篇数,已谓《周官》为战国之书,读《诗》未尽《周南》、《召南》,已谓毛、郑为章句之学;读《春秋》未知十二公,已谓《三传》可束之高阁"④。这种学术现象不无道理。而且,从宋代《春秋》学整体发展看,改经并非主流,儒家经典文本仍有一定的学术地位,只是

---

① 李觏:《李觏集》,王国轩校点,中华书局1981年版,第267页。
② 李觏:《李觏集》,第246页。
③ 参见陈植锷《北宋文化史述论》,中国社会科学出版社1992年版,第190—218页;杨新勋:《宋代疑经研究》,中华书局2007年版;叶国良:《宋人疑经改经考》,台北:台湾大学文学院1980年等著论。
④ 司马光:《温国文正公文集》卷6《论风俗札子》,《四部丛刊》本。

判断经典的标准逐渐发生了变化,从义理解经到性理解经,经由权威之体到"载道之器"。庆历之际的怀疑经传、删改经文更多是在引导学风、创新精神方面得到学术界的称赞和认同。

二是单就经学变古中的《春秋》而言,追溯其历史轨迹:孔子修作《春秋》及三传产生后,孟子、荀子对此都有过评论,影响深远。如孟子所谓"孔子成《春秋》而乱臣贼子惧"对《春秋》政治功用的判断,荀子对三传的兼采,都成为后人研究《春秋》的理论支点或思考起点。两汉时期,《春秋》成为显学,今古文学家都对《春秋》进行了或经义的阐发或字例的考证训诂。董仲舒则依托《春秋》发挥出"大一统"思想,并从天人关系、《春秋》例法等方面加以证明,将《春秋》改造成适应汉代政治社会发展需要的官方主流意识形态。关于董仲舒的《春秋》学思想,现代学人有过相关探讨[①],这里要说明的是:相对意义上讲,汉代《春秋》学学术意义附属于政治意义。魏晋南北朝时,《春秋》学大体上沿着义疏体发展,三传都出现了相应的注解类著作,如杜预《春秋经传集解》,范宁《春秋谷梁传集解》,徐彦《公羊注疏》。及至隋唐五代,《五经正义》以官方形式统一经学,《左传正义》以杜注为尊,治经方法上因袭传疏体。这一时期,已有学人开始怀疑、否定官方所定《春秋》权威,如刘知几论孔子所修《春秋》"未谕者有十二";中唐啖、赵、陆《春秋》学派以经批判三传,变《春秋》学为通学。但直到宋初庆历年间以前,注疏式的《春秋》仍占据有利地位。庆历年间,经学变古一发不可收拾,《春秋》积极地参与其中。

熙宁变法以前,《春秋》与其他经典如《易》《礼》等一起为自由阐释儒经之风做出了贡献,甚至宋初《春秋》的地位高于稍后兴起的四书学。唐君毅曾讲宋代治学次第:"宋学之初起,乃是以经学开其先。在经学之中,则先是《春秋》与《易》见重,然后及于《诗》、《书》之经学,再及于《易传》、《中庸》、《大学》及《孟子》、《论语》等汉唐人

---

① 参见金春峰《汉代思想史》,中国社会科学出版社1997年版;周桂钿:《董学探微》,北京师范大学出版社1989年版;范学辉:《董仲舒〈春秋繁露〉与经学开山》,《孔子研究》2006年第5期等相关论著。

所谓五经之传记。"① 即《春秋》是学人关注的首要之经。马宗霍也指出:"宋人经学,其有不守陈义,自辟新术,非一家一派所得而囿者……其间《易》与《春秋》,作者尤繁。盖《易》本隐以之显,《春秋》推见至隐,一明天道,一明人事。惟人所言,不必征实,故自王弼废象数,而谈《易》者日增;自啖助废三传,而谈《春秋》者日盛,空言易骋,亦不独宋儒为言也。"② 这里《易》与《春秋》受到学人重视是事实,"不必征实""空言易骋"是否为其中原因则有待考证。实际上,《春秋》与《易》成为宋初学术焦点既有当时学者以出世意识和责任思考、探索两宋强国之路,重新确立儒学作为精神家园的地位之因素,也有《易》主变通与不变,有益于从理论上确立学术思路,指导现实;而《春秋》涉及政治批判及价值原则,其"尊王攘夷"有思想意义和现实意义的因素。且宋人研究《易》与《春秋》等经典对其中的一些疑点、难点做了大量对比、考证,不是"不必征实""空言易骋"一语能概括的。直到王安石新法,《春秋》才被官方政令限制在科考内容之外,但并不妨碍其在民间的流传及在学界的研究。

北宋初期的经学变古之思潮发展至南宋,学术风气更加活跃,各学派之间交流、辩论,推动南宋学术文化的进一步繁荣。《春秋》经传自身的学术资源适应了南宋社会时代的需要、《春秋》学自身的内在发展使得其在南宋学术海洋中"如鱼得水"。

综上所述,宋代学人研究《春秋》的前提条件为:政治危机、儒学困境以及为解决问题,朝廷与学人共同做出的努力,三者之间紧密联系。政治危机实际上是如何确立一套行之有效的政治宪纲,实现政治运作的良性循环,而从古代文化典籍中总结政治经验、抽离政治原则成为宋初学人普遍的学术选择。《春秋》本身具有历史批判、政治批判的功能,蕴含"大中之道"。可以说,现实要求与《春秋》特性不谋而合,政治危机为两宋儒者研究《春秋》提供了现实土壤。儒学面临的自身困境以及外界挑战,需要儒学做出更新,即冲破汉唐注疏之学的藩篱,开出义理解

---

① 唐君毅:《中国哲学原论·原教篇》,中国社会科学出版社 2006 年版,第 7 页。
② 马宗霍:《中国经学史》,第 121 页。

经的新模式,并以儒家仁义之道回应佛老之教。《春秋》整体既有被树立的资源,也有被批判的资源,其所含有的王道主题也可以在一定程度上应对佛老。所以,儒学困境为宋代尤其是北宋学人研究《春秋》准备了学术动力。面对问题,两宋朝廷甚至最高统治者及学者所做出的积极反应又为宋代《春秋》学的产生、成长指明了研究方向。

第 二 章

回归儒家之道的《春秋》研究

赵宋政权建立80年,政治内部冗官冗兵冗费,国力日衰,外部少数民族政权日渐强大。文化上儒学自身发展受阻,外有佛老势力的挑战。如何改变社会现状,成为学人们普遍思考的对象,而从《春秋》中寻求答案也似乎成为学人们的共识。范仲淹、欧阳修主要是对《春秋》整体性的把握,怀疑汉唐《春秋》传注,欧阳修更是把《春秋》的研究视野扩展到史学范围;"宋初三先生"胡瑗、石介、孙复着重于《春秋》经文的阐释,其中胡瑗、石介所存《春秋》学资料不足,孙复《春秋尊王发微》以"尊王"为主题,论证儒家仁义礼乐之道,开创两宋义理解《春秋》的先河。刘敞将《春秋》进一步体系化,破传立新相结合,其径直改经的学术特点打破了传统经典的权威地位,完全以义理为依归,以致用为导向,对后学以"理"解经颇具启发意义。这一时期的《春秋》一方面批判汉唐注疏、训诂之《春秋》,另一方面通过重新解读《春秋》,发挥儒家规范制度之道,为现实问题的解决提供参考答案,从而为理学的兴起打下坚实的铺垫基础。

第一节 疑经惑古中的《春秋》研究

儒家经学从产生经由汉代训诂之学,到唐初得到统一,其标志为官方《五经正义》的颁布。经学统一在扫除汉代学派纷争局面的同时也严重束缚了儒学的自然发展,中唐儒家学者曾做出一番努力,但经历唐末五代战乱,最终没有形成气候。至此庆历年间,批判、否定汉唐注疏之风畅然流行,成为一种普遍的学术风尚,《春秋》传注亦在怀疑之列。

一 范仲淹:《春秋》"褒贬大举,赏罚尽在"

范仲淹(989—1052)字希文,以政治家闻于后世,其学术可圈可点。《宋元学案》载:"先生(范仲淹)泛通六经,尤长于《易》。"① 除擅长《易》外,其对《春秋》也有过涉猎。据《范文正公集》中记录:范仲淹曾传授《左氏春秋》于武将狄青,认为:"熟此可以断大事,将不知古今乃匹夫之勇。"② 又,《泰山学案》讲:范仲淹在睢阳主管教育时,不仅经济上帮助孙复,而且授以《春秋》。"孙生笃学不舍昼夜",后以《春秋》闻于世。③ 如此大的动作,不能不说范仲淹对《春秋》下过一番功夫。

同其他学者一样,范仲淹尊崇《春秋》经而怀疑三传,"圣人之为《春秋》也,因东鲁之文追西周之制,褒贬大举,赏罚尽在。谨圣帝明皇之法,峻乱臣贼子之防,其间华衮贻荣,萧斧示辱,一字之下,百王不刊。游夏既无补于前,《公》《谷》盖有失于后。虽丘明之传,颇多冰释,尚或天远"④。意指孔子所修作《春秋》神圣而蕴含法度,尽管《左传》解经有可取之处,但总体而言,范氏不满三传解经。

应该说,范仲淹对《春秋》的解读大多是散论,或总体评说儒家经典时,《春秋》只是其中之一,或是对他人《春秋》类著作的评议,但其中透露出范氏强调《春秋》的用世功能。

> 孔子作《春秋》即名教之书也。善者褒之,不善者贬之,使后世君臣爱令名而劝,畏恶名而甚矣。⑤
>
> 然则文学之器,天成不一……至于通《易》之神明,得《诗》

---

① 黄宗羲:《宋元学案》,中华书局1986年版,第137页。
② 范仲淹:《范文正公集》卷1《言行拾遗录》,《四部丛刊》本。
③ 黄宗羲:《宋元学案》,第101页。
④ 范仲淹:《范文正公集》卷6《说春秋序》。
⑤ 范仲淹:《范文正公集》卷5《近名论》。

之风化，洞《春秋》褒贬之法，达《礼》《乐》制作之情……①

盖圣人法度之言存乎《书》，安危之机存乎《易》，得失之鉴存乎《诗》，是非之辨存乎《春秋》，天下之制存乎《礼》，万物之情存乎《乐》。②

上述材料有两层含义：第一，此处"名教"指儒家教化之学，孔子所修作的《春秋》以价值判断而惩恶扬善，故为"名教之书"；第二，所谓《春秋》"褒贬之法"属道德评判，"是非之辨"属事实评判。范氏显然于两种性质有所混淆而都归置于《春秋》。这种情况一方面证明范氏对《春秋》研究并不是很深入，缺少严谨性；另一方面范氏研究《春秋》关注的是《春秋》在现实生活的规范作用。如此，范氏肯定《春秋》褒贬之例，"（孔子）修《春秋》则因旧史之文从而明之有褒贬之例焉"③。"论者曰《春秋》无贤臣，罪其不尊王室也。噫，《春秋》二百四十年天地五行之秀，生生不息，何尝无贤乎？"④ 即希望通过《春秋》的褒贬之法引起社会风气的转变。因为宋初近八十年的时间里，上层机构仍旧推行清静无为的政策方针，国势日渐颓败，政治、文化变革迫在眉睫。范仲淹正是以此为目的，提倡《春秋》褒贬之法，导引社会风尚。至于论朱寀《春秋》学有闻于士林，"学者以为《春秋》之道久隐而近乃出焉，寀苦心探赜，其所著《春秋指归》等若干卷"⑤。朱寀《春秋指归》已不可考，但从范仲淹治学取向来看，其称赞朱寀对《春秋》"多所发挥"，也多是就《春秋》经世之功而言的。

由上可知，范仲淹对《春秋》的看法与当时流行的否定注疏的怀疑之风一致，突出《春秋》的适用性，但没有细致深入地考察《春秋》全文。这一认识与当时的社会环境是分不开的，也是范氏个体的学术自觉和选择。

---

① 范仲淹：《范文正公集》卷7《南京书院题名记》。
② 范仲淹：《范文正公集》卷9《上时相议制举书》。
③ 范仲淹：《范文正公集》卷9《与周骙推官书》。
④ 范仲淹：《范文正公集》卷14《太府少卿知处州事孙公墓志表》。
⑤ 范仲淹：《范文正公集》卷19《进故朱寀所撰春秋文字及乞推与弟实状》。

二　欧阳修对《春秋》的理性认识

欧阳修（1007—1072）字永叔，吉州庐陵人，稍晚于范仲淹，是庆历新政的积极参与者。在人品、气质、文学等方面，堪与范仲淹同日而语，于学术造诣上，较范氏略胜一筹。

作为北宋理学思潮的先驱，欧阳修不仅否定传统章句训诂之学，而且怀疑、批评儒家经典本身；面对外来文化的侵入，欧阳修立足于本土文化，排击佛教而不失理智；史学方面，欧阳修首开正统之辩，启发后人思考。这些学术思想的断面，在欧阳修的《春秋》学中有所呈现。

南宋王应麟《困学纪闻》中陆游对庆历年间疑经惑传思潮有所总结，"唐及国初，学者不敢议孔安国、郑康成，况圣人乎？自庆历后，诸儒发明经旨，非前人所及，然排《系辞》，毁《周礼》，疑《孟子》，讥《书》之《胤征》、《顾命》，黜《诗》之序，不难于议经，况传注乎？"① 其中涉及欧阳修的有"排《系辞》""毁《周礼》""黜《诗》之序"，而欧阳修对《春秋》经传的认识一点也不亚于前此三项。

（一）从形式上讲，在《春秋》经与传的关系上，欧阳修表示尊经，但不尽废三传，并提出"求情责实"的解经方法。

据年谱载：欧阳修于天圣元年应举隋州，"试左氏失之诬论，其略云：'石言于晋，神降于莘，内蛇斗而外蛇伤，新鬼大而故鬼小。'"即欧阳修十六岁时，已怀疑《左传》不实。至景祐四年，欧阳修三十岁，作《春秋论》三首及《春秋或问》二首，论证《春秋》经传关系。五篇《春秋》类论文主要涉及两个问题：第一，对比《春秋》经与三传，明确表示尊信孔子所作经典。"事有不幸出于久远而传乎二说，则奚从？"以此问题为切入点，欧阳修依次指出判断事件可信度的标准："从其人而信之可也"到"舍众人而从君子"再到"舍君子而从圣人"。这一从低到高的排列暗示圣人等同于真理之义，此为欧阳修尊经的理论前提。运用到《春秋》上，则三传的作者"博学多闻"属君子之列，"其传不能无失者也"；孔子圣人，则"万世取信一人而已"。现实情况是士人舍经而

---

① 王应麟：《困学纪闻》，辽宁教育出版社1998年版，第190页。

从传，如关于隐公是否即位，赵盾是否弑君，许世子是否弑君之事，学人多认可三传的观点。欧阳修认为其中的原因是"经简而直，传新而奇，简直无悦耳之言而新奇多可喜之论"，即从《春秋》经与传不同的表达方式、人们的心理选择进行对比，学人多从传而不信经。于此，欧阳修表明自己的立场："经之所书，予所信也；经所不言，予不知也。"坚决拥护圣人经典。至于"经文隐而意深，三子者从而发之，故经有不言传得而详尔"说法，欧阳修认为"妄意圣人而惑学者，三子之过而已"①。即三传凭私臆度，迷惑后学。

可见，欧阳修全力支持孔子所修作《春秋》经而否定三传。"否定"并不是废弃不用，欧阳修也在一定程度上认可三传的作用。"夫传之于经勤矣，其述经之事，时有赖其详焉。"承认三传在记录事实解读经义方面有一定的贡献，但终究得不偿失，"经不待传而通者十七八，因传而惑者十五六"。"圣人之意，皎然乎经。"②表现出欧阳修尊信经典本身而理智看待三传的严谨学风。

第二，"求其情责其实"的治经方法。欧阳修以《春秋》研究中鲁隐公是否即位，赵盾、许世子是否弑君很具有代表性的三件事为例，驳斥三传观点，提倡"求情责实"。"孔子何为而修《春秋》？正名以定分，求情而责实，别是非，明善恶，此《春秋》之所以作也。"③"正名以定分""明善恶"属道德评判，"求情而责实，别是非"属事实评判，两种判断是孔子《春秋》经的宗旨。欧阳修虽然没有明确二者的相互关系，但从全文看，欧氏强调的是后者，突出依经而寻事件的真实性。如鲁隐公是否即位，欧阳修认为："息姑之摄与不摄，惟在为公与不为公。"即完全在于经文的书写。如果息姑实际上并未行使国君的权力，孔子书称"公"，则"不求其情，不责其实而善恶不明"，有失《春秋》旨义。"隐实为摄则孔子决不书曰公，孔子书为公则隐绝非摄。"④严格依据《春秋》经文作解，三传所解有误。

---

① 欧阳修：《欧阳文忠公集》卷18《春秋论上》。
② 欧阳修：《欧阳文忠公集》卷18《春秋或问》。
③ 欧阳修：《欧阳文忠公集》卷17《春秋论中》。
④ 欧阳修：《欧阳文忠公集》卷17《春秋论中》。

又如关于赵盾弑君之事，欧阳修主张"《春秋》之法使为恶者不得幸免，疑似者有所辨明"。尤其是疑似难明之事，圣人当"求情责实以明白之"。如果赵盾不讨贼而有弑君之心，与赵穿事实上的弑君行为同罪，而最后归为赵盾弑君，此为"逆诈用情之吏矫激之为尔"，并非孔子本意，"孔子患旧史是非错乱而善恶不明，所以修《春秋》"。从而肯定《春秋》经所书："赵盾弑其君"，三传之说不可完全相信。

以此来看，欧阳修尊崇《春秋》经原典，否定而不废弃三传，即"以经为正，而不泪于章句笺诂"①，较简单的舍传从经多一分理智。以"求情责实"的原则解经，就经而言，凸显《春秋》史的特性。但不得不说：欧氏对《春秋》经传的比较略显单薄，比较的标准是"人"，"圣人"；而"求情责实"的解经方式，其内在的根据是"理"，即条理、规律等，但欧阳修解经指向史实，有减损《春秋》道德规范效用的嫌疑。其中原因，离不开宋初经学界疑经惑古推动了史学界的辨伪、考证，《春秋》恰恰具有经与史两种属性，也离不开欧阳修本人务实、致用、严谨的治学风格。

（二）从内容上讲，欧阳修一方面直接表达对《春秋》固有问题的看法，另一方面则是对《春秋》的具体运用。

首先，欧阳修认为《春秋》中对灾异、自然现象的记载含有天人关系之义。"夫据天道，仍人事，笔则笔而削则削，此《春秋》之所作也。"② 即"天道""人事"是孔子修《春秋》的指导思想和主要内容。欧阳修所谓"天"，是指客观存在的自然界，"天道"主要指自然规律，"夫立天之道，曰阴曰阳。阴阳各有数，合则化成矣"③。天与人，"天道"与"人事"的相互区分与关联，欧阳修概括为："圣人不绝天于人，亦不以天参人。绝天于人则天道废，以天参人则人事惑，故常存而不究也。"意指天与人之间有联系，但"天"于人不具有主宰性、绝对性。"人事者，天意也。《书》曰：'天视自我民视，天听自我民听。'未有人

---

① 叶适：《习学记言序目》卷47《五言古诗》，中华书局1977年版。
② 欧阳修：《欧阳文忠公集》卷60《石鷁论》。
③ 欧阳修：《新五代史》，徐无党注，中华书局1974年版，第671页。

心悦于下，而天意怒于上者；未有人理逆于下，而天道顺于上者。"① 即由"人心"决定"天意"，"天道"顺于"人理"，"人心"与"天意"，"天道"与"人理"统一，最终目标为"修吾人事而已"。

以此天人关系论来看《春秋》僖公十八年"陨石于宋，六鹢退风过宋都"，三传各有解词，"援他说攻异端，是所是而非所非"。欧阳修认为："《左氏》则辨其物，《公》《谷》则凿其意。"与圣人之义不相和。若依《左氏》所解以石为星，则庄公七年"星陨如雨"当书"星陨而为石"，《公》《谷》所解也不能通于全文类似事例。"谨物察微，人皆能之，非独仲尼而后可也。""三者之说一无是矣"，否定三传对此条经文的解读。实际上，"圣人记灾异着劝戒而已矣"②。通过记录灾异警戒在上者仁政治国，由天意治人事。可见，欧阳修反对三传的任意穿凿，突出《春秋》的现实意义，表现其强烈的用世情怀。

在批判对自然现象臆断的同时，欧阳修也排斥对人事的附会。《左氏》中载有柯陵之会，以单子观人外表而断言国家祸福。在欧阳修看来，国家存亡与个体的礼仪节度并无必然关系，只是"幸其言与事会而已"，属于巧合之事。证据有二：一是以圣人为标准，作为与天地同大的圣人都不能由外表推至人心，以至人的祸福，左丘明、单子远在圣人之下，故其推断不可信；一是由礼仪来看，"夫礼之为物也，圣人之所以饰人之情而闲其邪僻之具也"。礼制的设立缘于人情而又节制人情，"是故有其服必有其容"，而"衣冠之不正，瞻视之不尊，升降周旋之不中节，不过不中礼而已"，即由人的仪容只是可以推测其是否合乎礼节。进一步讲，可以肯定的是"喜怒哀乐之动乎中必见于外"。所以，单子由外表仪容而推知祸福不成立。"夫君子之修身也，内正其心，外正其容而已。"③ 指出修身的内容为正心、正容，内外合一，排斥无原则、无根据的臆测。

综上，我们可以发现，欧阳修对灾异、迷信的分析充满理性精神，其天人观是向先秦儒家天人观的回归。虽然欧阳修对三传的理解、反驳

---

① 欧阳修：《新五代史》，第 705—706 页。
② 欧阳修：《欧阳文忠公集》卷 60《石鹢论》。
③ 欧阳修：《欧阳文忠公集》卷 60《辨左氏》。

过于形式，缺乏更深层的思考，但在庆历年间疑经疑传的学风下，足以折射出欧阳修本人求实、济世的学术指向。

其次，由《春秋》引生的两个问题：正统辨，排佛论，欧阳修有自己的看法。

1. 正统辨。近代梁启超讲："中国史家之谬，未有过于言正统者也。"① 虽然立论揭示正统论的专制性，但也显现出正统论的重要地位。正统之辨始于晋而盛于宋，晋习凿齿作《汉晋春秋》，以蜀汉为正统，魏晋为伪国。宋代正统辨以欧阳修开启先路。

关于欧阳修的正统论及其史学思想，学人多有研究②，或论说正统论的内容，或质疑正统论的前后矛盾之处。为清楚明了地阐述欧阳修的《春秋》观，特以下面两个问题作为考察的重点。

第一，正统论的缘起。首先需要说明的是欧阳修《居士集》中《正统论三首》《或问》《魏梁解》并非初稿，"考正统论初有《原正统》、《明正统》、秦、魏、东晋、后汉、梁论凡七篇，又有《正统后论》二篇、《或问》一篇、《魏梁解》一篇、《正统辨》两篇。当编定《居士集》时删《原正统》等论为上下篇而继以《或问》、《魏梁解》，余篇虽删去而传于世，今附《外集》"③。即正统论三首是后来根据《原正统》等七篇删定而成。《欧阳文忠公集》末周必大所跋也有说明，"惟《居士集》公决择篇目素定，而后校众本有增损其辞至百字者，皆已附注其下，如《正统论》、《吉州学记》、《泷冈阡表》又迥然不同，则收置《外集》"。足见欧阳修对正统论的重视。其晚年编定《居士集》，对旧论又有所修正。但无论前后有何变化，不变的是正统论的理论依据，即儒家之道所表现的《春秋》。

---

① 梁启超：《清代学术概论》，夏晓红点校，中国人民大学出版社2004年版，第252页。

② 参见梁启超《新史学·论正统》，载《清代学术概论》，中国人民大学出版社2004年版，第252—260页；饶宗颐：《中国史学上之正统论》，上海远东出版社1996年版；内藤虎次郎：《支那史学史·宋代史学的发展》，苏振申译，载《宋史研究集》第6辑，"国立"编译馆中华丛书编审委员会1977年版；金鑫、曹家齐：《说欧阳修的正统论思想》，《史学史研究》2005年第2期；江湄：《从"大一统"到"正统"》，载瞿林东主编《文明演进源流的思考：中国古代史学研究》，北京师范大学出版社2007年版，第253—269页等相关论著。

③ 欧阳修：《欧阳文忠公集》卷16卷末题注说明。

> 正统之说肇于谁乎？始于《春秋》之作也。当东周之迁，王室微弱，吴徐并僭，天下三王，而天子号令不能加于诸侯，其《诗》下同于列国，天下之人莫知正统。仲尼以为周平虽始衰之王而正统在周也，乃作《春秋》。自平王以下，常以推尊周室明正统之所在，故书王加正月而绳诸侯。王人虽微必加于上，诸侯虽大不与专封，以天加王而别吴楚，刺讥褒贬，一以周法。凡其用意，无不在于尊周。①

意指孔子通过书法褒贬修《春秋》，证明周王室为正统所在。这里推尊周王，尊的是统一政权，欧阳修认为孔子修《春秋》之意正是正统论的开端。但毕竟《春秋》经文中无"正统"二字，"正统之说不见于六经，不道于圣人"。欧阳修承认孔孟时不存在正统说，后世也众说纷纭无定论：

> 是非予夺，人人自异而使学者惑焉，莫知夫所从；又有偏王一德之说，而益之五胜之术，皆非圣之曲学也。自秦汉以来，习传久矣。使孔孟不复出则已，其出而见之，其不为之一辨而止其纷纷乎？此余之不得已也。②

这里解释自己作正统论的原因：一是五德转移说存在弊端。"偏王一德""五胜之术"即先秦时邹衍创立"五德终始"说，以五种自然元素金木水火土依次运转相生相胜论解释自然界的变化，并进一步延伸至朝代兴衰、历史变化之理。秦统一六国后，实践此说，从水德、改历法。以后历代以"五德终始"说作为政权存在的神圣依据，直至北宋建立，流行依旧。如欧阳修的友人尹洙认为："天地有常位，运历有常数，社稷有常主，民人有常奉。故夫王者，位配于天地，数协于运历。"③类似的

---

① 欧阳修：《欧阳文忠公集》卷59《原正统论》。
② 欧阳修：《欧阳文忠公集》卷16《或问》。
③ 尹洙：《河南先生文集》卷3《河南府请解投赞南北正统论》，《四库全书（文渊阁本）》。

政治观念在士大夫中普遍存在；史学界中也是如此，《册府元龟》正是用神秘的"五德终始"说总结历代兴衰。欧阳修批判五德转移论，"曰五行之运有休王，一以彼衰，一以此胜，此历官、术家之事，而谓帝王之兴必乘五运者，谬妄之说也。"① 也即"非圣之曲学"，所以"不得已"而辨正统。

二是"余不得已也"有孟子好辩之意。欧阳修以接续孔孟之道自任，担当"政统"的传承者。唐代韩愈曾明确提出儒家之道的历史统系，"斯吾所谓道也，非向所谓老与佛之道也。尧是以传之舜，舜以是传之禹，禹以是传之汤，汤以是传之文武周公，文武周公传之孔子，孔子传之孟轲。轲之死，不得其传焉"。韩愈以复兴儒家之道为己任，"使其道由愈而粗传，虽灭死万万无恨"②。欧阳修甚是推崇韩愈，"学者非韩不学也，可谓盛矣……韩氏之文之道，万世所共尊，天下所共传而有也"③。其传承"政统"的担当精神不能不说有孟子、韩愈的影子，而"道统"与"政统"都是儒家之道的组成因素。

总之，在欧阳修这里，正统论的理论来源为孔孟之道，具体表现为孔子所修《春秋》。虽然《春秋》没有正式提出"正统"二字，但《春秋》之意在于"正统"。"非圣之学"的"五德终始"论遮蔽了圣人"正统"之义，所以欧阳修"不得已"而作正统论。

当然，引发欧阳修探讨正统的直接导火索是宋初官方修史对一些问题的处理有不当之处。《正统论·序论》讲：宋太祖时，薛居正承旨撰修《五代史》，为五朝君主作帝记。后李昉又奉命编次前世年号，视后梁为僭伪。司天监所用《崇天历》亦"尽黜梁所建号"。如此一来，李昉所编前世年号及《崇天历》与史官所修史书"戾不相合"。从秦至后周，"千有余年治乱之迹不可不辨，而前世论者靡有定说"，所以欧阳修决定以秦至后周的朝代更迭为材料作正统论。

第二，正统论的内涵。"《传》曰：君子大居正，又曰：王者大一统。

---

① 欧阳修：《欧阳文忠公集》卷16《正统论上》。
② 马通伯：《韩昌黎文集校注》，古典文学出版社1957年版，第7—11页。
③ 欧阳修：《欧阳文忠公集》卷73《记旧本韩文后》。

正者所以正天下之不正也，统者所以合天下之不一也。由不正与不一然后正统之论作。"① 这里《传》指《公羊传》。隐公三年"癸未，葬宋缪公"，《公羊传》解词讲："故君子大居正"。何休注曰："明修法守正最计之要者。"隐公元年"春王正月"，《公羊传》云："何言乎王正月？大一统也。"何休注曰："统者，始也，总系之辞……莫不一一系于这月，故云政教之始。"② 依次讲，《公羊》所谓"居正"与"一统"指最高权力者在继承身份上的合法，以建元正朔为布政施教的开端。前者主要是指礼制规范，后者是指政治实践。欧阳修取"大居正"之"正"与"大一统"之"统"，提出"正统"一词。"正天下之不正"，"正"含"至公""大义"等道德范畴；"合天下之不一"，"统"由原来的时间"开始"之义转为空间上的统一之义。以三代为例，"其帝王之理得而始终之分明故也"，是为正统。又，"正统"出现于《汉书·郊祀志下》："宣帝即位，由武帝正统兴"，指继承合法之义，班固《典引》以受天命为"正统"。欧阳修论正统，舍弃诡秘天命说，重视人的道德与功业发挥作用，以此论证政权的正当性、合法性。

可见，无论是正统论的理论基础，还是正统论的基本内涵，都离不开《春秋》的启示作用。其后苏氏兄弟论正统，受其影响很大。又，欧阳修恰恰在这一点上拓展了《春秋》的适用范围，其在史学上的贡献：参与官方所撰《唐书》、私著《五代史》，是其《春秋》观的具体应用。清人赵翼认为欧史不唯文笔简净，直追《史记》，而以《春秋》书法寓褒贬于纪传之中，虽《史记》亦不及。③

2. 排佛论。《春秋》的主题之一为尊中国贬夷狄，夷狄本指边远少数民族，属地域空间范围。欧阳修认为："王道不明而仁义废，则夷狄之患至矣。及孔子作《春秋》尊中国而贱夷狄，然后王道复明。"以"王道"对比"夷狄"，则夷狄不再单纯是空间之夷狄，又含有文化、礼制之夷狄的意思。文化夷狄尤以佛教为代表。宋初学人的排佛，主要是就道统、

---

① 欧阳修：《欧阳文忠公集》卷16《正统论上》。
② 何休：《春秋公羊解诂·隐公元年》，《四库全书（文渊阁本）》。
③ 赵翼：《廿二史札记校证》，中华书局1984年版，第459—460页。

功利、伦理等几个层面展开，理论创新有限，但社会影响很大，如柳开、王禹偁等，如前所述。

欧阳修分析佛教兴盛的原因，提出合理化建议。佛教自两汉之际传入中国，其发展趋势强盛，至宋初，多元文化并立的格局仍旧存在。欧阳修认识到"佛法为中国患千余岁"，其间也不乏力排者，但现实效果并不如意，"攻之暂破而愈坚，扑之未灭而愈炽"。为什么会出现这种情况？欧阳修一反前人或时人直接排斥佛教的思考方式，而是开始反思儒家文化本身，得出的结论是：王道顺乎民心民意，适应民众的生活发展要求；实施王政，"虽有佛无由而入"，三代可为明证。三代以下，王道衰微，佛教此时乘虚而入，王公、百姓归信佛教。可见，佛教吸引民众而日渐强大，原因在于儒家之道呈现弱势，造成民众内心坚守不足，外在信仰有余。何况佛学理论自身有可取之处，"彼为佛者，弃其父子，绝其夫妇，于人之性甚戾……民皆相率而归焉者，以佛有为善之说故也"①。

面对这种局面，欧阳修提出两点建议：第一，战略上要以疏导为主。"盖鲧之治水也，鄣之，故其害益暴；及禹之治水也，导之，则其患息。盖患深势盛则难以敌，莫若驯致而去之易也。"如同治水患用大禹之法，对于佛教之害也应当以引导为主，采用渐进的方式，而不是面对面直接的攻排；第二，战术上要以儒家礼乐之制教导民众，需要各级部门的实践配合。欧阳修认为儒家仁乐礼制为"本"，"孔氏之道明而百家息，此所谓修其本以胜之"。排击佛教，"非有甚高难行之说也，患乎忽而不为尔"，关键是实际操作。具体方案为："夫郊天祀地与乎宗庙社稷朝廷之仪，皆天子之大礼也，今皆举而行之。至于所谓搜狩婚姻丧祭乡射之礼，此郡县有司之事也，在乎讲明而颁布之尔。"即将礼节仪式普及化，加大宣传力度。而且这是一个长期的工作，并非立竿见影之事，"然非行之以勤，浸之以渐，则不能入与人而成化，自古王者之政必世而后仁"。也就是用迂缓之计，此即欧阳修所言"救之莫若修其本以胜之"②。

应该说，以礼制区别华夷，并非欧阳修的首创，《公羊传》就很强调

---

① 欧阳修：《欧阳文忠公集》卷17《本论下》。
② 欧阳修：《欧阳文忠公集》卷17《本论下》。

这条"书法"。这里突出的是欧阳修通过运用《春秋》华夷之别，王道思想重新思考攘佛，即开始面向儒家文化本身，而不再是单方面的指责佛教，其所倡导的从国家制度及百姓日用行为上排佛，更具建设性、可行性。

以上论述了欧阳修的《春秋》观，包括形式上其对《春秋》经传关系的认识，内容上对《春秋》经传中灾异、迷信的批判，以及《春秋》在正统论、排佛论中的角色定位。可以看出：在怀疑经传的新学风中，欧阳修没有对《春秋》经进行逐条细致的解读，而是整体上的把握、运用，尤其是在《春秋》的应用方面，如正统论、排佛论、史书的编撰，进一步拓展了《春秋》的发展空间，对后人研究《春秋》很有启发意义。

总之，新学风下的范仲淹、欧阳修研究《春秋》，主要表现为尊信《春秋》而怀疑三传。二人都不曾对《春秋》作专著类的考证，都强调《春秋》的治世功用，但表达途径各异。范仲淹以概括性的《春秋》褒贬之法倡导积极有为的士风，欧阳修则由《春秋》探讨政权的合法性，编撰史学典籍，以此为宋初现实问题提供参考方案。也可以说，欧阳修倾向于以史看待《春秋》，突出史学"实"的特性，较范仲淹论《春秋》更具体、细微，更具理性精神。

第二节　"宋初三先生"论《春秋》

范仲淹、欧阳修对《春秋》的认识推动了当时新学风的形成，尤其是欧阳修的学术理性精神，开拓了《春秋》的应用领域，但二人注重的是整体性的把握儒家经典的内涵，并没有深入分析《春秋》经文，受二人重视、提拔的"宋初三先生"不同程度地弥补了这一缺憾。

胡瑗、孙复、石介被后人称为"宋初三先生"，"宋兴八十年，安定胡先生、泰山孙先生、徂徕石先生始以师道明正学，继而濂洛兴矣。故本朝理学虽至伊洛而精，实自三先生始，故晦庵有伊川不敢忘三先生之语"[①]。"三先生"以兴师重教、倡导经义义理的实践学术风格而成为宋

---

① 黄宗羲：《宋元学案》，第73页。

代理学的先驱者,开创理学风气之先。"明正学"即是阐明儒学精神,表现形式之一为学术上对《春秋》的研究。从目前资料看,胡瑗、石介的《春秋》说只是片段,孙复则有完整的《春秋》类专著。为便于清晰地论证《春秋》学发展脉络,特以胡瑗、石介《春秋》散论为先,后及孙复《春秋》学。

一 胡瑗、石介致用性的《春秋》观

(一)胡瑗(993—1059)字翼之,学者称其为"安定先生"。少时通五经,后担任教育要职,以儒家经学为教授内容。胡瑗以教育实践、教育思想而有闻于当时与后世,许多学者、公卿大夫出自其门下。《宋元学案》载:胡瑗教学,"科条纤悉具备,立'经义'、'治事'二斋:经义则选择其心性疏通,有器局可任大事者,使之讲明六经;治事则一人各治一经,又兼摄一事,如治民以安其生,讲武以御其寇,堰水以利田,算历以明教是也"①。可见,胡瑗根据学生兴趣特长而因材施教,既重视经书知识,又注重现实社会的需要,做到理论与实践相结合。如精通水利的刘彝,其所阐述的胡瑗"明体达用"的教育宗旨,为时人与后人津津乐道。"圣人之道,有体有用有文。君臣父子、仁义礼乐,历世不变者,其体也;《诗》、《书》、史、传、子集,垂法后世者,其文也;举而措之天下,能润泽斯民,归于皇极者,其用也……臣师当宝元、明道之间,尤病其失,遂以明体达用之学援诸生……故今学者明夫圣人体用,以为政教之本,皆臣师之功。"② 这里把圣人之道划分为体、用、文三个方面,"体"为永久性的儒家伦理规范、制度,"文"即承载儒家之道的历史、文化典籍,"用"即儒家学说在社会政治生活中的具体贯彻。"明体达用"意为通过儒家经典文献理解圣人精神,并运用于实践。胡瑗对《易》《春秋》等经典的研究,在教学过程中得以阐发,正是其"明体达用"思想的生动表现。

胡瑗治经以《易》学最出众,《四库全书总目》中录有《洪范口

---

① 黄宗羲:《宋元学案》,第24页。
② 黄宗羲:《宋元学案》,第25页。

义》、由其弟子倪天隐记述的《周易口义》,后人研究胡瑗的学术思想史也多以其《易》学为代表,钱穆称胡瑗为初期宋学中"完善心性的大理论与其工夫所在"的代表。① 实际上,胡瑗在《春秋》学上也有所造诣。有学者已作考证,胡瑗著有《春秋要义》《春秋口义》《春秋辨要》②,今已不传。《宋元学案》中记载胡瑗在教学活动中组织《春秋》经社,研读《春秋》,孙觉游学于其中,著有《春秋经解》,详见后文;又辑有胡瑗《春秋说》③ 七条佚文,从中仍可窥见胡瑗《春秋》学的大体面貌。

七条佚文以儒家之道为旨归,着重于论证儒家的伦理道德规范,表现为君臣、夫妇关系。

一方面是强调"尊王"。桓公五年"蔡人、卫人、陈人从王伐郑",《左传》客观地叙述了整个事件经过,《公羊传》解释讨伐的性质,"其言从王伐郑何?从王正也"。《谷梁传》则说明战争的原因,"郑,同姓之国也,在于冀州。于是不服,为天子病矣"。胡瑗则于此条经文发掘出"尊王"大义,"不书王师败绩于郑,王者无敌于天下。书战则王者可敌,书败则诸侯得御,故言伐而不言败。茅戎书败者,王师,非王亲兵致讨取败而书之"。第一,从《左传》记载来看,天王军队被诸侯打败;胡瑗则认为圣人于此通过书法表达天王至尊至上,不可战胜,书战、书败都有损天子威严。又,胡瑗对书战、书败的不同含义的解释启发后人解经,如苏辙解此条为:"不言战,王者无敌,莫敢与之战。"④ 即从消极方面"尊王";程颐则解为:"王师于诸侯不书败,诸侯不可敌王也;于夷狄不书战,夷狄不能抗王也,此理也。"⑤ 这里由胡瑗书战、书败的正面解释到反面解释,并对书战、书败的对象做了分类,最终归为"理"。第二,与书例有前后矛盾处,胡瑗则巧妙避开。成公元年天王战败于茅戎,与"书败"之义不相合。胡瑗解释为此战天王并没有亲战,是其他人领兵而

---

① 钱穆:《中国学术思想史论丛》(五),台北:东大图书有限公司 1978 年版,第 4 页。
② 徐洪兴:《思想的转型——理学发生过程研究》,上海人民出版社 1996 年版,第 322—325 页。
③ 黄宗羲:《宋元学案》,第 27—28 页。
④ 苏辙:《春秋集解》卷 2,《四库全书(文渊阁本)》。
⑤ 程颢、程颐:《二程集》,中华书局 2004 年版,第 1104 页。

战,所以被打败而书败也是理所应当的。这种理解虽有弥缝之功,"尊王"大义跃然纸上,但不免有牵强、生硬之嫌。

除上述书法直接"尊王"以外,胡瑗又以间接方式论证此义。庄公六年"王人子突救卫",《公羊传》《谷梁传》认同王人尊贵于诸侯,褒嘉其救卫的行为。胡瑗就整个事件反映出的问题加以论说:"诸侯伐卫以纳朔,天子不先救朔,卒为诸侯所纳,天子威命尽矣。"意指天王至尊地位遭到挑战,委婉地道出对理想政治形态尊王的肯定。就目前资料看,胡瑗所论"尊王"倾向于尊崇形式、伦理层面之王,不具有普遍意义,但同庆历以前汉唐注疏式解读《春秋》相比,这种从经文中直寻义理的方式是一种进步。

另一方面,夫妇关系中突出"妇道"。庄公二十四年"八月丁丑,夫人姜氏入。戊寅,大夫宗妇觌用币",记庄公迎娶齐哀姜之事。三传多从固定的等级礼仪讲,认为此举不合礼。胡瑗不从三传,"妇人从夫者也,公亲迎于齐,夫人不从公而至,失妇道也"。所谓"妇道"即为人妇应该遵从的礼节仪式。以此为标准对哀姜的行为做出判断,体现夫妇之间的尊卑关系。相较而言,胡瑗对伯姬赞誉有加,"伯姬乃妇人中之伯夷也。"宋伯姬事见襄公三十年,大意为伯姬住处失火,但其坚守妇人之义节,在《春秋》礼乐崩坏的氛围中,宋伯姬的坚贞得到后人的褒扬。所以胡瑗以贤人伯夷比衬伯姬,其弟子孙觉《春秋经解》直接引用此义,并具体解说称赞伯姬的原因。

由上可以看出,胡瑗《春秋说》形式上不从三传,以己意理解经义,虽不免有牵强之过,但其以义理解《春秋》的方式促进了庆历新学风的转变;从内容上论证伦理规范,主要是君臣、夫妇之间的等级关系,突出"尊王""妇道"等对臣子、妻子的绝对义务要求。这种强调正是对宋初所承唐末五代颓丧的士风、道德观念迷失等社会问题的解决方式之一,试图确立儒学传统价值理念,回归儒家之道,具有色彩浓厚的济世之义。

(二)石介(1005—1045)字守道,号徂徕,学者称其为"徂徕先生",后结识孙复,并拜其为师。从目前研究现状来看,学人们较多的关注石介的排佛论、道统论、文论及史学思想①，对其经学思想研究较少，其对《春秋》的看法更是无人问津。当然，其中有相关文献不足的原因，从《徂徕集》《宋元学案》等著作中仍可得其一二。

同当时学者一样，石介淹通儒家经典。《宋元学案》言石介以《易》教授学生，孙复的弟子朱长文也讲：教育革新时，"明复以《春秋》，守道以《易》，学士大夫翕然成风，先经术而后华藻"②。《直斋书录解题》解石介《周易解义》为："止解六十四卦，亦无大发明。"③似乎学术创新有限。有学者也指出："石介的《易》学似无过人之处，故一般不为学者所重。"④按石介著有《易口义》《易解》，今不传。《徂徕集》中有《辨易》，《郡斋读书志》中也录有相关材料，但确实平淡无甚新意。

《易》与《春秋》是宋代学人治经的重点，石介也加以关注。除《易》外，石介对《春秋》也有所研究。《春秋》学可以说是石介的家学，其父石丙通三家《春秋》学。《徂徕集》中有石介关于《春秋》的散论，《宋元学案》辑出石介《春秋说》片段十则。由这些材料可以看出石介《春秋》观主要有两方面。

第一，从形式上讲，石介批判《春秋》传注。"昔者孔子作《春秋》，明帝王之道，取三代之政，述而为经，则谓之书。其文要而简，其道正而一，所以扶世而佑民，示万世常行不易之道也。后世人有悖之者，则其书或息。其书息，则圣人之道隳坏也，斯得不谓之蠹乎？"⑤这里通过圣人所作《春秋》的载体、内容、功能、表达形式等多方面说明圣人之道，此道具有恒常性。后世解说类著作，如汉唐注疏则陵夷、毁坏圣人精神，"三传作而《春秋》散"。所以，石介认为三传为《春秋》之蠹，体现出其尊经而批传的态度。

---

① 参见侯外庐、邱汉生、张岂之主编《宋明理学史》（上），人民出版社1984年版，第39—45页；张岂之主编《中国思想学说史》（宋元卷上），广西师范大学出版社2007年版，第339—342页；潘富恩、徐余庆《论石介》，《文史哲》1989年第1期；徐洪兴《思想的转型——理学发生过程研究》，上海人民出版社1996年版，第350—369页等相关著论。
② 朱彝尊：《经义考》卷181朱长文《春秋通志自序》，《四库全书（文渊阁本）》。
③ 陈振孙：《直斋书录解题》卷1《易类》，《四库全书（文渊阁本）》。
④ 徐洪兴：《思想的转型——理学发生过程研究》，第357页。
⑤ 石介：《徂徕石先生文集》，陈植锷点校，中华书局1984年版，第81页。

事实上，六经之中，石介对《春秋》经情有独钟，"六经皆出于孔子之笔，然《诗》、《书》止于删，《礼》、《乐》止于定，《易》止于述，《春秋》特见圣人之作褒贬"。即从孔子对六经的不同整理方式看出《春秋》在儒家经典中的特殊地位。虽然《诗》《易》大义深邃，"《诗》有文武之政，周召之迹，列国之风，卜商之说。《易》有伏羲、文王之叙，推之差易明，考之差易见"。但相比之下，"独《春秋》专出孔子之笔"，意为圣人对《春秋》的重视，"君子之于《春秋》，终身而已矣"。《春秋》以善恶褒贬等价值判断所蕴含的道理而使人一生受益。正是因为孔子亲笔作《春秋》，微言旨远，所以"虽七十子不能知也"，"左氏、公羊氏、谷梁氏，或亲孔子，或去孔子未远，亦不能尽得圣人之意。至汉大儒董仲舒、刘向，晋杜预，唐孔颖达，虽探讨勘勤，终亦不能至《春秋》之蕴"①。从三传到汉唐《春秋》传注都不能揭示《春秋》所包含的圣人精神。这种怀疑传注的治学风格与当时疑经惑古思潮是一致的。

第二，从内容上讲，石介《春秋》观的理论基础为"王道"。石介论"道"较多，但具形上意味的抽象之"道"并不多。"道者何谓也？道乎所道也。"②"所道"之"道"近于事物的规律、原则。"夫天地、日月、山岳、河洛，皆气也。气浮且动，所以有裂、有缺、有崩、有竭。吾圣人之道，大中至正、万世常行不可易之道，故无有亏焉。"③ 这里视"气"与"道"为对应性范畴。"气"具有变动性，属物质性层面；"道"则具有永恒性，属精神性层面，但石介并没有进一步深入论证。有学者研究指出："石介初步为'道'和'气'勾勒出一个轮廓：'道'是至高无上而又完美的，'气'则是具体而又不完备的。但是，这样的观点在石介那里并未充分展开。"④ 此论可谓一语中的。"未充分展开"的原因一方面有客观学术环境的要求，如这一时期的主要任务是打破传注的束缚；另一方面也有石介本人的学术品质，《宋元学案》曾言："徂徕先生严气

---

① 石介：《徂徕石先生文集》，第164页。
② 石介：《徂徕石先生文集》，第244页。
③ 石介：《徂徕石先生文集》，第221页。
④ 侯外庐、邱汉生、张岂之主编：《宋明理学史》（上），人民出版社1984年版，第42页。

正性，允为泰山第一高座，独其析理有未精者。"① 评价石介不擅长严密的分析。

"道"的内容限于伦理意义或政治意义，"道于仁义而仁义隆，道于礼乐而礼乐备，道之谓也"②。"吾圣人之道大行，君君而臣臣，父父而子子。"③ 可见，"道"主要表现为伦理纲常规范，"王道"。"夫父道也者，君道也；君道也者，乾道也。首万物者乾，则以君况焉；尊万邦者君，则以父拟焉。"④ 意指"天道"与"人道"相合，"道"成为贯彻自然与社会的总原则。

"道"的媒介即为《春秋》，石介不止一次地提及此意。"《周礼》明王制，《春秋》明王道，可谓尽矣。执二大典以兴尧、舜、三代之治，如运诸掌。"⑤ 即言《春秋》为治理国家的政治宪纲。"《书》之《洪范》，《周礼》之六官，《春秋》之十二经，《孟子》之七篇，《原道》之千三百八十八言，其言王道尽矣。"⑥《春秋》十二经即指《春秋》所述鲁国十二公，代表《春秋》全文。这里扩大了王道表达形式的文献范围。两种说法虽然不冲突，《春秋》无论如何都是阐明王道的代表，但毕竟王道的表现方式发生了变化，透露出石介学术疏阔而谨严性不足。既然石介以《春秋》明王道，则其对《春秋》的阐释势必关涉伦理规范，如"尊王""贬臣""攘夷"等主题。但由于石介《春秋》类著作材料有限，《宋元学案》仅存的十条佚文中并没有尽兴地展开这些主题。"《春秋》为无王而作，孰谓隐为贤且让而始之哉?"⑦ 或可概括性地表达此义。前句从其师孙复"《春秋》无王而作"说，表现为纲常混乱，上下失序；后句驳斥《谷梁传》"隐公让桓，成人之美"说。

除此，《春秋说》突显的是：第一，石介对自然现象的看法。《春秋》

---

① 黄宗羲：《宋元学案》，第 112 页。
② 石介：《徂徕石先生文集》，第 245 页。
③ 石介：《徂徕石先生文集》，第 221 页。
④ 石介：《徂徕石先生文集》，第 203 页。
⑤ 石介：《徂徕石先生文集》，第 77 页。
⑥ 石介：《徂徕石先生文集》，第 78 页。
⑦ 黄宗羲：《宋元学案》，第 105—106 页。

中载有大量的日食的记录，石介总结日食情况的次数，认为："日食之变，起于交也，有虽交而不食者。""交"为阴阳相合，日食是阴阳变化的结果。"天道至远，不可得而知，后世执推步之术，案交会之度而求之，亦已难矣。"这里"天道"指自然界变化规律。石介反对主观推测、猜想，体现一种较科学的学术态度。

第二，石介解经重书例以及事件的前后连贯性。"称人者，贬也，而人不必皆贬，微者亦称人。称爵者，褒也，而爵未必纯褒，讥者亦称爵……"共列举十种书法情况。以此来看，石介不赞成固定不变、通行全文的例法规则，而是要就事论例，以义取例。所以，石介强调事件的整体发展，如文公十四年"齐人执子叔姬"条，石介就涉及此年"齐公子商人弑其君舍"、十五年"单伯至自齐""季孙行父如晋""诸侯盟于扈""齐人来归子叔姬""齐侯侵我西鄙"等相关事件，说明面对弑君者，"天子不能讨，诸侯不能伐"的纲常解钮的状态，侧面暗含作者对理想政治王道的向往。

由上可知，无论是形式上的尊经弃传，还是内容上的解读，石介释《春秋》都以王道为准则。其中存在不完善、疏略之处，但如同胡瑗《春秋说》的七条佚文所体现的致用精神一样，石介《春秋》观也显示出其对新学风的认同及强烈的用世意图。

二 孙复《春秋》学的"尊王"思想

胡瑗、石介《春秋》论虽然有一定的学术贡献，但毕竟只是对《春秋》的片段解说，缺少全局性。"宋初三先生"另外一位孙复弥补了这一缺憾，其著作《春秋尊王发微》围绕"尊王"阐发政治蓝图，开两宋义理解《春秋》的先河。

孙复（992—1057）字明复，晋州平阳人。科考失败后，退居泰山著书讲学，学者称其为"泰山先生"。其弟子石介曾作《明隐篇》，说明孙复不在隐者之列，"非苟富其道以膏润肥硕于其身"，而是要"利天下也，润万物也"①。时范仲淹、富弼推荐孙复，认为"先生有经术，宜在朝

---

① 石介：《徂徕石先生文集》，第95页。

廷"。孙复由布衣升为国子监直讲,后又被召为迩英殿说书。

当时,孙复与胡瑗都以治经、教学而著称,《宋史》本传称"瑗治经不如复,而教养诸生过之"①。清人黄震认同这一观点,"安定之经术精矣,先生复过之,惜其书世少其传"②。据石介讲:孙复著有《易说》六十四篇,《春秋尊王发微》十二卷,并提出:"尽孔子之心者大《易》,尽孔子之用者《春秋》,是二大经,圣人之极笔也,治世之大法也。"③即《易》与《春秋》为心用关系,最终指向治世。《易说》已佚,孙复以《春秋》学名誉当时。程颐曾这样描述孙复讲《春秋》的盛况,"孙殿丞复说《春秋》,初讲旬日间,来者莫知其数。堂上不容,然后谢之,立听户外者甚众。当时《春秋》之学为之一盛,至今数十年传为美事"④。

关于孙复《春秋》类著作,四库馆臣称:"《春秋尊王发微》十二卷,《中兴书目》别有复《春秋总论》三卷,盖合之其为十五卷尔。今《总论》已佚,惟此书尚存。"⑤ 即仅可见《春秋尊王发微》十二卷。孙复作此书时,已年近半百。⑥ 此前,范仲淹曾为孙复提供学职,并授以《春秋》。范仲淹对《春秋》的认识,如前所述。孙复是否受其影响,有待考察《春秋尊王发微》全文。

首先,《春秋尊王发微》出现的前提条件:宋初面临的一系列政治、军事、经济等多方面的危机,国力日渐衰微,强烈地撞击着学人们的忧患意识。对于如何解决这些问题,学人们普遍转向儒家文化,一致认同六经中蕴含理想政治典范,孙复亦在其列。"虞夏商周之治,其不在六经乎?舍六经而求虞夏商周之治,犹断潢污渎之中而望于海也,其可至哉?"⑦ 即在儒家经典中寻求治国方案。而此时经学仍旧沿袭汉唐注疏之风,与现实社会严重脱节。以怀疑、否定经学章句注疏之学,提倡阐明

---

① 脱脱等:《宋史》,第12833页。
② 黄宗羲:《宋元学案》,第73页。
③ 石介:《徂徕石先生文集》,第223页。
④ 程颢、程颐:《二程集》,第568页。
⑤ 永瑢等:《四库全书总目》,第214页。
⑥ 孙复作《春秋尊王发微》的时间,据蒲卫忠考为庆历二年(1042)前。参见蒲卫忠《孙复与宋代春秋学研究》,载《经学今诠初编》,辽宁教育出版社2000年版,第485—486页。
⑦ 孙复:《孙明复小集》,《寄范天章书二》。

经典本身所含义理为特点的庆历新学风即形成于此时。

孙复积极参与了新学风运动,批判汉唐注疏之学。在给范仲淹的信中,孙复慷慨激昂地表达了这一看法。本来孔子整理的经典文本中寓有完善的治国之道,但从七十子之徒经秦火再到汉魏以下,诸儒所作注解,扰乱了六经原本含有的旨义。而当时朝廷又以此注解类典籍科考取士,造成资源的浪费。孙复反对当时的教育现状,认为:"专主王弼、韩康伯之说而求于大《易》,吾未见其能尽于大《易》者也;专守《左氏》《公羊》《谷梁》杜预、何休、范宁之说而求于《春秋》,吾未见其能尽于《春秋》者也……"即数子之说都不能穷尽圣人精神。进而建议朝廷"广召天下鸿儒硕老,置于太学,俾之讲求微义,殚精极神,参之古今,覆其归趣,取诸卓识绝见大出王、韩、左、谷、公、杜、何、毛、范、郑、孔之右者,重为注解。"① 简言之,即要求抛开注解类著作,从经典文本中直寻经义。

依孙复来看,六经中所含有的经义为圣人之道、儒家之道。第一,圣人之道的内容为儒家传统价值范畴仁义礼乐,是治国的根本性大纲。"所谓夫子之道者,治天下,经国家,大中之道也。"② "仁义礼乐,治世之本也,王道之所由兴,人伦之所由正。"③ 强调儒家仁义礼乐之道的政治、伦理功能。"大中之道"与《尚书·洪范》有关,其中讲"皇极","凡厥庶民,无有淫朋,人无有比德,惟皇作极。""无偏无陂,遵王之义;无有作好,遵王之道;无有作恶,遵王之路;无偏无党,王道荡荡;无党无偏,王道平平;无反无侧,王道正直。会其有极,归其有极。"其大意可概括为人事制度上公正无偏私。孔安国注解"建用皇极","皇,大;极,中也。凡立事,当用大中之道"④。即将"皇极"解释为"大中之道"。孙复取"大中之道"的外壳,灌以仁义礼乐的内容,并提升到治理国家最高原则的地位。究其实,孙复所言"大中之道"是"夫子之道"的政治表达。

---

① 孙复:《孙明复小集》,《寄范天章书二》。
② 孙复:《孙明复小集》,《上孔给事书》。
③ 孙复:《孙明复小集》,《儒辱》。
④ 阮元校刻:《十三经注疏·尚书正义》,中华书局1980年版,第189—190页。

第二,圣人之道表现在政治、历史、宗教、文学等各个方面,孙复尤其突出前两者。

儒家之道在历史方面表现为道统论。孙复讲:夫子之道

> 基于伏羲,渐于神农,著于黄帝尧舜,章于禹、汤、文、武、周公,然伏羲而下创制立度,或略或繁,我圣师夫子从而益之损之,俾协厥中,笔为六经。由是治天下,经国家,大中之道焕然而备,此夫子所谓大也,其出乎伏羲、神农、黄帝、尧、舜、禹、汤、文、武、周公也远矣。噫,自夫子殁,诸儒学其道得其门而入者鲜矣,惟孟轲氏、荀卿氏、扬雄氏、王通氏、韩愈氏而已,彼五贤者,天俾夹辅于夫子者也。①

这里有两层含义:第一,"道"的源头性。孙复把道统源头追溯到伏羲;第二,"道"的阶段性。"夫子之道"在历史传承过程中有三个明显界限,从伏羲到周公是"道"的创立阶段,伏羲为儒家之道的奠基者,从神农到周公对"道"都有所发展("渐""著""章");孔子对"道"进行了整理,以文字的形式流传、延续"道","道"的治世性在这里最为完善,故孔子对"道"的提升超出伏羲、周公之功;从孟子到中唐的韩愈,是"道"的恢复或弘扬阶段。

应该说,道统论的正式提出始自中唐韩愈,"尧是以传之舜,舜以是传之禹,禹以是传之汤,汤以是传之文武周公,文武周公传之孔子,孔子传之孟轲。轲之死,不得其传焉"②。同韩愈道统论相比,孙复把儒家之道的起点上推至传说时代,证明儒家之道的"源远"性;把荀子、扬雄,甚至董仲舒,以至王通和韩愈本人划入道统序列,证明儒家之道的"流长"性;对"道"传承过程的分段式论证,使"道"的流传谱系更具立体性、多面性。二者道统论的差异源于其对儒家之道的理解不同。韩愈所重构的儒家之道主要是指孟子所讲的"仁义",而孙复所谓

---

① 孙复:《孙明复小集》,《上孔给事书》。
② 马通伯:《韩昌黎文集校注》,古典文学出版社1957年版,第7—11页。

儒家之道，包含仁义礼乐，其所罗列的"五贤"着眼于他们对儒家之道的宣扬、振兴。有学者研究认为：孙复道统思想的具体内容"与后来理学家的道统说有很大的区别，可以视为从韩愈道统说到理学家道统说的过渡形式"①。

在政治上表现为等级伦理秩序。孙复屡次言明"君君臣臣父父子子，君国之大经，人伦之大本也"②。"君臣父子夫妇，人伦之大端也。"③"圣人之道非它，人道也；人道非它，君臣也，父子也、夫妇也。"④意谓儒家之道所包含的纲常名分是理正人与人在社会、政治生活中关系的指导原则。三种社会关系中，孙复着重于君臣一伦。"乾者君之道，坤者臣之道，衣上而裳下者，乾坤之象也。……故舜增五等之制，自上而下，俾贵贱之序益明，天子之位益尊。"（《舜议制》）这里乾、坤是《易》的基本概念，由乾为天、坤为地的基本卦象引申至日常生活中衣与裳的上下，进而推至君与臣的社会等级关系，此为《易》的内容之一。⑤孙复通过对《易》的理解与运用，以天道与人道的贯通、等级制的完善强调君王权位的至上至尊。君王在享有最高权力的同时，也有相应的义务。《世子蒯聩论》以卫国内乱为例，把矛盾的源头指向卫灵公，"生不能治其室，死不能正其嗣"。君王有责任理顺等级名分。同样，对臣子也有一定的要求。为臣者既要尊君，又要尽臣职。《文王论》驳斥《春秋左氏传》对文王夷灭商纣的注解，指出："纣虽失德，诸侯背叛""而文王事之独无二心"。文王"有庇民之大德，有事君之小心"。意指臣子在"君"与"民"之间要有效地坚守纲常礼制。孙复主张为臣者要积极奋发，有为行事。《罪平津》中斥责汉武帝时宰相公孙弘"无制礼作乐，长世御民之才，但以持禄固位，自图安乐为事"。即臣下者应当具有担当精神，济世救民。看似批评历史人物，实则是对当时清静无为、苟且偷安的士风习气的怒吼。

---

① 张岂之主编：《中国思想学说史》（宋元卷上），广西师范大学出版社2007年版，第337页。
② 孙复：《孙明复小集》，《兖州邹县建孟庙记》。
③ 孙复：《孙明复小集》，《儒辱》。
④ 孙复：《孙明复小集》，《明隐》。
⑤ 参见高亨《周易大传今注》，齐鲁书社1998年版，第14页。

这一层面的含义更具体地表现在《春秋尊王发微》中。

由上可知，孙复通过否定传注，倡言经文本身所包含的圣人之道。此"道"表现在社会、政治生活的各个层面，其目的是重新确立儒家文化的主体地位。圣人之道主要是在政治上落实为纲常秩序。可见，孙复讲儒家之道侧重于"道"的现实应用、制度建设等实践层面，而《春秋尊王发微》是这种应用的载体。

其次，《春秋尊王发微》的"尊王"大义。如前述，孙复认为六经中含有儒家之道，《春秋尊王发微》是孙复对《春秋》经中圣人之道的解读，也可以说孙复借《春秋》经的政治、历史批判精神，以儒家之道为理论指导，阐明"尊王"大义。

《春秋尊王发微》开篇解释孔子作《春秋》的原因，揭示"尊王"主题。"孔子作《春秋》也，以天下无王而作也，非为隐公而作也。"即孔子整理过的《春秋》含有政治价值批判的意味。孙复列举周道衰微而"无王"的种种表现，礼制制度上的上下等级失序，"朝觐之礼不修，贡赋之职不奉，号令之无所束，赏罚之无所加"[①]。文化上的标识以《诗》《尚书》《春秋》为例，"《诗》自《黍离》而降，《书》自《文侯》而绝，《春秋》自隐公而使"。《黍离》是周大夫感伤于周宗庙宫室变为废墟而作，"天下无复有雅也"；《文侯》列于《周书》诰命类文献末，"天下无复有诰命也"。正是基于对"无王"的政治、文化现状的认识，孙复认为孔子感而作《春秋》，由此也暗示《发微》以"尊王"为阐释重点。

"尊王"是通过内对君王本人、诸侯及大夫，外对夷狄的褒贬完成的。

（一）对内的伦常关系。周道衰微以前，圣王之治的理想状态下，天王有政治、军事、经济等多方面的权力，如"《春秋》之义，非天子不得专杀""天子祭天地""天子无敌，非郑伯可得抗也"。"无王"的政治现状则打破了王权的至上性，诸侯国君擅自行使专杀权，国君僭越而行天子礼，诸侯国与天王对抗，甚至天王本人也偏离了王政。隐公七年"天王使凡伯来聘"，孙复认为："天王使凡伯来聘，非天子之事也。桓王不

---

① 孙复：《春秋尊王发微》卷1《隐公》，《四库全书（文渊阁本）》。以下简称《发微》。

能兴衰振治，统制四海，以复文武之业，反同列国之君。"① 即周王违背礼制。襄公三十年"天王杀其弟佞夫"，《发微》先引《尚书》帝尧之德，反衬周天子无仁德，"《书》称帝尧克明俊德，以亲九族，九族既睦，平章百姓"；继而认为"诸侯有失教及不能友爱其弟出奔者，孔子犹详而录之，讥其失兄之道"，周王至尊"富有四海"，却杀其胞弟，更应贬斥，"恶之"②。由此可见，孙复所谓"尊王"，并非无原则地盲目尊崇现实权威之君王，尊的是"王"内在的评判标准，即仁义礼乐之道。

以"尊王"的实质再来看伦常关系。庄公六年"单伯逆王姬"，《谷梁传》讲："躬君弑于齐，使之主婚姻，与齐为礼，其义固不可受也。"即从情义上讲，鲁庄公不可听命于周天王。孙复在此基础上有所改进，"鲁桓见杀于齐，天子命庄公与齐主婚，非礼也；庄公以亲仇可辞而庄公不辞，非子也。故交讥之"③。意言周王与诸侯国君在违背礼制纲常方面是一致的，所以都受到讥贬。

诸侯国内君臣之间，孙复也要求他们符合仁义原则。成公十七年"晋杀其大夫郤锜郤犨郤至"，《发微》认为："君之卿佐是谓股肱，厉公不道，一日而杀三卿，此自祸之道也，谁与处矣。故列数之以著其恶。"④ 意指君王不行君道，自取祸端，则直书其恶行。必要时刻，国君要死难其国。庄公四年"纪侯大去其国"，孙复首先明确齐国迁他人之国是不讲道义，同时指出"纪侯守天子之土，有社稷之重，人民之众，暗懦龌龊，不能死难。畏齐强胁，弃之而去，此其可哉？身去而国家尽为齐有"⑤。言明纪侯应当以国家、人民为重，与国并存亡，所以对纪侯弃国的行为表示厌恶。实际讲来，孙复以理想王政为标准，硬性丈量个体政治地位，确有苛刻之嫌，其后弟子孙觉在重解《春秋》的过程中，修正了这一观点，在坚持王道原则的同时加入了灵活性的因素，详见后文。

为臣者要尊上，必要时也应当殉职。隐公四年"卫人杀州吁于濮"，

---

① 孙复：《春秋尊王发微》卷1《隐公》。
② 孙复：《春秋尊王发微》卷9《襄公》。
③ 孙复：《春秋尊王发微》卷3《庄公》。
④ 孙复：《春秋尊王发微》卷8《成公》。
⑤ 孙复：《春秋尊王发微》卷3《庄公》。

"称人以杀讨贼乱也。桓公被杀至此八月,恶卫臣子缓不讨贼"①。即臣子有讨伐弑君之贼的义务。桓公十一年"宋人执郑祭仲",《公羊传》解为祭仲善权变,含褒义;《谷梁传》则以死君难为臣道而贬祭仲。孙复取《谷梁》义,进一步突出臣下的责任,"祭仲为郑大臣,不能死难,听宋逼胁,逐忽立突,恶之大也"②。认为祭仲没有尽忠尽力,予以最大的贬斥。襄公十九年"晋士匄帅师侵齐,至谷闻齐侯卒,乃还",《左传》认为士匄闻丧而还,合乎礼节;《公羊》称赞其不伐丧;《谷梁》则就特殊情况提出相应的对策。孙复自觉地立足于三传之外,彰显尊王之义。"不伐丧,善也,士匄贪不伐丧之善以废王命,恶也。"③即为臣者要始终以君为首位,等级高于道德。不难发现,孙复严格以尊王为旨归,以政权、政令统一为主体,甚至舍弃道德判断而固执的尊信君命,不免有刻板、迂腐之嫌,使"王"的内涵也大打折扣。

《发微》对兄弟、夫妇关系也有所关涉。隐公元年"郑伯克段于鄢",孙复讲:郑伯的兄弟段骄悍难制服,郑伯有意养段之恶以至用兵,"兄不兄,弟不弟",悖离兄弟之道,"交讥之"④。桓公三年"公子翬如齐逆女,九月齐侯送姜氏于讙,公会齐侯于讙",《发微》讲:"夫夫妇妇,风教之始,人伦之本也,可不重乎?是故婚礼之重莫重乎亲迎。"⑤ 夫妇一伦在风习教化中有重要地位,而齐侯、鲁桓公的行为不合礼制。

以上简述了对内的君臣、夫妇等伦常关系。孙复通过讥贬的写作方式强调尊天子、黜诸侯,"尊王"的实质是尊崇儒家的政治伦理规范,是儒家之道在政治生活中的落实。但由于孙复偏重于"道"在实践中的应用,使得"尊王"的内涵有些摇摆,时而呈现为遵从现实君王的权威,如桓公十五年"天王使家父求车",三传意为"非礼",而孙复解为"诸侯贡赋不入,周室材用不足",维护在上者的绝对权力,力倡统一而稳定的政治秩序之意表露无遗。

---

① 孙复:《春秋尊王发微》卷1《隐公》。
② 孙复:《春秋尊王发微》卷2《桓公》。
③ 孙复:《春秋尊王发微》卷9《襄公》。
④ 孙复:《春秋尊王发微》卷1《隐公》。
⑤ 孙复:《春秋尊王发微》卷2《桓公》。

(二）夷夏观。华夏民族与少数民族的关系一直是《春秋》学研究的主题之一。孙复对待夷狄的态度主要是以政治伦理规则为标尺，彰显尊王大义。

一方面，同传统的《春秋》观一样，孙复坚持攘斥夷狄。如庄公十年，荆楚打败中原蔡国军队，俘获蔡侯。《春秋》经书为"荆败蔡师于莘，以蔡侯献舞归。"孙复认为不书为"获"，"不与夷狄获中国也"；哀公十三年"公会晋侯吴子于黄池"，盟会的主办方是吴国，此时晋已失去盟主地位。经文列晋侯于吴子之上，意在表明"不以荒服冠诸夏"，"尊诸夏也"。这里所否定的夷狄仍是地域、血缘层面的少数民族。

另一方面，孙复对夷狄的行为又有所肯定。如僖公二十一年宋公、楚子等诸侯国君盟会于盂，楚子执宋公而伐宋。孙复解释对楚称谓的变化，由称"荆"表示荆州之夷，到称人称子，"以其渐同中国与诸侯会盟，及修礼来聘，称人少进也；称子复旧爵也"①。即赞许夷狄主动接受中原礼乐文明，此时夷狄为道德文化之夷。所以，宣公十一年"楚人杀陈夏征舒"，夏征舒作为弑君之贼，天子与各国诸侯不能诛讨，楚人进行征讨，维护伦理秩序，"孔子与楚讨也"，明确赞赏少数民族在践守礼制方面的行为。

正是因为以仁德礼制区分华与夷，所以孙复认为"夷狄乱华，诸侯得以驱之逐之"是可行的，但灭其国、执其诸侯就过分了。如宣公十五年"晋师灭狄潞氏，以潞子婴儿归"，昭公十七年"晋荀吴帅师灭陆浑之戎"等诸侯对夷狄的做法。中原诸侯有超出礼制文明的行为，也以夷狄相称。昭公十二年"楚子伐徐，晋伐鲜虞"，《发微》讲：晋国作为盟主，本应救助被楚国所灭的陈、蔡；相反，晋与楚交伐中原诸侯国，"此夷狄之道也，故夷狄称之"②。"夷狄之道"即与先进礼乐文明背离的行为方式或原则。可见，华与夷的概念是变动的，其标准是仁义礼制等政治规范、法则。有学者指出："宋人之所谓夷狄、中国已是固定实体而不

---

① 孙复：《春秋尊王发微》卷5《僖公》。
② 孙复：《春秋尊王发微》卷10《昭公》。

变。"① 这里所讲的不变实体是地域意义上所划分的中国、夷狄，是就当时宋政权与少数民族政权并立而言。孙复所讲夷狄，倾向于文化之夷，以此发挥儒家之道。

又，孙复解哀公十四年"春西狩获麟"条总结性地概括《发微》的尊王主旨。

> 天子失政自东迁始，诸侯失政自会澳梁始，故自隐公至于澳梁之会，天下之政、中国之事皆诸侯分裂之；自澳梁之会至于申之会，天下之政、中国之事皆大夫专执之；自申之会至于获麟，天下之政、会盟征伐皆吴楚迭制之。圣王宪度，礼乐衣冠，遗风旧政，盖扫地矣，中国沦胥逮此而尽。前此犹可言者，黄池之会晋鲁在焉；后此不可言者，诸侯泯泯，制命在吴，无复天子会盟征伐之事也。是故《春秋》尊天子褒齐晋，褒齐晋，所以贬吴楚也，尊天子，所以黜诸侯也。尊天子黜诸侯始于隐公是也，褒齐晋贬吴楚终于获麟是也。②

这里有三层含义：第一，孙复把平王东迁后到敬王二百多年的历史划分为三个阶段，即诸侯专政、大夫专政、夷狄专执，其划分的标准为王权的递变；第二，少数民族把持政权，则华夏民族的先进礼乐文明沦灭逮尽。也即少数民族是落后文明的代表，似乎不可能进步，这与孙复解经过程中对夷狄在文化礼乐方面的赞许有不合之处。其中原因可以解释为：宋廷建立之初并没有实现真正意义上的统一，政治、文化秩序的一贯性成为学人们学术与实践的普遍追求。孙复虽然肯定少数民族在先进文明方面有些许发展，但尊王攘夷、贵中国贱夷狄是其坚持的最高原则；第三，"尊天子黜诸侯"是就中原内部而言的君臣关系，"贵中国贱夷狄"是就中原外部的民族关系而言。无论是"尊天子"还是"尊中国"，其实质都是"尊王"，尊崇儒家之道。

除此之外，孙复解说《春秋》灾异也凸显其"尊王"之义。桓公元

---

① 杨向奎：《宋代理学家的〈春秋〉学》，《史学史研究》1989年第1期。
② 孙复：《春秋尊王发微》卷12《哀公》。

年"秋大水",《发微》将自然现象与人道相联系,"昔者圣王在上,王事修而彝伦叙,则休征应之"。"若圣王不作,王事废而彝伦攸斁,则咎征应之。"① 这里孙复承袭汉代学者天人感应说,但前人所论是以人格化的"天"限制君主权威,此处的"天"是被动地相应于人,主动权在于"圣王",进一步讲是自然界依人间王道状态而发生变化。孙复又突出彝伦中的君臣一伦,《发微》把桓公三年"日有食之"理解为"日有食之,阴侵阳,臣侵君之象也",目的是劝诫在上者"修身以德以消其咎"。以自然现象比附君臣关系,同欧阳修的理性精神相比或许有一定的差距,但孙复正是以此倡"尊王"大义,王道之治。

总之,孙复通过论证君臣、夫妇等级伦理秩序,以及夷夏关系阐明《春秋》"尊王"大义。"尊王"所尊并非现实个体之"王",而是"王"所内含的儒家之道指导下的政治伦理秩序。也就是说,"尊王"大义的实质是对儒家之道制度、规范的回归,是对政治秩序中仁义礼乐的精神诉求。有学者指出:"孙复《春秋尊王发微》旨在阐发《春秋》经,但他却为现实的宋专制主义唱了一曲赞歌。"② 这里从当时的社会背景出发,强调孙复《春秋》学的政治功能,但不免忽略了其中的文化含义。

最后,《发微》的学术意义。如上所述,《发微》是孙复所解读的儒家之道在政治生活中的具体呈现,从而开启两宋义理解《春秋》的大门。其学术意义表现在三个方面:

第一,孙复《春秋》学是对儒家之道的回归。《春秋》经本身含有君臣纲常、尊王攘夷等内容,由对历史事件的褒贬而包含价值原则。孙复《春秋》学通过重新阐释《春秋》经,发挥尊王思想,申明儒家仁义礼乐之道,论证建立统一的文化、政治秩序的重要性。这种回归在学术上促进了儒学的复兴,在政治上则为当时政权运作提供了一种方案。正如欧阳修在《孙明复先生墓志铭》中所讲:孙复研究《春秋》,"以考时之盛衰而推见王道之治乱"③ 点明了孙复《春秋》学的治世之义。有学者把

---

① 孙复:《春秋尊王发微》卷2《桓公》。
② 漆侠:《宋学的发展和演变》,河北人民出版社2002年版,第228页。
③ 欧阳修:《欧阳文忠公集》卷27《孙明复先生墓志铭》。

《发微》对于治道多有发挥、针对性强的特点归结为宋代重视《春秋》的一个主要原因①，有一定的道理。

第二，孙复《春秋》学推动了宋初学风的转变。针对宋初经学的弊端，庆历年间兴起疑经惑古的学术思潮。孙复积极参与其中，批判汉唐注疏之学，《发微》即是其舍传而以己意解经的代表作。从解经方式上看，孙复"本于陆淳而增新意"，即沿袭中唐陆淳舍传求经的治学方法又有所发展。欧阳修也曾表达这一意思，"先生治《春秋》不惑传注，不为曲说以乱经""得于经之本义为多"②。考察全文，孙复并没有完全抛开前人注疏成果，如前文所讲"大中之法"即引自汉郑玄。确切讲，孙复《春秋》学是采拾传注作主观判断，重视经义的发挥。又，四库馆臣称：《发微》"有贬无褒，大抵以深刻为主"。并视常秩所言"明复为《春秋》，犹商鞅之法"为笃论，认为孙复"过于深求而反失《春秋》之本旨"③。的确，孙复解《春秋》存在苛求之处，且议论以贬斥为主。但"有贬无褒"说过于绝对，《发微》对齐桓公攘夷之功、夷狄在礼乐方面的进步是表示肯定的；至于"过于深求"的评论，则忽视了孙复所处的社会环境，何况"过于深求"与《春秋》注疏类著作相比，不失为一种以主观体验与社会现实相结合来把握圣人精神的新的解经途径。

至此，再来看孙复《春秋》学的学术渊源。范仲淹虽授以《春秋》，但对孙复《春秋》思想影响不大。范仲淹于三传有微词，但倾向于《左传》；孙复对三传没有明显的偏向，批判汉唐注疏，同时又吸收前人成果。有学者研究认为：孙复《春秋》学本于中唐陆淳、韩愈。④ 即孙复正是承接了中唐《春秋》学者所开创的舍传求经、断以己意的解经精神，面对社会问题而倡导《春秋》"尊王"大义，促进了当时疑经惑传、义理解经新学风的转变。

第三，孙复《春秋》学对理学有一定的奠基作用。应该说，孙复

---

① 侯外庐、邱汉生、张岂之主编：《宋明理学史》（上），人民出版社1984年版，第38页。
② 欧阳修：《欧阳文忠公集》卷27《孙明复先生墓志铭》。
③ 永瑢等：《四库全书总目》，第214页。
④ 徐洪兴：《思想的转型——理学发生过程研究》，上海人民出版社1996年版，第333页。

《春秋》学在形上理论建设方面没有创新性贡献，其所理解的儒家之道仍局限于制度、规范等形下层面。程颐批评孙复《春秋》学，"孙大概唯解《春秋》之法，不见圣人所寓微意"①。即是言孙复《春秋》止于君臣等级秩序，于"法"之所以然之"理"不通。由于缺少较高的理论做指导，孙复"尊王"思想有时指尊崇儒家伦理规则，有时则指尊奉现实君王威严。但整体来讲，孙复《春秋》学对基本方向的把握符合儒家精神。南宋朱熹讲：孙复解经"虽未能深于圣经，然观其推言治道，凛凛然可畏，终得个圣人意思"②。一方面指出孙复《春秋》学理论深度有缺，另一方面肯定其"治道"精神，对理想秩序的规划。"得个圣人意思"即孙复所理解的儒家仁义礼乐之道，道理"平正"。又，孙复《春秋》学所反映出的天与人的关系，"天"是应人事而有感，是人格化的"天"。有学者研究认为：孙复强调纲常道德规范，天道也有道德伦理，"人间的封建道德规范和天的道德规范是一致的，这里就有了理学体系的萌芽"。"到了后来理学家的手里，人格神的色彩越来越被冲淡。"③ 道出了孙复《春秋》学对理学某一命题的学术影响。

综上论述了"宋初三先生"的《春秋》观。可以发现，同范仲淹、欧阳修整体性的把握《春秋》经义不同，胡瑗、石介、孙复侧重分析《春秋》具体经文，阐发儒家伦理规范。胡瑗、石介所存《春秋》类著作不完整，相应地所表达的政治伦理原则也只是凤毛麟角。孙复《发微》则围绕"尊王"，贯通考察《春秋》经。"宋初三先生"的《春秋》观一方面打破了注疏体对经学发展的束缚，倡导以主观体验直接探得经文大义；另一方面体现出其学术的致用性，汲汲于现实问题而提供一种解决方案。所以说，"宋初三先生"的《春秋》观集体呈现浓厚的适用色彩，但在学术视野的开阔性、对《春秋》的分析及对三传批判的理论化、细致化方面显得单薄、不足。

---

① 程颢、程颐：《二程集》，第1104页。
② 黄宗羲：《宋元学案》，第101页。
③ 侯外庐、邱汉生、张岂之主编：《宋明理学史》（上），第37页。

第三节 刘敞体系化的《春秋》学

伴随着庆历学风的进一步深入，政治环境的变化，《春秋》研究面临新的局面。如孙复借解读《春秋》而激切地表达出的"尊王"大义，的确可以说是为解决当时现实问题而开出的一纸好药方，但由于紧紧拘束于"尊王"，不免使阐释的《春秋》经义带有明显的主观臆断性，甚至有"强制"的意图。现实政治革新的失败也需要重新审视对《春秋》的理解。刘敞《春秋》类著作的出现似乎恰逢其时。

刘敞（1019—1068）字原父，临江新余人，学者称其为"公是先生"。举庆历进士，廷试第一。历仁宗、英宗两朝，官至集贤院学士。欧阳修《集贤院学士刘公墓志铭》中称：刘敞"上自六经、百氏、古今传记，下至天文、地理、卜医、数术、浮图、老庄之说，无所不通"①。这为其理解《春秋》准备了丰富的典籍资源。《宋史》本传载："欧阳修每于书有疑，折简来问，对其使挥笔答之不停手，修服其博。"② 以欧阳修的学识、文章而折服于刘敞，可以想象刘敞学问的渊博。当然，刘敞笃志于经术，著有《七经小传》《春秋》五书。

《七经小传》，主要是杂论《尚书》《毛诗》《周礼》《仪礼》《礼记》《公羊传》《论语》七部经典经义，体裁类似于读经札记，大多是就经文一句或一段进行考证、辨析，纠正前人说法。如谓《尚书》"《九共》九篇，'共'当作'丘'。古文'丘'作四，与'共'相近，故误传以为共耳。"解《毛诗》"《棠棣》之四章"，认为其中的"戎"字不含韵，当作"戍"；解《伐木》篇"丁丁声相应也"，引申为"自天子以至庶人亦当须友以相成也"，"毛郑说俱非是也"。③ 解《礼记》中"诸侯以《狸首》为节"当作"以《鹊巢》为节"④。诸如此类说解很多。王应麟讲："自

---

① 欧阳修：《欧阳文忠公集》卷35《集贤院学士刘公墓志铭》。
② 脱脱等：《宋史》，第10387页。
③ 刘敞：《公是先生七经小传》卷上，《四部丛刊》本。
④ 刘敞：《公是先生七经小传》卷中。

汉儒至于庆历间,谈经者守训诂而不凿,《七经小传》出而稍尚新奇矣。"① 吴曾《能改斋漫录》也讲:"庆历前后,学者尚文辞,多守章句注疏之学。至刘原甫为《七经小传》,始异诸儒之说。王荆公修经义,盖本于原甫。"② 以此有两点说明:第一,两段材料证明《七经小传》在改变宋初所袭有的汉唐注疏训诂之学、倡导疑经惑传的新学风方面有一定的学术地位。问题是,刘敞以前的范仲淹、欧阳修等前辈,以及"宋初三先生"也都在新学风建设方面做出了理论、实践的努力,何以称《七经小传》"尚新奇""异诸儒"？有学者就此问题研究认为:王应麟之说不成立,"胡瑗、孙复皆长于刘敞,其说《易》与《春秋》,何尝顾及注疏？"只能说《七经小传》舍注疏而别有新义,盛于王安石。③ 也即胡瑗、孙复开宋人新学风早于刘敞。这一驳论点出了胡瑗、孙复在舍传求经、义理解经方面所起到的先锋军作用。但若以出生年代为证据,似乎略显牵强。毕竟范仲淹、欧阳修也长于"宋初三先生",对宋学新风尚也有开启之功。对于王应麟的说法或许可以这样理解:范仲淹、欧阳修因其政治家的身份,在宋初新学风形成方面的贡献主要是政治实践,如提携、培养人才,兴学重教等,为新学风的开展准备条件;"宋初三先生"正是在这样有利的政治环境中精心研究经术,怀疑传注,参加教育活动等,推动了新学风的进一步发展;怀疑传注的下一环节势必有所主动创新,凭意改经似乎为逻辑使然,顺理成章,刘敞正是这一新学风深入的代表。四库馆臣称:"盖好以己意改经,变先儒淳实之风者,实自刘敞。"④ 《七经小传》恰恰是这一改经—创新行为的载体,其"尚新奇""异诸儒"的特点自然不在话下。

第二,关于刘敞与王安石的关系,从其文集来看,二人有书信往来,刘敞作有《贺王介甫初就职秘阁》,王安石作有《与刘原甫书》,多是相互慰藉、问候之辞。《公是弟子记》提要称:"盖是时三党交讧,而敞独

---

① 王应麟:《困学纪闻》,辽宁教育出版社1998年版,第190页。
② 吴曾:《能改斋漫录》卷2,《四库全书(文渊阁本)》。
③ 牟润孙:《论两宋〈春秋〉学之主流》,载《注史斋丛稿》,中华书局1987年版,第158—159页。
④ 永瑢等:《四库全书总目》,第214页。

萧然于门户之外，故其言和平如是。至于称老子之无为，则为安石之新法发；其辨孟子之人皆可以为尧舜，则为安石之自命圣人发。其说稍激，则有为言之者也。"① 刘敞是否反对王安石变法，是否对变法的理论基础有所异议，暂且不考、不表，可以肯定的是二人曾就某一学术问题进行探讨。至于王安石修经义是否本于刘敞，四库馆臣在《七经小传》提要中讲：刘敞论经穿凿，与王安石有类似之处；《公是弟子记》中驳斥王安石对经的认识，与新学异趣；"且安石刚愎，亦非肯步驱于敞者。谓敞之说经，开南宋臆断之弊，敞不得辞。谓安石之学由于敞，则窃鈇之疑矣"②。即从二人学术品质来看，王安石新学源于刘敞的说法值得怀疑。现代学人对此也有所考察，认为：从王安石改定的《尚书·武成》中可以看出"王氏改本是在刘敞改本的基础上的进一步修订，疑经思路和思想动机亦相似"③。即大体认同吴曾《能改斋漫录》的观点，王安石受到过刘敞经学思想的影响。笔者倾向于后者的考证，因为从学术的发展脉络讲，后人学术思想的进步离不开对前人学术成就的继承、吸收，而且，学人之间对某一问题的异议并不妨碍他们的交流、汲取。

通过考辨别两段材料，足以证明刘敞对从怀疑传注到径直改经的开拓性学风的大力推进及其对后学的影响。这一特点更具体地表现在其《春秋》学中。

一　王道之下的《春秋》五书

《七经小传》毕竟是"小传"，并不能反映其学术风格，刘敞最擅长的是《春秋》。《宋史》本传称：刘敞"长于《春秋》，为书四十卷，行于时"④。四十卷《春秋》即《春秋》五书。清人皮锡瑞也称："宋人治《春秋》者多……以刘敞为最优，胡安国为最显。"⑤ 实际上，《七经小传》中有三条关于《春秋》的内容，一条是校正《公羊传》的衍字，一

---

① 刘敞：《公是弟子记》提要，《四库全书（文渊阁本）》。
② 刘敞：《七经小传》提要，《四库全书（文渊阁本）》。
③ 杨新勋：《宋代疑经研究》，中华书局2007年版，第98页。
④ 脱脱等：《宋史》，第10387页。
⑤ 皮锡瑞：《经学历史》，中华书局2004年版，第179页。

条是反驳《左传》中"都城过百雉，国之害也"，赞同《公羊传》的说法，一条是解释《国语》中"报"的含义。四库馆臣讲：刘敞本打算作《七经传》，《春秋》先成，三条札记也编入《春秋》五书中。① 考察《春秋》五书，似乎在其中寻找不到《七经小传》中关于《春秋》三条记录完整的"影子"。《七经小传》《七经传》《春秋》五书的关系或许可以理解为：《七经小传》为刘敞的读经笔记，内容单薄；《七经传》是刘敞欲在《七经小传》的基础上作恢宏巨著；《春秋》五书是《七经传》的一部分。② 为何先著《春秋》？可能与刘敞的家学有关。刘敞祖父刘式（948—997）"治《左氏》、《公羊》、《谷梁春秋》，旁出入他经"③。留有上千卷书，但因其著作失传，难以勾勒其《春秋》学对刘敞治经的影响。

《春秋》五书指《春秋权衡》《春秋传》《春秋意林》《春秋说例》《春秋文权》。《春秋权衡》十七卷，刘敞"自序"称："权，准也；衡，平也。物虽重必准于权，权虽移必平于衡。故权衡者，天下之公器也，所以使轻重无隐也，所以使低昂适中也。察之者易知，执之者易从也。不准则无以知轻重，不平则轻重虽出不信也。故权衡者，天下之至信也。"即权衡本指称量物体的标准，具有公平性、普遍性，其作用是"至信"。延伸至《春秋》，则三传之间"其善恶相反，其褒贬相戾"；至汉董仲舒、刘歆等经学家"是非之议不可胜陈，至于今未决"，原因是没有共同的评判标准，"故利臆说者害公义，便私学者妨大道，此儒者之大禁也"。《春秋权衡》目的是打破传注对《春秋》大义的误解、疏离，其所用的"工具"是孔子所修作《春秋》经中含有的"道"，儒家仁义礼乐之道。或许因为《春秋权衡》批判传注的坚决性、彻底性，超出同时代学人的学术胆识，所以刘敞自言："《权衡》之书始出，未有能读者。""虽然非达学通人，则亦必不能观之矣。"④ 四库馆臣称其"自命甚高"，也是由于刘敞的这种学术勇气和自信。

---

① 刘敞：《七经小传》提要。
② 赵伯雄《春秋学史》中有一种推测：《七经小传》可能成书在前先，《春秋传》等五书可能成书在后；这里笔者做另一种推测，仅供参考。
③ 刘敞：《公是集》卷51《先祖磨勘府君家状》，《四库全书（文渊阁本）》。
④ 朱彝尊：《经义考》卷180，刘敞《春秋传》，《四库全书（文渊阁本）》。

《春秋传》或《春秋刘氏传》十五卷。《四库全书总目》提要总结此书的特点为:"其书皆节录三传事迹,断以己意,其褒贬义例,多取诸《公羊》、《谷梁》。"又称:"其经文杂用三传,不主一家,每以经传连书,不复取画,颇病混淆。又好减损三传字句,往往改窜失真。"① 刘氏传确实有此特征。如学人们经常引用的例子宣公二年"晋赵盾弑其君夷皋",前一部分史实从《公羊》宣公六年所载,中间一部分董狐的言论则从《谷梁》,最后孔子所赞的一部分从《左传》,而其中"惜也,越境乃免"句,后人怀疑可能并非孔子所言,刘敞则改为"讨贼则免",仍旧用"孔子曰"。所引用的三传行文之间没有明显界限,浑然一体。至于"断以己意",改窜经文,或许可以理解为另一种解读方式。如庄公二十四年"郭公",《左氏》无传,《公羊》《谷梁》解"郭公"为上条经文所提到的"赤"。刘敞则根据《管子》中相关议论,径直改为"郭亡",并解为:

> 郭亡,亡国之亡也,未尝不以其取亡亡之也,而独谓郭亡,何哉?郭之所以亡者,与他国异。他国之亡者,所善不善,所恶不恶也;而郭之亡,善善而恶恶。善善而恶恶则贤贤而亡,此天下之所疑,故圣人慎之也。善善而不能用,无贵于知善矣;恶恶而不能去,无贵于知恶矣。不能用之蔽至于怨,不能去之蔽至于乱,怨乱之兴焉,有不亡者乎?故五谷之种非不美也,其为不熟,不如荑稗。治国亦有五谷,五谷不成,何处而善哉!②

可见,刘敞解"郭公"意在说明一种治国方案,治国所谓"五谷"指儒家政治伦理规范、礼仪礼智等道德原则。联系当时宋初的社会问题,不难发现刘敞借《春秋》之口表达对政治的看法,流露出经世、用世之意。从形式上讲,刘敞擅改经文,颠覆了传统儒家经典的权威地位,直接以主观体验解读经文;从内容上讲,刘敞倡导的是儒家仁义礼乐之道。

---

① 永瑢等:《四库全书总目》,第215页。
② 刘敞:《春秋意林》卷上,《四库全书(文渊阁本)》。

四库馆臣称："宋代改经之例，敞导其先，宜其视改传为固然矣。然论其大致，则得经意者为多。"① 改经固然是刘敞开先路，冲破权威力量而呈现出的开拓、适用精神，更是刘敞率先而为。后程颐虽无改经之迹，但视经为载道之器，完全以形上之"理"阐释《春秋》，或可视为是在刘敞通过改经，以制度、行为等形下层面儒家之道解读《春秋》基础上的进一步发展。

《春秋意林》，《宋史·艺文志》作二卷，《玉海》作五卷，今从二卷说。《经义考》载吴莱为此书所作后序，"刘子作《春秋权衡》，自言书成，世无有能读者。至《意林》犹未脱稿，多遗阙"②。四库馆臣考察全书，认同此观点。"今观其书，或仅标经文数字，不置一词；或草草数言，文不相属，而下注云云二字；或一条之下，标他目一两字，与本文迥不相关；或佶屈聱牙，猝难句读；或仅引其端而词如未毕。"③ 把此书定为刘敞未完成的随笔札记。北宋学人叶梦得则称："不知经者以其难入，或诋以为用意太过，出于穿凿。然熟读深思，其间正名分、别嫌疑，大义微言，灼然圣人之意者，亦颇不少。文体之涩，存而不论可矣。"④ 抛开叶梦得对刘氏《春秋》学体系的个人崇拜，所谓"圣人之意颇不少"符合《春秋意林》的主旨。如桓公四年"天王使宰渠伯纠来聘"，《左传》解为何称名，《公羊传》解为何称"宰渠伯纠"，《谷梁传》无解。刘敞则解云："宰渠伯纠，《春秋》于大夫莫书其官，至冢宰独书之，以此见任之最重也。宰天下者莫名，至纠独名之，以此见责之最备也。周公作《周礼》，冢宰之职固赏善诛恶，进贤而退不消。"⑤ 指明冢宰的地位及所发挥的政治作用，仍不出儒家道德原则的范围。

上述三书属刘敞《春秋》学的主干，《直斋书录解题》讲："原父始为《权衡》，以平三家之得失，然后集众说，断以己意而为之《传》，

---

① 永瑢等：《四库全书总目》，第215页。
② 朱彝尊：《经义考》卷180，刘敞《春秋意林》。
③ 永瑢等：《四库全书总目》，第215—216页。
④ 《四库全书总目》，第215—216页。
⑤ 刘敞：《春秋意林》卷上。

《传》所不尽者,见之《意林》。"① 意指《春秋权衡》破《春秋》传注,《春秋传》立己说,《春秋意林》则查漏补缺,以此构成刘氏《春秋》学的基本结构与体系。

《春秋说例》,《玉海》作二卷,《中兴书目》作一卷,今四库本从《永乐大典》中辑出一卷。《直斋书录解题》称《说例》凡49条,今所见只有25条,且零散不全。《四库》提要讲:"是编比事以发论,乃其传文褒贬之大旨。"又称此书除有些地方与其他《春秋》三部著作存在相抵牾的地方外,"大致精核,多得经义"②。分析25条例法,可见多是总结性的说法,发挥经义的地方有限。如公即位例,"即位则书正月,未即位则不书正月,继正则书即位,继故则不书即位,受命则书王,不受命则不书王"③。只是叙述,并无议论。

《春秋文权》,《宋史·艺文志》作五卷,《玉海》作二卷。今已不传。

以上简单介绍了刘敞《春秋》五书的基本情况,虽然此五书(主要是四书)各有侧重,但刘敞由《春秋》突显的儒家之道、王道的理念贯穿其中。

二 经、史关系与经、传关系

在阐述刘敞《春秋》学主旨以前,需要说明的是刘敞对经与史、经与传的认识。

就经、史关系而言:经与史有区别。刘敞认为史书以直笔为特点,"讳国恶者,非史官之事,《春秋》之意也"。即史书记载不讳国恶,所谓"讳"是由仲尼修改而寓有新意,并非史文所原有。"鲁史一官之守,而《春秋》之法,圣人之志,此其所以不同也。""史之以直为职又可知矣。"④ 即《春秋》作为史书是某一史官的责任,史官、史书都以直笔见长;《春秋》经则为圣人的责任,以广泛的时间空间,万事万物为思考对

---

① 陈振孙:《直斋书录解题》卷3,《春秋类》,《四库全书(文渊阁)本》。
② 永瑢等:《四库全书总目》,第216页。
③ 刘敞:《春秋说例》,《四库全书(文渊阁本)》。
④ 刘敞:《春秋权衡》卷3《闵公》,《四库全书(文渊阁本)》。

象。所以,"鲁人记之则为史,仲尼修之则为经"①。

经与史有关联。"凡《春秋》所据者,史也,史之所记非圣人也。"②即《春秋》经的基础为鲁史。经与史的关系可以用玉与石、金与沙作喻。"经出于史,而史非经也;史可以为经,而经非史也。"二者不同又相互依赖,如同"攻石取玉,玉之产于石必也,而石不可谓之玉;披沙取金,金之产于沙必也,而沙不可谓之金"。鲁史为贤人作,似沙与石,《春秋》之法为孔子笔削,似金与玉。"金玉必待拣择追琢而后见,《春秋》亦待笔削改易而后成。"③ 所以,《春秋》经文是孔子据鲁史而加以修改,鲁史为《春秋》经的资料基础。

经与传、注的关系。一方面刘敞反对《春秋》传注,如《左传》,"仲尼未尝授经于丘明,丘明未尝受经于仲尼也。然丘明所以作传者,乃若自用其意说经,泛以旧章常例通之于史策,可以见成败耳,其褒贬之意,非丘明所尽也,以其不受经也"。指出左丘明并非孔门弟子,未得孔子正传,《左传》也只是左氏的个人见解,并非圣人大义。杜预《春秋经传集解》则为《左传》不传《春秋》作解释,以史解《春秋》,二者都有悖于经义。所以,刘敞明确表示左丘明"书杂取当时诸侯史策……错杂文舛,往往而迷"④。即《左传》依据的是有错误的简策史料,因循旧记;杜预又以经误而偏于左氏。也就是说,"左氏之言未必可信",杜预"背经信传,扶成其伪,可谓有功于左氏矣,未可谓知经也"⑤。

另一方面,刘敞对传与注采取了不同态度。僖公二十八年"天王狩于河阳",《公羊传》曰:"不与再致天子也",何休注曰:"一失礼尚愈"。两种解词"传语有理而不合经,注语无理而不可训。"⑥"理"指道理、条理等。本来刘敞批评《公羊传》解文"据百二十国宝书而作"说、"张三世"说、"新周故宋,以《春秋》当新王"说,但也看到《公羊

---

① 刘敞:《春秋权衡》卷4《僖公》。
② 刘敞:《春秋权衡》卷1《隐公》。
③ 刘敞:《春秋权衡》卷4《僖公》。
④ 刘敞:《春秋权衡》卷1《隐公》。
⑤ 刘敞:《春秋权衡》卷2《隐公》。
⑥ 刘敞:《春秋权衡》卷4《僖公》。

传》解文有合理处，只是与经义无益；注则既无道理，也不合与经。可以说，刘敞对传是保留性的否定，对注则全盘否定。

刘敞批判传注的依据是经。"《春秋》之作，正褒贬是非而已"①。"《春秋》之兴褒善贬恶，所以示后世法，非记难易而已矣。"② 言明《春秋》普遍的道德判断属性。所以，"《春秋》云甲，传云乙，传虽可信，勿信也，孰信哉？信《春秋》而已矣"③。"学者莫若信经，莫若信义。"即以经典文本为准，阐发经义。"凡说经者，宜以逆顺深浅为义，得其义是得圣人之意。得圣人之义者，虽有余说勿听可也。不得其意，则牵于众说。牵于众说而逆顺深浅失义之中，是有功于众说而非求合于圣人也。故吾求合于圣人而不敢曲随于众说。圣人之义可求也，求在义而已矣。"④ "逆顺深浅"指事物的内在之理，即圣人精神；"众说"可理解为《春秋》经外的传、注类著作。这里刘敞明确表示依经而求其大义。

对于日月例法、一言褒贬等与经义背离的常规书例，刘敞表示反对。"史有遗阙日月者，仲尼皆不私益，日月无足见义而益之，似不信，故不为也。"⑤ 因为日月书例与经义不符，"但欲以日月为例而不知理有不可者"。所以"大凡《春秋》所书褒贬，岂不明载？待日月而后见之，此所以泥而不通也"⑥。日月例法并不能贯通全文。同样，"一字褒贬"之法也不合经义，"夫《春秋》以字为褒，褒者未必皆字也，字之未必皆褒也。以名为贬，贬之未必皆名也，名者亦未必皆贬也"。如果以字名表达褒贬之义，"则必不合，患其不合，则诬人之恶以纳之，饰人之善以出之，可谓义乎？"⑦ 即牵强框入字名褒贬之列，势必不得经文大旨。刘敞主张通过《春秋》所书事件寻求大义，"《春秋》据事而书欲见义耳"。

由上可知，刘敞对经与史、经与传的认识注意到《春秋》经非史而

---

① 刘敞：《春秋权衡》卷3《庄公》。
② 刘敞：《春秋权衡》卷6《襄公》。
③ 刘敞：《春秋权衡》卷1《隐公》。
④ 刘敞：《春秋权衡》卷2《桓公》。
⑤ 刘敞：《春秋权衡》卷9《桓公》。
⑥ 刘敞：《春秋权衡》卷17《昭公》。
⑦ 刘敞：《春秋权衡》卷7《昭公》。

以史为基础,批判《春秋》传注而又对二者采取了不同态度,这一切都是以《春秋》经文本为衡量标准,尊经信义,从而有利于庆历经学变古新学风的进展。

三 "《春秋》之义,王道也"

如上所述,《春秋权衡》《春秋刘氏传》《春秋意林》是刘敞《春秋》学的主体,其中贯穿的宗旨是儒家仁义礼乐之道。

刘敞常言"道",主要是形下意义上的实践之"道"。"道固仁义礼智之名,仁义礼智弗在焉,安用道?"① "性者受之天也,道者受之人也。受之天者,己虽欲易之不能易也,受之人者,人虽欲易之不能易也。鱼不可使去渊,鸟不可使去林,天也;出处语默隐显之不齐,人也。""人胥知行之由足,不知行之有目;人胥知视之由目,不知视之由心;人胥之生之由食,不知生之由道。三者异类而同义。"② 这里有两层含义:一是"道"为形式,其内容为仁义礼智等道德规范,"道固仁义礼智之名"源于唐韩愈"仁与义为定名,道与德为虚位"之说。仁义礼智等范畴不存在,则"道"相应地消失;二是"道"与种属类的人发生关联,人受仁义礼智等道德规范的制约,仁义礼智之道在人类社会发生作用。可见,刘敞所谓"道"属于伦理意义、行为模式层面的概念。"道"反映在政治上即王道,王道的载体为《春秋》。"圣人作《春秋》,本欲见褒贬、是非,达王义而已。"③ "《春秋》之义,王道也;《春秋》之事,史记也。"④

考察刘敞《春秋》学主体,可以发现"道"有时表现为"情""义""礼""权""信"等价值原则,而且是合在一起共同发挥作用。僖公二十八年"天王狩于河阳",《左传》解为:"晋侯召王,且使王狩"是一种事实的描述。《春秋权衡》则讲:"晋文召王意在尊周,其礼虽悖,其

---

① 刘敞:《公是弟子记》提要。
② 刘敞:《公是弟子记》卷2。
③ 刘敞:《春秋权衡》卷8。
④ 刘敞:《春秋权衡》卷15。

情甚顺。仲尼原心定罪，故宽其法耳。"① 这里"礼"指尊卑等级之礼仪。意指晋文公以诸侯国君召周在礼节仪式上不符合等级规范，但在情意上是合理的、合"道"的。在从礼与情两方面解释晋文行为，对后学很有启发，如苏辙即遵从刘敞这一看法，详见后论。又，僖公二十二年"宋公及楚人战于泓，宋师败绩"，《公羊》以宋公类比于周文王，刘敞极为不满此种对比，因为文王"德不加焉，则不以力争；义不过焉，则不以威刺。渐之以道，摩之以仁而四方皆服尔"，以仁德治国平天下；相比之下，"襄公退不务修其业，而进徒守咫尺之信。夫其守信诚是也，则不若缓修吾德，无亟大功以残百姓也。今论其守信之节而忘其残民之本，而以比之文王，其不知圣人亦深矣"②。即襄公应当以德爱民，而非固执守小节。再有，隐公八年"郑伯使宛来归邴，庚寅，我入邴"，刘敞采用《公羊》《谷梁》问答体的注解形式，从义与利的矛盾解为："入邴者，利也，不正其以利为义。夫苟以利为义者亦必以利废义，君子耻之。"③ 桓公十七年"蔡季自陈归于蔡"，刘敞认为蔡季以权行事，"季之去，权也。权者反于经而后有善焉。行权有道，自贬损以行权，不害人以行权"④。"权"指权变、变通，是行为方式的原则，其内涵为"道"。

"道"更为具体的表现是在其政治生活中的落实，通过君臣、父子、夫妇等伦常关系以及华夷民族关系，彰显其实践品质。

君臣关系方面，刘敞注重尊王之义的阐发。"王者受命于天，诸侯受命于君。""王者法天也。"⑤ 这里的"天"指主宰之天，体现王权的至上性、绝对性。所以，《春秋》书法的原则是详内略外，尊君而卑臣。"经曰葬桓王，不系周者，王至尊也。"⑥ 尊王是为君者为臣者顺服民众的前提条件，"己未能事君，则人孰能事我。不察己之所以失，而疾人之不我

---

① 刘敞：《春秋权衡》卷4。
② 刘敞：《春秋权衡》卷11《僖公》。
③ 刘敞：《春秋刘氏传》卷，《隐公》，《四库全书（文渊阁本）》。
④ 刘敞：《春秋刘氏传》卷2《桓公》。
⑤ 刘敞：《春秋刘氏传》卷1《隐公》。
⑥ 刘敞：《春秋权衡》卷4。

服。强国之术,若五伯之事则有之,非王道也,《春秋》不然"①。尊王是王道之治的原则之一,"王"并不仅代表个体、现实之君王,而含有理想、超越主观意愿之义,其实质是儒家之道。正因如此,刘敞对君王个人寓以讥贬或要求。庄公元年"王使荣叔赐桓公命",《春秋刘氏传》《春秋意林》都对此有所议论,《春秋意林》所评较细致。

> 王者之义必纯法天,天道予善夺恶而无私者也。今桓公篡君取国终不受命,而王不能诛反追命之,此无天法甚矣,其失非小过小恶也。
>
> 王者之位至贵也、至重也、至大也,不尸小事不任小义,未可以小失,贬也。今臣弑君、妾僭嫡而王尊礼之,则王义废人伦灭矣。桀纣之所以失天下者,固废王义灭人伦者也,不可以不深贬。②

这里"天道"的性质为价值判断,以此天道贯通人道,即伦理道德规范。可见,以王道为标准,则现实君王亦在讥贬之列。

王者自身也要注意修德,广开言路。"君不善自以为善在己矣,故忘其卿大夫,虽有善道不得进也。"君王应当礼贤下士,采纳诤言。"上有善也,下亦有善也,博览并用而无所疑矣。是故法出而天下喜之,令下而四海顺之,是何也?由尽得天下之心者也,治道之贵无过于此矣。"③

虽然对君王有讥讽有要求,但更多的是对臣子提出义务。"为天下主者,天也;继天者,君也;君之所司者,命也。为人臣侵其君之命则不臣,为人君假其臣之命则不君。臣不臣,君不君,天下所以乱也。"④ 言由天道到人道,提出对君与臣的共同标准。"臣不贬君,卑不夺尊,缘诸侯之义以正我也。"⑤ "君子之所谓大臣者,以道事君,不可则止,是以乱

---

① 刘敞:《春秋意林》卷下。
② 刘敞:《春秋意林》卷上。
③ 刘敞:《公是集》卷46《论治》。
④ 刘敞:《春秋刘氏传》卷8《宣公》。
⑤ 刘敞:《春秋刘氏传》卷7《文公》。

邦不居。"① "臣之事君也，凡在国无专焉；子之事亲也，凡在家无专焉，臣子之大节也。"② 即要求在下者尽职尽责，恪守上下等级之制，以道事君。但下列情况则属于对臣下的绝对指责或命令：文公六年"晋杀其大夫阳处父"，《春秋刘氏传》曰："处父之为人臣也，华而不实，好刚而犯上，兴事以自为名，足以杀其身而已矣。"③《春秋意林》也讲："君子爱其身全其生者必由其道，由其道而死，虽若比干焉，仲尼谓之仁矣；爱其身全其生而不由其道，不由其道而死，虽若处父焉，《春秋》谓之罪矣。"④ 十年"楚杀其大夫宜申"，"宜申之为人臣也，出则亡其众，处则乱其命，足以杀其身而已"。⑤ 成公八年"晋杀其大夫赵同赵括"，《春秋刘氏传》认为："赵同赵括之为人臣也，内不正其亲，外专戮以干其君，足以杀其身而已矣。"⑥ 昭公五年"楚杀其大夫屈申"，刘敞解为："屈申之为人臣也，君弑则不能讨，国乱则不能去，北面而事寇仇，足以杀其身而已矣。"⑦ 定公十一年"宋公之弟辰及仲佗、石彄、公子地自陈入于萧以叛"，"事君者可贪可贱可杀而不可使为乱"。⑧ 此五条经文《左传》或隐去不解，或叙述史实，不做褒贬，《公羊传》《谷梁传》则大都对此无解。刘敞则从为臣者或违反等级秩序，或背离道德规范，单方面定位其不尽臣下之职，"罪有应得"。

父子一伦方面，刘敞一方面突出对子的绝对要求，另一方面把君臣与父子关系连用。文公十八年"莒弑其君庶其"，《谷梁传》无解，《公羊传》作"众弑君之辞"，刘敞发挥为："父虽无道，子可弑乎？子之弑父可匿其罪乎？"⑨ 强调为父一方的绝对权力。襄公七年"郑伯髡顽如会，未见诸侯。丙戌，卒于鄵"，《谷梁传》解为"不使夷狄之民加于中国之

---

① 刘敞：《春秋刘氏传》卷8《宣公》。
② 刘敞：《春秋刘氏传》卷11《襄公》。
③ 刘敞：《春秋刘氏传》卷7《文公》。
④ 刘敞：《春秋意林》卷上。
⑤ 刘敞：《春秋刘氏传》卷7。
⑥ 刘敞：《春秋刘氏传》卷9《成公》。
⑦ 刘敞：《春秋刘氏传》卷12《昭公》。
⑧ 刘敞：《春秋刘氏传》卷14《定公》。
⑨ 刘敞：《春秋权衡》卷5。

君",《春秋刘氏传》则着重于君臣、父子伦理关系中对臣、子的要求,"臣弑君,凡在官者杀无赦;子弑父,凡在宫者杀无赦。故君弑,臣不讨贼,命之曰非臣;亲弑,子不复仇,命之曰非子。非臣非子大恶莫甚焉。"① 而且君臣一伦地位高于父子一伦,"私亲亲之爱而乱尊尊之序,圣人不为也。"②

夫妇一伦,刘敞涉及较少,但同样强调妻子一方的义务,"妇人在家制于父,既嫁制于夫,妇人不专行"③。

以上为儒家之道对内在政治生活中的落实。可以发现,刘敞所谓"道"主要是表现为伦理道德秩序,尤其彰显在下者的绝对义务。

"道"对外表现为华夷关系。首先,刘敞赞同《春秋》所谓"内诸夏外夷狄"的书法原则。"救灾恤患乃中国事也,夫中国之大不能无祸,而待荒逖者忧之。吾见祸以益多,忧以益长。"④ 即鄙夷边远少数民族,反对他们干预中原的政治。此夷为地域之夷。其次,华与夷判别标准主要是先进的政治文明,"蛮夷所以为蛮夷者,正以狡诈无义尔,中国所以为中国者,亦正以礼义尊尊耳"⑤。"中国者礼义之所出也,其于戎狄驱之尔。"⑥ "中国有君有大夫,盛德也;楚人无君无大夫,楚人云而已矣。"⑦ 意指中原华夏族在伦理道德秩序、政治文明方面优于边远少数民族。当然,华与夷之间并非绝对不可跨越。楚子使椒叔来聘,刘敞认为书"椒"表示"楚进也","自是以中国之礼为之者也"⑧,肯定荆楚在礼制方面的进步。有学者研究指出:刘敞不以夷狄看待吴、楚、徐等,"从而使其整个《春秋》学说中的夷夏之别色彩大为淡化"⑨。应该说,刘敞确实对

---

① 刘敞:《春秋刘氏传》卷10《襄公》。
② 刘敞:《春秋权衡》卷13。
③ 刘敞:《春秋刘氏传》卷7《文公》。
④ 刘敞:《春秋权衡》卷11《僖公》。
⑤ 刘敞:《春秋权衡》卷13《昭公》。
⑥ 刘敞:《春秋刘氏传》卷9《成公》。
⑦ 刘敞:《春秋刘氏传》卷3《庄公》。
⑧ 刘敞:《春秋刘氏传》卷7《文公》。
⑨ 葛焕礼:《八世纪中叶至十二世纪初的"新春秋学"》,山东大学出版社2003年版,第95页。

吴、楚等为夷狄表示怀疑，但淡化夷夏之别的说法有待商榷。通观《春秋刘氏传》《春秋权衡》，刘敞褒进夷狄的例子并不多，更都时候是强调他们之间在文化上的区别。

除此而外，刘敞又以"道"解释自然灾异。面对自然界的异常情况，刘敞主张"可畏而不可知"，可畏则"恭敬礼事以谢之"，不可知则在上者应当修德以自省，"天所以谴人君使修德也，故异至则内自省而已耳，非所待于外也"。"凡物不当待于外者，己不可不内自竭也。其当待于外者，人亦不可不勉趋之也。此一天下之道也。今居中国弃人道废仁义则必死矣。"① 即由人道、仁义之道反观天道、自然现象，汉儒"眭孟京房指象求类，如与鬼神通信"迷信式的解读在批判之列。

以上简略论述了刘敞《春秋》学体系的主线儒家仁义礼乐之道。无论是形式上《春秋》经与史、经与传注关系的衡量标尺，还是内容上《春秋》经中的尊王、攘夷思想、灾异观，儒家仁义之道都在其中主动发挥作用。需要说明的是：第一，刘敞疑经惑传，甚至改经、创新立异，无不是对新学风的"推波助澜"。四库馆臣讲："敞之谈经虽好与先儒立异，而淹通典籍，具由心得，究非南宋诸家游谈无根者比，故其文湛深，经术具有本源。"② 道出了刘敞治经既有继承，又有独创的风格。"经术具有本源"最有力的例证是《春秋刘氏传》中对哀公"十四年西狩获麟"的注解，刘敞援引三传、《论语》《孟子》《礼记》《中庸》等儒家经典，浑然一体。

第二，刘敞所开创的《春秋》学体系一方面修正了孙复《春秋》学的主观臆度性，另一方面对后学也颇有影响。北宋末学人叶梦得推崇刘敞的学术，"刘原父知经而不废传，亦不尽从传。据义考例以折中之，经传更相发明，虽间有未然而渊源已正"③。并沿用刘氏《春秋》学有破有立有补的写作方式，作《春秋谳》《春秋考》《春秋传》系列，有承接有发展，详见后文。

---

① 刘敞：《春秋意林》卷上。
② 刘敞：《公是集》提要。
③ 朱彝尊：《经义考》卷180《春秋》13，《四库全书（文渊阁本）》。

第三，刘敞借《春秋》学体系阐述儒家之道，其"道"仍属政治、伦理以意义的范畴，是对先秦儒家之道的回向。同孙复《春秋》学"尊王"思想相比，刘敞所论伦理规范的具体表现更细致、更通达，尤其强调对臣、子、妇等在下一方的义务。这种强调可以说是刘敞对宋初面临的社会问题的一种思考结果，显示出其《春秋》学的致用性。

由上可知：面对宋初的内忧外患，学人们以学术自觉和忧患意识主动承担起社会责任，并一致把目光投向政治色彩浓厚的儒家经典《春秋》，希望从传统文化中找到济世救民的良药。从范仲淹到"宋初三先生"再到刘敞，其对《春秋》的研究逐渐深入、细化，虽然解读《春秋》的方式方法各异，但都属于一般儒学的阐释方式，且共同指向回归儒家之道。这种回归一方面表现为外部对汉唐训诂辨伪式经学的极度怀疑、强烈批判，以至对经本身的怀疑、修改；另一方面表现为对伦理道德规范的重视与重申。应该说，无论是新学风的改变，还是制度、法规等形下层面对"道"的阐释，《春秋》都积极参与其中，并有效地发挥作用。这其中蕴含着形上之"理"或"道"的萌芽，为理学的崛起扫清了障碍。虽然这一时期的《春秋》在宋初学术中占优势地位，但由《春秋》所提供的操作层面的儒家之道，在实践中并没有改变宋初的社会现状，毕竟庆历新政的"花期"太短。以庆历新学风为基础，在更高理论层面上探讨儒学复兴，即理学思潮的发展、演变，成为学术上的必然趋势、学人们的必然使命，《春秋》于其中也势必发生变化，改变其在宋初所处的优势地位。同时，必须指出，在更高理论层面上讨论《春秋》需要漫长的过程，经历一个过渡阶段。

第三章

政治重压下的《春秋》学

——研究路向的转变

儒学复兴运动初期的《春秋》学，在学术学风的扭转、探寻儒家之道方面功不可没，但《春秋》学所提供的方案并不能解决社会问题。随着义理之学的逐步开展，宋初高涨的怀疑精神趋向于理性，性、道等形上理论的探索日渐进入学人的关注视野。《春秋》在这方面并不擅长，而王安石以法令形式对《春秋》所做的官方性限制，无疑影响了《春秋》学的发展，但其对"道"的认识又间接开辟了研究《春秋》的另一条道路。苏辙质疑王安石的改革理论，进而以"道""势"解《春秋》，推进了"道"与《春秋》的关系。同时，孙觉沿着宋初学人回归儒家之道的方式研究《春秋》，直接提出以"王道"解《春秋》，但其中已有形上之"道"的痕迹。本章就《春秋》学发展的两条路线进行详述。

第一节　《春秋》学的转折

在《春秋》学发展史上，王安石（1021—1086）因"断烂朝报"说而通常以反面形象出现。实际上有必要重新考察"断烂朝报""不列《春秋》于学官"两大公案，进而深入研究王安石与《春秋》的关系，双方在哪些问题上龃龉而又出入，是否始终处于对立的局面。解决这些问题，有助于重新确立王安石在《春秋》学史上的地位。

一 两大公案考

"断烂朝报""不列《春秋》于学官"是《春秋》学史上有名的两大公案。首先,要对两种说法做一区分。如果暂不考虑两种说法的来源与是非,"断烂朝报"说主要是王安石对《春秋》的整体判断,似乎个人的主观感受多一些;"不列《春秋》于学官"属于政治行为,是朝廷机构的一种措施。或许可以推测:正是因为《春秋》似"断烂朝报",所以才有不列于学官的结果。

以上只是在不辨二者真伪的情况下所做的简单区分,现在来看两种说法的各自出处。"断烂朝报"的提法,从目前资料看,一是《宋史纪事本末》载:熙宁四年(1071)科举改革,王安石认为"孔子作《春秋》,实垂世立教之大典,当时游、夏不能赞一词。自经秦火,煨烬无存。汉求遗书,而一时儒者附会以邀厚赏。自今观之,一如断烂朝报,绝非仲尼之笔也。《仪礼》亦然"①。由此条可知:第一,王安石对孔子所修作的《春秋》无诋毁之意,认为《春秋》有"垂世立教"的功用;第二,"断烂朝报"说并非指孔子所做的《春秋》,而是指《春秋》在遭受秦火与作为汉儒追求功名的工具后的现存状态,所以才有经筵不讲、学校不设、贡举不举的"三不"政策,也即"不列于学官"。

二是李绂《书周麟之孙氏春秋传序后》中考证此种说法的源头。周麟之为南宋时人,曾为孙觉《春秋经解》做跋,其中讲到王安石斥废圣经定为"断烂朝报",详见后论。李绂作此后序反驳这一观点,

> "断烂朝报"之说,尝闻于先达,谓见之《临汝闲书》,盖病解经者,非诋经也。荆公尝自为《春秋左氏解》十卷,言言精核……其高第弟子陆农师佃、龚深甫原并治《春秋》,陆著《春秋后传》,龚著《春秋解》,遇疑难者辄目为阙文。荆公笑谓:"阙文若如此之多,则《春秋》乃断烂朝报矣。"②

---

① 陈邦瞻:《宋史纪事本末》卷9《学校科举之制》,《四库全书(文渊阁本)》。
② 蔡上翔:《王荆公年谱考略》,上海人民出版社1959年版,第174—177页。

《临汝闲书》为南宋史学家李焘之子李壁所著。可见：一是"断烂朝报"说确实存在，前提是《临汝闲书》所载史实无误；二是"断烂朝报"论所指为《春秋》注释之书，残缺不全，并非指《春秋》经。又，王安石有《春秋》类著作，其弟子受其影响而治《春秋》。①

由上可知："断烂朝报"说出自王安石之口，指的是《春秋》注解之书，并非《春秋》经本身。其后，苏辙在《春秋集解》自序中讲："近岁王介甫以宰相解经，行之于世。至《春秋》，漫不能读，则诋以为断烂朝报，使天下士不得复学。"② 意指王安石对《春秋》的这种认识含有政治权力的成分，并非单纯的学术观点。胡安国也讲："初，荆公以字说训释经义，自谓千圣一致之妙，而于《春秋》不可以偏旁点画通也，则诋为断烂朝报，废之不列于学官。"③ 即指明王安石以《字说》为解经依据，《春秋》与此不符，故有诋毁之语。不难看出，王安石对《春秋》训注的评语在苏辙、胡安国这里已经发生了某些变化，直取"断烂朝报"四字，舍去其中的历史背景和言论语境，认为"断烂朝报"直指《春秋》经。

如果说苏辙、胡安国二人所论尚属学术争鸣的范围，那么周麟之所论则含有主观情感的任意表达之义。其《跋先君讲春秋序后》言："先君为予言：初王荆公欲释《春秋》，以行于天下，而莘老之书已出，一见而有愳心，自知不复能出其右，遂诋圣经而废之曰：此断烂朝报也。不列于学官，不用于贡举者积有年矣。"④ 莘老之书指孙觉的《春秋经解》，详见后论。在周麟之看来，王安石纯粹是因为嫉妒而污毁圣人所作《春秋》经，完全没有客观的判断。

三人所论王安石"断烂朝报"说各有其出发点，但总归于一：王安石视圣人《春秋》经为"断烂朝报"，与王安石本人所指"断烂朝报"的含义截然不同。

---

① 陆佃著有《春秋后传》20卷，龚原著有《春秋解》，均已佚。参见侯外庐主编《中国思想通史》（第四卷上册），人民出版社1959年版，第448页。
② 苏辙：《春秋集解》自序，《四库全书（文渊阁本）》。
③ 胡寅：《斐然集》，中华书局1993年版，第552页。
④ 周麟之：《海陵集》卷22《跋先君讲春秋序后》，《四库全书（文渊阁本）》。

再来看"不列《春秋》于学官"。此说作为学术公案见于周淑萍《王安石"不列〈春秋〉于学官"释疑》①一文,正像前文所述,"断烂朝报"说毕竟与"不列《春秋》于学官"有不同之处,所以在此做一简单考论。《春秋》列于学官,获得官方尊崇的地位始于汉武帝立五经博士,一直到熙宁变法前夜。"不列《春秋》于学官"基本上伴随"断烂朝报"说之后,王安石在改革科举制度中确有此建议,如上引《宋史纪事本末》载:"请自今经筵毋以进讲,学校毋以设官,贡举毋以取士"已含有"不列《春秋》于学官"之意。最高权力者也最终接受了这一建议,昭示天下,"熙宁四年二月丁巳,定贡举新制,进士罢诗赋贴经墨义,各占《诗》《书》《易》《周礼》《礼记》一经,兼以《论语》《孟子》"②。考试科目中不见《春秋》。而且,宋神宗本人也讲:"卿(王安石)尝以《春秋》自鲁史亡,其义不可考,故未置学官。"③到周麟之、胡安国以及《宋史》本传则直接提出王安石诋废《春秋》,"不列于学官"。可见,王安石本人就《春秋》经发展的特点而对《春秋》提出一些消极意见,确有"不列《春秋》于学官"之意。其后学者在王安石诋毁《春秋》为"断烂朝报"成立的基础上直接言明王安石"不列《春秋》于学官"。

对于此学术公案,学人们不乏考证、辩解。从现有材料看,这些考辩就规模上分为两类:一类辩文是单就公案本身作辩,多以王安石《答韩求仁书》为证。南宋晚期学者林竹溪引尹焞语:"和靖曰:'介甫未尝废《春秋》,废《春秋》以为断烂朝报,皆后来无忌惮者托介甫之言也。'"并以《答韩求仁书》为证,得出结论:"今人皆以断烂朝报为荆公罪,冤矣。"④指明"断烂朝报"说并非出于王安石。杨时曾为孙觉《春秋经解》作序,"三传异同,无所考证,于六经尤为难知,故《春秋》不列于学官,非废而不用也"⑤。即理性地分析了《春秋》不列于考

---

① 周淑萍:《王安石"不列〈春秋〉于学官"释疑》,《西安电子科技大学学报》2004年第1期。
② 李焘:《续资治通鉴长编》卷220,熙宁四年二月,上海古籍出版社1986年版。
③ 李焘:《续资治通鉴长编》卷247,熙宁六年九月。
④ 黄宗羲:《宋元学案》,中华书局1986年版,第3251页。
⑤ 杨时:《龟山集》卷25《孙先生春秋传序》,《四库全书(文渊阁本)》。

试科目的原因。李明复进一步明确王安石与《春秋》的关系，认为是"其徒乃废《春秋》，而后人谓安石意，非也。何以解《春秋》止是断烂朝报，未必然也。安石不解《春秋》以其难知也"①。把废《春秋》的罪名归于王安石的弟子。

可以发现，这一类辩解从形式上看范围较小，篇幅有限，论证单一；内容上趋于类同，否认"断烂朝报"之语出自王安石。不可忽略的是：他们辩论的前提为王安石所诋废的《春秋》是孔子所作《春秋》。究其实，王安石确有"断烂朝报"论，《春秋》也确因王安石科举改制的建议而没有被列入考试科目；王安石所指"断烂朝报"之《春秋》是对《春秋》传注的评语，而非经本身。

另一类辩文是在相对大的历史背景中，以及前人证明材料的基础上进行较全面的辩释。李绂《书周麟之孙氏春秋传序后》专就周麟之所论王安石对《春秋》的态度进行澄清。全文从"断烂朝报"说、不列于学官、不用于贡举，以及王安石的人格品质、学术修养等三方面反驳周麟之的观点。"断烂朝报"说主要是运用其家学《临汝闲书》证明王安石"意实尊经，非诋经也"，如前所述；对不列于学官、不用于贡举的论辩是从当时熙宁变法的教育改革举措入手，历史地分析了《春秋》经、传的发展，"宋以前治经，未有遗《周礼》者，若古来治《春秋》者，治三传而已，治经不犹愈于传乎？三传互异，莫之适从，故治者少"。指明王安石并非政治行为而废《春秋》，实为《春秋》经、传的自然发展而致。又以王安石本人的才学、德量驳斥所谓"綦心"，"二人之交，始终生死未尝渝。莘老固贤，非荆公有德量，亦安能独贤？荆公之德量如此，安得见其所著书即綦之？"② 虽然论证比较充分，但仍有不甚严密之处。因为李绂以《直斋书录解题》中所讲：冯正符借《春秋》类著作，经荐得召试赐同进士出身，"王安石亦待之厚"，证明不以《春秋》取士为妄说，此事在熙宁末年。实际上，《宋史纪事本末》中清楚地载有"不用于贡举"之论，用王安石厚待以《春秋》得赐的冯正符并不能抹杀"不用

---

① 李明复：《春秋集义纲领》卷上，《四库全书（文渊阁本）》。
② 蔡上翔：《王荆公年谱考略》，上海人民出版社 1959 年版，第 175—176 页。

于贡举"的法令存在。这种论证的不严密一方面或出于学者本人的情感倾向，另一方面主要是疏于对"不列于学官""不用于贡举"论的源头考察，混淆政策性存在与事实过程中变化存在。

清人蔡上翔在尹焞、杨时，尤其是李绂等前人论辩的基础上，作了进一步整理。《王荆公年谱考略》① 一书从两方面进行证明：一是辩"断烂朝报"说，承接李绂《书周麟之孙氏春秋传序后》中对此论的看法，认为王安石尊信《春秋》经也不尽废传注。"且公甚尊信《春秋》，而亦不尽废传，其全书尤可考而知也"②。这一提法补充了前人关于王安石对《春秋》态度的理解；二是辩《春秋》不列于学官，"当是时，公既不能以诸儒之言束于一家之说，因以其难知之经以俟世之知经者，则虽不以之取士，而士之治《春秋》自在也"③。即以《春秋》经难知而传纷乱的历史现状，肯定不以《春秋》取士的正当性，以及学人研治《春秋》的自由性，此结论修正了李绂对《春秋》不列于学官的辩解。文中最后说明"知公甚尊信《春秋》，至求一言之诋《春秋》者不得"，表示作者对此问题的立场。

上述对王安石《春秋》公案原因的探讨，两种类型各有优劣，但总体来讲，存在如下问题：第一，对学术公案本身缺少原始性追溯，对"断烂朝报"论具体所指对象认识不足；第二，论辩过程中，虽然注意到了历史背景的参与，但疏于对王安石学术思想的整体把握；第三，忽略了在客观历史条件下对《春秋》经内容特点的考察。那么，如何较全面地理解王安石对《春秋》的态度，王安石与《春秋》的关系到底怎样？

二 王安石与《春秋》的关系及其影响

"断烂朝报""不列《春秋》于学官"的学术公案与熙宁变法政治事件共同成为王安石的个性化标签。需要考虑的是：王安石在什么政治条件、知识背景下认识《春秋》？《春秋》经传又能为王安石的学术思想、

---

① 蔡上翔：《王荆公年谱考略》，上海人民出版社1959年版。
② 蔡上翔：《王荆公年谱考略》，第171页。
③ 蔡上翔：《王荆公年谱考略》，第172页。

政治活动在何种层面上提供什么？换句话说，王安石与《春秋》的相互关系有待详细考证。这种考证有助于揭开公案的真实面目，从而摆正王安石在《春秋》学史上的地位。

（一）从王安石对经的整体态度来看其对《春秋》的认识。"经"包括经书、经学，经书通常指为"由中国封建专制政府'法定'的以孔子为代表的儒家所编著书籍的通称"①。经学是以经书为载体而进行专门性研究的学术。王安石所讲"经"，似乎二者都包括在内，或二者区分的意义不明显。

从经的范围讲，王安石所谓"经"具有广泛性，"某但言读经，则何以别于中国圣人之经？""世之不见全经久矣，读经而已，则不足以知经，故某自百家诸子之书，至于《难经》、《素问》、《本草》诸小说无所不读，农夫女工无所不问。然后于经为能知其大体无疑。"② 即言所谓"圣人之经"已并非原始经书，且读经的目标是"知经"，是对经义、圣人精神的大体把握。如果只是把经限于某一空间，则达不到知经的目的。如王安石认为佛教"乃与经合，盖理如此，则虽相去远，其合犹符节也"，更进一步讲："苟合于理，虽鬼神异趣，要无以易。"③ 即儒经与佛理虽然在表达形式上各异，但在实质精神上有相通之处。所以，在王安石看来，"经"代表古人所创造的所有文化文明，并非单指儒家经典，"经"已超越地域、学派等形式化的界限。这种认识源于王安石的学术自觉意识，因为魏晋以来，儒、佛、道三者之间不断相互渗透，融合趋势日益明显，同时代的欧阳修、李觏等学者对佛、道在理论思维方面的长处已经有所认识，王安石对经的范围的界定符合学术思想发展的方向。同时，王安石指出博览群书，并非杂糅混为一谈，而是有所取舍的。取舍的标准是"道"，"惟其不能乱，故能有所去取者，所以明吾道而已"④。"吾道"即王安石本人所研读的经之大体。由上可以看出，王安石所指"经"分两个层面：一是圣人之经，建立"吾道"；一是诸子百家群书之经，用来证

---

① 朱维铮编：《周予同经学史论著选集》，上海人民出版社1983年版，第650页。
② 王安石：《临川先生文集》卷73《答曾子固书》，《四部丛刊》本。
③ 李焘：《续资治通鉴长编》卷233，熙宁五年五月。
④ 王安石：《临川先生文集》卷73《答曾子固书》。

明"吾道"。

"经"的内容为"道","若欲以明道,则离圣人之经,皆不足以有明也"。经为"道"的依托。"惟道之在政事,其贵贱有位,其后先有序,其多寡有数,其迟数有时。制而用之存乎法,推而行之存乎人。"① 即"道"是治理国家的基本原则,是圣王之道,"政事"是"道"在现实社会的表现,与上述王安石所谓"吾道"有一致性。

"经"的功能为致用于世。王安石明确讲:"窃以经术造士实始盛王之时",即古往今来都是以经术培养人才。古圣王时,经学渗透到社会各个阶层,引导社会风尚,"故当是时,妇人之所能言,童子之所可知,有后世老师宿儒之所惑而不悟者也;武夫之所道,鄙人之所守,有后世豪杰名士之所惮而愧之者也。尧舜三代,从容无为,同四海于一堂之上,而流风余俗咏叹之不息"②。而到北宋前期,人才不足是亟须解决的问题,培养人才"教之养之取之任之有其道",此"道"即为先王之政所运用的"经术造士"。"经术"二字本身就说明经的社会功用,即把经书中所体现的精神、大义进行有效地转换而应用于现实。

从治经方法来看,王安石主张"心传意受",以意逆志。"古之学者,虽问之以口而其传于心,虽听以耳而受其意。"③ 口、耳等感官系统是理解经义的中介,最终大义的解读需要"心"。从属性来看,"心"可视为理性的分析判断能力;从逻辑前提来看,"心"可视为"性命之理",普遍性的真理。以心传心,以意受意,需要治经者超出文辞的表面现象,把握其中内在的含义,"孟子曰:'说《诗》者不以文害辞,不以辞害意,以意逆志,是为得之。'"④ 王安石赞同孟子以意逆志的解经方法。

可以说,在王安石看来,"经"是最广泛的文化资源总称,要用以意逆志的方法领悟其中的"道",服务于现实社会。《春秋》作为五经之一,理想状态也应当如"经"所述,但实际上《春秋》的发展并非如此。

经学发展到宋初,古圣王道统已遭破坏,一方面是外界政权的压制,

---

① 王安石:《临川先生文集》卷84《周礼义序》。
② 王安石:《临川先生文集》卷82《虔州学记》。
③ 王安石:《临川先生文集》卷71《书洪范传后》。
④ 王安石:《临川先生文集》卷68《庄周二》。

另一方面"孔氏以羁臣而与未丧之文，孟子以游士而承既没之圣，异端虽作，精义尚存。逮更煨烬之灾，遂失源流之正，章句之文胜质，传注之博溺心，此淫辞诐行之所由昌，而妙道至言之所为隐"①。即经学自身发展存在流弊，如汉唐章句注疏之学整体而言遮蔽了对圣王之道的探寻。具体到《春秋》，"孔子作《春秋》……自经秦火，煨烬无存。汉求遗书，而一时儒者附会以邀厚赏"②。或者是《春秋》文本的遗失，或者是《春秋》被功利化，而且最高权力者也认同治《春秋》"汉儒亦少有见识者"，否定汉《春秋》传注。如此，宋初《春秋》主要是以传注的形式存在，《春秋》中所蕴含的大义被烦琐的笺注义疏所淹没。相应的，《春秋》在宋初的科举考试中也只是被记诵的对象，"凡进士，试诗、赋、论各一首，策五道，帖《论语》十帖，对《春秋》或《礼记》墨义十条"③。《春秋》在培养人才方面并无建树，以至王安石认为《春秋》"非造士之书也"。对《春秋》的解读也大都是采用历史纪实、语言修辞等方法，无益于彰显圣人精神。加上《春秋》经本身记事简略，经义奥衍。所以，王安石一再表示"孔子《春秋》天子之事也，盖夫讨论一代之善恶而撰次以法度之文章，非夫通儒达才有识足以知先王不欺，足以信后世"④，意指《春秋》经本身难以理解，需要解经者具备充足的认知能力。"至于《春秋》三传，既不足信，故于诸经尤为难知。"⑤"若《易》、《春秋》，亦有未尽处，未敢成书尔。"⑥ 即王安石对《春秋》经采取一种谨严态度，不敢轻易解《春秋》，并由怀疑《春秋》三传进而对《春秋》经本身理解也有一定的难度。而对于他人如大理寺丞杨忱治《春秋》所采用的"不守先儒传注，资他经以佐其说"⑦，即舍传求经的解释方法表示肯定。

---

① 王安石：《临川先生文集》卷57《除左仆射谢表》。
② 陈邦瞻：《宋史纪事本末》卷9《学校科举之制》，《四库全书（文渊阁本）》。
③ 脱脱等：《宋史》，第3604页。
④ 王安石：《临川先生文集》卷49《范镇加修撰制》。
⑤ 王安石：《临川先生文集》卷72《答韩求仁书》。
⑥ 李明复：《春秋集义纲领》卷上，《四库全书（文渊阁本）》。
⑦ 王安石：《临川先生文集》卷93《大理寺丞杨君墓志铭》。

需要注意的是：第一，王安石对《春秋》传的怀疑有一个变化过程。《亡兄王常甫墓志铭》载其兄"以《诗》、《书》、礼》、《易》、《春秋》授弟子"①，由此，王安石对《春秋》经传的认识或许受其兄的影响；《复仇解》讲："《春秋传》以为父受诛子复仇不可也，此言不敢以身之私而言天下之公，又以为父不受诛子复仇可也，此言不以有可绝之义废不可绝之恩也。"②对复仇之义的解释，采取的是《公羊传》之义；《读江南录》③中徐铉撰写《江南录》时吸收了《春秋》传为尊亲讳的书例，王安石表示赞同；何况，王安石本人即有关于《春秋》考证类的专著《春秋左氏解》，今已佚，"王安石有《春秋解》一卷，证左氏非丘明者十一事……今未见其书，不知十一事何据？"④可见，王安石认为《春秋》传有取用之处，而到熙宁变法时，则表示出对《春秋》传的怀疑。其中原因或可解释为：一是王安石博览群书，诸子百家无所不读，从而势必会对《春秋》传有事实印证、对比判断等思维活动；二是王安石治学目的是实践应用，而《春秋》传注不符合这一方向的要求。

第二，王安石对《春秋》的态度是通过对比其他经书而表现出来的。如前所引，王安石常云："三经所以造士，《春秋》非造士之书也。"⑤ "《诗》、《书》、《礼》盖已解之。若《易》、《春秋》亦有未尽处，未敢成书尔。""三经"指王安石所撰写的《诗义》《书义》《周礼义》，并为"三经"作序。从序文可知，"三经"共同的特点是：记载圣王之政，且训解经义的空间很大，适用于政治。⑥"先王之道德出于性命之理，而性命之理出于心，《诗》、《书》能循而达之。"即《诗》《书》在性命之理

---

① 王安石：《临川先生文集》卷96《亡兄王常甫墓志铭》。
② 王安石：《临川先生文集》卷70《复仇解》。
③ 王安石：《临川先生文集》卷71《读江南录》。
④ 参见永瑢等《四库全书总目》，第210页。陈振孙《直斋书录解题》也录有《左氏解》一卷，但否认是王安石的著作。
⑤ 陆佃：《陶山集》卷12《答崔子方秀才书》，《四库全书（文渊阁本）》。
⑥ 参见王安石《临川先生文集》卷84所录三序，侯外庐主编《中国思想通史》（第四卷上册），人民出版社1959年版，第448页有具体分析。

的建设方面有一定的学术潜力，而《易》《春秋》则属难知之列。① 最常被引用的例证为《答韩求仁书》，文中就韩求仁对《诗》《论语》《孟子》的疑问一一作了详细解答。关于《易》与《春秋》，尤其是后者，王安石云："至于《春秋》三传既不足信，故于诸经尤为难知。"②《易》已属难知之经，但王安石毕竟著有《易义》；同《易》相比，或许《春秋》更为难解。所以，王安石对《春秋》持审慎的态度。

第三，从研究方法来看，虽然王安石一再强调《春秋》"难知""未尽"，但并非不可知，"可知"是"难知"的前提，"难知"是"可知"的存在状态。如果采取合理可行的认识方法，《春秋》亦在可通之列。"学得《诗》，然后学《书》；学得《书》，然后学《礼》；三者备，《春秋》其通矣。"③ 由《诗》《书》《礼》到《春秋》，是按经的难易程度罗列，由易到难，循序渐进。现在的问题是：王安石完成了《三经新义》，是否已通贯《春秋》，何以称《春秋》"难知"？原因有二：一是从学术上讲，上述治《春秋》的路径是理想状态，要付诸实践，并非易事。仅是《三经新义》王安石已尽了毕生努力，"顾惟屈首受书，几至残生伤性。逮承圣问，乃知北海之难穷；比释微言，更悟南箕之无实"④。虽然"残生伤性"之说近于夸张，但"比释微言，更悟南箕之无实"道出训释工作的艰辛。即使到其晚年，王安石还在修改《三经新义》。所以，通贯《春秋》需要时间和知识的积累；二是从政治实践讲，王安石一心致力于改革当时的政治、经济等现状，对经术的研究、解读也多从变法的角度考虑。"《春秋》非造士之书"，是王安石对《春秋》功用的定位，其对《春秋》采取严谨态度也在情理之中。

从上述王安石的经学观来看，王安石区分《春秋》经与传，通过对比其他经典，视《春秋》经为"难知"，但"可知"，遵循一定的治经方法，仍可理解全经；对《春秋》传由"取"到"疑"，确立为"不足

---

① 王安石著有《易义》，已佚，且自谦于《易》"未之有得"。二程推崇王安石的《易》学，认为研究《易》，参考王弼、胡瑗、王安石三家即可。
② 王安石：《临川先生文集》卷72《答韩求仁书》。
③ 陆佃：《陶山集》卷12《答崔子方秀才书》。
④ 王安石：《临川先生文集》卷57，《辞左仆射表》。

信"。在改革实践中,《春秋》不符合变法的要求。

（二）上述是以王安石为理解主体,《春秋》文本出于相对静止的状态。现在由《春秋》"说话",即由《春秋》内容来看其能为王安石的学术或政治活动提供何种资源。

《春秋》内容广泛,涉及政治、经济、军事、天文等多个方面,联系到本节内容,这里仅就《春秋》中的天人关系、伦理政治层面的君臣关系进行分析论证。

1. 天人关系。《春秋》本身记载有日食、陨石、灾异等自然现象,《公羊传》《谷梁传》以阐发经义著称,但于此自然现象或从历法或从礼仪等层面进行解释。如汉代董仲舒将公羊学说与阴阳五行学说相结合,构建天人感应论,即自然现象表示天对人的奖惩,君王的行为也影响自然现象的发生。天人感应论在维护君权的同时又限制了君权的滥用,从而发挥了其应有的政治功用,也成为《春秋》学发展的立足点。

天人感应论在赵宋王朝极为普遍,如熙宁三年（1070）,翰林学士范镇上疏:"乃者天雨土、地生毛,天鸣地震,皆民劳之象也。惟陛下观天地之变,罢青苗之举,归农田水利于州县,追还使者,以安民心而解中外之疑。"[①] 把自然灾异归咎于王安石的新法。甚至最高权力阶层也不无担忧,"熙宁七年夏四月己巳……上以久旱,忧见容色,每辅臣进见,未尝不叹息恳恻,欲尽罢保甲方田等事"[②]。新法强有力的支持者也认同政事与自然现象有关联,势必影响新法的进展。

针对天人关系,王安石有不同的认识,提出"以人法天"的观点。第一,关于王安石所谓"天""道",前人多有论述。[③] 这里概括为:"道"作为最高范畴,是世界的本原,有客观性、自然性、普遍性的特点,表现为事物发展变化的动因、本质以及事物发展所遵循的规律,落

---

① 杨士奇、黄淮:《历代名臣奏议》卷266,《四库全书（文渊阁本）》。
② 李焘:《续资治通鉴长编》卷252,熙宁七年四月。
③ 可参见侯外庐主编《中国思想通史》（第四卷上册）,人民出版社1959年版,第449—462页;张岂之主编《中国思想学说史》（宋元卷下）,广西师范大学出版社2007年版,第397—406页;邓广铭《邓广铭治史丛稿》,北京大学出版社1997年版,第177—182页;漆侠《宋学的发展和演变》,河北人民出版社2002年版,第315—340页等相关论著。

实到当下则为礼乐刑政、社会规范，以至变革的最高合理依据。"道"有时又称为"天"，"是和万物同时而生的"。"道者，天也，万物之所自生，故为天下母。""天与道合而为一。"①

第二，王安石的天人关系论由肯定人以修身回应"天"反常现象到主张人道效法天道。《洪范传》大致作于熙宁三年（1070）前后②，其中讲到："人君固辅相天地以理万物者也，天地万物不得其常，则恐惧修省，固亦其宜也。"③ 所谓"天地万物不得其常"即指自然界灾异，这里认可针对异常现象在上者采取修身行为是有效的，但反对两种偏向：一是"或以为天有是变必由我有是罪以致之"，也就是将自然现象与人事机械而绝对地一一对应，造成人的畏缩、被动性；二是"或以为灾异自天事耳，何豫于我，我知修人事而已"，意言完全割裂天与人的关系，限于主观自我的固执。熙宁五年（1072），王安石上疏：

> 陛下正当为天之所为，知天之所为，然后能为天之所为。所谓天之所为者，如河决是也。……天地之大德曰生，然河决以坏民产而天不恤者，任理而无情故也。……以陛下忧恤百姓之心，宜其寝食不甘，而尧能待如此之久，此乃能为天之所为，任理而无情故也。④

此论可理解为：第一，这里所谓"天"是有意志、能行为的人格化之"天"，而"天"的逻辑前提是"道"。所以"河决以坏民产而天不恤"，即自然界按规律运行；第二，最高决策者需要先有理性认识，认知"天"的客观规律，然后效法天道，"任理而无情"。"理"指客观法则，"情"指现实的主观情感。可以看出，王安石的天人观发展至此，已抛开或隐去所谓"恐惧修省固亦其宜"的提法，抛出"任理而无情"。

熙宁七年（1074），神宗因大旱而欲停止推行一部分新法，王安石认

---

① 参见侯外庐主编《中国思想通史》（第四卷上册），第456页。
② 参见侯外庐主编《中国思想通史》（第四卷上册），第431—432页。
③ 王安石：《临川先生文集》卷65《洪范传》。
④ 李焘：《续资治通鉴长编》卷236，熙宁五年闰七月。

为:"水旱常数,尧汤所不免……但当盖修人事,以应天灾。"① 八年(1075),因出现彗星,神宗欲躬修过失,改革政事。王安石以晋武帝五年(269)出现彗星为例,指出:"天道远,先王虽有官占,而所信者人事而已。天文之变无穷,人事之变无已,上下傅会,或远或近,岂无偶合?此其所以不足信也。"② 这里王安石对自然现象进行了理性分析,推断其为偶然性因素,而且明确主张应当在"天道"的指导下发挥人的主观能动性,而并非缺乏理性的蛮干。

王安石的天人观由"恐惧修身"以应对灾异到"任理而无情"以"修人事",既反映出其学术理论的逐渐成熟,也说明此为现实变法的迫切需要。对此,后人有言:"阴阳灾异之说,虽儒者不可泥,亦不可全废。王介甫不用,若为政依之,是不畏天者也。"③ 虽然指出了灾异论存在的必要性,但对王安石天人观的点评有失公允,没有注意到其前后变化过程。

如此"任理而无情"的天人关系论与由《春秋》而引申出的天人感应论,相差天壤。换句话说,《春秋》经传不但在学术上不能像《老子》《尚书》那样提供理论营养,而且在实践中成为政治革新的阻力。从这一层面讲,王安石评定《春秋》难知,"《春秋》非造士之书",有一定的道理。

2. 君臣关系。《春秋》记述各国大事,包括诸侯僭位、大夫专权等史实,后世治《春秋》者发挥其中的"尊王"大义。汉唐《春秋》学从"尊王"的角度切入统一王权,到宋初孙复《春秋尊王发微》则明确突出"尊王"这一主题,相应的"王"的内涵由受制于天命到遵循理想的圣王之道。无论"王"的含义如何转换,君尊臣卑的伦理等级原则及其政治运作都不曾动摇,只是其在论证方式、表达手法等方面有某些差异。

王安石对君臣关系另有看法,主张并实践"以道进退"而并非以尊卑之礼出入。《虔州学记》云:

---

① 李焘:《续资治通鉴长编》卷252,熙宁七年夏四月。
② 李焘:《续资治通鉴长编》卷269,熙宁八年冬十月。
③ 黄宗羲:《宋元学案》,第3249页。

夫士，牧民者也。牧知地之所在，则彼不知者驱之尔。然士学而不知，知而不行，行而不至，则奈何？先王于是乎有政矣。夫政，非为劝沮而已矣也，然亦所以为劝沮。故举其学之成者以为卿大夫，其次虽未成而不害其能至者以为士，此舜所谓庸者也。若夫道隆而德骏者，又不止此，虽天子北面而问焉，而与之迭为宾主，此舜所谓承之者也。①

　　这里王安石把先王所设立的官职分为三个层次：一是"士"，其特点为政治理论学得不好，但能达到政治目标；二是卿大夫，理论知识掌握得好，且可以达到为政目的，但个人素养或不足；三是"道隆德骏"者，在卿大夫与士之上，德才兼备。"道隆"表现为对"政"知其所以然，理解政治的最高原则。卿大夫、士与君王的关系是君臣关系，恪守等级之礼，而"道隆德骏"者与君王则超出君臣之分，以"道""德"为界，可以"迭为宾主"。对此，有学者研究认为：先王设官分职的原因在于牧民之士有"至"与"不至"的区别，这种政治组织的建立体现了君臣同治天下目标的一致性②，此种说法不无道理。实际上，王安石主张或向往的也是这样一种道、德指引的君臣关系，并以"道隆德骏"自任而闻名于当时朝臣之间。如韩维对神宗讲："安石平日每欲以道进退，若陛下欲用之，而先使人以私书道意，安肯遽就？"③"以道进退"成为王安石的人格标志。

　　现实政治生活中，神宗与王安石相遇，这种"新型"君臣关系在一定范围、特殊时期内得到相对落实。神宗挽留王安石，"朕顽鄙初未有知，自卿在翰林，始得闻道德之说，心稍开悟。卿，朕师臣也，断不许卿外出"④。以"师臣"称王安石，可见其地位非同一般。邵伯温也讲："荆公初相，以师臣自居，神宗待遇之礼甚厚。"⑤ 神宗与王安石的关系超

---

① 王安石：《临川先生文集》卷82《虔州学记》。
② 余英时：《朱熹的历史世界》，生活·读书·新知三联书店2004年版，第225—226页。
③ 叶梦得：《石林燕语》卷7《虔州学记》，《四部丛刊》本。
④ 李焘：《续资治通鉴长编》卷233，熙宁五年五月。
⑤ 邵伯温：《闻见录》卷12，《四库全书（文渊阁本）》。

出君臣之分，已经成为士人的共识。

考其理论来源，不难发现，王安石的君臣关系论源于《孟子》。"故将大有为之君，必有所不召之臣，欲有谋焉则就之。其尊德乐道，不如是不足与有为也。"① 君臣之间关系定位的标准是"尊德乐道"，君从绝对权威走向相对义务，进而挑战传统君臣观。王安石依据《尚书》《周礼》等典籍，推测职权分工的源头，提出与天子"迭为宾主"，丰富了孟子的君臣理论。同时也引起时人的论辩，司马光作有《疑孟》，借反驳孟子君臣观而批评王安石的"迭为宾主"论。② 显然，由《春秋》经传所发挥的"尊王"论推导不出王安石承孟子而提出的"迭为宾主"观点，而且这种君臣观在新法的推行过程中起到了重要作用。《春秋》从理论到实践都与王安石的要求有一定距离。

上述从两个方面论证了王安石与《春秋》的相互关系，无论是王安石经学观指导下的《春秋》经传，还是《春秋》经传本身的内容要素，双方似乎都没有构成"对话"的平台。一方面，王安石逐渐印证出《春秋》经"可知"但"难知"，对三传由可取到"不足信"；另一方面，《春秋》所能提供的恰恰是王安石或理论上或实践中不需要的，甚至是要批驳的，两者似乎"擦肩而过"。

通过上述对两大公案以及王安石与《春秋》关系的追溯、考察，我们认为：第一，就公案而言，王安石确实有"断烂朝报"之说，但所指并非孔子修作的《春秋》，而是指在特定条件下的特殊对象③；"不列《春秋》于学官"作为法定政策而存在。王安石把《春秋》经限于"难知"而可知的范围，对三传由引用到否定，这种治经取向符合当时批判汉唐注疏的学术新风。

---

① 朱熹：《四书章句集注·孟子集注》，中华书局1983年版，第243页。
② 参见黄宗羲《宋元学案》卷7《涑水学案》列有"温公疑孟"（中华书局1986年版，第282页）。
③ 经学大师皮锡瑞见解独到，认为"断烂朝报"论可追寻至杜预、孔颖达，"专信左氏家经承旧史之说，一年之中寥寥数事，信手抄录，并无义例，则是朝报而已；不信公谷家一字褒贬之义，日月名氏爵号有不具者，皆为阙文。万六千余字而阙文百数十条，则是朝报之断烂者而已。如杜预、孔颖达之说《春秋》，实是断烂朝报并不为诬。如不谓然，则当罪杜、孔，不当罪宋人矣"（皮锡瑞：《经学通论》，中华书局1954年版，第70页）。

第二，进一步研究王安石与《春秋》的关系，从王安石经学观以及《春秋》本身的内容出发，则王安石学术思想及政治实践所需要的与《春秋》所能提供的之间并没有契合点。

第三，把王安石与《春秋》的关系放置于宋初的学术背景下来看，王安石倡导道德性命之学，并统治北宋后期近六十年，"自王氏之学兴，士大夫非道德性命不谈"①。以二程为代表的理学家所建构的儒学形上理论体系与其有千丝万缕的联系，或批判，或吸收，或改造；王安石的最高范畴"道"由于最终"只具有天地万物客观规律含义的自然之道而并不具有价值意义"，因而落实到现实层面时有一定的不足，表现在文化体系上即为《春秋》与"道"的隔离。

同时，前期《春秋》学发展主要是为现实政治提供行为规范、操作程序等，此时王安石切断了这种研究路向，以法令的形式把《春秋》悬置起来。其开启的性命之学，却又间接为《春秋》学发展指明了新的致思方向，这或许是王安石所意料不到的。所以说，王安石在北宋《春秋》学进程中断旧路、开新路，有一定的学术地位。二者看似"擦肩而过"，实则有过"会心一笑"。

第二节　苏辙与《春秋集解》②

王安石对《春秋》经传的态度，以及取消《春秋》应试经典资格法令的出台，并没有阻挡《春秋》学前进的步伐，反而成为学人研读《春秋》的动力之一，且王安石所谓性命之学对学人们解经新思路的形成不无启示，苏辙即为其中的代表性学者。《春秋集解》以"道""势"为指导思想，具体表现为"礼""实"两个层面，同时又有诸如"尊王""攘夷"、例法等一般儒学的《春秋》研究主题，在北宋《春秋》学发展史上起着承前启后的作用。

---

① 赵秉文：《滏水集》卷1《性道教说》，《四库全书（文渊阁本）》。
② 本节苏辙以"道""势"解《春秋》部分，受卢国龙《宋儒微言》（华夏出版社2001年版）一书中对苏氏兄弟政治哲学阐释的启发，笔者进一步将其中的"推阐理势"思想具体运用到苏辙《春秋》学研究中。

一 《春秋集解》产生的内外缘由

苏辙（1039—1112）著作《春秋集解》有内外两方面的原因。

（一）外因。《春秋集解引》中苏辙自叙："予少而治《春秋》，时人多师孙明复，谓孔子作《春秋》略尽一时之事，不复信史，故尽弃三传，无所复取。"① 意指时人解《春秋》以孙复《春秋尊王发微》为标尺，其所形成的学术导向为舍弃三传。的确，孙复《春秋》学在北宋《春秋》学史上地位颇重，开两宋义理解《春秋》的先河，但也确实存在忽略史实的弊端。苏辙指出这一点，意在表明将抛开孙复治《春秋》的所谓"权威"，修正"不信史"的缺陷，再度审视三传，走一条新的解经之路。

如果说孙复解《春秋》存在不足，故而苏辙有重解《春秋》的动力，且这种"动力"属于《春秋》形式的问题；那么，同时代的王安石对《春秋》的认识，则成为苏辙解《春秋》的直接外部刺激，属于治经理念的不同。"近岁王介甫以宰相解经，行之于世。至《春秋》漫不能读，则诋以为断烂朝报，使天下士不得复学。"所谓王安石解经"行之于世"是指《三经新义》颁于学官，行于场屋②，成为北宋后期学术界的主导。又，关于王安石与《春秋》的关系，上节已有详论。那么，苏辙是否仅是反对王安石的"断烂朝报"说？

首先，二人确实对一些问题的看法不一致。《宋史》本传讲："安石出《青苗书》，使辙熟议，曰：'有不便，以告勿疑。'"③ 随后苏辙指出了青苗法的不利因素，王安石也表示赞同。但王安石最终执意推行了青苗法。苏辙又书信王安石，"历陈其不可"，从而激怒了王安石，仕途遭变。对王安石所推行的文化措施也不甚满意，尤其是其对《春秋》"断烂朝报"的评价。

其次，虽然二人对新法各执一端，但对变革本身并无异议，有分歧的是二人的理论思路，进而在对《春秋》的认识上各有己见。试比较二

---

① 苏辙：《春秋集解》，《四库全书（文渊阁本）》。以下简称《集解》。
② 参见晁公武《郡斋读书志》中对王安石的《毛诗义》《尚书义》及《易义》的解题都提及"颁于学官""用以取士"。
③ 脱脱等：《宋史》，第 10823 页。

人政论，王安石《上仁宗皇帝言事书》①，分析了当时的社会现状，认为政治危机根源于"不知法度""在位之人才不足"，而"法度"的基础是先王治理天下的最高依据，"法其意"，不是对先王之政的照搬，而是其中的精神大义。由上节所论可知，此"意"即为自然之道，"任理而无情"，要求完全遵循此道制定纲领，不计现实社会发展趋势的客观状态。如苏辙所论青苗法，本意是救济贫苦百姓，但在执行过程中变为放债取息，损害了百姓利益。而在王安石看来，自然之道为"天下之至理"，以此推衍人事，必然有效。

苏辙《君术》中指出社会问题表现在外有夷狄之患，内有官制漏洞、财政紧张，解决问题的关键是君王个人理性的政治智慧，"臣闻善治天下者，必明于天下之情而后得御天下之术。术者，所谓道也，得其道而以智加焉，是故谓之术"②。"情"指事物的存在状态，"术"指合理运用"道"的理论方法。"情"为"术"的物质基础，"术"是包含"道""情"的理论成果。可以看出，苏辙强调的是"情"与"术"的统一，与王安石"任理而无情"的理论并非同调。

理念不同，则其指导下的文化观也不尽相同。由于王安石自然之道的"任理而无情"论与《春秋》经传中所存在的天人相应论相差甚远，所以王安石把《春秋》归于难解之经，对其传注有"断烂朝报"之语；苏辙主张最高原则与现实状态的相互配合，反对王安石"任理而无情"指导下的《春秋》观，尤其是"断烂朝报"之说，所以将以新的治经理念发掘《春秋》大义。

除此上述两个原因外，苏辙又总结北宋初《春秋》学发展的总体状况，认为："非独介甫之妄，亦诸儒讲解不明之过也。"即宋初学人对《春秋》的解读整体存在不传圣人之义的问题，《春秋》需要重新阐释。

总之，苏辙作《春秋集解》的外部原因有三：一是修正孙复《春秋》学在解经方式上所存在的不信史的缺点；二是由反对王安石的理论思路延伸至其文化观，批驳其"断烂朝报"说；三是北宋初《春秋》学整体

---

① 王安石：《临川先生文集》卷39《上仁宗皇帝言事书》。
② 苏辙：《栾城应诏集》卷6《进策·君术第一道》，《四部丛刊》本。

发展形势有误区。三者同属学术思想领域，范围由不满个体学人的《春秋》学研究不足到宋初《春秋》学普遍存在缺陷。

（二）内因。苏辙解《春秋》不单是外部学术环境的刺激，更有其自身内在理论学说的引导。对苏辙理论学说及其与《春秋》关系的探讨，我们可以从其家学入手进行追溯，因为苏氏蜀学作为整体无论是在理学（广义上）发展史上，还是在《春秋》学史上都有其独特的学术个性和重要地位。

苏辙自言："予少而力学，先君，予师也；亡兄子瞻，予师友也。父兄之学，皆以古今成败得失为议论之要。"也即苏辙受其父、兄学术思想的影响很大。

苏洵，二苏之父，曾作《辩奸论》批评王安石。"事有必至，理有固然。……月晕而风，础润而雨，人人知之。人事之推移，理势之相因，其疏阔而难知，变化而不可测者，孰于天地阴阳之事，而贤者有不知其故，何也？好恶乱其中而利害夺其外也。"① 这里苏洵提出"理势相因"的观点，"理"指条理、规则，由事及理；"势"可理解为事物的存在状态。二者相互依赖。"人事之推移，理势之相因"作为一种理论成立，于实践则有变化性、不可预知性，原因在于"好恶""利害"等主观判断和选择的干扰。进而以历史上王衍、卢杞事迹为例，类比王安石，指出其言行不一，"阴贼险狠"，以"面垢不忘洗，衣垢不忘浣"反衬王安石在日常生活起居方面的不近人情。此外，苏洵又以"理势相因"解读经书，"夫人之情，安于其所常为，无故而变其俗，则其势必不从。圣人之始作《礼》也，不因其势之可以危亡困辱之者以厌服其心，而徒欲使之轻去其旧而乐就吾法，不能也"②。即礼的产生需要"心"与"势"的统一，"心"是对"情"与"势"的普遍认同。以此为基点，苏洵预设圣人心理，论述形势的历史变化，以及礼的产生。所以说苏洵"理势相因"中的"理"并不具有最高依据的形式含义，"势"来源于对历史的总结、现实的分析；而且，理势虽然相因，但苏洵更强调"势"，因客观条件的变

---

① 苏洵：《嘉祐集》卷1《辩奸论》，《四库全书（文渊阁本）》。
② 黄宗羲：《宋元学案》，第3278页。

化而事物随之起变化。

苏轼，苏辙之兄，博通经史。熙宁四年（1071），针对王安石所推行的改革方案，苏轼借《上神宗皇帝书》①表达自己的政见，即"结人心，厚风俗，存纪纲"。其中"结人心"是政权运作的前提，说明政治决策要以民心向背为依据，"人主之所恃者人心而已，如木之有根，灯之有膏，鱼之有水，农夫之有田，商贾之有财。失之则亡，此理之必然也"。并以三司条例司、水利法、青苗法等新法实践过程中所存在的问题为例，证实"结人心"的重要性；"厚风俗"论及社会危机，指出国家施政方针中道德重于经济，"国家之所以存亡者，在道德之深浅，不在乎强与弱；历数之长短，在风俗之薄厚，不在乎富与贫。人主知此，则知所轻重矣"。"存纪纲"关系到政治危机，主要是指宋初以来的权力监督机制，以保障国家的正常运转，"台谏固未必皆贤，所言亦未必皆是，然须养其锐气而借之重权者，岂徒然哉？将以折奸臣之盟也"。这里苏轼对政治的看法，意在指明王安石依理推法，忽视现实社会的需要，在解决问题的同时，又酝酿着更大的社会危机。虽然"结人心""厚风俗""存纪纲"三者地位不同，但可归入一类：势，即现实的趋势所在。

关于苏轼形上理论的建构，前人多有论证②，其内容主要围绕苏轼将"道"作为最高范畴，"道"的根源性，产生万物，以及"道"本体的建立有对佛老思想的吸收。这里着重讨论苏轼形上之"道"与形下之"势"的关系。

首先，苏轼肯定抽象之"道"存在但不可描述，而由现象可近似地推知。"圣人知道之难言也，故借阴阳以言之，曰'一阴一阳之谓道'。一阴一阳者，阴阳未交而物未生之谓也，喻道之似莫密于此者。"③其次，"道"需要由"器""势"即现象来说明，"道"单独不具有最终法则性，"道"与"器"相对而存在。"道者，器之上达者也；器者，道之下见者

---

① 脱脱等：《宋史》，第10804—10808页。
② 参见侯外庐主编《中国思想通史》（第四卷上册），第584—594页；张岂之主编《中国思想学说史》（宋元卷上），第424—426页；漆侠《宋学的发展和演变》，河北人民出版社2002年版，第435—448页等相关著作。
③ 苏轼：《东坡易传》卷7《系辞传上》，《四库全书（文渊阁本）》。

也，其本一也。"① "道"为"器"的内在逻辑，"器"为"道"的外在表现，二者统于一。也就是说，"道"与"器"相互推移而并存，"是同一东西的两面"②。"器"的存在状态已发生变化，"道"同样已发生变化；再有，"道"与"器"的关系运用到政治生活，则理与势相推，必然之"道"或"理"并不能成为现实政治的最高原则，现实社会客观条件的变化蕴含必然之理。"善为天下者，不求其必然。求其必然，乃至于尽丧。"③ 正如苏轼上书中所言：政策的推行需要民众的支持，民心的向背是大势所趋，"结人心"含必然之理；王安石新法以"理"为现实政治的必然依据，"任理而无情"，不计客观条件变化，这种单向的改革思路存有隐患。

《四库全书总目》评价《东坡易传》："推阐理势，言简意明，往往足以达难显之情，而深得曲譬之旨。"④ 又评《东坡书传》："轼究心经世之学，明于事势，又长于议论，于治乱兴亡批抉明畅，较他经独为擅长。"⑤ 可见，理与势相推是苏轼治经的根本宗旨。同苏洵所论理、势相比，苏轼自觉地突出理与势的互动，其"理"为形上之理，但理与势的关系不甚明晰。

苏辙，字子由，十九岁与兄苏轼同登进士科，其对时政也有自己的认识。与苏轼一样，苏辙也强调人心向背在治理国家中的重要地位，"圣人之为天下，不务逆人之心，人心之所向因而顺之，人心之所去因而废之，故天下乐从其所为"。民意的表达是国家正常运转的基础，是客观形势的走向。"今之说者则不然，以为天下之私欲必有害于国之公事，而国之公事亦必有所拂于天下之私欲。分而异之，使天下公私之际譬如吴越之不可相通，不恤人情之所不安，而独求见其所为至公而无私者，盖事之不通，莫不由此。"⑥ "私欲"即为民众的基本生存状态，在苏辙看来，

---

① 苏轼：《东坡易传》卷7《系辞传上》。
② 侯外庐主编：《中国思想通史》（第四卷上册），第588页。
③ 苏轼：《东坡易传》卷3《无妄》。
④ 永瑢等：《四库全书总目》卷2《东坡易传》。
⑤ 永瑢等：《四库全书总目》卷11《东坡书传》。
⑥ 苏辙：《栾城应诏集》卷8《进策·臣事第四道》，《四部丛刊》本。

国家的公共意志与民众的正当要求是一致的，政令的推行必须以民众的基本要求为依据。"至公而无私"即完全以国家意志为主导，略去民意、民情的表达，"任理而无情"，则"事之不通"。

由此，苏辙提出自己的理势观。第一，同其兄苏轼从《易》中解"道"相比，苏辙以《老子解》论"道"，肯定"道"作为最高范畴而存在。"一，道也，物之所以为物者，皆道也。"① "道"为万物存在的最高依据，但反对苏轼所谓以"阴阳未交而物未生"解释"一阴一阳之谓道"，认为"阴阳未交，元气也，非道也"。又，"道"与万物之间为本末关系，"道，万物之宗；万物，道之末也"②。"道"虽然存在，但不可见，不可知，"道之在物，譬如其奥，物皆有之，而人莫之见耳"③。所以需要由万物而体"道"，"道之所寓，无所不见。凡此十二者，皆道之见于事者也"④。

第二，就道与势而言，"道"为"势"的内在根据，"势"为"道"现实表现或落实。"形虽由物，成虽由事，而非道不生，非德不畜，是以尊道而贵德。"⑤ "阴阳相荡，高下相倾，大小相使，或行于前，或随于后……皆物之自然，而势之不免者也。"⑥ 理与势又相统于一，"阴阳不争，风雨时至，不疾不徐，尽其势之所至而后止"⑦。即"势"中有度，因为"势可以利人，则可以害人矣"⑧。又，"知天下万物之理而制其所当处，是谓一矣"⑨。"一"为理与势相推而达到的一种适度状态。

第三，以道势思想反观政治问题，则表现为既要有"道"（或理）的指导，又要考虑现实之"势"。人心所向所去是"势"的一种表达，而其

---

① 苏辙：《老子解》卷下，第39，《四库全书（文渊阁本）》。
② 苏辙：《老子解》卷上，第32。
③ 苏辙：《老子解》卷下，第62。
④ 苏辙：《老子解》卷下，第41。
⑤ 苏辙：《老子解》卷下，第51。
⑥ 苏辙：《老子解》卷上，第29。
⑦ 苏辙：《老子解》卷上，第23。
⑧ 苏辙：《老子解》卷下，第81。
⑨ 苏辙：《栾城应诏集》卷6《进策·君术第三道》。

中已含有"道"或"理";以道势解读经书,体现在苏辙所作《春秋集解》中,"循理而言,言无所系""势不可常"。

以上分析了苏氏父子的学特点,不难发现:道势思想与历史意识是苏氏家学的学术个性,"道"与"势"二者以历史事件或史实为基础,面向现实社会。苏氏父子对"道""势"及其关系的认识各有侧重,苏洵博通百家,重于"势";苏轼强调"道"与"势"的圆融;苏辙则对"道"与"势"作了更细致的说明,其道势观是上述所论"术"与"情"的进一步铺展,《春秋集解》正是苏辙道势观在文化上的自然发挥,以《春秋》言说"道""势",以"道""势"解读《春秋》。

前人论述苏辙作《春秋集解》的原因,忠于苏辙自序中的内容,并加以适当解说,如四库馆臣讲:"孙复作《春秋尊王发微》更舍传以求经,古说于是渐废。后王安石诋《春秋》为断烂朝报,废之不列于学官。辙以其时经传并荒,乃作此书以矫之。"① 基本上是对苏辙自言解《春秋》原因的复述。实际上,苏辙解《春秋》既有外在《春秋》研究导向的缺憾,或解经方法上,如孙复《春秋尊王发微》,或治经理念上,如王安石"任理而无情",又有其自身学术理路的发展需要,此为苏辙作《春秋集解》根本原因所在。

二 "道""势"下的《春秋》

苏辙对《春秋》的研究始于早岁,《古史后序》中苏辙自言:"予少好读《诗》、《春秋》,皆为之集传。"② 又,《栾城遗言》记:"公少年与坡公治《春秋》,公尝作论,明圣人喜怒好恶,讥《公》《谷》,以明土地为训,其说固自得之。"③ 苏辙年少时期对《春秋》的关注,很大程度上得益于其家学重经重史,通贯百家的学风,而且这一时期其对《春秋》的研究主要是训诂、书例等基础工作,似乎还没有重点寻求其中的圣人大意。

---

① 永瑢等:《四库全书总目》,第216页。
② 苏辙:《古史》自序,《四库全书(文渊阁本)》。
③ 苏籀:《栾城遗言》,《四库全书(文渊阁本)》。

从目前资料看，苏辙正式撰《春秋集解》的具体时间不是很明确，或可推断为某一时间段。苏辙自序："故予始自熙宁又谪居高安，览诸家之说裁之以义，为《集解》十二卷，乃今数十年矣。"据《宋史》本传载，苏辙于熙宁二年（1069），召对延和殿，后因与王安石政见不一，"三年，授齐州掌书记。又三年，改著作佐郎……居二年，坐兄轼以诗得罪，谪监筠州盐酒税，五年不得调"①。这样算来，苏辙被贬居高安，大约在熙宁八年（1075）。又，《颍滨遗老传》中苏辙讲："予年四十有二，始居高安。"② 则其居高安时为元丰四年（1081）。所以，我们可以粗略判断苏辙于熙宁末年至元丰初年之间开始作《集解》，而且主要是以义理解《春秋》。在随后的三十年，苏辙对《集解》不断加以修改，"每有暇，辄取观焉。得前说之非，遂亦改之"。一方面说明苏辙个人为学的严谨，其思想体系逐步完善；另一方面也可以看出《春秋》"微言大义"的开放性。绍圣四年（1097），苏辙与其兄苏轼讨论为学，"子瞻谓予：'子所作《诗传》、《春秋传》、《古史》三书，皆古人所未至，惟解《老子》差若不及。'予至海康，闲居无事，凡所为书多所更定"③。显然，苏轼对苏辙所解《春秋》评价很高，但苏辙人仍对其所著有所修整。

至元符（1098—1100）年间，苏辙又改易其稿，并拿给苏轼审阅。"绍圣初再谪南方，至元符三易地，最后卜居龙川白云桥，集传乃成，叹曰：此千载圣学也。既而俾坡公观之，以为古人所未至。"④ 及至暮年，苏辙依然笔耕不辍，反复修改。"凡居筠、雷、循七年，居许六年，杜门复理旧学。于是《诗》、《春秋传》、《老子解》、《古史》四书皆成，尝抚卷而叹，自谓得圣贤之遗意。"⑤ "居许"时已是崇宁（1102—1106）年间，这时苏辙才对自著《春秋传》有所满意。大观二年（1108），苏辙《题老子道德经后》言："予自居颍川，十年之间，于此四书复多删改。

---

① 脱脱等：《宋史》，第10823页。
② 苏辙：《栾城后集》卷13，《四库全书（文渊阁本）》。
③ 苏辙：《老子解》后跋。
④ 苏籀：《栾城遗言》。
⑤ 苏辙：《栾城后集》卷13。

以为圣人之言，非一读所能了，故每有所得，不敢以前说为定。"① 所谓"四书"即是前文所言《诗传》《春秋传》《老子解》《古史》。时苏辙以古稀之年删改《春秋集解》，因为"圣人之言"义奥深远，言不尽意，"非一读所能了"。难怪苏辙自言："吾为《春秋集解》，乃平生事业。"② 苏辙历三十余年笔修《春秋》，其解经主线如下：

（一）以道（或理）势观解《春秋》。关于苏辙的道势观，上节已有详述，《集解》是其道势观的文化表现。《集解引》中讲："循理而言，言无所系。理之所至，如水之流，东西曲直，势不可常，要之于通而已。"此为苏辙解《春秋》的理论宗旨。第一，以"理"为标准，不拘于语言文字的限制。苏辙讲：孔子设六经，"不为明著其说，使天下各以所长而求之"。求的是经之大者"理"，而后世为学者，"举圣人之微言而折之以一人之私意，而传疏之学横放于天下"，执于文字训诂，造成"学者愈怠而圣人之说益以不明"③；第二，理表现为"势"，"势"无固定模式，"势"中有理。苏辙借水而喻，"理之所至，如水之流""势不可常"即水有流淌之理，又有客观之势，"理"与"势"二者是统一的，这种理势关系是解读《春秋》的一种方法；第三，以理势解《春秋》，最终的目的是"通"。就文字而言，是要语言解释合理；就大义而言，则要与圣人精神相通，从而达到所解《春秋》整体通达平实，"理"与"势"通。

道势观具体表现为以下两个方面：礼与实。二者是客观条件的存在状态，其中含有必然之"理"。

首先来看礼。《集解》中的礼有两层面含义，第一层含义是一般的以制度形式规定的、突显等级关系之"礼"。如"冬十有二月，祭伯来"（隐公元年），《集解》认为：祭伯作为天子之卿大夫，不应该私交于诸侯，"天子之卿而外交于诸侯，非礼也"。此为君臣之礼；"公及齐侯遇于谷，萧叔朝公"（庄公二十三年），苏辙解为："萧叔，附庸之君，未王命

---

① 苏辙：《老子解》，《题老子道德经后》。
② 苏籀：《栾城遗言》。
③ 苏辙：《栾城集》卷22《上两制诸公书》。

者。不言来，公在外地。礼，朝聘于庙，于外，非礼也。"即萧公朝鲁公于外，不合朝聘之礼。这一层面的礼与前人解《春秋》之礼无大差异，通过一般的礼与非礼的对比，突显儒家的伦常之道。此"礼"实质为"道"与"势"的相融状态，礼节与礼中之"道"的统一。

第二层含义是随客观条件的变化而有所改变的"礼"。"九月，纪裂繻来逆女"（隐公二年），《公羊传》对此种婚礼形式表示不满，有所讥贬；孙复《春秋尊王发微》以"恶""斥"等言辞表明对这一行为的态度。他们完全是以规定性之"礼"作为评判标准。苏辙则解为："礼，惟天子不亲迎，使上卿逆之，上公临之，诸侯亲迎。有故，则使大夫可也。""有故"可视为实际情况有变，婚礼中诸侯亲迎变为"使大夫"亲迎也行得通。既肯定常规下的"礼"，又指出变化之"礼"的存在。"曹伯使其世子射姑来朝"（桓公九年），《谷梁传》言："诸侯相见为朝"；孙复讲："诸侯相朝非礼也"（隐公十一年），曹伯使世子朝鲁，更属不合礼之举。《集解》一方面认为"诸侯相朝正也"，从《谷梁》意；另一方面讲："有故而使世子摄政，畏大国也，盖礼之变也。"指出当时曹作为小国，使世子代政朝大国，不失为变通之礼。文公五年"三月辛亥葬我小君成风，王使召伯来会葬"，《左传》注曰："召昭公来会葬礼也"，《谷梁传》也认为"会葬之礼于鄙上"，刘敞对此持否定意见，"左氏曰：'礼也'，非也。礼，庶子为君为其母无服，不敢威尊者也，妾母称夫人，王不能正而又使公卿会葬，何礼之有？"①苏辙抛开对"礼"与"非礼"效果的界定，从实际形势出发，认为：仲子并非惠公正妾，"不书其葬，盖礼之正也。自成风以来妾母皆葬，盖袚也，鲁礼之变，自此始矣。"实指礼之"势"已发生变化，内在礼之"道"也已有变，礼的这种变动性无所谓褒贬之分。且含有尊王之义，"诸侯必有使来会葬者矣，以微故不录。王人虽微必书，石尚归脤是也，而况召伯乎？"

春秋时期，王权由周王下移至大夫、夷狄，《左传》描述史实，不加判断，《公》《谷》则有讥贬之义，至孙复《春秋尊王发微》倡导"尊王"，更以义愤之辞表明立场，"政在大夫……孔子之言非独鲁也，

---

① 刘敞：《春秋权衡》卷5。

滔滔者天下皆是也"(襄公三年"鸡泽之会")。苏辙另有看法,襄公三年中原诸侯同盟于鸡泽,"戊寅,叔孙豹及诸侯之大夫及陈袁侨盟"。《集解》先据《左传》叙事实,又反驳《谷梁》所谓"诸侯始失政"说,认为:"夫诸侯不专敌袁侨,而使大夫盟之,礼也。且悼公晋之明主,而以为失正,则过矣。"可见,《谷梁》解从王之权的衰落、递变入手,对大夫专政有所讥贬;《集解》则依据当时实力对比,认可大夫之间的会盟,以及晋悼公当时的地位。但是大夫专政并非只依"势"而行,其中有"理"的规定。此十六年"戊寅大夫盟",《集解》解释何以书"大夫盟"。晋大夫荀偃"欲以强服诸侯,则政在大夫也。政在大夫,以义服人犹可,强则乱矣"。即政在大夫局面的形成需要内在条件"义",而并非外在武力。这一层面的礼可理解为从当时现实条件出发,对一些看似不合常礼的行为作出合礼合理的肯定判断。"礼"一方面指礼节仪式,另一方面也含有"礼"之所以然之义,即礼仪的改变缘于其中之"道"已经有变。

可见,以道势观解《春秋》,表现形式之一为礼。礼是"道"与"势"相融合的现存状态,这种状态或是常态下的伦理之礼,以"礼"或"非礼"的形式表达,或是非常态、相对动态中的变礼,在客观条件发生变化的过程中认知礼之所以然之"道"。需要指出的是道势观之所以表现为礼,是因为苏辙认为"道"不可言,"道"的内涵通过仁义礼乐之教等现象加以阐发,如"由礼以达道,则自得而不眩"。由势体道,"势"具有流动性、多变性;就礼而言,苏辙突出变礼,"夫礼沿人情,人情所安,天意兆顺"。"礼之不同,盖亦其势然也。"① 礼根源于人情,人情中存在必然之理;情势有变,礼则随之而变。正是"势"与礼在变的层面相符相合,所以才可以"由礼达道"。《春秋》是"礼义之大宗",以道势解《春秋》,自然落实到礼。

又,从主观的学术气象上来看,苏辙解《春秋》重视礼有其家学缘由。其父苏洵"通六经、百家之说",曾与项城令姚辟同修《太常因革礼》;论及六经,其中《礼论》讲:"夫人之情,安于其所常为,无

---

① 苏辙:《栾城后集》卷12《颍滨遗老传上》。

故而变其俗，则其势必不从。圣人之始作《礼》也，不因其势之可以危亡困辱之者以厌服其心，而徒欲使之轻去其旧而乐就吾法，不能也。"①言《礼》产生于人情世俗，随势而变。其兄苏轼著有《礼以养人为本论》，"夫礼之初，始诸人情，因其所安者而为之节文，凡人情之所安而有节者，举皆礼也"②。同样讲礼始于人情所安。

可以看出，苏氏父子善于从现实生活出发，于日用中推导其理论主旨，如礼与情的关系。如此也就不难理解僖公十七年"夫人姜氏会齐侯于卞"，《集解》认为"声姜以公故，会齐侯于卞，其情可也，而礼则不可"。即在说明其不合礼节的前提下肯定亲情的合理。僖公二十八年"天王狩于河阳"，苏辙对孔子所言"以臣召君，不可以训"并无异议，表示尊重王权，但认为"其情不可不察"。"晋文公将帅诸侯以尊事天子，而不敢合诸侯于京师，故召王于河阳，而以诸侯见。"即晋文有尊王之情，"其情则顺"，但召王的行为不合礼，"礼则逆也"。苏辙以情礼解释晋文的行为，与前人刘敞的解释不谋而合，但比刘敞多解更细致。

其次来看"实"。如果说礼着重于变，属动态范围，那么"实"突出的是事实、真实，属静态范围。"实"包含以下几层含义：

第一，从整体上讲，"实"是历史的属性之一，而《春秋》本身具有经与史的两种因素。《集解引》言："左丘明鲁史也，孔子本所据依作《春秋》，故事必以丘明为本。"指出《左传》以叙述史实见长，《春秋》根基于史。史实的功用在于"将令学者原始要终，寻其枝叶，究其所穷"，旨在事件发生发展的前提下展开对经义的探究。苏辙在强调《春秋》史的属性的同时，又指出："至于孔子之所予夺，则丘明容不明尽，故当参以公、谷、啖、赵诸人。"即《春秋》作为经的属性不是"史"所能代替的。《春秋》经文字句含价值判断，在义理这方面，《公》《谷》长于《左传》，啖、赵《春秋》学派也认同"左氏解经浅于《公》《谷》"。不难发现，苏辙把史实作为解经的根基，在史实

---

① 黄宗羲：《宋元学案》，第3278页。
② 苏轼：《苏轼文集》卷2《礼以养人为本论》，《四库全书（文渊阁本）》。

的基础上参考《公》《谷》、啖、赵等义理，最终自得、自解《春秋》大义。

苏辙解《春秋》所运用的经史互彰的方法受其父苏洵经史观的影响。苏洵著有《史论》①三篇，其中上篇提出"义一""体二""用相资"，从理论上阐明经与史的关系。"义一"指经与史在根本动因上的一致性。"史何为而作乎？其有忧也。何忧乎？忧小人也。""史之所惩劝者独小人耳""仲尼……因史修经，卒之论其效者，必曰'乱臣贼子惧'。由是知史与经皆忧小人而作，其义一也。""义一"之"一"指经与史在创作目的上存在共同的价值认知，忧患意识，而且经的惩劝功用前提是史，"因史修经"。"体二"指经与史在表达方式上有所不同。"大凡文之用四：事以实之，词以章之，道以通之，法以检之，此经史所兼而有之者也。虽然，经以道、法胜，史以事、词胜。""事"指存在的事件，"词"指语法修辞，"道"指大义，"法"指规则。经与史在表达形式上有共性，但又各有侧重。经"旌善而惩恶"，"本周礼以为凡"，以道德判断突显经义，故长于"道""法"；史主要是记录史实，锤炼语言，以辞、事胜。

尽管经与史自有特点，但苏洵更强调二者的相互依存。"经不得史无以证其褒贬，史不得经无以酌其轻重。"也就是说，以《春秋》为例，经离开史，则《春秋》所作的价值判断空而不实，"所褒莫见其善状，所贬莫闻其恶实"；离开经看史，则《春秋》所述史实缺少必然法则，"称谓不知所法，惩劝不知所祖"。苏洵把经与史的关系概括为"用相资"，并用"规矩准绳"与"器"作比喻，"夫规矩准绳所以制器，器所待而正者也"。"规矩准绳"是"器"的正与不正的标尺，类比经与史，则"史待经而正，不得史则经晦"。史的价值意义要由经来规范，经的彰明需要史的基奠，二者相辅相成。

苏洵以《春秋》为例的经史观既弥补了两汉《春秋》学研究方法上忽略史的缺憾，如董仲舒《春秋繁露》，又填充了唐《春秋》研究中对《春秋》经、史关系认识的不足。苏洵虽然没有《春秋》学方面的专著，

---

① 苏洵《嘉祐集》卷9《史论》。

但对《春秋》研究思路上的启发已初露端倪。苏辙《集解》所遵循的"事必以丘明为本""参以公、谷、啖、赵诸人"等结合前人的解经原则正是苏洵经与史"用相资"的具体发用。

《集解》多次申明解读《春秋》需要依据史实而阐明经义,反对空凿臆断。隐公元年"秋七月,天王使宰咺来归惠公仲子之赗",苏辙在解经方式上依从《公》《谷》问答体,在内容上则引用《左传》对事件的描述及对制度的规定,反对《谷》解所作的猜测成分,得出结论"故凡《春秋》之事当从史,《左氏》史也,《公羊》《谷梁》皆意之也。盖孔子之作《春秋》事亦略矣,非以为史也,有待乎史而后足也。以意传春秋而不信史,失孔子之意矣"。这里肯定了三传的各自特点,说明孔子《春秋》性质为经,经义的挖掘需要以史料为基础,而不是凭空议论。同样,襄公七年"郑伯髡顽如会,未见诸侯。丙戌卒于鄵",苏辙援引《左传》,再次证明"《春秋》者,有待乎史而后足,非自以为史也。世之为《春秋》而不信史,则过矣"。应该说,苏辙如此反复强调解读《春秋》中史实的重要性,是在《春秋》学发展过程中普遍存在的任意发挥经义的情况下所作出的理智思考。

《春秋》的起止历来是《春秋》学研究的重点,孙复《春秋尊王发微》围绕尊王大义,历数从鲁隐公到哀公获麟这一时段,权力逐级更迭下移,从诸侯到大夫到夷狄,并由衷感叹"尊天子,黜诸侯始于隐公是也,贵中国,贱夷狄终于获麟是也。呜呼,其旨微哉,其旨微哉!"① 刘敞《春秋传》则杂合三传、《论语》《孟子》《礼记》等经传,说明"何以始乎隐?乱之所自来也……何以终乎哀十四年?备矣"②。其中有事实的描述,也与经义的发挥,但似乎很庞杂,主题不甚明确。苏辙于历史发展变化中解读经义,"自周之衰,天下三变,而《春秋》举其中焉"。如下所示:

---

① 孙复:《春秋尊王发微》卷12《哀公》,《四库全书(文渊阁本)》。
② 刘敞:《春秋刘氏传》卷15《哀公》,《四库全书(文渊阁本)》。

表 3—1　　　　《春秋集解》哀公"有十四年春西狩获麟"

	时间	王方面的表现	诸侯大夫等方面的表现	夷狄方面的表现	备注
始	平王东迁以前	幽、厉失道，王室昏乱，礼乐征伐犹出于天子	诸侯畏周之威，不敢肆		
中	平王东迁后	周室不竞，周道陵迟，夷于列国。然文武成康之德犹在，齐桓晋文秉大义尊周室，会盟征伐以王命为首，世虽无王而其法犹在	诸侯自为政，但诸侯顺义则存，逆义则亡，虽齐晋秦楚之强，义之所在，天下予之，义之所去，天下叛之		孔子作《春秋》推王法以绳不义，知其犹可以此治矣
终	王霸衰落至战国初	王法不能绳之	齐晋既衰，政出于大夫，诸侯习于凶乱	继之以吴越，夷狄之众横行于中国，礼义无所复施，刑政无所复加	

由上表可知：从划分的标准来看，《集解》划分衰周三世依据是历史的变迁，"势"的发展，孙复《春秋尊王发微》以王权的变迁分期鲁隐公到哀公；从划分的内容来看，《集解》在说明王道衰落的同时，注意到"王命""义""法"等王道内容仍部分存在，并未完全消亡；从划分的结果看，孔子作《春秋》正是在第二阶段，既挽狂澜，救以时弊。二是苏辙对春秋至战国初的阶段划分，实际上是在历史变化趋势中凸显"道"，寻求《春秋》大义，进一步证实其治《春秋》所运用的道势相融、经史相资的指导思想与解经方法。三是关于对这一历史阶段的划分，苏辙早年作《春秋说》已见其雏形，"幽、厉失道，天下版荡，然天下之权未尝倒持""东迁之后……名分逾而礼义丧""五霸既没之后""先王

纪纲遗意与夫人才遗风,扫地荡尽"①。苏辙之孙苏籀曾讲:"颖昌吾祖书阁有厨三只,《春秋说》一轴,解注以《公》《谷》《左氏》……今黄门《春秋集传》悉皆有指定之说。"即指苏辙早岁所作《春秋说》已为日后专注《春秋集解》打下基础。

第二,在对具体经文的解释中,"实"既有对事件的科学描述分析,也含有对史实合理的推测。桓公十二年"公会郑伯,盟于武父",涉及郑国国君的废立。《左传》于桓公十一年记述了郑庄公死后,继承人的废与立,《公羊传》则就郑臣子祭仲的随机应变讨论"知权"。孙复和刘敞不赞同《公羊传》所言祭仲"知权",认为祭仲所为"恶之大者""贪生好势"。可以说,前人解释多就郑国臣子有所评,似乎忽视了郑国国君的实际情况。苏辙转换解经角度,认为:郑突以篡而书称"郑伯"是因为"实",即政权存在的真实性。"诸侯虽以篡得,苟能和其民而亲诸侯,内外君之,则以君书之,不没其实也。虽君而实篡,虽篡而实君,皆因其实而已。"政权实际存在的条件为于国内亲民,于国外交际诸侯,权力统一。"篡"指政权的来源不合道德标准,"君"指政治权威的现实存在。依传统的政权价值判断来看,"篡"与"君"不可同日而语,但苏辙只就事实而言,不做价值评判,认为二者在"实"这一点上有共性。这种史观,南宋朱熹也表示赞同,"苏子由解《春秋》……既书'郑伯突',又书'郑世子忽',据史文而书耳"②。即以史书记载为准。所以,苏辙突出《春秋》史的性质,在史的基础上论经。

那么,如何评价一国二君呢?苏辙对二君只是事实性的描述政权存在,不与褒贬定位。"《春秋》有一国而二君者,郑突与仪,卫衎与剽是也。然则孰与?曰:皆不与也。"不与的原因是"突之入也以篡,衎之出也以恶,仪、剽虽国人之所立,而突、衎在焉,非所以为安也"。即四人均有不当之处,但"皆不没其实而已",肯定四人的执政行为。苏辙又进一步讲:"君子不幸而处于此,如子臧、季札可也,不如是则乱不止。"

---

① 舒大刚、李冬梅:《苏辙佚文两篇:〈诗说〉、〈春秋说〉辑考》,《文学遗产》2004年第1期。

② 黎靖德:《朱子语类》,中华书局1994年版,第2147页。

子臧，曹宣公之子；季札，吴王寿楚之子，二人以让国而有贤名。这里指的是郑、卫二国所并存的二君如果有子臧、季札之贤德，则不至乱国。苏辙所作的这一补充，表明其既以史看待《春秋》，"不没其实"，又显示《春秋》经的性质，到底还是对事件作出了道德判断，展现其中的伦理规范。个中原因，不妨理解为：苏辙甚至苏氏蜀学，虽以会通百家而著称，但归根结底离不开儒家的道德伦理、价值评判。

究其实，苏辙"君而实篡，篡而实君""不没其实"的观点不能不说有其兄苏轼《正统论》的影子。苏轼曾作《正统论三首》①，在欧阳修论正统的基础上，从"名"与"实"的角度议论"正统"，主张"名轻而实重"。所谓"实"，指政权的真实有效性，"正统之为言，犹曰有天下云尔"。所以，在天下混乱的情势下，"篡君出而制天下，汤武既没，吾安所取正哉？故篡君者，亦当时之正而已"。"正"指统治的有序性，无关政权来源的道德之理，篡君是一定条件下的天下之"正"。苏轼也认同"至公大义"，道义为"正"，政权的合法性与道德之理的合一是理想而必然的正统状态；但苏轼注意到在具体历史发展过程中，二者相分是常态。"吾岂不知居得其正之为正，不如至公大义之为正也哉！盖亦有不得已焉耳。"这样看来，苏轼讲"王者没而霸者有功于天下，吾以为在汉唐为宜"，再退一步讲"秦、隋、后唐、晋、汉、周之得之，吾犹有憾焉"。最不得已的是"奈何其举加之弑君之人乎？"即从情感上反对道德之理的失控，从理性上则肯定弑君政权的存在。可以看出，苏轼正统论是在历史的变动中探寻所以然之"理"，"道"与"势"相推阐，而苏辙将此理论运用于《春秋集解》中，开出另一番解经意境。

除此以外，"实"还表示对事件存在的推测。桓公二年"公会齐侯、陈侯、郑伯于稷，以成宋乱"，《左传》简单描述事件，《谷梁传》解"以"表示"恶"，孙复以"弑君之贼，诸侯皆得讨之"为标准，认为此次诸侯之会"恶不讨贼"。苏辙讲："春秋之会，未有书其故者也。会而书其故，言非其实也。"由经之字词行文推出所记载的不真实。庄公十三年"公会齐侯盟于柯"，《公羊传》详述曹沫要盟的整个事件过程，《集

---

① 苏轼：《东坡全集》卷44《正统论三首》，《四库全书（文渊阁本）》。

解》对此表示怀疑,"予以为此《春秋》之后好事者之浮说而非其实也",并提出三点理由:一是"齐鲁之怨不在桓公,曹沫无以发其怒";二是从书例看,"《春秋》要盟不书";三是鲁仲连所言与所记载"长勺之战"前后有矛盾。苏辙由此断定"《公羊》不足信也"。

以上对"实"两个方面的分析并非绝对,二者有相通之处。我们或许可以理解为"实"是"道"与"势"的相融状态,是在历史事件的真实存在、变化中解求经义,纠正前人研究《春秋》穿凿的弊端。

综上所述,可以得出以下结论:第一,《集解》以道势关系作为解经宗旨,"道"为"势"的合理性依据,"势"为"道"的表现状态,具有变动性、自然性。第二,具体到《集解》内容,道势关系落实为"礼"与"实",二者相对比,"礼"主要讲变礼,属动态;"实"主要与现实存在相关联,属静态。而无论是"礼"还是"实",苏辙都受其兄苏轼礼论、经史观、正统论的影响。同时,由于苏辙所谓"道"不可见,而"道之见于物",所以呈现在我们面前的多是变礼、史实的存在,似乎无"道"可言,但"道"恰恰是在其中得到阐发。第三,苏辙以道势观解读《春秋》,一方面是修正孙复《春秋尊王发微》"不复信史"的缺点,另一方面是通过以不满于王安石《春秋》"断烂朝报"说的形式反对其"任理无情"论,指明"道"(或理)并非政策法令或道德教化的最高、必然而唯一的依据,而是要与"势"相互推移。

(二)一般儒学的解读。所谓一般儒学的解读,是与前面道势观下的解经相对而言的。以"道""势"解经涉及形上之论,就这一点而言,可归入理学的解经方法;一般儒学的解经是传统儒学的延伸,探讨的是《春秋》具体的伦理道德、民族关系、自然现象等问题。

1."尊王"。北宋初期孙复《春秋尊王发微》以"尊王"为主题,主张维护王权、国家的统一,对其中的人或事多持贬斥态度。苏辙虽然批评孙复解《春秋》忽略史实,但在维护王权方面持赞同意见。不同的是,苏辙倾向于在历史发展的自然趋势中发表议论。隐公元年"秋七月,天王使宰咺来归惠公仲子之赗",《左传》叙述事件过程,《公》《谷》以至孙复侧重讨论此举是否合礼。《集解》讲:"鲁之丧,诸侯有来赗者矣,皆以常事不书。书宰咺,尊王命也。"从书写原则上作解,强调"尊王命"。桓公五年"蔡人、卫人、陈人从王伐郑",《公》《谷》略去事件缘起,孙复认为"郑伯恶""天子无敌",至于"郑伯叛王"是否属实,为何叛王,则不作解释。苏辙先述事件的发生发展,"郑世为周卿士,王贰于虢,故周郑交恶……不言王以蔡人、卫人、陈人伐郑,诸侯之师王之所得用也。于是郑人及王战于繻葛,大败王师,射王中肩"。实际是周王与郑伯双方都有过错,并非孙复所言"郑伯恶"。最后判为:"不言战,王者无敌,莫敢与之战也。不言败,讳之也。"很明显,解词中透露出苏辙维护王权的意图。

正因为苏辙是在事件客观发展始末中尊崇王权,即"尊王"视情势而定,所以成公元年"王师败绩于茅戎",《集解》引用《左传》所述事实,认为"书曰'王师败绩于茅戎',言自败也"。并对比周王伐郑事件的书写体例,说明此次不为周王讳,是因为"背盟而欺大国,皆自败之道,而非人败之也"。可见,苏辙所尊之"王"并不是现实在位之王,而是道势相推下的王。

2. 夷夏观。关于少数民族与华夏族的关系,苏辙承接前人的夷夏观,如孙复在贬斥夷狄创艾中原的同时,也承认其在文明礼仪方面的进步,同时又提出自己的看法。《集解》中对楚、吴关注最多,从其解词中可以了解苏辙对夷、夏的态度。

《集解》对荆楚的认识有一个渐进的过程。先是庄公十年"荆败蔡师于莘,以蔡侯献舞归",《集解》讲:"不称荆人,夷也……凡获诸侯,不言获而言以归,尊之也。"即书"荆"表示尊诸夏贱夷狄。既而此二十二年"荆人来聘",《集解》认为荆楚与中原诸侯交往,书称"荆人",但"不曰荆子使某来聘,未列于中国也"。再进一步,由书"荆人"到"楚人",僖公元年"楚人伐郑","荆自此改号曰楚,交通中国,《春秋》始以人称之。"即使如此,对荆楚的书写体例与华夏的不同,"楚人"属"君臣同辞"。更进一步,由称"楚人"到称"楚子",僖公二十一年"宋公、楚子、陈侯、蔡侯、郑伯、许男、曹伯会于盂,执宋公于以伐宋",《集解》一方面认可《公羊传》、孙复《春秋尊王发微》所解,即虽然实为楚子执宋公,但在书写体例上,"序诸侯以执,且不予楚子专执中国也"。楚地位仍在中原诸侯之下;另一方面也指出,荆楚参与中原诸侯的活动，且执宋公有功，"至是而诸侯服之，故遂先诸侯"。以书例的形式肯定荆楚的贡献与进步。以至到文公九年"楚子使椒来聘"，《集解》总结荆楚地位的变化，"楚自僖公以来虽交通诸侯，而朝聘不常，盟会不继，夷风犹在，故书其君臣皆曰人而已"。即前述僖公元年"楚人伐郑"的解词。"至是齐晋日衰，楚人接迹于中国，于是书其君臣，与诸侯比。然椒犹不氏，盖渐进之也。"苏辙明确指出荆楚变化的渐进性，因楚人积极主动接受华夏文明，所以与诸侯同列。而苏辙进荆楚的标准是其与中国"交通"的程度，"交通"的内容是礼制文明。以此来看，书"楚子"不一定代表进步，而是要视实情而定，如昭公十一年"楚子虔诱蔡侯般，杀之于申"，虽书"楚子"，但因蔡侯般有弑君之罪，诸侯不能讨；楚子"以好召蔡侯，杀之，因以灭蔡，非讨其罪"。楚子无功于礼乐文明，书此是"深罪楚子也"。

相较而言，苏辙对吴的认识与楚不同。襄公二十九年"吴子使札来聘"，《集解》指明"吴自成七年伐郯而书之曰吴，终于《春秋》无加焉"。至于经文所书"吴人""吴子"皆是行文所致，并非对吴的礼进。此处书"吴子"，"以札之贤而修礼与中国，不可不进也。然终《春秋》曰吴，盖犹以夷终也。"即由尊贤而认为吴有所进步，但终究以夷狄看待吴。吴与楚在苏辙这里的不同"待遇"或可理解为二者对华夏文明的接受程度和广度不同所致。

苏辙对夷狄与华夏的划分并非以地域为界，而是以礼乐教化为准，所以昭公十二年"晋伐鲜虞"，苏辙认为是以书夷狄的例法书晋。孙复《春秋尊王发微》也以夷狄称晋，但二人对原因的分析不同。《春秋尊王发微》讲晋既不救陈、蔡于患难，又与楚合作伐中原小国，不合礼义文明之道，属于夷狄之道。此解就事而论，没有对晋的行为具体分析。苏辙对比类似情况下经文对晋的不同书法，或书"晋师"，或书"晋人"。此处以夷狄之法而书"晋"，苏辙考虑到晋的可能性情况，本来"楚灭陈、蔡而晋不救，力诚不能，君子不罪也"。但实际上是晋"能伐鲜虞而不救陈、蔡，力非不足也，弃诸侯也"。此举不合礼乐文明，所以以夷狄之例书之。可以看出，对以夷狄例书而用于晋的原因分析颇为冷静，并不是单纯地批评。

从以上分析来看，苏辙对夷狄的看法立足于史实，从事件的实际情况出发，作出较为客观的判断，而并非一味地批判。联系北宋时期现状，少数民族政权不仅与赵宋政权并存，并在战争中处于优势地位，威胁王权与统一。对于这种政治危机，苏辙主张"善治天下者，必明乎天下之情而后得御天下之术"，对少数民族应当先了解其风俗习惯、生活、心理状况，再制定相应的对策。如"北狄之人，其性譬如禽兽，便于射猎而习于驰骋，生于斥卤之地，长于霜雪之野"，其一系列日常习俗与中原生活习惯不同，"轻死而乐战，故常以勇胜中国"。但夷狄与诸夏也有相同点，"其所以拥护亲戚，修养生息，畜牛马长子孙，安居佚乐而欲保其首领，盖无以异于华人也"。即少数民族也需要社会稳定、政权统一。可见，苏辙夷夏观也渗透有其"道""势"思想。

3. 对灾异、自然现象的看法。《春秋》经文中录有灾异、阴阳五行等现象，《左传》在经文的基础上又有所发挥。《集解》对于这一部分引史书作客观的理解。

庄公七年"星陨如雨"，《左传》云："星陨如雨，与雨偕也。"《公羊传》认为《春秋》在孔子未修作以前记录为"雨星不及地尺而复"，孔子作《春秋》后修为"星陨如雨"，记载自然界的怪异现象。《谷梁传》对"陨"及"雨"有基本的感官认识，认为二者不能并存，对经文本身有所怀疑。苏辙舍此三传说，以历代《天文志》所载为据，"历代《天文志》记众星同陨者，以为星陨如雨，盖无足怪也"。既不表示记灾异，也不表示怀疑，而是以史为证，持一种客观的态度。此二十八年"冬筑郿，大无麦禾"，《公羊传》突出凶年造邑，孙复《春秋尊王发微》以为"大无麦禾"是"秋无麦，冬无禾"的简写，并引《书》说明"大无麦禾，土失其性"，这种解释更多是一种猜测。苏辙仍旧从史料中寻找依据，"刘向《春秋说》曰：'土气不养，稼穑不成也。'沈约《宋志》言：'吴孙皓时尝有之，苗稼丰美而实不成，百姓以饥，阖境皆然，连岁不已。'此所谓'大无麦禾'也"。这样以史书记载来看，则"大无麦禾"属于正常现象。最有争议的是对僖公十六年"陨石于宋五。是月，六鹢退飞过宋都"的解释，《左传》以此现象为阴阳之事，《公》《谷》详解两条经文各自语句顺序的不同，并解释其与日月例、王道有关。刘敞糅合《左传》《公羊传》之说，评为"君子之于其言无所苟而已矣"。这类解词可视为任意发挥。苏辙对此作简单处理，"陨星也……见其为石而不见星之陨也"。"鹢，大鸟也。退飞，逆飞也，书失常也。……何以不日？失之也。"即认为是记录异常现象，现有史料对此有缺漏。

以上可知，苏辙对灾异的解说遵循以史为基础的原则，作客观的描述分析，避免主观臆测。

4. 对例的看法。"例"，是《春秋》在语言文词上所遵循的方法或规则。苏辙对三传之例有所承继，也有所反驳，进而自己总结例法。由于苏辙注重于事件的发生发展中解读经义，所以在例法上也多以变例解经。

隐公三年"春，王二月己巳，日有食之"，《公羊》注为："日食，则曷为或日或不日？或言朔或不言朔？曰某日某月朔，日有食之者，食正朔也。其或日或不日，或失之前，或失之后。失之前者，朔在前也；失之后者，朔在后也"。《集解》解此条多从《公羊》例，但有自己的看法，"不言日，夜食也。不言朔，朔在前也。不言朔与日，朔在后也"。关于日月例，苏辙否认《公》《谷》所言日月例法中有深刻大义。隐公元年"三月，公及邾仪父盟于蔑"，《谷梁传》认为盟会不书日，"其盟渝也"，实为一种猜测。苏辙解为："盟必有日月，而不日，失之也。"把不书日月归结为经书本身流传中的失误。进而总结《春秋》日月例法，"《春秋》以事系日，以日系月，以月系时，以时系年。事成于日者日，成于月者月，成于时者时，不然皆失之也。"即经文所书事件的日、月，仅是事件的发生时间，其中有经文本身的漏缺。苏辙以"实"解日月例法，表现出其对《春秋》史书性质的默认。其后把"崩""卒""弑""盟""火灾"等事项归入"以日成者"，把"狩""作""毁"等归入"以时成者"，而诸如"会""来""至""旱""雨"等列入"或以月成""或以时成"。同时，存在"惟公即位不书日，有常日也。外杀大夫，不书月与日，卑，不以告也"两种变例情况。《集解》中变例占多数，试举如下：庄公八年"齐无知弑其君储儿"，依《左传》所记，公孙无知有宠于僖公，衣服礼制如同世子，襄公绌之，无知作乱，则曲在公孙无知。"齐储儿虽无道，而无知以其私弑之，故称无知。"此与一般情况下"弑君称君，君无道也"不相符。苏辙概括出"无道而称臣"的六种具体情况,并讲:"言各有所当已,不必同也。"即例法随情况而定。

以上分析了苏辙的"尊王"思想、夷夏观、灾异说以及对书例的认识,虽然其中有对前人研究成果的承接,如对孙复"尊王"大义、夷夏观的吸收,对三传例法的引用,但也明显突出了苏辙自身的解经特点,即紧扣史实、史料,在事件的实际发展之势中展开讨论,作出较客观、理性的评判,使解读平实通达。需要说明的是,前述道势观下对"礼"的分析中也有诸如"尊王"等一般儒学的解经内容,所以说,一般儒学的解经与道势观指导下的解经方法并非决然相隔,二者有互通之处。

综上可知:一是苏辙解《春秋》在写作原因上既有外在的当时《春秋》学研究现状的刺激,又有内在自身理论学说的推动。在具体的解经过程中,既有"道""势"思想的体现,又有一般儒学的《春秋》研究,二者共同的解经基础是"事必以丘明为本"即以《左传》史实为据。《集解》这一独特的标志似乎并不被后人所完全理解,叶梦得讲:"苏氏但以传之事释经文而已,传事之误者不敢复议,则迁经以成其说,亦不尽凡例,于经义者以为求之过。"苏辙《集解》确实存在迁经就《左传》的解词,如解宣公元年"晋赵盾帅师救陈"为"《左传》曰'救陈宋',独称救陈,阙文也"。明显以《左传》所记为准。实际上,《集解》全文中"迁经就传"的情况占一小部分,并且似乎对经义的发挥影响很小。或许"迁经就传"在扭转当时普遍存在的舍传求经、空凿臆断的学风方面更有意义。陈弘绪不满苏辙对三传的定位,认为:"《左氏》记事,粲然具备,而亦间有悖于道者。""《公》《谷》虽以臆度解经,然亦得失互见。"苏辙对《公》《谷》"一概以深文诋之,可谓因噎废食"①。从《集解》行文看,引用《左传》,反对《公》《谷》所解的情况居多,似乎是"深诋"《公》《谷》。但在经文的具体分析中,苏辙并未完全依赖《左传》,对《公》《谷》可取之义也一并吸收,《集解引》中明确表示"参以公、谷、啖、赵诸人",而且对《左传》的运用也多是引其事件的发生发展,在事件的运动中发挥圣人精神,以免穿凿。南宋朱熹就对苏辙的这一解经方法表示赞同,"苏子由教人只读《左传》,只是他

---

① 朱彝尊:《经义考》卷182,《四库全书(文渊阁本)》。

《春秋》亦自分晓。"① "不过只是看他事之本末,而以义理折衷去取之耳。"② 一针见血地指出了苏辙运用《左传》的本意,评价苏辙《集解》"却看得平"。

二是《春秋》在很大程度上称得上是苏氏家学,苏辙父苏洵、兄苏轼虽没有关于《春秋》方面的专著,但苏洵对经史关系的议论,苏轼对"道""势""礼"的理解,以及对《春秋》的某些专论,如《论鲁隐公》《春秋论》等无不有益于苏辙《集解》的完成。苏氏《春秋》家学对其家族、后学者都有一定的影响。苏辙改定《集解》,曾对苏逊言:"汝能传予说,使后生有闻焉者,千载之后,学傥在于是也。"③ 意寄希望于其子传承其《春秋》学;其孙苏籀著《栾城遗言》,录有苏氏兄弟关于《春秋》的言论,苏籀本人自幼好《春秋左氏》学;其族孙苏元老"幼孤力学,长于《春秋》"④。二苏讲友家勤国著有《春秋新义》,其从兄家安国著有《春秋通义》⑤。受苏氏《春秋》学影响最具代表性的学者是张大亨,著《春秋五礼例宗》《春秋通训》,其中《春秋五礼例宗》依类分礼为吉、凶、宾、军、嘉,分条立例,但陈振孙认为:"《例宗》考究,未为详洽。"⑥ 以礼解《春秋》,不难推断其中有苏氏家学"礼"的因素。《春秋通训后序》载录苏轼对《左传》的看法,"惟丘明识其用,然不肯尽谈,微见端兆,使学者自得之"⑦。推崇左丘明所著《春秋》。"微见端兆,使学者自得之"指治《春秋》者应在《左传》所提供的历史事件中自得经义。张大亨自称"予从事斯语十有余年,始得其仿佛"。可见其学说以苏氏《春秋》学为本。

三是将苏辙《春秋》研究置于北宋《春秋》学发展历程来看,《集解》接续了前人对诸如"尊王"、夷夏关系等《春秋》中普遍问题的探

---

① 黎靖德编:《朱子语类》,第 2152 页。
② 黎靖德编:《朱子语类》,第 1319 页。
③ 苏辙:《春秋集解》引言。
④ 脱脱等:《宋史》,第 10835 页。
⑤ 黄宗羲:《宋元学案》,第 3301 页。
⑥ 陈振孙:《直斋书录解题》卷 3《春秋类》,《四库全书(文渊阁本)》。
⑦ 张大亨:《春秋通训》,《四库全书(文渊阁本)》。

讨，于其中又彰显了独有的解经思路，如改变了孙复"不复信史"的解经方式，重视《左传》史实；同时，在王安石所间接提供的"道"与《春秋》相隔离的致思方向下，正面直接推进"道"与《春秋》的关系①，使《春秋》成为其道势思想的体验者。或者从另一视角——理学发生发展的时代思潮来看，苏辙（甚至于苏氏蜀学）自觉参与了在更高理论层面上的儒学复兴运动，并提交了自得的理论成果："道"并非必然、根本之理，"道"与"势"相推荡。虽然朱熹认为这一理论是形上与形下的分离，"他只是守那一，说万事都在一，然而又不把一去贯，说一又别是一个物事模样"②。但苏辙毕竟将对"道""势"的认识贯穿至儒家经典的解读，《春秋集解》才得以出现，而且其对"道"与《春秋》的定位势必引起后学者对"道"或"理"与《春秋》关系的再思考，推进理学、《春秋》学的进一步发展。

第三节 "王道"《春秋》：孙觉《春秋经解》

王安石的《春秋》"断烂朝报"说被公认为《春秋》学发展的外部动因之一，苏辙《春秋集解》在对"道"的认识中解读《春秋》，拉近了《春秋》与"道"的关系。孙觉《春秋经解》则代表另一种解经思路，即一般儒学的《春秋》研究，是在前人研究成果的基础上，明确提炼出"王道"思想。这一"王道"论不仅表现在《春秋》经文所涉及的方方面面，诸如"尊王"、夷夏关系、例法等《春秋》研究的常规问题，而且由于处在理学思潮的大背景下，其"王道"论或自觉或不自觉地带有"理"的味道。

---

① 二人对"道"的理解不同，王安石强调"道"最高范畴的独立性、权威性，苏辙认同"道"形上之体的存在，但认为在认识"道"的过程中有"势"的参与，"道"并非必然决定之理。

② 黎靖德编：《朱子语类》，第 3118 页。

一 《春秋经解》① 的缘起

王安石的《春秋》"断烂朝报"说是学术史上有名的一桩公案，前文已有详述。学人们经常引用的一段材料是周麟之为孙觉《春秋经解》所作的跋，如前所述，其中讲孙觉注解《春秋》高于王安石，后者遂诋毁《春秋》，不列于学官，"孙先生之书其遂湮没已乎"。一是证明王安石因孙觉《经解》而有"断烂朝报"说；一是表明孙觉《经解》早出，且因王安石的政策法令而遭到埋没。从二人生平看，王安石（1021—1086）与孙觉（1028—1090）相差近八岁。元祐元年（1086），王安石卒，而孙觉此时迁右谏议大夫，进吏部侍郎，又擢御史中丞。邵辑为《经解》作序称："（孙觉）晚患诸儒之凿……蠹饰我圣经，乃据其所自得为之传。"（《经解·原序》）即孙觉到晚年才重解《春秋》。称王安石见《经解》有"惎心"，既而诋《春秋》，《经解》不显于世，恐与事实不符。《四库全书总目》称："谓安石因此废《春秋》，似未必尽然，然亦可见当时甚重其书。"② 此论颇公允，指出了《经解》学术影响。

那么，王安石对《春秋》的认识以及相应的法令是否直接构成孙觉作《经解》的动因？二程弟子杨时曾为《经解》作序，认为秦汉时，《春秋》"微言中绝"，到宋熙宁初，"崇儒尊经，训迪多士，以谓三传异同无所考正，于六经尤为难知，故春秋不列于学官，非废而不用也"。较为客观地分析了《春秋》不列于考试科目的原因。但正是因为这一官方法令，"士方急于科举之习，遂阙而不讲"，导致研究《春秋》学术队伍的缩减。在这种情况下，"高邮中丞孙公先生以其餍余，尽伐圣人之蕴，著为成书，以传后学"。以此来看，孙觉解《春秋》似乎并不受当时政策法令的左右，独立地进行学术研究。考虑到熙宁变法的广泛影响力，或许可以说外部的政治因素是孙觉作《经解》的间接缘由。

要了解孙觉解《春秋》的直接动因，必须回归到孙觉"自序"：

---

① 孙觉：《春秋经解》，《四库全书（文渊阁本）》。以下简称《经解》。
② 永瑢等：《四库全书总目》，第216页。

《春秋》者，鲁国之史，孔子老而后成之书也……孔子于未老之前不作《春秋》，必其老而后作者。盖孔子尚壮，犹冀当时之君有能感悟而用之者矣，奈何周旋天下至于穷老，而一丘之地不可得，一旅之民不可有，孔子之年益老而天下之乱不止。至于臣弑其君，子弑其父，而天子不加诛，方伯不致讨，三纲五常扫地俱尽。孔子于是因鲁之史以载天子之事，二帝三王之法，于是乎在《春秋》之所善，王法之所与也，《春秋》之所恶，王法之所弃也。至于修身正家理国治天下之道，君臣父子兄弟夫妇之法，莫不大备。……盖以天下无王而孔子以王法正之，诛罚褒赏者，天子之事也，故孔子曰：知我者其惟《春秋》乎，罪我者其惟《春秋》乎。

作传者既不解孔子所以作《春秋》之意，而杜预、何休之徒又妄为之说。如杜预之说则曰：周德既衰，官失其守……若如其说，则孔子乃一史官耳。《春秋》既曰作之，又徒因其记注即用旧史，则圣人何用苟为书也？何休之说曰：《春秋》将以黜周王鲁。……《春秋》尊王如此，安得谓之黜周乎？作传者既不解孔子所以作《春秋》之意，而注释者又妄为之说，至今好怪之徒更增引血书端门诸谶纬之说，以解《春秋》，此啖氏所谓宏纲既失，万目从而大去者也。

故自孔子之没，能深知孔子之所以作与《春秋》之所存者唯孟子耳。孟子曰：王者之迹息而《诗》亡，《诗》亡然后《春秋》作。孟子之意以谓王者号令尚行于天下，而于号令之中有过差失谬，则诗人得以刺规而正之。至其大乱而王道板荡，号令不行，天子名存而已，则孔子作《春秋》以代其赏罚也。……其后遂有《春秋》五传，邹氏、夹氏久已不传，而《左传》《公》《谷》代兴于汉。然其祖习传受，传记不明，如习《左传》者即托为丘明言，与孔子同其好恶，又身为国史所载，皆得其真。然左氏之书然亦失谬，此亦党左氏之言也；习《公》《谷》者又言孔子经成，独传子夏，公羊高、谷梁赤皆子夏门人。若二子同出子夏之门，不应传有同异，此亦党《公》《谷》之言也。三传之出既已讹谬诸儒之说，不可据依，但当取其是而舍其非耳……

上述"自序"有两方面的内容：一是孙觉解释孔子作《春秋》之意，为《经解》指明解经方向。在孔子所整理的"六经"中，《春秋》最为晚成。当时社会处于无道、无序的状态，"三纲五常扫地俱尽"，所以孔子在鲁国史书的基础上修作《春秋》。内容涵盖社会生活、政治纲领等各个方面，目的是以王法正"无王"，为现实的政治提供理论指导。所谓"无王"，一方面指现实、个体之王失去形式上的权威性；另一方面指王的内在法则性，即王道、王法等精神层面的缺失，孔子作《春秋》的宗旨是立王法。

《春秋》"无王"而作，并非孙觉首创。宋初孙复《春秋尊王发微》开篇即言："孔子作《春秋》也，以天下无王而作也。""无王"而"尊王"，"无王"既指现实王权的崩坏，又指王法的空缺；孙复所尊之"王"也并非指单纯的权力之王，而含有以儒家仁义礼乐为指导的理想之"王"的内容。苏辙《春秋集解》也承认周道陵迟，但认为天下义法犹在，所以孔子作《春秋》是"推王法以绳不义，知其犹可以此治也"①。这里"无王"突出的是个体政治权威的衰退，而"王法犹存"。同是讲《春秋》"无王"而作，但内涵并不同，前者讲无王也无王法，后者讲无王但有王法。孙觉取"无王"之形式，吸收孙复现实王权与王法都遭到破坏的主张，又超越孙复"无王"而尊王说，明确提出以王法正"无王"；同时舍弃苏辙"无王"而王法犹存的看法，汲取其重"势"的解经方式，以"势"分析孔子个体，围绕孔子所处环境的变化阐述其作《春秋》的原因。

二是孔子作《春秋》是以王法正无王，孙觉以此为标尺，衡量三传及注解者对孔子《春秋》的认识，进一步解释自己解《春秋》的缘由。在孙觉看来，《春秋》传注者不仅不能理解孔子作《春秋》之意，而且私臆妄说，远离圣人精神。如杜预视孔子以史官身份作《春秋》，着眼于《春秋》史的属性；何休以"黜周王鲁"解《春秋》，与《春秋》所表达的"尊王"之义相矛盾；其后注释者又以谶纬研究《春秋》。相较而言，孙觉认为孟子深得孔子作《春秋》之意，即在天下失序的状态下，"孔子

---

① 苏辙：《春秋集解》卷12。

作《春秋》以代其赏罚也",即以王法正无王。实际讲来,孙觉对《春秋》传注的评价立足于自己对孔子所作《春秋》的理解,如果从《春秋》学大发展史来看,杜预、何休对《春秋》都有一定程度的阶段性贡献。如杜预以《左传》解《春秋》,开始把经与传合在一起,划分正例、变例、非例的等诸多创新,对后人研究《春秋》不无裨益;何休则对《公羊春秋》中的"三科九旨""五始"等义法的归纳,使得义例更加条理化。所以,孙觉在具体经文的解释中,对前人的研究成果采取了较为客观的运用态度,"但当取其是而舍其非尔"。

总之,孙觉《经解》的产生虽然有内外两种动力,但最根本的原因是孙觉本人对孔子作《春秋》之意的认识,即孔子以王法正"无王",构建有效的治国理念,而《春秋》传注对此理解有所偏差,不得《春秋》大义。

那么,孙觉《经解》是如何探讨"以王法正无王"的?

二 "《春秋》,假鲁史以载王道"

在讨论《经解》"王道"思想以前,首先要解决两个基本性问题。

第一,关于《经解》的版本问题。《四库全书总目》称《经解》十三卷,王应麟《玉海》载孙觉《春秋学纂》十三卷,由其注可知此《春秋学纂》即《春秋经解》,而朱彝尊《经义考》从《宋史·艺文志》所录而记《经解》十五卷,陈振孙《直斋书录解题》也称《经解》十五卷。①《经解》卷数的不一致在于隐公、桓公是否分为上下卷,而是否分卷又源于《经解》的两个不同版本,一是呈送到四库全书处的纪昀家藏本,也即《四库全书》版的《经解》,书中隐、桓二公的内容与孙复《春秋尊王发微》前两卷如出一辙;二是聚珍本,分隐、桓二公为上下两卷。就两个版本的误传及其原因,有学者已作出考证②,暂不详述。

第二,孙觉对经与史、经与传关系的看法。从横向经史关系来看,

---

① 参考《春秋经解》四库本所书提要。
② 可参考葛焕礼《孙觉〈春秋经解〉四库本讹误考析》,《史学月刊》2005年第7期;刘德明《孙觉〈春秋经解〉解经方法探究》,文后所列《经解》各版本,由于客观条件有限,此文只能在网上看到论文提要、目录及其参考书目。

孙觉强调《春秋》经以史为根基。一种表达方式是直言《春秋》经"据鲁史成之"，如庄公十八年"日有食之"，《经解》认为此自然现象书日或书朔，取决于鲁史本身是否记录，或"旧史之详备，孔子因之以传信"，"或孔子以历者之失而略之，以正后世之历也"，或"旧史所无，孔子阙之以传疑也"。另一途径是通过"实""情"等间接表达《春秋》经据史而书，《经解》多次言明："《春秋》据实而书"，即《春秋》经以史为本。如庄公八年"师次于郎，以俟陈人、蔡人"，《经解》以"《春秋》事皆据实"反驳《公羊》所谓"记不得以"；庄公二十七年"公子友如陈葬原仲"，同样讲："《春秋》未有无其事而虚加其文者……经当据实而书。"《经解》又讲："《春秋》原情定罪"，如庄公二十三年"祭叔来聘"，文公十八年"齐人弑其君商人"，《经解》都是以"原情定罪"为评判标准进行分析。这里的"情"含有"情实""实"之意。

同前文苏洵的经史观相比，从范围上讲，苏洵重整体论述经史，由经史的写作方式到用途都有对比，孙觉则单就《春秋》的经与史关系进行论说；从某一特定内容讲，苏洵重经与史的互补，孙觉则突出《春秋》经以史实、史事为本的特性；从效果上讲，苏洵经史观并没有运用到某一专著，但对其子苏辙《春秋集解》不无影响，孙觉的经史观本身是就《春秋》而论，所以在《经解》中有精彩呈现。二人经史观相异的原因，或许可以归结为苏洵（甚至蜀学）的学术风格为广博，其对经与史关系的议论开合有度；孙觉二十岁时从学于胡瑗，著《春秋经社》，其对《春秋》素有研究，所以其论经史关系也主要围绕《春秋》。

从纵向经传关系看，孙觉主张以经为定。庄公二十四年"郭公"，《经解》依《管子》所载事迹，认为："公与亡字相近，疑经书郭公为郭亡也。"但随即表示："疑误之事，圣人阙之，善善恶恶之说，足以训后世，且当存之矣，未可决言经误也。"意指虽然可以怀疑，但最终要以经文为本。庄公三十二年"公子牙卒"，《经解》以经文书例推经义，反对《左传》《公羊传》的解词，"当据经为正，二传说未足凭"。即尊经舍传。由舍传再到舍诸儒之说，闵公二年"吉禘于庄公"，《经解》引《诗》《中庸》《论语》《礼记》等儒家经典，证明"社稷尝禘皆诸侯所得祭尔"，进而认为"但当以孔子所删为之据，诸儒之说不可凭也"。也就是说《经解》不仅不从三传所解，而且抛开诸儒注释，仅以孔子所作《春秋》经文为定论。当然，这里的"尊经舍传"，是就某一经文内容而言，以经为主，不容怀疑经本身；涉及经文大义，则仍对传注有所取用。

对于经史与经传之间，孙觉着重以经、史反对传的任意解说。庄公十一年"宋大水"，针对三传的解义，孙觉认为"三传之意大抵推寻孔子未修《春秋》之前，外事得书之迹尔"。属主观判断，实际上"《春秋》者，孔子因鲁史成之，其详略皆同旧史"。"旧史所载，孔子因之以为惩劝尔，其若未修之前，不可复加也，故强知之抑或疑而不通。"强调《春秋》经是在鲁史基础上发挥大义，以客观精神反对主观私臆。

孙觉的尊经舍传，很容易让人想到宋初学人们舍传求经，以创新精神批判汉唐注疏，疑传疑经进而改经，为后期理学的崛起开辟了道路。此时孙觉的尊经正是对前人舍传求经精神的继承和发展，说继承，是指孙觉对汉唐《春秋》传注的理性否定；说发展，是指宋初经学变古中对经传的认识与学术研究难免带有一定程度的狂躁、急进的色彩，如同司马光所说"新进后生，未知臧否，口传耳剽，翕然成风"，而孙觉通过分析、归纳等方法尊信《春秋》经本身。即便从北宋《春秋》学发展来看，孙觉尊经思想也颇有特色。如孙复对某些经文的内容只是简单地以"阙之""脱漏"等词语解释，具有疑经意识；孙觉则理智而坚定地崇信经本身；苏辙因为立足于《左传》史实解经，所以于个别经文的解词有"迁经就传"之嫌，而在孙觉的尊经意识中不会有"就传"之念。

澄清了《经解》版本问题，是为以下论述《经解》"王道"思想铺路。笔者参考的是《经解》四库本，隐、桓二公两章与孙复《春秋尊王发微》前两章无大出路，所以本书主要论及庄公至哀公内容中体现的"王道"思想。"《春秋》，假鲁史以载王道。"即以鲁史为《春秋》经的基础，发挥"王道"大义。"王道"是儒家仁义之道表现在政治上的治国理念和理想，内容包括政治伦理、军事、外交、文化等国家正常运转的各个层面，其实质是儒家仁义之道。历代学人从《春秋》中寻找治国之道，孙觉《经解》创造性地明确提出"《春秋》以载王道"的思想，可从以下几个方面进行论证。

（一）伦理。"王道"在伦理层面的表现一方面是对内君臣、父子等社会关系，另一方面是对外华夏与夷狄的民族关系。内、外之分主要是地域含义。

1. 等级伦理。首先来看君臣关系，也即是对君与臣两方的要求。就臣而言，《经解》多次强调"君虽不君，臣不可以不臣。"庄公二十一年"姜氏薨"，"《春秋》之义所以训为臣者之忠……姜氏虽大恶者，然鲁之臣子不可以不以母礼待之"。庄公十三年"会于北杏"，《经解》讲："圣人欲正君臣之分，辨上下之常，以大夫不得敌君。"似乎旨在说明臣子对现实君王有绝对的义务，君王完全为个体威权的至上代表。实际上，《经解》同时指出了臣子"以道事君"，"道"的内容为"义""信"等价值规范。庄公元年"筑王姬之馆于外"，《经解》以荀子"从道不从君，从义不从父，人之大行也"立论，认为"事有不中于道，理有不合于义者，则虽君父有命，有不必从，惟道义之所在尔"。意指无形的道、义等道德规则高于并指导现实的物质世界。以此衡量鲁庄的筑馆行为，则一是齐与鲁公有弑父之仇，周王却命鲁公主齐王姬的婚礼，周王之命有失礼处，不合于义；二是鲁庄公对周王的无礼要求应该请辞，而不应遵从王命，以变礼应对，"圣人以为庄公为事君不尽其诚，居丧不致其哀"。所以，臣子对君王从道从义，不是单纯地遵从现实王权。

就诸侯国内言，理想的大夫是以"圣人之道"对国君负责。庄公十二年"宋万弑其君捷及其大夫仇牧"，《经解》从两个方面进行评议，一是以"道"为准，则仇牧、荀息、孔父不在褒扬之列。"孔子曰：以道事君，不可则止。又曰：既明且哲，以保其身。"此为臣事君的原则，具体讲是君臣之间达成相互信任的合作，"事君之日久，则君必信我，而言必用也"。而仇牧仅是以禄位奉行对君的义务，以至杀身，并非孔子之道下的善，"《春秋》之所善也，以道事君，不可则止，则三人者不能也"。所以，"以圣人之道，则三人犹未备也"。可以说，以理想的下对上的义务评判三人，则无褒可言。二是道落实到现存状态，则三人可谓"善"。"三人者之谓善，乃孔子为不能死者设尔。"即考虑到春秋时期纲常崩坏的社会现实，同当时普遍存在的"逐君以求利，卖君以全身"相比，三人行事值得肯定，"以春秋之时，则三人在可褒之域"。

就君而言，《经解》重点讲周王个人的行为规范，并不是针对臣子的应尽义务，体现《经解》的尊王思想。"王"的内涵是道德仁义等价值范畴，"天王者，天下在至尊，而道德之所以出"（庄公六年"王人子突救卫"条）。"尊"指权位，"道德"为王的内在标准。"圣人之意以为天下之大，元元之众，而天王一人者治之，则其道德仁义有以先天下而帅元元也。一言之非，一动之失则不足以为天下王矣。"（僖公二十四年"天王出居郑"条）意指"王"不仅是物质世界的统治者，也是精神世界的表率。因为王是外在形式如权位的象征，所以享有多种权力，如"执人之君臣不可以专也，必受命于天王，天王命之执则执之矣"（庄公十七年"齐人执郑詹"条）。王在政治上有专执权；"天王之尊，天下莫之有敌"（成公元年"王师败绩于茅戎"条）。王在军事上无敌；"王人，王之微者，《春秋》尊之。故虽微者，衔天子之命亦叙诸侯之上"（僖公八年"盟于洮"条）。《春秋》在书写体例上也表现为尊王。又因为王有内在价值规范，所以《经解》对现实个体之王的行为作出否定判断，如周王使鲁庄公主持齐王姬的婚礼，使叔服会僖公之葬，使毛伯赐文公命，《经解》都认为天王有失礼之处。天王甚至释放弑君之人，有失刑赏。失礼、失刑赏都是不合道义的表现。

现在的问题是：孙觉《经解》中的君臣关系是否完全贯彻了臣子"以道事君"，对君而言的"尊王"思想是否有所创新。的确，孙觉并没有明确指出"君不君，臣不可以不臣"与"以道事君"二者的地位如何，尤其是当"君不君"属于不道、不义的情况下，"以道事君"如何实践。或许不是孙觉的无意忽略，更可能是作者的有意模糊回避。从《经解》全文看，孙觉突出的是君可以不君，但臣子一定要臣服的君尊臣卑的等级意识，"《春秋》之法，尊尊卑卑"（僖公五年"会王世子于首止"条）。通过书例，"圣人欲以杜篡弑之渐而广忠孝之路"（宣公十一年"楚人杀陈夏征舒"条）。即使是在上者自身行为不合道义，在下者仍要有尊君意识。如"天王自绝于位"，不能有天下，"天王虽不有天下，而郑不可无天王"（僖公二十四年"天王出居郑"条），即臣子仍要维护君王的权威。正是因为《经解》要加强尊卑意识，所以其"从道从义"引自《荀子》，而不是从《孟子》的君臣观。孟子所讲"将大有为之君，必有所不召之臣……其尊德乐道，不如是不足与为也"。"闻诛一夫纣矣，未闻弑君也。"（《孟子·公孙丑下》）这种突破传统等级关系的君臣观在孙觉《经解》中是毫无痕迹的。

虽然《经解》主张的仍是传统的现实性的君臣关系，但毕竟指出了高于权位之王而具有内在约束的道、义，认识到个体君王权威存在弊端，试图寻找皇权之上的普遍原则。应该说，孙觉对限制王权的思考并非偶然，也并非个别。从宋初到庆历新政再到熙宁变法，学人们围绕宋初社会面临的种种问题展开讨论与实践。如何在加强专制王权与避免强权独裁之间达成一种和谐的张力，成为宋代学人必须应对的政治难题，而从儒家经典中如《春秋》探求治国之道，似乎成为他们的共识与努力方向。孙复《春秋尊王发微》提倡尊王，对王的内在标准有所认识；到王安石、苏辙那里，对高于王权的"道"产生分歧，前者抛开一切，视"道"为必然、绝对；后者要求在"道"最高范畴的前提下，观照现存"势"的运动。表现在君臣关系上，王安石虽没有直接否定（也不可能否定）君王权威，但主张君臣相处以义为标准，对于"道隆而德骏"的臣子，君王要"北面而问"，"与之迭为宾主"。苏辙《春秋集解》赞同尊王之义，但认为应当以理性的态度、在"势"的变动中尊崇君权，至于在下者的权力没有说明。

孙觉正是在前人理论成果的基础上有所改进，但从学术格调看，孙觉的理论更接近于孙复，"大旨以抑霸尊王为主"，属于一般儒学范围。同是表示"尊王"，孙复《春秋尊王发微》全文强烈贯彻这一思想，其王的内涵"夫子之道"呈现有限，对臣子行为多持贬斥之意；孙觉则明确理想之王的标准，以及臣事君的理想之道，突出"王道"主题。表达形式上，同是褒贬，孙复以"过于深求""有贬无褒"而名于《春秋》学界，虽然这种评价有过激之处，但《发微》确实是贬责多于褒扬；孙觉《经解》以"王道"为标尺进行褒贬，并提出"《春秋》之法，有褒则有贬，有善则有恶，褒一善所以使善者劝，贬一恶者所以使恶者畏，无空言也"（庄公六年"王人子突救卫"条）。有褒有贬的解经方式同孙复"有贬无褒"的特点相比，更具客观性。

其次来看父子关系。《经解》讲父子关系有两个特点：一是主张以礼、义等准则约束父子双方的义务，但突出子孝于父。哀公二年"晋赵鞅帅师纳卫士子蒯聩于戚"，《经解》认为诸儒之说不得其经义，解为："使灵公得为父之道，则聩不至于逐；使聩得事父之礼，则逐而必反其位；使辄得子孙之义，则能感动王父以复聩之位，屏位权立以须聩之入。"这里"道""礼""义"处于同一价值层面，同为王道的一种表现方式。以此判断卫国世子争立，则"灵公、蒯聩父子之道缺也"，"蒯聩不父而卫辄不子"。所以，理想的父子关系立足于"王道"。现实生活中，《经解》更强调子孝于父。"父虽不父，子不可以不子"，这一点尤其体现在庄公的一系列言行中，如庄公不辞王命为齐王姬主持婚礼，齐王姬卒又为其行服礼，"庄公尽礼于仇雠而无恩于先君"；进而《经解》指明一国之君、天下之王为"至顺至孝之称"，"不孝之人，大之则不可以为天王，小之则不可以为国君也。此见圣人之笃于孝也"（庄公九年"及齐师战于乾"条）。"孝"成为评判王权是否成立的标准。二是《经解》中"忠"与"孝"并提，忠是孝的延伸。"《春秋》之义，所以训为臣者之忠，为子者之孝，故于臣子之法最为详备。"对臣子的要求是"君虽不君，臣不可以不臣；父虽不父，子不可以不子……为人臣子者不以君父之恶而无礼焉"（庄公二十一年"夫人姜氏薨"条）。之所以忠孝并立，因为"臣之事君犹子之事父"。忠与孝是对臣、子单方面的义务要求。

2. 民族观。华夏族与少数民族的关系一直是《春秋》学研究的重点，宋以前儒家学者多从文化、礼制等方面辨别华夷，宋初学人在前人夷夏观的基础上作了更细致的划分，如苏辙《春秋集解》具体论述了荆楚的变化过程，肯定其对先进文明的接受。孙觉《经解》的夷夏观有些变化。

我们从《经解》中荆楚的变化来看孙觉对夷狄的态度。庄公十四年"荆入蔡"，"荆者，楚未改号之称也，不称人不称爵而曰荆者，夷狄也。……今又入蔡，其势将盛，欲令中国备之于始盛之时，制之犹易；至其渐盛，将不可制矣。圣人于此见御戎之道焉"。由称荆而得出防御戎狄之道。庄公二十三年"荆人来聘"，"南蛮之国至于强盛而来聘，诸侯中国不早备之，将乘中国之衰而侵凌无忌矣。略之曰荆人犹言其微,尚可御也"。书"荆人",表明楚国逐渐强盛,但中原诸侯国仍可抵御。僖公元年"楚人伐郑",称人"所以见中国之衰而荆楚之强暴也",而且"荆楚之俗至无礼义,至无知识者也。中国王道明,则遁逃远去,莫敢内向而窥觎矣,至其衰陵为中国无人也,则伐其小国执其诸侯,无所不至矣。《春秋》深罪中国之衰而荆楚之盛也"。文公九年"楚子使椒来聘",书国君爵位与臣子之名"见中国之微而夷狄之盛",是"孔子伤中国之意"。《经解》旗帜鲜明地指出"尊内而杀外""内中国而外夷狄"为《春秋》大义,因为"不内中国不足以责治道之详,不外夷狄不足以杜侵凌之渐也"(文公十二年"晋荀林父帅师及楚子战于邲")。

以上材料说明:第一,孙觉自觉接续《春秋》"攘夷"思想,贬斥夷狄,认为夷狄"至无礼义,至无知识",在礼制道德、文化发展方面属于落后民族;第二,孙觉不认可少数民族在学习、接受中原文明方面的进步,简单地把夷狄视为抵御、对抗的对象。即便少数民族有进展,也只是在军事方面的强盛,由此深责"中国"的衰陵,其实质不出"尊中国攘夷狄"的范围;第三,孙觉划分夷夏的标准是王道,"中国"存在王道明与衰的情况,少数民族则不行王道,尚属未开化民族,也不会渐进至文明民族之列。实际上,从先秦孔子到宋儒家学者,大多对少数民族主张礼乐教化,也赞同其在文化方面取得的成绩。即使是孙复言辞激昂地倡导"尊王",排斥夷狄,但在特殊情况下,仍旧肯定夷狄"渐同中国"。孙觉如此情感化的讥贬夷狄,在民族关系理论发展上不能不说是一种倒退。寻其原因,可以发现,赵宋创建之初就并非真正意义上的统一,周边辽、西夏、金等少数民族相继竞起,并经常挑起战乱,对赵宋王朝构成很大的威胁,民族关系成为君臣政治生活的一部分。孙觉对夷狄情感上略显愤慨,虽然同苏辙对夷狄的客观分析相比,有失冷静与理性,但反映出其时代的烙印。当然,这其中也有学人自身的学术修养与风格。

尽管孙觉讥贬夷狄,但并不主张华夏族以武力征讨少数民族,而是推行仁义教化。庄公二十年"齐人伐戎",《经解》一方面证明齐桓"有意于中国",另一方面认为齐桓"德义未著而专事兵革",即应对少数民族行以王道。闵公元年"齐人救邢",从齐桓以武力救邢的行为看,齐桓有可褒扬之处;但齐桓所采取的军事方式欠妥,"齐威不能明王道以兼夷狄,使之不来,而区区救其侵伐则干戈之后,奔命不暇,未及救其乱也。"指明对待夷狄,德化才是根本。这是对孔子"远人不服,则修文德以来之"政治原则的具体运用。

同样,因为孙觉以"王道"判别华夷,所以夷狄不单指向地域层面的落后少数民族。文公十二年"秦伯使术来聘","秦本非夷狄,因其入郑败于殽,令狐河曲之战丑而狄之尔"。"狄之",即秦伯行为与王道相背,则以夷狄称之。定公四年"蔡侯以吴子及楚人战于柏举",《经解》联系蔡与楚前后事件的发展,断定蔡"反复无信,轻用干戈",以中原诸侯国的身份而背信弃义,"蔡之所为殆与吴夷狄等尔"。可见,夷狄并非固定实体,根据"王道"而指称不同对象。孙觉《经解》彻底断绝少数民族进升礼乐之国的可能,而以"狄秦""狄蔡"警示华夏族要践行"王道",表现《经解》"尊中国攘夷狄"之义。

以上无论是等级伦理,还是民族关系,都以"王道"为理论前提,彰显尊卑关系。

(二)政治。这里的"政治"主要是指一国之内王道思想指导下的具体施政原则,包括内修德、爱民,外友好于他国,其实质是儒家传统的仁政。"治国有道而交邻有义"(定公十年"公会齐侯于夹谷"),"道""义"属价值范畴,指内政、外交都应当遵循一定的道德规范。《经解》屡次申明诸侯国要内修德教,如鲁庄公讨伐附庸之邑,足见其"内之德有所不修,内之政有所不明"(庄公二年"公子庆父帅师伐于余丘")。"君有道,则其政教必修,闻望必著,他国之君且将从我。"即以德政而使其他诸侯国臣服。内修政教表现为国君爱民、重民,庄公二十八年"筑郿"、二十九年"新延厩"、三十一年三次筑台,《经解》批评庄公不顾农时,不知养民而劳民伤财,"《春秋》之法兴作皆书,所以重民力,谨天时也"。与他国交往,要以"义"为准则。庄公元年"齐师迁纪郱、鄑、郚",《经解》叛齐国无道义,"迁人之国为己附庸,贪利忘义,行如匹夫"。襄公十五年"齐侯伐我北鄙围成,公救成至遇",依《经解》讲,鲁襄公当内修德政,他国自然不会来侵犯;外当结好友邻,救助友邦于患难。

（三）自然现象。对于灾异、自然现象，孙觉同样主张以王道作解。僖公十四年"沙鹿崩"，《经解》释为："王道大坏，彝伦一斁，而天下之人皆反皇极，则天见其变而日食星孛，地见其妖而川竭山崩。"这里的"天"为德性之天，由人间王道的变化感应到自然现象的变化，即由人道到天道，天与人相应。而且主动权在人，在王道，"天"只是"应"而后动，目的是警戒君王，"所以戒人君之深，使之反身以思其变"（襄公九年"宋灾"条）。

最能说明王道与灾异关系的是哀公十四年"西狩获麟"，历来学者对此经文大加发挥，《公羊传》最为突出，由经文解出"三世异辞"说。汉董仲舒又在此基础上把鲁十二公以"三世异辞"分为三等，提炼出"张三世"的变易观；杜预则以此经文解释孔子作《春秋》的原因。至北宋学人解此经文多与现实政治相连，如孙复认为哀公时政权迭变至夷狄，书"获麟"暗含"尊中国贱夷狄"之义，表现出孙复的尊王思想；刘敞杂引儒家经典，论证《春秋》终始含义，止于获麟意指孔子之道的延续性、永恒性；苏辙则以此经文把鲁国二百四十二年的历史划分为三个阶段，书"获麟"标志着王法的失败。这种强烈的现实关怀是由当时社会环境所决定的。孙觉则借此经文表达其"王道"思想：

> 孔子曰：凤鸟不至，河不出图，吾已矣。夫孔子何取于河图凤鸟哉？取其天下有道，则凤鸟来仪，河出图也。……故麟凤之为物，非以瑞于人君。人道修而物理得，则或巢于林，或游于郊，人之见之，有以知人道之至而和气之交也。人道乖而物理失，则或求之而不来，或致之而不至，人之见之有以知治道之谬而戾气之积也。春秋之时可谓大乱矣……于斯时也非凤鸟来仪之世，麟趾信厚之时也。然而西狩获麟焉？麟者，有知之兽而出于有道之世者也，奈何哀公之十四年而获焉？为麟则不当出于哀公之时，有灵则不当见获，为麟有灵而不免于获，此孔子所以为异而绝笔于《春秋》也。人道之乱如彼，而物理反常如此，孔子区区《春秋》又何为哉？于是而止尔。盖《春秋》十二公二百四十二年，王道备人事

浃，世益久而乱不止。孔子老矣，书之无穷，昭定之间孔子之意亦以已矣……

这段话有两层意思：第一，正面阐述"人道"与"物理"的关系。"人道修而物理得，则或巢于林，或游于郊，人之见之，有以知人道之至，而和气之交也。""人道"即"王道"，孙觉认为凤鸟、麟兽等吉祥之物的出现"非应于时而主于一人也"，而是代表"王道"完全在现实社会的落实。"物理"指事物的客观规律。人间王道的实践是事物按规律发展的前提条件，"物理得"是"人道修"的有力证据，二者达到和谐状态；第二，反面解释"获麟"。由"人道修而物理得"可推出麟的出现代表"王道"社会的实现，而实际情况是"春秋之时，可谓大乱矣"，纲常毁坏；由"人道乖而物理失"可推出春秋时周道衰微，则祥瑞之物消失，而实际情况是"获麟"。如此天与人互不配合，《经解》最终归为"此孔子所以为异而绝笔于《春秋》也"。孙觉承汉代《春秋》学的天人感应说，视麟为"有知"之兽；又有现实的政治指向，即其推导的前提是"王道"论，目的也是倡导王道之治。

除此而外，《经解》在其他方面也体现出"王道"思想。如在军事上，《经解》明确指出："凡兵者，量力而后动，中节而后举。不量力虽中节，不可举也；不中节虽量力，不可动也。故兵者量力为上，中节次之。"（庄公三年"公次于滑"条）此可视为用兵的一般原则，"量力"指现实的各方面情况，"中节"指行为的准则。二者之间"量力"为"中节"的基础，"中节"为"量力"的保证，而"王道"是二者的内在规定。以庄公三年"公次于滑"为例，当是时齐侯迁纪国三邑，纪国存亡危在旦夕。鲁国与纪国为婚姻之国，庄公应当根据鲁国的现有条件，选择是否出兵。实际上，庄公不计国内空虚仍出兵驻于滑，所以"圣人罪其劳众而无功也"，出兵不量力，劳民无功而不中节。可见，庄公的军事行动既不量力，又不中节，不合"王道"。

在书例方面，宣公元年"春王正月公即位"，《经解》依"王道"的运行情况，认为东周有两个转折期，如下所示：

表 3—2　　　　《春秋经解》宣公"元年春王正月公即位"

时段	"王道"表现	书法
周平王至鲁桓公	王道之不行未久，桓公在可诛之域，王犹可望，但终桓公死，天王不能诛，周道衰	书"王"而欲见其讨，终不能，则是月而不王
鲁宣公	王道之不行百余年，乱臣贼子接迹而起，王者未尝诛，天下无王	书"王"以为无望于天王也，明王道之行而不容灭熄

由上简表可知：第一，孙觉划分衰周两个转折点的标准是"王道"，表现为王的可期待值大小。这里的"王"是"王道"指导下的理想之王，表达"王道"的途径是书例，即书"王"与不书"王"；第二，同孙复以政治权力递变分周为三段，苏辙由客观形势的发展提出"衰周三世"说相比，孙觉对东周的分段，既有政权的迭变，又有对客观趋势的把握，凸显其"王道"思想。

上述从伦理、政治、灾异、例法等各个层面论证了《经解》的王道思想，可以发现：孙觉所论王道具有普遍性，不仅在客观性的社会生活如伦理、政治等各方面有所体现，而且在微观性的细致层面如书例也有显现。其中尤以伦理方面较为突出，表现出孙觉关注社会民生而积极用世之意。

三　《春秋经解》解经方法

孙觉解《春秋》在方法上有其自身特点：第一，对三传及前人研究成果的取舍。"自序"讲：

> 三传之说，既未可质其后先，但《左氏》多说事迹，而《公羊》亦存梗概，陆淳以谓断义即皆不如《谷梁》之精。今以三家之说校其当否，而《谷梁》最为精深，且以《谷梁》为本者，其说是非褒贬，则杂取三传及历代诸儒唐啖、赵、陆氏之说，长者从之。其所未闻，即以所闻安定先生之说解之云。

即孙觉对比三传的优劣，确定《经解》以《谷梁》为基础，然后杂取三传及汉唐诸儒成果，最后不明了处遵从其师胡瑗的《春秋》说。实际上，从《经解》全文看，孙觉对《谷梁》的说解批评多于吸收，即使是"吸收"的部分，似乎与"王道"主题关系不大。有学者已做过这方面的统计，并指出所谓"《谷梁》最为精深"，"不过是他对三传加以比较的结果"①。也有学者认为"是继胡瑗而尊崇《谷梁》的"②，但胡瑗对《春秋》的解读已不可详考，此论有待商榷。

依笔者来看，"自序"中论后儒不解孔子所以作《春秋》之意，并以《左氏》的代表杜预、《公羊》的代表何休为批评对象，至于《谷梁》传者是否有误解孔子作《春秋》之意，孙觉并没有说明。这种现象是否已经暗示出孙觉个人学术取向偏于《谷梁》，在具体解经过程中又适当取舍，或许值得思考。从学术精神讲，发端于唐人的经学变古之风发展至宋初，已成为怀疑传、注，甚至怀疑经本身的狂热思潮，"舍传求经"成为一把批判的利器，这其中不免有浮躁、主观的学术情绪；在孙觉这里，三传及注疏自有合理之处，并大方地认为"《谷梁》最为精深"，"以《谷梁》为本"。虽然孙觉并没有指出《谷梁》的具体精微处，但这种较客观、理智的学术精神与宋初学风相比是一种进步。

至于杂取三传及诸儒成果，可以说是《经解》的鲜明特点。同前人取舍三传相比，孙觉取舍的方式"特"在：一是对同一经文的解词既引用三传的某一方面，又反驳三传的另一方面。如庄公元年"单伯逆王姬"，《经解》立《左传》所解为驳斥对象，通过例法、字义证明应从《公》《谷》二传，肯定《公》《谷》对单伯的定位，"吾大夫之命于天子也"，单伯为鲁内臣而非王臣。随后认为周王、鲁公、单伯三者皆有不当之处，而《公》《谷》不解此义，所以《经解》又反驳此二传的解义。可见，孙觉解《春秋》取舍三传更具推理、更严格；二是《经解》对前人研究成果涉猎广泛，其中尤以对《论语》《孟子》、啖赵《春秋》学派观点引用居多，但并非全部搬用。如庄公三年"葬威王"，关于周王葬礼，《经解》反对啖赵所谓"诸侯不得越境而奔丧"之说，直言"天王

---

① 赵伯雄：《春秋学史》，山东教育出版社2004年版，第257页。
② 沈玉成、刘宁：《春秋左传学史稿》，江苏古籍出版社1992年版，第207页。

崩葬当从孙复之说"。

最后所讲"所未闻"则从其师胡瑗之说。《宋史·艺文志》《直斋书录解题》均载有胡瑗所著《春秋口义》五卷,今不传。《宋元学案》录有胡瑗《春秋说》六条,考此六条经义与《经解》,可知《经解》确有从胡瑗之说处。如襄公三十年"宋伯姬卒",《经解》依从胡瑗所解"伯姬,乃妇人中之伯夷也"。并进一步解释了称伯姬为"妇人之伯夷"的原因。但也有不从胡瑗《春秋说》之处,如成公元年"王师败绩于茅戎",《春秋说》解为"非王亲兵,致讨取败而书之",曲从"尊王"之说,颇牵强;《经解》则从孙复、刘敞所谓"王师自败"之义,较为客观。所以有学者指出:"以《宋元学案》所引胡氏《春秋说》考之,莘老亦不尽用安定之说。"① 是否尽用取决于孙觉所闻与否。或许"王师自败"尚属孙觉"所闻"之列,故不从其师胡瑗之说。

第二,孙觉解《春秋》擅于从例法入手,并取类似经文作横向归纳、对比,从中拾取经义。如庄公十年"宋人迁宿",《经解》首先解释"迁",认为"迁"有二义,且书写方式不同:一为"某迁于某",表示自迁或被大国所逼而迁;一为"某人迁某",表示主迁者视被迁者为附庸,此条经文属后者。其次又对比"灭""取"之义,认为"凡迁者皆两罪之也",即双方都有过错。因为被迁一方不能"以道守位""以德怀民"而屈从于同等权位者,罪不可免;主迁一方"迁人之国",自有不义之处。可以看出,孙觉以例为突破口,通过对比,寻求经义,条理清晰,主次分明,颇具说服力,也益于创新。

孙觉虽然以书例作为解经的一种方法,但明确反对日月例。如庄公十年"公败齐师于长勺",《经解》言:"按《春秋》不以日月为例,详略因旧史尔。"即经文本身是否书日月,取决于旧史记载,体现孙觉从史尊经的精神。如此看来,四库馆臣讲孙复、刘敞等北宋学人解《春秋》,"名为弃传从经,所弃者惟《左氏》事迹,《公》《谷》日月例耳"②。以

---

① 牟润孙:《论两宋〈春秋〉学之主流》,载《注史斋丛稿》,中华书局1987年版,第150页。
② 永瑢等:《四库全书总目》,第210页。

此评价孙觉《经解》对例法的态度也比较贴切。

由上可知,孙觉解《春秋》的方法,无论是对三传、诸儒之说的合理利用,还是对义例对比的充分发挥,都离不开《经解》的"王道"宗旨。所谓对三传"取其是而舍其非",并非任意取舍,其取舍的标准正是"王道"论;所谓"以《谷梁》为本",只是相对其他二传而言,最根本的是以孙觉所自得的"王道"为本。

综上,孙觉不满于前人对孔子所作《春秋》之意的误读,立足于诸儒传注,阐发孔子"以王法正无王"而作《春秋》的含义,其实质是"王道"。"王道"思想贯穿《经解》全文,从内容如伦理、政治到形式如书例、写作方法,每一方面的论证洋洋数百字,从中透露出孙觉强烈的致用情怀。孙觉对《春秋》的解读属一般儒学的《春秋》研究,关注《春秋》学中的伦理、民族关系等问题,吸收并发展了宋初学人孙复等的《春秋》观,更加突出"王道"主题。由于处在理学思潮的初步发展阶段,孙觉不可避免地受到影响,所以《经解》中存在理学的影子。如庄公十二年"宋万弑其君捷及其大夫仇牧",《经解》主张在下者以道事君,仇牧之行不在圣人褒扬之列。解释其中的原因则引《易》"咸者,感也",认为感之道在于"感物必以心,不以心者,物必不感","无心于感又感之盛也",所以"未至于感者,责之以心;已至于感者,责之以盛"。这里区分"感"为"有心之感"与"无心之感",后者在境界层次上高于前者。前者"心"指情感、意志之心,强调心与外物的主动接触;后者"心"则超出主体意识,达到一种物与心相融合的状态。仇牧并非以道事君,作为死难之臣,对《春秋》读者有感,此"感"属"有心之感",所以同圣人之道相比,不在褒扬范围内。可见,孙觉解《春秋》注意到"心"的作用,但《经解》主要论述"王道"思想,其对"心"的认识也主要是服务于"王道",并没有由此进入理学的讨论命题。

总之,在《春秋》学史上,王安石以《春秋》"断烂朝报"说而成为议论的焦点,使其"断烂朝报"说有被时人或后人误解之嫌,但不得不说,王安石以法令的形式除去《春秋》科考资格,一方面对《春秋》学的发展有一定的阻碍作用,另一方面又中断了前期《春秋》学学者对《春秋》道德规范等形下层面的研究路径,其对"道"的认识间接开启了

《春秋》学发展的新方向。在正负效应的双重影响下,《春秋》学沿着两条路线向前运动,一条是以苏辙为代表,认为王安石所谓"道"绝对性、必然性存在漏洞,主张"道"与"势"相推阐。反映在文化上表现为以"道""势"解读《春秋》,直接推进了"道"与《春秋》的关系;另一条是以孙觉为代表,在受到王安石对《春秋》法令的冲击下,力图证明孔子所以作《春秋》的本意,以"王道"解读《春秋》,并使这一思想通贯全文。《春秋经解》主要突出的是"王道"指导下的君臣伦理关系,有一定的现实意义。

两种动向分属不同的研究方式,前者属于理学的《春秋》研究,王安石间接为《春秋》学的发展提供了新思路,苏辙则进一步促使《春秋》与"道"发生关系,"道"与《春秋》相互证明。此时理学与《春秋》处于平衡的状态,形上之"理"并不能完全驾驭《春秋》,《春秋》也没有彻底降至形下现实的层面,但在理学思潮逐步高涨的大背景下,"理"与《春秋》形上、形下的特定关系势在必行。后者属一般儒学的研究,孙觉承宋初学人胡瑗、孙复等人的"尊王"思想,明确《春秋》的"王道"主题,其中对《春秋》学某一命题的分析、论证较为客观,表现出其积极的用世之意。

实际上,这一时期的《春秋》学研究的两种方式并不具有严格意义上的界限,苏辙《春秋集解》中有对《春秋》一般问题的涉猎,孙觉《春秋经解》中也有"理"的味道。关键是在理学发展的思潮中,二者不可能并行而立,一般儒学的《春秋》研究必将以某种方式融入理学的《春秋》研究中。当然,必须指出,两种方式的《春秋》研究是对共同现实问题所进行的不同角度的思考,并各自提出解决思路。

种种迹象表明,这一时期的《春秋》学既有对初期《春秋》学理论成果的继承,又有对理学与《春秋》关系进一步发展的启发,属过渡阶段,有承上启下之功。

第四章

理学初步发展中的《春秋》学

从周敦颐到二程,理学逐步形成并得到初步发展。这一时期的《春秋》学由部分义理化到整体义理化,最终成为"理"的表现工具。周敦颐、邵雍、张载对《春秋》稍有涉及,《春秋》在他们"理"的构建中起辅助性作用,并没有完全展开;随着理学的逐步深化,二程,尤其是程颐对《春秋》经有较全面的分析,《春秋》完全被置于理学系统中,用以证明"理","理"也通过《春秋》得到现实的落实,但从著作形式上讲,《春秋传》并没有通解全经,且《春秋》所包含的政治功能发挥有限。胡安国汲取程颐《春秋》学的有益因素,以"理"贯穿全经,又突出《春秋》的致用性。与义理化《春秋》并行存在的是一般儒学的解经,虽然解经主题仍囿于"尊王攘夷"、王道之治,但最重要的变化是《春秋》的研究方法、模式上的创新,崔子方以日月例解《春秋》,萧楚则以专题的形式重解《春秋》,叶梦得又开出新的解释体裁,提出新的阐释思想。

第一节 理学奠基者之辅助性的《春秋》观

理学奠基者的《春秋》观主要是指周敦颐、邵雍、张载三人理学思想中《春秋》的地位。从理学发展史上看,三人在宇宙论、认识论、历史观等理学体系的建构方面各有独自的学术特色及贡献,历来是研究宋元时期思想文化、学术思潮等必须提及的关键人物。从北宋《春秋》学的发展过程来看,三人形上理论体系中对《春秋》的侧重点也不尽相同。

但可以肯定的是，《春秋》在理学思潮的涌动下，逐渐失去其主动权，日益渗透于"理"之中。

整体而言，三位理学家关注的是"太极""性""气"等理学范畴，其理论资源为《周易》《中庸》《论语》《孟子》《大学》等相关典籍文本及道家的某些观点，而《春秋》经本身不具备阐发心性义理、道德性命等精妙范畴或命题的条件，相应地也淡出理学家的视线，但《春秋》经仍有其自身价值。正是因为《春秋》仍有一定的价值，所以三位理学家在其理论体系中对《春秋》都有所涉及。

周敦颐（1017—1073），理学的开创者，后世称其为"道学宗主"。《宋元学案》讲："孔孟而后，汉儒止有传经之学，性道微言之绝矣。元公崛起，二程嗣之，又复横渠诸大儒辈出，圣学大昌。故安定徂徕卓乎有儒者之矩范，然仅可谓有开之必先，若论阐发心性义理之精微，端数元公之破暗也。"① 意指周敦颐继承孔孟道统，在心性义理方面有"破暗"之功，是理学的开山。

关于周敦颐的宇宙论体系，许多相关理学史、儒学史等专著或论文都有详细论述，在此不赘述，仅就其《通书》中的《春秋》材料进行分析。

《通书》原名《易通》，是周氏学术著作之一。《宋元学案》百家谨案："朱文公曰：周子《通书》本号《易通》，与《太极图说》并出，程氏以传于世，而其为说实相表里。"② 指周氏《通书》与《太极图说》相互关联。从内容上讲，《通书》主要论及道德修身、礼乐刑政，"入德之方，经世之具"。有学者研究认为："《太极图说》重视'天道'的演进，而《通书》则偏重于'人道'的阐发。"③ 简明扼要地指出了两书不同的主题。《春秋》经主要讲人人之际，"辨是非，长于治人"（《史记·太史公自序》）。属"人道"范围，所以《通书》势必对《春秋》有所关涉。"《春秋》正王道，明大法也，孔子为后世王者而修也。乱臣贼子，诛死

---

① 黄宗羲：《宋元学案》，第482页。
② 黄宗羲：《宋元学案》，第494页。
③ 张岂之主编：《中国思想学说史》（宋元卷上），广西师范大学出版社2007年版，第151页。

者于前，所以惧生者于后也，宜乎万世无穷，王祀夫子，报德报功之无尽焉。"① 指出孔子修《春秋》的目的及效果。"王道"即《通书》中所言"圣人之道"，"圣人之道，入乎耳，存乎心，蕴之为德行，行之为事业。彼以文辞而已者，陋矣"②。周敦颐认为"圣人之道"不仅具有理论形式，而且见之于实践，如道德行为、建功立业，反对文字的训诂考证。孔子修《春秋》正是孔子践行"道"的有力表现，"道德高厚教化无穷，实于天地参而四时同，其惟孔子乎"。意指孔子之"人道"与"天道"相通。可见，周敦颐以《春秋》来说明"圣人之道"在孔子身上的落实，表明周敦颐对孔子的推崇。

邵雍（1011—1077），作为重要的理学家之一，其学术特点是以象数学建构形上理论体系，代表作为《皇极经世书》。其子邵伯温认为："穷日、月、星、辰、飞、走、动、植之数以尽天地万物之理，述皇、帝、王、霸之事以明大中至正之道。阴阳之消长，古今之治乱，较然可见矣。"③ 即《皇极经世书》内容穷尽一切事物，其中存在一普遍法则。有学者指出："（《皇极经世书》）力求制造一个囊括宇宙、自然、社会、人生的整个体系，还企图找到贯穿于整个体系的最高法则，并声言只要人们掌握了这个体系及其法则，就可以上知宇宙，下应人事而不疲。"④ 可见，邵雍的理论体系通贯天道、人事，在人事中探讨天道。

首先，"道"为万物存在的依据，并由物而得以呈现。《皇极经世书》提出：

> 春夏秋冬者，昊天之时也，《易》《书》《诗》《春秋》者，圣人之经也。天时不差，则岁功成矣；圣经不忒，则君德成矣。天有常时，圣有常经，行之正则正矣，行之邪则邪矣。邪正之间有道在焉，行之正则谓之正道，行之邪则谓之邪道，邪正之由人乎？由天乎？

---

① 黄宗羲：《宋元学案》，第494页。
② 黄宗羲：《宋元学案》，第493页。
③ 陈振孙：《直斋书录解题》卷9《儒家类》，《四库全书（文渊阁本）》。
④ 侯外庐、邱汉生、张岂之主编：《宋明理学史》（上），第182页。

> 天由道而生，地由道而成，物由道而行，天地人物则异也，其于由道一也。夫道也者，道也：道无形，行之则见于事矣，如道路之道，坦然使千亿万年行之，人知其归者也。①

这里有两层含义：第一，"昊天"为自然之天，天所体现的自然规律与人所创造的道德文明虽然表现各异，但有共同的内在依据，即"道"；第二，"道"是产生万物的根源，但不可见，由事物来体现道，天道见之于人事。

其次，孔子所修作的《春秋》是表现"道"的一种方式。"秦穆公有功于周，能迁善改过，为霸者之最；晋文侯世世勤王，迁平王于洛，次之；齐桓公九合诸侯不以兵车，又次之；楚庄强大，又次之；宋襄公虽霸而力微，会诸侯而为楚所执，不足论也。治《春秋》者不先定四国之功过，则事无统理，不得圣人之心矣"。可以发现，邵子排列五霸的标准是"理""圣人之心"，由"迁善"到"力微"，"理""圣人之心"是"道"的另一种表达方式。且邵子并不否定"霸道"，"春秋礼法废，君臣乱，其间有能为小善者，安得不进之也？况五霸实有功于天下，且五霸固不及于王，不犹愈于左衽乎，安得不与之也？"即肯定五霸之功而鄙斥夷狄。有功过则有褒贬，邵子不赞成"有贬无褒"说，因为"功过不相掩，圣人先褒其功，后贬其罪，故罪人有功者亦必录之，不可不恕也"②。功与过是依实而录，"《春秋》录实事而善恶形于其中矣"，事件本身已有价值评判在其中，所以邵子认为"圣人之经浑然无迹，如天道焉"。即经书的书写形式与天道的无形有异曲同工之妙。

《春秋》"长于治人""治王道"已为学人所公认，邵子则提出"《春秋》尽性之书"。

> 至于书郊牛之口伤改卜牛，牛死乃不郊，犹三望，此因鲁事而贬之也，圣人何容心哉？无我故也。岂非由性命而发言也？又云

---

① 邵雍：《皇极经世书》卷12《观物篇五十九》，《四库全书（文渊阁本）》。
② 邵雍：《皇极经世书》卷13《观物外篇》上。

《春秋》皆因事而褒贬，岂容人特立私意哉？又曰《春秋》圣人之笔，削为天下之至公，不知圣人之所以为公也。如因牛伤则知鲁之僭郊，因初献六羽则知旧僭八佾，因新作雉门则知旧无雉门，皆非圣人有意于其间。故曰《春秋》尽性之书也。①

此段话可理解为：第一，《春秋》中所谓"郊牛""六羽""雉门"，皆属礼的范围，一般儒学的《春秋》研究或由此"非礼"而推出"尊王"，或引申至爱民、重民，邵雍则由鲁公僭礼证明周道衰败；第二，邵子引此非礼行为表现"道"，"无我""至公"，言明圣人无私心，其评判的准则是"公"，是普遍法则，并非"私意""有意"等主观情感。所谓"性""命"，"天使我有之谓命，命之在我之谓性，性之在物之谓理"②。此是对《中庸》"天命之谓性"的发挥。"性""命"是"道"在人身上的体现，"心""性""命"是"道"的不同展现形式。由此可知，《春秋》经文本身并不像《易》《中庸》等直接提供关于"性""命""天"等易于阐发、建立形上理论的范畴，而是经由圣人书写修作表现"道"。邵子所谓"《春秋》尽性之书"，确切讲是圣人修作《春秋》而"尽性"，尽圣人自然之性，圣人与"性""道"合一。

张载（1020—1077），理学的主要奠基者之一，其理论特点是以气为宇宙本原，并反求人性以探讨人道。有学者总结以张载为中心的关学学派特色为"学贵致用""株守儒学，躬行礼教"③，《宋元学案》录有张载提倡古礼的事例，可为"躬行礼教"的明证。汉代司马迁认为：《春秋》为礼义之大宗，而张载倡言礼，所以对《春秋》也有所关注，且《郡斋读书志》载《横渠春秋说》一卷，"为门人杂说《春秋》，其书未成"④。

《正蒙·玉裎篇》列举周王与诸侯的祭祀之礼，"《春秋》大要天子

---

① 邵雍：《皇极经世书》卷13《观物外篇》上。
② 邵雍：《皇极经世书》卷14《观物外篇》下。
③ 侯外庐、邱汉生、张岂之主编：《宋明理学史》（上），人民出版社1984年版，第93页。
④ 晁公武：《郡斋读书志》卷1（下）《春秋类》，《四库全书（文渊阁本）》。

之事也,故曰:知我者,其惟《春秋》乎;罪我者,其惟《春秋》乎"①。最后两句出自《孟子·滕文公下》。依《春秋》本是鲁国史书,记载鲁国二百四十二年间大事,属"天子之事";孔子修《春秋》治王法,但不在权位,故有此说。张载于《玉禘篇》引用,含有君臣尊卑之意,但这不是张载研究《春秋》的重点。"欲观《易》,先当玩其辞,盖所以说《易》象也。不先尽《系辞》,则其观于《易》也,或远或近,或太艰难。不知《系辞》而求《易》,犹不知礼而考《春秋》也。"② 这里由礼与《春秋》的关系证明《系辞》在解《易》中的地位,《春秋》只是起到论据的作用。而《系辞》之所以重要,是因为"《系辞》所以论《易》之道","《系辞》反复惟在明《易》所以为《易》"。也就是说,《系辞》含有《易》之大义,为《易》的根本宗旨。以此反观《春秋》,则"礼"为《春秋》的大义所在。

张载对礼有所划分,"礼非止著见于外,亦有无体之礼,盖礼之原在心。礼者,圣人之成法也。除了礼,天下更无道矣"。"天之生物,便有尊卑大小之象,人顺之而已,此所以为礼也。学者有专以礼出于人,而不知礼本天之自然。""礼所以持性,盖本出于性。持性,反本也。"③ 这里将"礼"分为有形之礼仪条文与无体之礼,"无体之礼"即天地自然之礼,为"道",为"圣人成法",为人的天性,是有形之礼仪条文的最终依据、法则。《玉禘篇》中祭祀之礼为礼仪行为,是天地自然秩序在现实社会的落实与作用。以此来看所谓"不知礼而考《春秋》","礼"指的是无体之"礼",表现为礼仪形式。《春秋》大义在无体之"礼"。

"无体之礼"属于义理的范围。"圣人文章无定体,《诗》、《书》、《易》《礼》《春秋》,只随义理如此而言。"④ 即言要寻求五经义理。所谓"义理",张载讲:"义理之学,亦须深沉方有造,非浅易轻浮之可得也。盖惟深则能通天下之志,只欲说得便似圣人,若此则是释氏之所谓祖师之类也。"此处讲义理之学的方法,须要深刻沉潜,最高境界是"通天下

---

① 张载:《张载集》,章锡琛点校,中华书局1978年版,第62页。
② 张载:《张载集》,第176页。
③ 张载:《张载集》,第264页。
④ 张载:《张载集》,第255页。

之志",即"天理"。礼仪于纵深处发展便是永恒性的道德性命之理,"道德性命是长在不死之物也,己身则死,此则常在"①。即指性命之理不属物质个体,而属精神层面,超越时空。具体到义理之学的文化载体,张载认为六经"使昼夜不息",但"若义理则尽无穷,待自家长得一格则又见得别"。即使没有文字载体,"虽文字不能传,然义理不灭"②。义理超出文字的表达方式而具有恒久性。就《春秋》而言,张载认为:"《春秋》之书,在古无有,乃仲尼所自作。惟孟子能知之,非理明义精,殆未可学。先儒未及此而治之,故其说多凿。"③ 这里讲"仲尼所自作",是就经义发挥与创新方面而言。因为从历史的角度看,《春秋》是孔子据鲁史而作,而这一点不属张载所要表达的"义理"范围。"孟子能知之",指孟子所言"其事则齐桓晋文,其文则史,孔子曰:其义则丘窃取之矣"(《孟子·离娄下》)。实际上,从"非理明义精,殆未可学"来看,孟子"能知"的部分确切讲是"其义丘窃取之"的部分,即孔子以义理解《春秋》。由以义理解《春秋》而反对先儒解经的穿凿。

可见,《春秋》在张载的理论体系中并不起主导作用。从礼方面讲,张载借《春秋》表达尊卑等级之意,更重要的是辅助《易》。而由《易》对照《春秋》,则要求从"无体之礼"理解《春秋》。再延伸讲,张载通过《春秋》这一儒家经典解说"义理","礼"统一于义理。

以上简单概述了二程前的理学家对《春秋》的看法。不难发现,三人作为理学的奠基者,在为儒学确立形上依据的理论建设方面,有开拓性的成就。《春秋》在他们的理论体系中属材料、论据、例证说明等助导性范围,于穷究天理、探讨性命方面作用有限。他们的理学思想中对《春秋》的具体内容涉及较少,也没有成书的《春秋》类专著。究其原因,有学者个人选择的主观因素,更重要的是学术自身发展规律所致。

---

① 张载:《张载集》,第273页。
② 张载:《张载集》,第278页。
③ 张载:《张载集》,第377页。

第二节　程颐以"理"解《春秋》

程颢（1032—1085）、程颐（1033—1107）是理学发展史上的关键性人物，其天理论奠定了理学的基本形态。天理是二程理学说的核心概念，是具有终极意义的最高范畴，并最终落实到万事万物。就《春秋》而言，"理"既是解释《春秋》的内在依据，又是其方法、目的，"理"以不同的方式贯穿于《春秋》的方方面面，如伦理纲常、自然现象、书例等；同时，"理"在《春秋》这里也得到落实。正如上文所说讲，《春秋》在二程，主要是程颐这里实现了全部义理化。

一　"经所以载道也"

经学为儒学学术的基本形态，每一次学术的进步、理论的创新都离不开对传统经典文本的合适合宜的重新解释，理学作为有宋一代新儒学的思想体系也经历了这一过程。关于经学与理学的关系，学人们从不同的角度提出自己的看法，如有学者认为："理学产生伊始，就与经学紧密结合为一体。"并分析了理学以经学为理论工具的原因："科举制度的变化""经学本身的变化"、民族意识的增强等。[1] 有学者从经学思想发展过程看理学，指出："理学是经学演变的合逻辑产物""没有超越于经典之上的所谓'理学'"。[2] 无论哪一种角度的解说，都能证明理学的发展离不开经学。

前人论《春秋》，多就《春秋》经与史的两种属性论经史关系，如苏氏父子。程颐则从经与"理"的关系入手，进而具体讨论《春秋》。其经学思想如下：

首先，对经与"道"的定位，经为载道的工具。经指儒家经典，"道"即二程所谓"天理"。程颐提出："道之在经"[3]"经所以载道也"[4]

---

[1] 张岂之主编：《中国思想史》，西北大学出版社1989年版，第339页。
[2] 姜广辉：《论宋明理学与经学的关系》，《湖南大学学报》2004年第5期。
[3] 程颢、程颐：《二程集》，中华书局2004年版，第2页。
[4] 程颢、程颐：《二程集》，第671页。

"思索经义,不能于简策之外脱然有独见"①。即儒家经典是为"道"服务的,经为求道的文本基础,道为经存在的意义。道与经典相比,道更重要。治经的目标是"知道","经所以载道也,器所以适用也。学经而不知道,治器而不适用,奚益哉?"② 即道为本,经为末,治经以求道为方向。由经载道,程颐进而认为:"诵其言辞,解其训诂而不及道,乃无用之糟粕尔。"③ 重视对经典文字的考据训诂,是两汉经学的治学特点,也日益成为经学发展的阻碍。程颐批判汉学的治经方式,把经从神圣不可动摇的地位拉下来,树立起求"道"的宗旨。"经所以载道",不仅是对汉学的冲击,就是相对于前期学人如孙复、孙觉的尊经,如刘敞、苏辙等的疑经也是很大的突破。尊经、疑经毕竟是在经传等文本范围内打转,并没有跳出此框架而提出更高的理论。所以,程颐讲:"古之学者,先由经以识义理,盖始学时,尽是传授。后之学者,却先须识义理,方始看得经。"④ 前一"义理"为经文字内的义理,且并非自得;后一"义理"是超出经文字之上的"义理",以义理指导经典。

其次在治经方法上,程颐强调"自得"。"为学,治经最好。苟不自得,则尽治五经,亦是空言。"⑤ 即以经为本,自得经义。如何自得?程颐讲:"思。'思曰睿,睿作圣',须是于思虑间得之,大抵只是一个明理。"⑥ 自得要通过思考,思考的内容不外乎"理"。具体步骤,程颐认为《论语》《孟子》为基本,"学者先须读《论语》《孟子》,穷得《论语》《孟子》,自有个要约处,以此观他经,甚省力"。"《论语》《孟子》如丈尺权衡相似,以此去量度事物,自然见得长短轻重。"⑦ 即由《论语》《孟子》先立大纲,以《论语》《孟子》经义为标准,丈量其他经书,自然明理。"《论语》《孟子》既治,则六经可不治而明矣。"⑧ 程颐

---

① 程颢、程颐:《二程集》,第1186页。
② 程颢、程颐:《二程集》,第95页。
③ 程颢、程颐:《二程集》,第671页。
④ 程颢、程颐:《二程集》,第164页。
⑤ 程颢、程颐:《二程集》,第2页。
⑥ 程颢、程颐:《二程集》,第296页。
⑦ 程颢、程颐:《二程集》,第205页。
⑧ 程颢、程颐:《二程集》,第32页。

以此义理解经批评经之后的传注之学，"圣人之经，皆不得以而作……后世之言，无之不为缺，有之徒为赘，虽多何益也？"① 意指经义在文字文本之外，传注不得经义，尤其对汉代章句之学表示不满，"汉之经术安用？只是以章句训诂为事。且如解《尧典》二字，至三万余言，是不知要也"②。"不知要"就是后文提到的"不明理"，切中汉代经学烦琐的要害。

最后，治经不只是穷理，也要应用于实践。"穷经，将以致用也。如'诵《诗》三百，授之以政不达，使于四方，不能专对，虽多亦奚以为？'今世之号为穷经者，果能达于政事专对之间乎？"③ 即穷经的目的是应用于日常及政事，在实践操作中体现圣人之道。二程又将穷理与致用相联系，"读书将以穷理，将以致用也。今后滞心于章句之末，则无所用也，此学者之大患"④。治经所穷之理并非脱离实践之"理"，而是可以在现实生活中得以表现之"理"。

二 "学《春秋》可以尽道"

程颐对儒家经典文本主张穷理以致用，具体到《春秋》经，程颐以"理"为旨归，对《春秋》从形式到内容作了全面的分析。

首先要解决的是关于程颐《春秋传》的成书问题。"昔刘质夫作《春秋传》未成，每有人问伊川，必对曰：已令刘绚作之，自不须某费工夫也。刘传既成，来呈伊川，门人请观，伊川曰：却须著某亲作。竟不以刘传示人，伊川没后，方得见。今世传解至闵公者。"⑤ 刘绚，字质夫，是"程门弟子最著者之一"。程颐对其评价很高，"先生（刘绚）殁，伊川哭之曰：圣学不传久矣！……游吾门者众矣，而信之笃、得之多、行之果、守之固若子者几希"。在程颐看来，刘绚在德行、践履方面超出他人。又，刘绚"少通《春秋》，祖于程氏，专以孔、孟之言断经义，作传

---

① 程颢、程颐：《二程集》，第 221 页。
② 程颢、程颐：《二程集》，第 232 页。
③ 程颢、程颐：《二程集》，第 71 页。
④ 程颢、程颐：《二程集》，第 187 页。
⑤ 程颢、程颐：《二程集》，第 432 页。

未就",与程颐所讲"已令刘绚作之"相符。谢良佐也讲:"诸君留意《春秋》之学,甚善。向见程先生言,须要广见诸家之说,其门人惟刘质夫得先生旨意最多。"① 可见,程颐及其弟子关注《春秋》,弟子中又以刘绚解《春秋》得到认可,程颐对其期待有加。《直斋书录解题》录有刘绚《春秋传》十二卷,"二程门人,其师亟称之,所解明正简切"②。《郡斋读书志》则载刘质夫《春秋》五卷,两书所记卷数各异。今刘传不可考,其卷数与解经特点也不可断言。但可知即使是刘绚这样的高足"以孔孟之言断经义",程颐最终还是不甚满意,决定自己解注《春秋》。

《二程集·外书》载:"先生(尹和靖)尝问伊川《春秋解》,伊川每曰:'已令刘绚去编集,俟其来。'一日,刘集成,呈于伊川。先生复请之,伊川曰:'当须某自作也。'自涪陵归,方下笔,竟不能成书,刘集终亦不出。"③ 程颐亲手作《春秋传》始于"自涪陵归"后,据《宋史》本传讲:"绍圣中,削籍窜涪州……徽宗即位,徙峡州。"④ 可知,程颐《春秋传》作于徽宗建中靖国元年(1101)左右,此时已是其晚年。程颐作《春秋传序》为崇宁二年(1103),距其卒仅五年。所以,同对其他经书的关注程度相比,程颐自称"用功亦不多"。《春秋传》中桓公九年处注有"先生作《春秋传》至此而终,旧有解说者,纂集附于后"的字样,观桓公九年以后的经文注解,一方面对《春秋》经原文并非逐一作解;另一方面从某些解义来看,与桓公九年前解词有别。如隐公元年"公及邾仪父盟于蔑"条,程颐解为"盟誓以结信,出于人情,先王所不禁也"。庄公二十七年"同盟于幽"条,解为"同志而盟,非率之也"。后一解词显然并非程颐解经的风格。陈亮《书伊川先生〈春秋传〉后》讲:"今其书之可见者,才二十年,咸惜其缺也。"⑤ 由此推知程颐《春秋传》解至桓公九年,只有二十年。《直斋书录解题》所讲:程颐《春秋传》"襄昭后尤略"有误。

---

① 黄宗羲:《宋元学案》,第 1065—1066 页。
② 陈振孙:《直斋书录解题》卷 3《春秋类》。
③ 程颢、程颐:《二程集》,第 436 页。
④ 脱脱等:《宋史》,第 12720 页。
⑤ 陈亮:《龙川集》卷 16,《四库全书(文渊阁本)》。

现在我们从内容上看《春秋》，也即程颐对《春秋》大义的整体定位，并非指对各条经文的分析。

程颐认为学《春秋》可以穷尽"道"，"圣人之道，如河图、洛书，其始止于画上便出义。后之人既重卦，又系辞，求之未必得其理。至如《春秋》，是其所是，非其所非，不过只是当年数人而已。学者不观他书，只观《春秋》，亦可尽道"①。其中"圣人之道""理""道"是同一概念的不同表达方式。这里程颐指出《易》与《春秋》文本本身体现圣人精神，其他文字注疏类的解读并不得大义，这种平宜简约的治经方式正是宋学特色。其中暗含的前提是"理"，以"理"解《春秋》。"《春秋》是是非非，因人之行事，不过当年数人而已，穷理之要也。学者不必他求，学《春秋》可以尽道矣。然以通《语》《孟》为先。"② 此处与上引材料相似，不同的是，程颐明确指出《春秋》之"是是非非"处为穷理的关键所在，解《春秋》的基础是通晓《论语》《孟子》之"理"，这正与程颐治经方法上要求先看《论语》《孟子》合若符节。

"道"在现实中表现为"法"。"如忠质文之所尚，子丑寅之所建，岁三月为一时之理……孔子知是理，故其志不欲为一王之法，欲为百王之通法，如语颜渊为邦是也，其法度又一寓之《春秋》。"③ 这里有两层含义：一是"一时之理"中的"理"表示"礼"，有时间的限制，不具有永恒性，不固定而有灵活性。"'礼，孰为大？时为大'亦须随时，当随则随，当治则治。当其时作其事，便是能随时。"④ 程颐强调的是时中之礼，所尚"忠质文"，所建"子丑寅"，反映的是三代之礼的因损革益。而"理"作为绝对的存在，体现在不同事物中，成为每一事物的本质与特性；二是孔子所知之"理"，并非"一时之理"，而是永恒之理，表现为"通法"，载体为《春秋》。颜渊问为邦出自《论语·卫灵公》⑤，"子曰：'行夏之时，乘殷之辂，服周之冕，乐则韶、舞。放郑声，远佞人。

---

① 程颢、程颐：《二程集》，第157页。
② 程颢、程颐：《二程集》，第1200页。
③ 程颢、程颐：《二程集》，第62页。
④ 程颢、程颐：《二程集》，第171页。
⑤ 朱熹：《四书章句集注·论语集注》，中华书局1983年版，第164页。

郑声淫，佞人殆。'""行夏之时"即古代历法，夏以寅为正月，合乎农时，"盖取其时之正与其令之善"；"乘殷之辂"即天子所乘车为木质，"商辂之朴素浑坚而等威已辨"；"服周之冕"即周代祭服所用之冠华不为靡，贵不及奢，"文而得其中也"；"乐则韶、舞"即韶为舜乐，"取其尽善尽美"；"放郑声，远佞人"即禁绝郑声，远离佞人。可见颜渊所问为治国的方法，孔子所答是治理国家的普遍法则，不出乎重民生、兴礼乐。程颐认为孔子所立为"百王之法"，《春秋》恰体现这一通法。法与理是器与道、用与体的关系，"建立纲纪，分正百职，顺天揆事，创制立度，以尽天下之务，治之法也。法者，道之用也"①。"法"指制度、规范等形下层面，"道"为法的主宰，属形上层面，"法"是道的具体实现，由此《春秋》为"道之用"。

再来看《春秋》的形式，包括程颐对孔子作《春秋》原因的论述、治《春秋》的方法、《春秋》经与汉唐诸儒所注《春秋》的关系等。

关于孔子作《春秋》的原因，程颐三次反复说明：

> 上古之时，自伏羲、尧舜，历夏商以至于周，或文或质，因袭损益，其变既极，其法既详。于是孔子参酌其宜，以为百王法度之中制。此其所以《春秋》作也。孙明复主以无王而作，亦非是……大抵圣人以道不得用，故考古验今，参取百王之中制，断之以义也。②

> 《春秋》之书，百王不易之法。三王以后，相因既备，周道衰而圣人虑后世。圣人不作，大道遂坠，故作此一书。此义门人皆不得闻，惟颜子得闻，尝语之曰：行夏之时，乘殷之辂，服周之冕，乐则韶舞是也。此书乃文质之中，宽猛之宜，是非之公也。③

> 夫子删《诗》、赞《易》、叙《书》，皆是载圣人之道，然未见圣人之用，故作《春秋》。《春秋》圣人之用也。④

---

① 程颢、程颐：《二程集》，第1219页。
② 程颢、程颐：《二程集》，第245页。
③ 程颢、程颐：《二程集》，第283页。
④ 程颢、程颐：《二程集》，第305页。

由上述材料可知：第一，虽然"经所以载道"，但具体到各经，"载道"表现形式不一。在程颐看来，《诗》《易》《书》直接体现"道"，尤其是《易》，"圣人作《易》，以准则天地之道。《易》之义，天地之道也"①。即"天地之道"或"理""道"包含在《易》中。"道"具有形上、高度抽象性，但真实存在于万事万物中，"道之外无物，物之外无道"。能体现"道"之用的正是《春秋》，《春秋》应道而作，并非孙复所言《春秋》为"无王"而作；第二，"道"存在于古典文献中，"其变既极，其法既详"，但并非每个人都能体道、悟道，而"圣人虑后世"，"圣人不作，大道遂坠""圣人以道不得用"。孔子以文化自觉意识担当此任，对上古礼制进行了整理，"考古验今"，以"义"为取舍标准。其所达到的理论效果为"文质之中，宽猛之宜，是非之公"，即《春秋》为理想治国之道的集中显现。

《春秋》应道而作，研究《春秋》就要以"道"为出发点，"《春秋》因其行事，是非较着，故穷理为要"②。如何穷理？从消极方面看，由于《春秋》长于记事，是非分明，所以求义理不可拘于文字。"有重叠言者，如征伐盟会之类，盖欲成书，须势如此，不可事事各求异义，但一字有异，或上下文异，则义须别。"③ 即反对汉代经学训诂式的治经方法。"《春秋》不可逐句看"，意指研究《春秋》要用一种整体而前后连贯的方法，体味其中的大义；从积极方面看，治《春秋》有其先后顺序及准则。"先读《论语》《孟子》，更读一经，然后看《春秋》，先识得义理，方可看《春秋》。"治《春秋》的前提是义理，义理体现于《论语》《孟子》中，这一方法修正了邵雍所谓"《春秋》尽性之书"的观点。"《春秋》何以为准？无如《中庸》，欲知《中庸》，无如权，须是时而为中……何物为权？义也。"④ 治《春秋》的标准为《中庸》之"权"，即"中"，"权"的内涵为"义"。孔子作《春秋》，"考古验今""断之以义"即是《春秋》以"权"为标尺的表现。权、义尚在可以言说的范

---

① 程颢、程颐：《二程集》，第 1028 页。
② 程颢、程颐：《二程集》，第 164 页。
③ 程颢、程颐：《二程集》，第 19 页。
④ 程颢、程颐：《二程集》，第 164 页。

围，权与义的所以然之理则"不可容声矣，在人所见耳"，只可意会、自得，超出语言文字之外。程颐虽然在解《春秋》的方法上提及"义理""时""中""义"等诸多范畴，实际上所述范畴是"理"这一绝对存在、最高范畴在具体事物上的不同表现或表达，"理"是诸范畴的内在规定。

"经所以载道"，儒家经典有相通之处，且《春秋》经本身既有三传，又有以后诸儒的注解，所以研究《春秋》势必与其他经传注类的著作相关联。

从横向看，《春秋》与其他经典文本有同有异。"同"，如前述，"经者载道之器"，经为"道"的工具；"异"，指"《诗》《书》载道之文，《春秋》圣人之用。《诗》《书》如药方，《春秋》如用药治疾"①。《诗》《书》与《春秋》为道与用的关系，以"道"指导"用"，由"用"显"道"，二者互补。又，上文讲治《春秋》的方法为以《论语》《孟子》所得义理，以《中庸》之权衡量《春秋》大义。

从纵向看，程颐讲："《春秋》，传为案，经为断。"② 以《春秋》经裁断传，但传并非完全处于被动地位，"以传考经之事迹，以经别传之真伪"。这里的传主要是指《左传》，《春秋》经与传相互依存。三传之中，程颐偏向于《左传》，"问：'公、谷如何？'曰：'又次于左氏'"。个中原因，或许与《公羊》《谷梁》所阐发的经义与程颐以"理"解《春秋》的方式相距甚远。对于《左传》中的事件，程颐讲："不可全信，信其可信之耳。"③ 可信与否的标准为《春秋》经。对于《左传》成书年代与作者，程颐一方面存疑，"《传》中无丘明字，不可考"。另一方面以"'虞不腊矣'并'庶长'皆秦官秦语"为据，指出"《左传》非丘明所作"④。"虞不腊矣"出自《左传》僖公五年宫之奇之语，"腊"指腊祭，"庶长"为秦官名。程颐以腊祭为秦始有而推断《左传》大体上属战国晚期的作品，后来朱熹沿用此说法。《四库全书总目》于此提出辩驳，"古有腊祭，

---

① 程颢、程颐：《二程集》，第 19 页。
② 程颢、程颐：《二程集》，第 164 页。
③ 程颢、程颐：《二程集》，第 266 页。
④ 程颢、程颐：《二程集》，第 419 页。

秦王是始用，非王是始创"①。现代学者杨伯峻引《韩非子》《礼记·礼运》证明腊祭不适于秦。②暂不论双方是非，可以肯定的是程颐对《左传》成书的推断启发了后人进一步思考。对于《左传》中《春秋》经文止于"哀公十六年"，比《史记·孔子世家》中所载孔子作《春秋》"下迄哀公十四年"多出两年，即"续经"部分，程颐表示"是孔门弟子所续。当时以谓必能尽得圣人作经之意，及再三考究，极有失作经意处"③。即"续经"并不得圣人之道。

至于汉唐诸儒所注解的《春秋》，程颐肯定唐啖、赵、陆《春秋》学说。"开元秘书言《春秋》者，盖七百余家矣。然圣人之法，得者至寡。至于弃经任传，杂以符纬，胶固不通，使圣人之心郁而不显……独唐陆淳得啖先生、赵夫子而师之……绝出于诸家外，虽未能尽圣作之蕴，然其攘异端，开正途，功亦大矣……旨义之众，莫可历数。要其归，以圣人之道公，不以已得他见而立异，故其所造也远，而所得也深。"④唐治《春秋》者或舍经从传，或杂以谶纬，《春秋》所隐含的圣人之道不得伸展。啖、赵、陆一系解读《春秋》虽有不完善之处，但在探讨圣人之道、舍传求经的学风方面有开先路之功。

就开两宋义理解《春秋》先河的孙复，程颐也有自己的看法。"或问《春秋尊王发微》，子曰：'述法而不通意'。"⑤"始隐，孙明复之说是也。孙大概唯解《春秋》之法，不见圣人所寓微义。"⑥"法"指伦常、制度、法规等形下层面；"圣人微义"即程颐所讲的形上之理。程颐赞同孙复《发微》在"法"方面的贡献，同时指出其在"意"方面的欠缺。应该说，程颐以"理"评判孙复《发微》有"强人所难"处，毕竟孙复《春秋》学的不足有时代背景及个人学术修行等多方面的因素，但这种评价

---

① 永瑢等：《四库全书总目》，第210页。
② 杨伯峻：《〈左传〉成书年代论述》，载《杨伯峻学术论文集》，岳麓书社1984年版，第229页。
③ 程颢、程颐：《二程集》，第281页。
④ 程颢、程颐：《二程集》，第466页。
⑤ 程颢、程颐：《二程集》，第1200页。
⑥ 程颢、程颐：《二程集》，第402页。

体现出程颐《春秋》观中"理"的渗透。

总之，上述无论是在内容还是在形式，诸如治《春秋》的方法、《春秋》经与其传注关系等方面，程颐都是以"理"为标尺进行量度，虽然其"理"的表现方式并不一致。

三 《春秋传》的具体内容

《春秋传序》讲：

> 天之生民，必有出类之才，起而君长之，治之而争夺息，导之而生养遂，教之而伦理明，然后人道立，天道成，地道平。二帝而上，圣贤世出，随时有作，顺乎风气之宜，不先天以开人，各因时而立政。暨乎三王迭兴，三重既备，子丑寅之建正，忠质文之更尚，人道备矣，天运周矣。圣王既不复作，有天下者虽欲仿古之迹，亦私意妄为而已。事之缪，秦至以建亥为正；道之悖，汉专以智力持世，岂复知先王之道也？夫子当周之末，以圣人不复作也，顺天应时之治不复有也，于是作《春秋》为百王不易之大法，所谓考诸三王而不缪，建诸天地而不悖，质诸鬼神而无疑，百世以俟圣人而不惑者也。
>
> 先儒之《传》曰：游、夏不能赞一辞。辞不待赞者也，言不能与于斯尔。斯道也，唯颜子尝闻之矣。"行夏之时，乘殷之辂，服周之冕，乐则《韶舞》"，此其准的也。后世以史视《春秋》，谓褒善贬恶而已，至于经世之大法则不知也。《春秋》大义数十，其义虽大，炳如日星，乃易见也；惟其微辞隐义，时措从宜者为难知也。或抑或纵，或予或夺，或进或退，或微或显，而得乎义理之安，文质之中，宽猛之宜，是非之公，乃制事之权衡，揆道之模范也。
>
> 夫观百物，然后识化工之神；聚众材，然后知作室之用。于一事一义而欲窥圣人之用心，非上智不能也。故学《春秋》者，必优游涵泳，默识心通，然后能造其微也。后王知《春秋》之义，则虽德非禹、汤，尚可以法三代之治。自秦而下，其学不传。予悼夫圣人之志不明于后世也，故作《传》以明之，俾后之人通其文而求其

义，得其意而法其用，则三代可复也。是《传》也，虽未能极圣人之蕴奥，庶几学者得其门而入矣。①

此序主要说明四个问题：第一，孔子作《春秋》的原因。"以圣人不复作也，顺天应时之治不复有也，于是作《春秋》为百王不易之大法。""顺天应时之治"即指王道，是天道、地道与人道合一的理想治国模式。夫子作《春秋》以文字形式确立这种模式，使其具有永恒指导性；第二，对《春秋》性质的定位。程颐不否认《春秋》的价值判断，但更看重《春秋》大义，"经世之法"，是圣人之道的应用，"揆道之模范"；第三，治《春秋》的方法。《春秋》具有微辞隐义的特点，程颐主张以"优游涵泳，默识心通"的修养论寻求其中的大义，"心通"即"理通"；第四，程颐解《春秋》的目的，即申明《春秋》大义，启发后学"得其意而法其用"。

由以上程颐的《春秋》观及其《春秋传序》可知：程颐以"理"为基础建立起对《春秋》的全面认知，《春秋传》所解《春秋》二十年的内容同样以"理"为指导思想，表现在伦常、灾异、书例等各个方面，尤其突出表现为政治伦理中的君臣关系。

伦常方面。面对当时的社会问题，程颐主张以王道治天下，"得天理之正，极人伦之至者，尧舜之道也；用其私心，依仁义之偏者，霸者之事也……故诚心而王则王矣，假之而霸则霸矣。二者其道不同，在审其初而已"②。"尧舜之道"即王道，王道与霸道的区别不在治术等具体操作方面，而在于诚心，上得天理，下极人伦，所以程颐在解释"天王"时与"天时""人道"相关联。隐公"元年春王正月"，《春秋传》③曰：

元年，隐公之始年。春，天时。正月，王正。书"春王正月"，

---

① 程颢、程颐：《二程集》，第583页。
② 程颢、程颐：《二程集》，第450页。
③ 程颢、程颐：《二程集》，第1086—1124页。

示人君当上奉天时，下承王正。明此义，则知王与天同义，人道立矣。周正月，非春也，假天时以立义尔。平王之时，王道绝矣，《春秋》假周以正王法。隐不书即位，明大法于始也。诸侯之立，必由王命，隐公自立，故不书即位，不与其为君也。

这里有三层意思：一是程颐主张通其文晓其义，不排斥对字义的解释，"门弟子请问《易传》事，虽有一字之疑，伊川必再三喻之，盖其潜心甚久，未尝容易下一字也"。程颐对一个字解释再三，目的是穷理，形式上吸取了汉学考据的长处，同宋初批判汉代经学章句训诂之风相比更具理性、开放性；二是《公羊传》解此条经文："元年者何？君之始年也。春者何？岁之始也。王者孰谓？谓文王也。曷为先言王而后言正月？王正月也。何言乎王正月？大一统也。"解释的重心放在政治纲纪方面。相比之下，程颐将"天"与"王"等同，"王道"是"天理"在现实社会的实现；三是体现程颐的"尊王"思想，"王"是"天理"指导下的理想之"王"。同样，程颐解桓公五年"从王伐郑"条，"王师于诸侯不书败，诸侯不可敌王也；于夷狄不书战，夷狄不能抗王也，此理也。其敌其抗，王道之失也"。以"理"而尊王，"王道之失"表现为政治秩序、等级关系的混乱。

正因为"王"以"理"为内在准则，所以现实之王有缺陷。隐公五年"考仲子之宫，初献六羽"，程颐讲："仲尼以鲁之郊禘为周公之道衰，用天子之礼祀周公，成王之过也。"所谓的"周公之道"含有等级关系的内容，"周公之道功固大矣，然臣子之分所当为也，安得独用天子之礼乎？其因袭之弊，遂使季氏僭八佾，三家僭雍彻，故仲尼论而非之"[①]。以此来看，周王与诸侯国君都有失礼之处，并非王道。不单是现实君王有失道，而且整个君臣一伦出现失衡。桓公二年"宋督弑其君与夷及其大夫孔父"，《春秋传》曰："桓公无王，而书王正月，正宋督之罪也。弑逆之罪，不以王法正之，天理灭矣。督虽无王，而天理未尝亡也。人臣死君难，书'及'以著其节。"这里"天理灭"与"天理未尝亡"并不

---

① 程颢、程颐：《二程集》，第71页。

矛盾，"天理灭"是就现实而言，王法不能正君臣等级，以此突出合理君臣关系的重要性；"天理未尝亡"是指决定万事万物的最高之"理"具有永恒性，不会因某一具体事例而消失。同弑君行为相比，"人臣死君难"也是"天理"的表现形式之一。"天理"因其实在性本身不会消亡，变化的是"天理"的表现形式。桓公七年"谷伯绥来朝，邓侯吾离来朝"，程颐认为桓公属弑君之臣，"天理灭矣"，本应以王法正君臣关系，但现实是天子来聘，诸侯来朝，"逆乱天道"。所以阴阳失序，"岁功不能成矣"，表现在书例上则为"不书秋冬"。

上下等级关系遭到破坏同样表现在华夏族与少数民族的关系方面。程颐《春秋传》的一贯态度是尊中国而贱夷狄，隐公二年"公会戎于潜"，《春秋传》解为："周室既衰，蛮夷猾夏，有散居中国者，方伯大国，明大义而攘斥之，义也；其余列国，慎固封守可也，若与之和好，以免侵暴，非所谓'戎狄是膺'，所以容其乱华也，故《春秋》华夷之辨尤谨。居其地而亲中国，与盟会者则与之。公之会戎，非义也。""大义"即道义，内涵为"理"。程颐就诸侯国对夷狄的态度分为或保护中原文明而攘斥夷狄的诸侯大国，或坚守疆土的较弱诸侯国。对于不辨华夷、相与会盟的诸侯国行为，程颐予以批判。这里的"夷"不是地域概念的少数民族，更多是文化之"夷"。"亲中国""与盟会者"即是少数民族主动接近、学习中原文明礼仪，如此而得到肯定。同样，中原诸侯国丧失礼乐文明，则以夷相待，"《春秋》之法，中国而用夷道即夷之"。《春秋传》解文公十年"秦伐晋"为："晋舍嫡嗣而外求君，罪也；既而悔之，正也。秦不顾义理之是非，惟以报复为事，夷狄之道也，故夷之。"以"义""理"为评判标准，则秦为夷狄。《春秋传》止于桓公九年，此条解义虽不在程颐亲解之列，但符合其对夷狄的看法。关于夷狄，宋初《春秋》学者也主张文化、礼乐之夷，只是其判断的标尺为"利""义"，而并非程颐所谓"理"。

程颐之所以突出伦常中的君臣之分，是因为"理"高度抽象而实有，通过社会伦理道德得以实现，尤其是父子君臣之间的等级之礼。"道之外无物，物之外无道，是天地之间无适而非道也，即父子而父子在所亲，即君臣而君臣在所严，以至为夫妇、为长幼、为朋友，无所为而非道，此道所以不可须臾离也。""父子君臣，天下之定理，无所逃于天地之间。"① 天理与伦理道德二者是体用关系，家庭伦理、政治伦理是天理在现实社会的落实。就当时所面临的社会问题来看，程颐更突出君臣之分。有学者研究指出："（二程）其治《春秋》的目的在于通过批判春秋社会的纲常秩序，来重整儒家伦理纲常，为巩固宋君臣上下的中央集权制和社会稳定服务。"② 这一评论说明了二程《春秋》学对现实政治的作用。但需要说明的是：通过《春秋》强调政治等级伦理，已是北宋《春秋》学者的共识，重要的是从何种角度突出《春秋》的伦理纲常。无论是孙复解读《春秋》"尊王"大义，还是苏辙以"道""势"解《春秋》，孙觉以"王道"解《春秋》，大都局限于制度、法规等具体措施的层面而对当时的政治问题提供一种参考方案，没有站在更普遍、更整体的高度解决问题。程颐讲"王道""大中之道"，讲"尊王"等级名分，其背后的理论支撑是最高范畴的形上之"理"，君主个人的政治权威服从于"理"，并自觉地接受王道，由文化来建立政治宪纲。

　　灾异方面。关于自然界的变化，首先，程颐对天人感应并非完全反对，"董仲舒说天人相与之际，亦略见些模样，只被汉儒推得太过，亦何必说某事有某应？"③ 即一方面肯定天人有相合之处，另一方面又批评汉儒"天人"说过于牵强；其次，程颐提出自己对天人关系的看法。"大抵《春秋》所书灾异，皆天人响应，有致之之道。如石陨于宋而言'陨石'，夷伯之庙震而言'震夷伯之庙'，此天应之也。但人以浅狭之见，以为无应，其实皆应之。然汉儒言灾异，皆牵合不足信。儒者见此，因尽废之。"④ 这里明确认为天与人相感应。"天""人"二者中"人"为主体，"天"被动响应，凸显的是"人"，尤其是在上者的德性，"非天固欲为害，人事德不胜也"。"尽废"天人感应指的是王安石，前文有相关论述；再有，程颐把灾异纳入"理"的范围。隐公三年"王二月，己巳，日有食之"，《春秋传》云："盖有事则道在事，无事则存天时。天时备则岁功

---

① 程颢、程颐：《二程集》，第73—77页。
② 蔡方鹿：《程颢、程颐与中国文化》，贵州人民出版社1996年版，第202页。
③ 程颢、程颐：《二程集》，第304页。
④ 程颢、程颐：《二程集》，第159页。

成，王道存则人理立，《春秋》之大义也。"上至天时，下至人事，二者在"理"或"道"这一层面是统一的。桓公三年"有年"，程颐讲："书'有年'，记异也。人事顺于下，则天气和于上。桓弑君而立，逆天理，乱人伦，天地之气为之缪戾，水旱凶灾乃其宜也。今乃有年，故书其异。"由人事而上至"天"的变化，桓公弑君违背天理，以此推测"天地之气为之缪戾"。经书"有年"与由"天理"所推的"缪戾"之气不符，故为"记异"。程颐以"理"如此评判灾异，似乎有牵强之嫌。

书例方面。程颐对《春秋》例法持保守态度，"如《春秋》以前，既已立例，到近后来，书得全别，一般事便书得别有意思，如依前例观之，殊失之矣"①。也即程颐并不反对《春秋》例法，对《春秋》前所立之书例无异议，反对的是随意立例，以例解经。"问：书至如何？曰：告庙而书，亦有不缘告庙而书者。又问：还复。曰：'还只是归复，如今所谓倒回。'又问：'隐皆不书至。'曰：'告庙之礼不行。'"②关于某例的书法含义，程颐多取《春秋》常规例法，不作新的解释。同时，程颐又主张因义而解《春秋》经文，而不是拘于例法。隐公四年"卫州吁弑其君完"，程颐叙述事件过程从《左传》，随后解例，认为："《春秋》大率所书事同则辞同，后人因谓之例，然后有事同而辞异者，盖各有义，非可例拘也。"解经过程中，例法有一定的作用，但并不占主导地位，例法最终服务于义。

除上述几点外，"理"所表现的社会道德规范用于仁政，规劝在上者爱民、重民。隐公七年"城中丘"，《春秋传》讲："为民之君，所以养之也。养民之道，在爱其力。民力足，则生养遂，生养遂，则教化行而风俗美，故为政以民力为重也。《春秋》凡用民力必书，其所作兴不时害义，固为罪也。虽时且义，必书，见劳民为重事也。后之人君知此义，则知慎重于用民力矣。"以民为本，重民生、民时，向来是《春秋》大义之一，《春秋》学者多有此义。但程颐又指出"有用民力之大而不书"的情况，"僖公修泮宫，复閟宫，非不用民力也，然而不书。二者兴废复古

---

① 程颢、程颐：《二程集》，第174页。
② 程颢、程颐：《二程集》，第300页。

之大事，为国之先务，如是而用民力乃所当用也。人君知此义，则知为政之先后轻重矣。""僖公修泮宫，复閟宫"见于《诗经·鲁颂》中《泮水》篇、《閟宫》篇，前者赞美鲁僖公承祖先事业，整修泮宫；后者歌颂鲁僖公兴祖业、复疆土、建新庙。可见，程颐主张最高权力者应当以国家兴亡为先；相比之下，使用民力是否合理退居其次。这一点的说明与当时社会实情有关。

军事方面，程颐强调有"道"之战。隐公二年"莒人入向"，《春秋传》曰："盖彼加兵于己，则当引咎，或自辩喻之以礼义，不得免焉，则固其封疆，告于天子方伯；若忿而与战，则以与战者为主。处己，绝乱之道也。"即在"天下有道"的情况下，被侵伐者当先礼后兵，属理想的战争方式。程颐如此讲，一方面，不出"理"所表现的价值规范的藩篱；另一方面，"引咎""自辩喻之以礼义"看似迂阔①，却反映出程颐的学术修养或处事风格，也有一定的现实意义。

上述简单梳理了程颐解《春秋》的特点，由其经学思想逐步过渡到其对《春秋》的整体认识，再具体到程颐亲笔《春秋传》二十年的内容。可以发现，程颐以最高、终极意义的"理"重新解读《春秋》，"理"以不同的表现方式贯穿全文，从治经方法、目的、《春秋》经与传注的关系，到深入考察《春秋》经文，以至书写体例，《春秋》完全被吸收到程颐天理论的体系。但从侧面也反映出程颐形上之"理"的构建离不开在《春秋》这一载体上的具体形下落实，《春秋》在程颐理学体系中并非"一无是处"。就宋代《春秋》学的发展来看，如果说苏辙《春秋集解》以"道""势"解《春秋》拉近"理"与《春秋》的距离，周敦颐、邵雍、张载三位理学开创者把《春秋》推进理学的门槛，那么，程颐则完全让《春秋》融入理学的殿堂。尽管《春秋传》本身并不完整，但仍起到了"一叶落而知秋"的功效。

---

① 关于程颐对礼的重视，由二苏对程颐的戏谑可知。程颐主办司马光的丧事，严格恪守"庆吊不同日"之礼，二苏称其为"鏖糟陂裏叔孙通也"，碍眼其山野，"自是时时谑伊川"（《河南程氏遗书》卷11，第426页）。

第三节 体用结合的胡安国《春秋传》

程颐把《春秋》引入理学的轨道，为《春秋》的解读注入了全新的血液，但毕竟《春秋传》只是作注到桓公九年，其他为后人杂入，影响后学者深入而全面地理解程颐《春秋》思想；况且程颐的理论贡献主要是对天理论的构建，所关注的文化资源主要是思辨性较强的四书、《易》等著作，而《春秋》为"圣人之用"，由《春秋》所凸显的现实关怀在《春秋传》二十年的论述中表达不足。程颐对《春秋》不完美的阐释既有学人自身的主观条件，也有时代的客观要求。胡安国《春秋传》承接程颐以"理"解《春秋》的宗旨，从"天理""人欲""义""利"、修养等各个方面、各种形式重新看待《春秋》，其中贯穿强烈的历史意识、经世关怀，体与用相结合，道德与政治相统一。由于胡安国处于民族矛盾异常尖锐的两宋之际，所以，相较于程颐《春秋传》，胡传在"用"、致世层面的表现尤为突出。胡安国《春秋传》的理论特色对湖湘学派的形成奠定了形式上的基础。

一 胡安国论"致知"

胡安国（1074—1138）《春秋传》并非"空穴来风"，其中有一定的学术渊源。考察胡安国与程门弟子关系，目的是确定胡安国的学术师承，为详细论证胡传做理论铺垫。

二程之后理学南传情况，南宋真德秀有言："二程之学，龟山得之而南，传之豫章罗氏，罗氏传之延年李氏，李氏传之朱氏，此其一派也。上蔡传之武夷胡氏，胡氏传其子五峰，五峰传之南轩张氏，此又一派也。"胡氏即胡安国。此论表明胡安国学统上宗二程，中经程门弟子谢良佐。胡安国为谢门弟子说始自朱熹，其《上蔡祠记》中讲：胡安国"以弟子礼秉学"。《宋元学案·武夷学案》对此有两种看法：一是"梨州定《武夷学案》，以武夷为上蔡门人"。即黄宗羲认为胡安国之学得上蔡所传为多，此与朱熹所谓胡安国师从谢良佐的说法一致；一是全祖望与王梓材反对胡安国为谢门弟子说，"私淑洛学而大成就者，胡文定公其人也。

文定从谢、杨、游三先生以求学统,而其言曰:'三先生义兼师友,然吾之自得于《遗书》者为多。'"即言胡安国与程门弟子之间以师友交往。而且在全祖望看来,洛学南传之功"文定几侔于龟山",肯定了胡安国在洛学中的地位。王梓材直接提出:"盖武夷固由上蔡以私淑程子,上蔡亦未以门弟子接之也。"① 否认胡安国与谢良佐之间的师生关系。

胡安国之子胡寅《斐然集·先公行状》录有胡安国对程氏的尊崇,"士大夫当以孔孟为师亦是也,然孔孟之道不传久矣,自颐弟兄始发明之,然后知其可学而至也……今欲使学者蹈《中庸》,师孔孟,而禁使不得从颐之学,是犹欲纳之室而使不得由户也"②。在胡安国看来,程氏学说直接承接孔孟之道的统系,是儒学思想的根基,进而建议朝廷对程氏兄弟等四人"加之封号,载在祀典"。其中又讲道:"公之使湖北也,杨尚为府教授,谢为应城宰,公质疑访道,礼之甚恭。来见而去必端笏正立目送之……谢公尝语朱震曰:胡康侯正如大冬严雪,百草萎死,而松柏挺然独秀者也。"③ 言外之意为:一是胡安国与谢良佐的交往属学问上的切磋交流,谢氏长于胡氏,"礼之甚恭",理所应当;二是谢良佐对胡安国的为人品质称赞有加。可以推断,胡安国在学统上私淑洛学,在师承上与谢、杨等义兼师友。

除上述程门弟子外,《行状》中记载"是时元祐盛际,师儒多贤彦。公所从游者伊川程先生之友朱长文及颖川靳裁之"④。朱长文,程颐友人,师从孙复学《春秋》,著有《春秋通志》,已佚。《经义考》载有朱长文自序,论孔子作《春秋》的原因、《春秋》学在宋初前的历史发展以及对孙复《春秋》学的推演。胡安国与朱长文交往,其《春秋传》或许受到孙复一系《春秋》学的影响。

关于胡安国与程门弟子的关系,有学人专门进行考察⑤,论证比较详

---

① 黄宗羲:《宋元学案》,第1170—1171页。
② 胡寅:《斐然集》,容肇祖点校,中华书局1993年版,第554—555页。
③ 胡寅:《斐然集》,第558页。
④ 胡寅:《斐然集》,第519页。
⑤ 参见卢钟锋《论胡安国及其〈春秋传〉》,《中国史研究》1982年第3期;董立新《胡安国与程门弟子》,《湘潭大学学报》2004年第1期等。

细。但忽略的问题是：胡安国所宗程门，与程门弟子的交往，对他们的理论有何消化吸收，对其《春秋传》的形成有何影响。

从目前所存文献资料看，胡安国对心、性、致知等理学范畴、修养论、学习方法等方面都有一些基本认识。首先，致知为穷理的基础。

> 穷理尽性，乃圣门事业，物物而察，知之始也。一以贯之，知之至也。无所不在者理也，无所不有者心也。物物致察，宛转归已，则心与理不昧。故知循理者，士也。物物皆备，反身而诚，则心与理不违。故乐循理者，君子也。天理合德，四时合序，则心与理一，无事乎循矣。故一以贯之，圣人也。①

这段话有三层含义：一是胡安国援引儒家经典，如《论语》中"一以贯之"，《大学》中"八条目""反身而诚"，《易·乾》中"与天地合其德，与四时合其序"，论证穷理尽性的方法；二是外向致知有一个从低到高的过程，表现为心与理的不同状态，主体所达到的不同境界。观察事物，是致知的开始，需要有主体意识的主动配合，此时心与理处于分离的阶段，但"心"的方向朝向"理"，个体处于"士"的境界；观察事物并且反诸己，心与理不违背，心的主动性增强，个体达到"君子"的境界；再进一步，物与主体合一，心与理自然合一，不分彼此，"一以贯之"，个体达到"圣人"的境界。由分离到通贯，达到致知的最高层次，实现穷理尽性的目的。所以，胡安国认为："圣门之学，则以致知为始，穷理为要。知至理得，不昧本心，如日方中，万象毕见，则不疑其所行而内外合也。故自修身至于天下国家无所处而不当矣。"② 致知的理论效果是理与本心的统一，"本心"即理，其在现实世界的表现为小至修身、大至治理国家都得当无误；三是胡安国不同于其他理学家探讨纯粹之"理"的构建，而是强调致知在穷理中的地位，也即在实践操作的层面论证"理"。不仅对一般学者言："学以能变化气质为功"，而且以此用

---

① 胡寅：《斐然集》，第556—557页。
② 胡寅：《斐然集》，第557页。

于政治生活，规劝在上者"正心之道，先致其知而诚其意，故人主不可不学也……不学以致知，则分寸乱矣，何以成帝王之业乎？"① 学的内容为致知之道，由"正心""致知""诚意"而成就帝王事业，正是《大学》"八条目"由格致正诚到修齐治平的生动诠释，从而为日后湖湘学派内圣与外王统一的学派独特气质奠定了基础。

其次，致知与修养并重。《宋元学案·上蔡学案》中谢良佐手柬胡安国，"儒异于禅，正在下学处。颜子工夫，真百世轨范，舍此应无入路，无住宅，三十二年不觉便虚过了"②。这里谢氏以修养工夫的不同区分儒学与禅学，突出工夫在穷理中的重要地位。胡安国在此基础上进一步提出具体操作工夫："立志为先，忠信为本，以致知为穷理之门，以主敬为持养之道。"③ 即致知穷理与修养工夫同等重要，且有其主次顺序。胡安国不仅如此言说，更是在生活中躬身实践。"（胡）寅被召造朝，公戒之曰：'凡出身事主，本吾至诚恳恻，忧国爱君，济民利物之心。立乎人之本朝，不可有分毫私意。议论施为、辞受取舍、进退去就据吾所见义理上行，勿欺也。'……观公室中所以戒其子者如此，则其自为者可知矣。"④ 可见无论是为己处事，还是为国为民，胡安国都恪守操行。难怪谢良佐称赞胡安国修养工夫，"闻公进道甚笃，德业日美，所到岂可涯涘，真足畏也！更以其大者移于小物，作日用工夫尤佳"⑤。不过朱熹却并不这样认为，"胡文定公传家录，议论极有力，可以律贪起懦，但以上工夫做不到……子开云：'有力行之意多，而致知工夫少。'曰：'然。'"⑥ 在理学之大成者朱熹看来，胡安国于"理"认识不足，导致其在修养方面力行工夫多于致知工夫。朱子所论有一定的道理，但从胡安国所处的两宋之际的大环境来看，其在道德涵养方面的操守值得肯定。

再有，学习方法上注重自得。谢良佐手柬胡安国提道："进学加工

---

① 胡寅：《斐然集》，第547页。
② 黄宗羲：《宋元学案》，第929页。
③ 胡寅：《斐然集》，第556页。
④ 胡寅：《斐然集》，第552页。
⑤ 黄宗羲：《宋元学案》，第1178页。
⑥ 黎靖德编：《朱子语类》，中华书局1994年版，第2580页。

处,如欲少立得住,做自家物,须要自用法术,乃可得之。"即为学进步要自有心得体会。更确切的比喻是:"胡子问:'矜字罪过,何故恁地大?'谢子曰:'今人做事,只管要夸耀别人耳目,浑不关自家受用处。有的人食前方丈,便向人前吃,只蔬食菜羹,却去房里吃,为甚恁地?'"① 意指只有通过自己体会并亲身践履的学问,才是属于自己的知识,体现出儒学"为己之学""自家受用"的学术特征,也是洛学所坚守的治学原则。所以,胡安国所讲"世间惟讲学论政则当切切询究,若夫行已大致、去就语默之几,如人饮食,其饥饱寒温必自斟酌,不可决诸人,亦非人所能决也。某之出处自崇宁以来,皆内断于心,虽定夫、显道诸丈人行亦不以此谋之,而后亦少悔"②。以"饥饱温寒""内断于心"描述自得受用之学,与谢良佐所谓"人前吃""房里吃"有异曲同工之妙,都是对程氏洛学创新精神的承继。具体到《春秋》,胡安国认为自己虽与谢良佐、杨时等交往切磋,但"若论其传授,却自有来历。据龟山所见在《中庸》,自明道先生所授。吾所闻在《春秋》,自伊川先生所发"③。即胡传受程颐《春秋传》的启发,其对《春秋》大义的发挥则"自断于心"。程门弟子罗从彦与胡安国书信往来,讨论关于《春秋》的一些问题,其中涉及治《春秋》的方法,胡安国认为:《春秋》微辞隐义,需要"博取贯通","心解神受,超然自得,非可以闻见到也"。④ 就是讲治《春秋》应当收集诸家对《春秋》的看法,以"心解""自得"为取舍标准,解读《春秋》,融会贯通,得出自己的结论。

由上可知,胡安国学术源自程氏洛学,与程门弟子交往,义兼师友。其对"致知"、修养论、治学途径的认识虽然没有进一步展开阐述,但可以肯定这是对二程理学吸收后的基本形态。这一理论形态的主要特点是重外求致知,轻内求最高范畴,重"学"轻"道",重实践轻理论,从而为胡安国《春秋传》认同天理、突出经世的特征打下了坚实的理论基础,同时也说明胡传宗旨上承接程颐《春秋》观。

---

① 黄宗羲:《宋元学案》,第 929 页。
② 胡寅:《斐然集》,第 558 页。
③ 黄宗羲:《宋元学案》,第 956 页。
④ 罗从彦:《豫章文集》卷 16,《四库全书(文渊阁本)》。

二 《春秋》"史外传心"

胡安国《春秋》观是胡安国对《春秋》的基本认识,包括作《春秋传》的原因、解《春秋》的方法以及对《春秋》经、传、史关系的看法。

首先,胡安国《春秋传》的出现有内外两种因素。从外因看,胡安国认为王安石新学对《春秋》学的发展构成重创,"近世推隆王氏新说,按为国是,独于《春秋》贡举不以取士,庠序不以设官,经筵不以进读,断国论者无所折衷,天下不知所适,人欲日长,天理日消,其效使夷狄乱华莫之遏也"①。关于王安石与《春秋》的关系,前文已有详论。这里胡安国把《春秋》当作政治决策乃至社会生活的标尺,而王安石的新学破坏了《春秋》的政治功用,造成的后果是"天理日消","人欲日长"。胡安国《春秋传》自序一方面说明王安石新学在当时学术界占统治地位,影响深远,尤其是对《春秋》的影响;另一方面说明王安石对《春秋》的态度成为其解《春秋》的动力。《斐然集·先公行状》对此也有类似记录,"初王荆公以《字说》训释经义,自谓千圣一致之妙,而于《春秋》不可以偏旁点画通也,则诋为断烂朝报,废之不列于学官。下逮崇宁,防禁益甚。公自少留心此经,每曰:先圣亲手笔削之书,乃使人主不得闻讲说,学士不得相传习,乱伦灭理,用夷变夏,殆由此乎。于是潜心刻意,备征先儒,虽一义之当,片言之善,靡不采入"②。可见,胡安国正是在当时王安石新学权威重压下开始关注,进而研究《春秋》。

由王安石《春秋》"断烂朝报"说而引起重解《春秋》的冲动,似乎成为熙宁变法后《春秋》类专著出现的普遍原因,胡安国也不例外。不同的是,他人在解释这一原因时,多从王安石对《春秋》的法令法规入手,胡安国则把王安石对《春秋》的政策所造成的后果提到"天理""人欲"的高度。个中原因离不开理学在当时社会的发展壮大,以及《春秋》在身处两宋之际的胡安国那里地位"显赫","天下事无不

---

① 胡安国:《春秋胡氏传·序》,《四部丛刊》本。以下简称胡传或《春秋传》。
② 胡寅:《斐然集》,第552页。

备于《春秋》"。

从内因看，实际上，王安石的《春秋》"断烂朝报"说只是为胡安国研究《春秋》提供了恰当的契机，胡安国潜心于《春秋》与其对《春秋》本身的认识有关。《春秋传序》讲："古者列国各有史官，掌记时事。《春秋》鲁史尔，仲尼就加笔削，乃史外传心之要典。"按孔子在鲁史《春秋》的基础上修作成为《春秋》经，已是学人们的共识，重要的是胡安国把《春秋》定位为"史外传心"。"传心"，是典型的理学家用语。何为"传心"？张载讲："古之学者便立天理，孔孟而后，其心不传，如荀、杨皆不知。"①此"心"即永恒存在的"理"，孔孟以后儒者断开了传心之统。二程称《中庸》篇为"孔门传授心法"②，并发挥《尚书·大禹谟》中的"人心惟危，道心惟微，惟精惟一，允执厥中"十六字，把"心"分为"道心""人心"，"'人心惟危'，人欲也；'道心惟微'，天理也；'惟精惟一'，所以至之；'允执厥中'，所以执之"③。"人心私欲，故危殆；道心天理，故精微。灭私欲则天理明矣。"④ 即"道心""人心"是"天理""人欲"的另一种表达。"传心"即是传"私欲灭则天理明"的普遍法则。

胡安国承接二程理学精神，论"心"与"理"从低到高的三种状态，从心与理的相分到心与理的统一。"心"也称"本心"，其内容为社会伦理道德。"传心"在胡安国《春秋》学中指向"天理"所表现的社会生活规范、伦理秩序。《春秋传序》讲：周道衰微，"人欲肆而天理灭"；孔子，"天理之所在"，以文化自觉意识承担传道使命，"故曰：我欲载之空言，不如见诸行事之深切著明也。空言独能载其理，行事然后见其用。"胡安国"理""用"说即是程颐所谓"《春秋》圣人之用"的展开。鲁史《春秋》成为载理见用的最佳媒介，"是故假鲁史以寓王法，拨乱也反之正"。通过价值判断以达到"叙先后之伦而典自此可惇，秩上下之分而礼自此可庸"的文化、政治有序而统一的局面，即《春秋》的经世之用。

---

① 张载：《张载集》，第 273 页。
② 朱熹：《四书章句集注·中庸章句》，第 17 页。
③ 程颢、程颐：《二程集》，第 126 页。
④ 程颢、程颐：《二程集》，第 312 页。

胡安国进而比较儒家六经，突出《春秋》的理论意义和现实价值，

> 公好恶则发乎《诗》之情，酌古今则贯乎《书》之事，兴常典则体乎《礼》之经，本忠恕则导乎《乐》之和，著权制则尽乎《易》之变。百王之法度，万世之准绳皆在此书。故君子以谓五经之有《春秋》，犹法律之有断例也。学是经者，信穷理之要矣；不学是经而处大事、决大疑能不惑者，鲜矣。

这里指出了两点：一是胡安国概括五经特点，认同二程所谓"五经之有《春秋》，犹法律之有断例也"的说法，并在此基础上进一步提高《春秋》的地位，认为《春秋》超越了五经；二是治《春秋》目的是穷理以"处大事""决大疑"，胡安国图着重于《春秋》济世的特点。《春秋》在现实生活中有其自身的实践价值，《先公行状》中从胡安国论边防防御之事，到上奏《时政论》都是以《春秋》为证，表明《春秋》的经世之意。

其次，关于治《春秋》的方法，胡安国承认由于时间的久远，从《春秋》中解读"圣人之用"存在困难，但同时认为"世有先后，人心之所同然一尔，苟得其所同然者，虽越宇宙若见圣人亲炙之也，而《春秋》之权度在我矣"。"人心之所同然"指永恒性的天理，《春秋》中所体现的普遍法则超越时空的界限，永远存在，解读《春秋》所蕴含的"圣人之义"在于主体之"我"。逻辑上讲，主体之"我"与"理"合一，达到圣人的境界，则《春秋》之义得以呈现。但胡安国所谓的"权度在我"有过度诠释之嫌，详见下文分析。所以朱熹讲："胡文定义理得当，然此样处，多是臆度说。"① 肯定胡安国《春秋传》义理得当的同时，批评其凭私臆断。

胡安国以"人心之同然"即"天理"为宗旨解读《春秋》，是通过对比七家《春秋》观而得以显现。"学《春秋》者必知纲领，然后众目

---

① 黎靖德编：《朱子语类》，第2151页。

有条而不繁，自孟轲氏而下发明纲领者凡七家。"① 胡安国认为从先秦到北宋，孟轲、庄子、董仲舒、王通、邵雍、张载、程颐七家对《春秋》的看法在某些方面甚得经书大义。就所列七家对《春秋》的基本看法而言，有学人总结为四点："一《春秋》的成书背景为世道衰微，而孔子作《春秋》，目的正在于拨乱世而反诸正；二《春秋》是经世先王之志，非空言比；三《春秋》之法是百王不易之法；四《春秋》道名分，各人必须安于职守，不得僭越。"② 此是以七家所论《春秋》内容而进行的分类。如果从解《春秋》的方法来看，无非两类：宋以前的孟、庄、董、王是以"义"解《春秋》，宋时期邵、张、程以"理"解《春秋》，二者有学术上的连贯性，且其中不同程度地涉及《春秋》的致用特点。

正是在评论七家不同《春秋》观的基础上，胡安国提出："七家所造固有深浅，独程氏尝为之传。然其说甚略，于意则引而不发，预使后学慎思明辨自得于耳目见闻之外者也。故今所传事按《左氏》，义采《公羊》《谷梁》之精者，大纲本孟子，而微词多以程氏之说为证云。"③ 应该说，七家之中确实不存在完整的、依据《春秋》经文解释的《春秋》类专著，相比之下，程颐《春秋传》毕竟逐条经文解到桓公九年，且引发后学者思考自得。对照《春秋》三传与七家《春秋》见解，胡安国明确解《春秋》所遵循的方法：对三传各有所取；"大纲本孟子"主要指孟子对《春秋》的基本看法，如《春秋》的内容（"其事则齐桓晋文"）、形式（"其文则史"）、内涵（"其义则丘窃取之"）、孔子作《春秋》的意义（"孔子成《春秋》而乱臣贼子惧"）；不确定的深奥之处则以程颐《春秋》说为准。

再有，探讨《春秋》经、传、史关系，已成为研究《春秋》躲不过的常识性问题。从横向看，胡安国认为《春秋》经以鲁史《春秋》为基础，又是鲁史《春秋》的深化，强调孔子以大义修作《春秋》。隐公十一年"冬十有一月壬辰公薨"，胡安国从经史关系解释经文，"隐公见弑，

---

① 胡安国：《春秋胡氏传·述纲领》，《四部丛刊》本。
② 章权才：《胡安国〈春秋传〉研究》，《学术研究》1995年第2期。
③ 胡安国：《春秋胡氏传·叙传授》。

鲁史旧文必以实书,其曰公薨者,仲尼亲笔也。古者史官以直为职而不讳国恶,仲尼笔削旧史,断自圣心。于鲁君见弑,削而不书者,盖国史一官之守,《春秋》万世之法,其用固不同矣"。可见,胡安国认为鲁史以记录事实为特点,其适用范围为一国;孔子在鲁史基础上整理《春秋》,以"圣心"即"理"为标准进行删改,其所蕴含的大义为经世法则,超出一国的适用范围,具有恒久性。胡安国将经与史的关系形象地比喻为"化工"与"画笔","圣人因鲁史旧文能立兴王之新法也,故史文如画笔,经文如化工。尝以是观,非圣人莫能修之审矣"(桓公三年"有年"条)。"画笔"自然、被动地存在,"化工"则主观能动的随"心"使用"画笔"。胡安国论《春秋》经与鲁史的关系,既注意到"史"的基础作用,又指出《春秋》经义的重要地位。相比程颐所讲"后世以史视《春秋》,谓善恶褒贬而已,至于经世大法,则不知也"①,即过于着重《春秋》所含有的经世之法,而轻视鲁史《春秋》的价值,胡安国《春秋》经与史并重的看法比较合理、客观,表现出胡安国《春秋》学体用合一的特点。

从纵向看,胡安国明晰地把握《春秋》三传的优劣,"传《春秋》者三家,《左氏》叙事见本末,《公羊》《谷梁》辞辨而义精。学经以传为按,则当阅《左氏》,说词以义为主则当习《公》《谷》"②。即《左传》长于记事,《公》《谷》长于经义。就《春秋》经与三传关系而言,胡安国承程颐所谓"传为案,经为断"之说,"传者,案也;经者,断也。考于传之所载可以见其所由致之渐"(文公元年"楚世子商臣弑其君頵"条)。以经为准,取舍三传,而由传了解事件的发展。当《春秋》经与传有冲突时,则尊经、信经,"经以传为案,传有乖谬,则信经而弃传可也"。这里的"传"主要是指《左传》,所谓"弃传"并非绝对的舍传求经,"《左氏》博通诸史,叙事尤详,能令后人得见本末,因以求意,经文可知。而门弟子转相传授,日月既久,浸失本真,如书晋赵盾、许世子止等事,详考传之所载,以求经之大义可也,而传不可疑。如'莒

---

① 程颢、程颐:《二程集》,第1125页。
② 胡安国:《春秋胡氏传·叙传授》。

人弑其君密州'独依经之所言,以证传之谬误可也,而传不可信。尽以为可疑而废传,则无以知其事之本末;尽以为可信而任传,则经之弘意大旨或泥而不通矣,要在学者详察而精择之可也"(襄公三十一年"莒人弑其君密州"条)。言明《左传》在流传以前,可参考其事以求经义;《左传》在流传过程中,其史实的可靠性值得怀疑。所以传既不可全信,也不可全废,信与废的选择在于以"理"详考、精择,即"反求于心,断之以理,精择而慎取之"①。

以上分析了胡安国对《春秋》的基本认识。可以说,从解释孔子作《春秋》的原因到说明自己治《春秋》的方法,再到对《春秋》经、传、史关系的论述,胡安国都是接续程颐《春秋传》以"理"解经的方式,更全面地在《春秋》中渗透理学精神。不同的是,胡安国解读《春秋》在彰显"理"的同时,又特地标示出《春秋》经世的特征,体现胡安国治经道德与政治相提并论的学术特色,以至影响到日后湖湘学派的理论构建。

三 体用合一而偏于用的《春秋传》

在具体分析胡传内容以前,我们先来看胡安国《春秋传》的成书过程。《宋史》本传称:绍兴二年(1132)时,高宗曾让胡安国校对《左传》,胡安国认为:"《左氏》繁琐,不宜虚废光阴,耽玩文采,莫若潜心圣经。"② 主张探求《春秋》经义,高宗称善;五年(1135),高宗令胡安国纂修所著《春秋传》。从《春秋传》正文前的《进表》来看,书成于绍兴六年(1136),与《宋元学案》所载"胡安国自壮年即服膺于此,至年六十一年(1136)而书始就"③ 的说法相合,而《玉海》所称"十年三月书成上之"④ 有误。

的确,胡安国自壮年就潜心于《春秋》,其自述治《春秋》的过程:

---

① 胡安国:《春秋胡氏传·叙传授》。
② 脱脱等:《宋史》,第12913页。
③ 黄宗羲:《宋元学案》,第1177页。
④ 王应麟:《玉海》卷40,《四库全书(文渊阁本)》。

某之初学也，用功十年，遍览诸家，欲多求博取，以会要妙，然但得其糟粕耳；又十年，时有省发，遂集众传，附以己说，犹未敢以为得也；又五年，去者或取，取者或去，已说之不可于心者尚多有之；又五年，书向成，旧说之得存者寡矣。及此二年，所习似益察，所造似益深，乃知圣人之旨益无穷，信非言论所能尽也。今幸圣上笃好，要当正学以言，不当曲学以阿世。①

这段话说明：第一，胡安国著《春秋传》历时三十余年，"及此二年"当指胡安国被诏修《春秋传》以前的一段时间，即绍兴二年至五年（1132—1135）之间。以此上推三十年，则正值徽宗崇宁前后，王安石对《春秋》的法令至此时"防禁益甚"，胡安国于此时政治高压下研究《春秋》；第二，胡安国阶段性、逐级递进地研究《春秋》，先是广泛收集关于《春秋》的成果资料，但不合其意；其后以《春秋》传注和自己简单的理解著《春秋传》，仍旧不得大义；随着胡安国《春秋》理论水平的提高，其对《春秋传》进行删改；随后五年《春秋传》成，但仍有可改动处。及至胡安国为高宗讲《春秋》，认识到《春秋》奥义微妙，意在言外。《四库全书总目》讲：胡传"其自创至于成书，初稿不留一字，其用意勤矣"②。说明胡安国对《春秋》的认知不断提高，其中不排除其受程颐以"理"解《春秋》及其程门弟子理学的影响。

胡安国《春秋传》也离不开其子胡宁的辅助。《宋元学案》言："文定作《春秋传》，修纂检讨尽出于先生手。又自著《春秋通旨》，总贯条例、证据史传之文二百余章，辅传而行。"③ 虽然陈振孙对《春秋通旨》的作者有异议，认为《春秋通旨》是胡安国与其弟子的问答及其他议论，胡宁只是编辑，但肯定《春秋通旨》本身的价值，"欲观正传，又必先求之《通旨》"。即《通旨》与胡传相参考。又，胡安国著有《春秋诸国兴废说》《春秋提要》，前者类似于各诸侯国简史，后者录周王、各诸侯国

---

① 胡寅：《斐然集》，第553页。
② 永瑢等：《四库全书总目》，第219页。
③ 黄宗羲：《宋元学案》，第1182页。

君、聘问、战争等事件，条分体系。

现在来看胡安国《春秋传》的特点。同其他《春秋》类专著相比，胡传注重伦常秩序、夷夏关系、灾异、军事、书例等一般的《春秋》学问题；不同的是，表达这类问题的方式因人因时而异，胡安国处于两宋之际，政治上民族矛盾上升，文化上理学有进一步发展。所以，胡传阐述以上问题，既有理学因素，又有时代特征。以理解经，经以济世，体与用相合而偏于用。

（一）伦常关系。伦常关系主要是指华夏民族内的等级伦理。胡安国在《春秋传序》中把《春秋传》的主要内容概括为"尊君父，讨乱贼，辟邪说，正人心，用夏变夷"，《先公行状》中也提到"所以尊君父、讨乱贼、存天理、正人心者，必再书屡书"①。可见，《春秋传》的宗旨是以"天理""人心"为体，以尊君、讨贼、攘夷为用。确实，胡安国多次论及尊君、抑臣、讨贼、正人伦。僖公五年"公及齐侯宋公……会王世子于首止"，《春秋传》认为用"及"与"会"表示君臣之间的互尊，"《春秋》抑强臣，扶弱主，拨乱世反之正。特书及以会者，若曰王世子在，是诸侯咸往会焉，示不可得而抗也"。通过书"及""会"突显等级秩序，尊卑关系。"天尊地卑，而其分定，典叙礼秩而其义不明。"成公六年"取鄟"，胡安国同样强调"《春秋》尊君抑臣，以辨上下谨于微之意也"。并以此引申至朋党之争。宣公十一年"楚子陈侯郑伯盟于辰陵"，胡安国发挥《春秋》为"经文大法在诛乱臣讨贼子，有乱臣则无君，有贼子则无父"。君臣、父子伦理秩序不容忽视。

如果胡安国以尊君、抑臣、讨贼等伦常关系诸篇解释《春秋》，实则并无新意可言，最多只是加入了时代特征如朋党的因子。事实上，上述胡安国强调的纲常秩序是"天理"在社会、政治生活中的表现。从"天理"角度解释伦常关系，又发掘其济世功能，正是胡安国吸收前人理论成果而又高于前人的地方。

《春秋传》开篇解释"元年"，已为全文以"理"解经打下基础。"即位之一年必称元年者，明人君之用也。大哉乾元，万物资始，天之用

---

① 胡寅：《斐然集》，第552页。

也；至哉坤元，万物资生，地之用也；成位乎其中，则与天地参。故体元者，人主之职，而调元者宰相之事。元即仁也，仁，人心也。《春秋》深明其用当自贵者始，故治国先正其心，以正朝廷与百官，而远近莫不一于正矣。"也就是说：一是胡安国解释"元年"不同于《公羊》所谓"元年者何？君之始年也"属一般性的时间上的解说，而是引入《易》中解释"乾""坤"的卦辞，以君王与天地相参的方式把君提升到超出主观个体而具有普遍法则的高度；其他版本《春秋传》解释"元"，"元者何？仁是也。仁者何？心是也。建立万法，酬酢万事，帅驭万夫，统理万国，皆此心之用也"①。这种解词与上文释"元"意思相近，只是更加细致。从"心之用"表现为治理国家的法规、制度等形下层面推至"仁"，再到"元"，则"心"实为"天理"，是"元"的本质，"仁"为沟通"元"与"心"的桥梁；二是由上文所讲心与理合一为圣人境界来看，胡安国有把君王与圣人合一的意图，理学政治家与道德至上者相统一。所以，胡安国提出现实的在上者要"体元""正心"，涵养品性，仁政爱民，由"正心"而至"平天下"，到达内圣与外王合一；三是应该说，胡安国以"仁""心"解释"元"，颇有理学家的味道，但由于胡安国对"理"的认知有限，导致其由"心"到"仁"再到"元"的系统缺少理论基础，略显突兀。朱熹就评论："问：'胡文定说元字，某不能无疑……今胡氏训元为仁，训仁为心，得无太支离乎？'曰：'杨龟山亦尝以此议之。胡氏说经，大抵有此病。'"②"支离"即指胡氏由"元"到"心"的训解牵强不自然。

"天理"有时用"道"表示，对于成公元年"王师败绩于茅戎"的解释，北宋《春秋》学者大多认同"王自败"的结论，胡安国也有此意，但论证的过程以"理"为准则。首先胡安国承接程颐《春秋传》中"天理"之下的"尊王"思想，"程氏曰：王师于诸侯不言败，诸侯不可敌王也；于夷狄不言战，夷狄不能抗王也。不可敌不能抗者，理也；其敌其抗，王道之失也。桓王伐郑，兵败身伤，而经不书败，存君臣之义，立

---

① 参见王雷松《胡安国政治哲学简析》，《商丘师范学院学报》2006年第4期。
② 黎靖德编：《朱子语类》，第2157页。

天下之防也"。继而延伸认为:"虽以尊君父外戎狄为义,而君父所以尊,夷狄所以服,则有道矣。"周桓王所为是"失其所以君天下、御四夷之道也。"此"道"即为存在于自然、社会一切事物中的普遍之"理",而不仅是制度、法规等含义。

《春秋传》中"天理"通过"义""法""权"等概念得以呈现。

1. 表现为"公""义""法"等原则,以"公""义""法"反对"私""利"等,体现"天理"的道德属性。僖公九年"晋里克弑其君之子奚齐",胡安国引《诗》"天生蒸民,有物有则",说明"天理根于人心,虽以私欲灭之,而有不可灭也。《春秋》书此以明献公之罪,抑人欲之私,示天理之公,为后世戒,其义大矣"。即"天理"超越时空的限制,永恒存在,其功能为普遍性之"公",并非个体私欲。晋献公以私欲对抗伦常大法,故有过错。

胡传遵循董仲舒所谓"正其义不谋其利,明其道不计其功"的义利观,肯定大义而反对私利。就齐桓公而言,胡安国赞成其在维护华夏民族礼制文明方面的功劳,"中国衰微,夷狄猾夏,天子不能正,至于迁徙奔亡,诸侯有能救而存之则救而存之,可也"。所以,"齐师宋师曹师城邢"是"美桓公志义,卒有救患之功也"(僖公元年),即齐桓公深明大义。至于君臣之义方面,胡安国认为齐桓公以功利谋天下,而"功利之在人浅矣,《春秋》明道正义,不急近功,不规小利,于齐桓晋文之事有所贬而无过褒以此"(僖公十六年"葬齐桓公")。即因为齐桓谋求私利,故《春秋》予以贬斥。宣公十一年"楚子入陈",《春秋传》认为:楚庄公"以义讨贼,勇于为善,舜之徒也;以贪取国,急于为利,跖之徒矣"。对楚庄的行为肯定其"大义"的一面,又否定其贪利的一面。又,庄公十九年"公子结媵陈人之妇于鄄,遂及齐侯宋公盟",胡安国认为:大夫受命而出境,"有可以安社稷利国家则专之可也,谓本有此命,得以便宜从事,特不受专对之辞尔;若违命行私,虽有利国家安社稷之功,使者当以矫制请罪,有司当以擅命论刑,何者?终不可以一时之利,乱万世之法,是《春秋》之旨也"。"利"为私利、一时之利,"法"为公法、万事大法,《春秋》宗旨在于后者。

无论"天理"以"义""法"等哪种方式出现,都是对伦理之道,尤其是君臣关系的说明。宣公二年"赵盾弑其君夷皋",胡安国解释"亡不越境,反不讨贼"的含义,进而认为书法如此是"闲臣子之邪心而谨其渐也",即防范在下者的犯上作乱。"《春秋》之大义明矣,微夫子推见至隐,垂法后世。"以此"大义""大法"指导后世,"《春秋》成而乱臣贼子惧。"文公十六年"宋人弑其君杵臼",胡安国同样申明君臣之义,"圣人以弑君之罪归宋人者,以明三纲,人道之大伦,君臣之义不可废也"。

2. 表现为"权",且与"义""节""情"等概念相关联,体现"理"的变化功能。"审事物之重轻者,权也;权重轻而处之得其宜者,义也。"权为义的前提,义为权的内涵,二者相互不补充。以此来看"宋万弑其君捷及其大夫仇牧"(庄公十二年),仇牧"不畏强御",死难其君,精神可嘉。即使是"徒杀其身,不能执贼,无益于事",但"食焉不避其难,义也;徒杀其身,不能执贼,亦足为求利焉而逃其难者之训矣",也就是说仇牧为"权重轻而处之得其宜者",明大义者,知权、义者。胡安国通过"权""义"强调仇牧事件中所体现的忠君之义,不关注事件本身的实际效果。前人孙觉持相反意见,"以春秋之时,则三人在可褒之域;格之以圣人之道,则三人犹未备焉",认为仇牧等三人死难其君有警示后世臣下者作为的作用,但在"以道事君"事君方面并不可称。可见,孙觉以"道"解经,强调的是理想的君臣关系;胡安国以"权"解释经文,突出的是臣对君的义务。

襄公二十九年"吴子使札来聘",一般《春秋》学者解经着眼于肯定少数民族在礼乐文明方面的进步,如孙复、孙觉等。胡安国则用大量篇幅,在史实的基础上解释由不书"公子",表示贬斥季札"辞位而生乱"的行为。其原因在于"《春秋》达节而不守者也……若季子之辞位,守节立名,全身自牧,则可矣;概诸圣王之道,则过矣。《中庸》曰:道之不明不行也,我知之矣。季子所谓贤且智,过而不得其中者也。""达节"指最终效果,其途径关涉"中""权",其实质为"道";"守节"表示操作行为,不具有"理"或"道"的内涵,《春秋》主导的是"达节而不守"。在胡安国看来,季札只是守节,保全自身,是私而非公,不合《春秋》大义。所以,"仲尼于季子望之深矣,责之备矣。惟与天地同德,而达乎时中，然后能与于，此非圣人莫能修之，岂不信夫？"进一步肯定圣人"德"与"理"相合，《春秋》蕴含圣人精神。以《中庸》解释《春秋》，并非胡安国的首创，程颐《春秋》观已有此意，详见前文所述。不单是程颐本人主张如此，程门弟子谢良佐也曾与胡文定书信往来论及此事，"《春秋》大约如法家断例也，折以中道耳。恐因是及中庸，因'中'有'权'与'取两者之中'之说"①。

僖公二十八年"天王狩于河阳"条，一直是《春秋》学人发挥经义的"用武之地"，如孙复言辞激昂地以"尊王"解释此经，苏辙较为理智地从"情""礼"两个方面进行分析，孙觉则从变礼引申出"尊王"。胡安国援引《左传》中孔子所谓"以臣召君，不可以训，故书曰天王狩于河阳"表示"尊周全晋"，有"尊王"之意；又引啖助所言"晋侯召君名，义之罪人也，其可训乎？若原其自嫌之心，嘉其尊王之意，则请王之狩，忠亦至焉"，即从常规礼制与心理动机两个方面评论此事。进而提出"所谓原情为制，以诚变礼者也"，主张以"情""变礼"解读经文。不难看出，这是在苏辙、孙觉等《春秋》观基础上的整合，并最终提升到"《春秋》忠恕也"的高度。"忠恕"，《论语·里仁》中讲："夫子之道，忠恕而已矣。"《中庸》也讲："忠恕违道不远，施诸己而不愿，亦勿施于人。"忠恕本为夫子之道的内容之一，是"道"在社会关系中的运用。胡安国通过"情""变礼"把《春秋》视为忠恕原则的文化载体。

胡安国解"天王狩于河阳"，其中体现的尊王之意中"王"的内涵不明确。僖公五年"郑伯逃归不盟"，《春秋传》规定"王"，"《春秋》道名分尊天王而以大义为主。夫义者，权名分之中而当其可之谓也"。意指《春秋》所突出的"尊王"并非遵从个体意志、威权，而是其中的"大义"。此年首止盟会，诸侯会王世子，《春秋》予以肯定；郑伯"虽承王命，而制命非义"，即郑伯所尊王命是主观现实之"王命"，王命不合义理，郑伯尊之不义。"天下之大伦有常有变。""贤者守其常，圣人尽其变。"人伦之"常"指伦理秩序的固定性，人伦之"变"指在普遍原则即"义""理"的前提下，灵活地践行等级义务。

---

① 黄宗羲：《宋元学案》，第929页。

以上通过对"天理"在"义""法""权"等方面的表现，论述胡安国《春秋传》中贯穿的伦理纲常。需要注意的是：第一，从内容上讲，上述所论及的伦常关系重点是华夏民族内的君臣父子关系，尤其是臣对君的绝对义务，表现出胡传强烈的"尊王意识"。"王"既有物质条件，"有其土地人民以奉宗庙之典籍"，又是道德模范与政治家的理想统一体。在这一前提下，胡安国指出："人君擅一国之名，宠神之主而民之望也。爱之如父母，仰之如日月，敬之如神明，畏之如雷霆。"（襄公十四年"卫侯出奔齐"）以此言在下者对君王的尊崇。

第二，从理论基础来看，胡安国论证伦理关系承继程颐以"理"解经的思想，从天理的高度进行阐发。"义""法""权"是"理"的不同表达方式，伦理道德规范是"理"在现实生活中的实现，忠君、孝父等单方面的义务是必然之理。天理与伦理道德之间是体与用的关系。

第三，从现实效果来看，胡安国以"理"解《春秋》，突出其中的伦理等级规范，在解经过程中参考史实经验，紧密结合时政，有鲜明的济世致用色彩。闵公二年"公子庆父出奔莒"，胡安国首先分析鲁闵公即位时的形势，说明诛杀篡位者需要天时、地利、人和，以此反驳孙复所谓讥贬季子缓不讨贼之意。随后以西汉时诛吕党为例，展示诛杀庆父存在的问题。最后主题落到鲁庄公本人有失君道上，"忘亲无复仇之意""使庆父主兵失驭臣之道"，以此警鉴后世。与其说胡安国在解经，不如说胡安国借经而谆谆劝诫宋高宗。又如，僖公三十一年"杞伯姬来求妇"，本是一件聘礼或婚姻之事，胡安国却引申为："妇人之不可预国事也。""特书于策，以为妇人乱政之戒。"并以汉吕后、唐武则天为例进行说明。这种现实性很强的经义发挥过而不当，南宋朱熹对此有不满，认为胡安国借经"不使道理明白，却就其中多使故事，大与做时文答策相似"①。此论不无道理。

（二）夷夏观。胡安国对华夏族与少数民族关系的看法，可以从以下三个方面加以阐明。

第一，同其他《春秋》学者一样，胡安国坚持"尊王攘夷"，维护华

---

① 黎靖德编：《朱子语类》，第2157页。

夏族的正统性，并为"尊王攘夷"寻求理论基础。《春秋传》曰："圣人谨华夷之辨，所以明族类，别内外。""内外"是从地域、族群上划分华与夷，"洛邑天地之中而戎丑居之，乱华甚矣"，并以汉、唐发生的戎狄之乱为例，言明"中国夷狄终不可杂也"（文公元年"公子遂会洛戎盟于暴"）。以地域概念区分华夷，并攘斥夷狄，已成为《春秋》各家的共识。不同的是，在空间辨别华夷的基础上，胡安国又进一步引申至伦理道德、理论基础的层面，

> 中国之有戎狄，犹君子之有小人。内君子外小人为泰，内小人外君子为否。《春秋》圣人倾否之书，内中国而外四夷，使之各安其所也。无不覆载者，王德之体，内中国外四夷者，王道之用。（隐公二年"公会戎于潜"）

"君子"与"小人"本是践行道德规范的两种不同层次，这里类比于华夏族与少数民族；"内"与"外"由空间范畴上升至价值范畴，含尊卑之义，即尊中国贱夷狄；"泰"与"否"本为《易》中泰、否两卦象辞，由天地阴阳之气的消长论证社会现象，这里以此类比华与夷之别，则"尊王攘夷"有了坚实的理论后盾；"体"与"用"概念的提出源于先秦，后演变为本质与现象的关系，属理学范畴，这里用以解释理想政治伦理与现实民族关系的矛盾，因为"天无所不覆，地无所不载，天子与天地参者也，《春秋》天子之事，何独外戎狄乎？"即最高权力者的德化精神与天地同在，没有种族、地域、空间、时间等的界限，不存在"外夷狄"的情况；但现实条件下华与夷的内外、尊卑之别是王道、王德的具体实现，暗含有以夏变夷之意。可见，华与夷的区别，以及相应的"尊王攘夷"思想在胡安国这里得到了理论的升华，超出了前人或以空间或以礼制论述夷夏之别的观点。有学人指出：从自然现象到社会人事再到华夷关系，"为他（胡安国）的华夷之辨提供了自然哲学的依据，使他对《春秋》'攘夷'之义的说明富有哲理性"[①]。这一评论指出了胡安国

---

① 侯外庐、邱汉生、张岂之主编：《宋明理学史》（上），第240页。

夷夏观的创新意义。虽然其中的"自然哲学依据""哲理性"有待学术上的严密考察，但却是体现了胡传以"理"解经、体用并存的理学特征。

第二，"尊王攘夷"的内容是社会伦理道德，尤其是君臣父子大伦。胡安国认同前人刘敞在血缘上区分不同少数民族的先祖渊源，并提出："《春秋》比诸夷狄虽然犹不欲绝其类，是以上不使与中国等，下不使与夷狄均，推之可远，引之可来。"（昭公五年"楚子蔡侯……伐吴"）即肯定边缘蛮夷民族的存在，对其态度是严防华夷之别，"各安其所"，以华夏民族优势文明感化、引导落后民族。中原文明的优越体现在社会秩序、等级伦理等方面，"《春秋》固天子之事也，而尤谨于华夷之辨。中国之所以为中国，以礼义也"（僖公二十三年"杞子卒"）。"礼义"即伦常规范。胡安国屡次强调"中国之为中国以有父子君臣大伦也，一失则为夷狄"（僖公五年"诸侯盟于首止"）。"为人臣者怀利以事其君，为人子者怀利以事其父，君臣父子去仁义怀利以相与，利之所在则从之矣，何有于君父？故一失则夷狄，再失则禽兽，而大伦灭矣"（僖公三十三年"晋人及姜戎败秦于殽"）。"人之所以异于禽兽，中国之所以贵于夷狄，以其有父子之亲，君臣之义尔。世子弑君是夷狄禽兽之不若也，而不知讨，岂不废人伦灭天理乎？"（襄公三十年"宋灾故"）也就是说，中原民族有别于且高于边远民族的标识是礼义人伦，此为"天理"在现实生活的落实，所以礼义人伦普遍而必然。可见，胡安国尊王攘夷"尊"的是"天理"指导下的伦理秩序，"攘"的是违背人伦本性的非人类的行为方式。前人论华夷之辨也多从礼乐文化上进行论证，胡安国在前人夷夏观的基础上，把这种伦理文化置于最高形上范畴"天理"之下，凸显其华夷观的理学色彩。

第三，以人伦大义作为评判华夏民族与少数民族的标准，则华与夷之间存在动态的变化，而不仅仅是空间地域、族群的界限。庄公二十三年"荆人来聘"，胡安国认为以州称荆，是贬斥其无礼；以"人"称荆楚，是"嘉其慕义自通，故进之也"。即蛮夷主动学习、接受中原文明，"朝聘者，中国诸侯之事，虽蛮夷而能修中国诸侯之礼，则不念其猾夏不恭而遂进焉"。肯定其在文化方面取得的进步。不仅如此，胡安国高调称赞少数民族在维护伦常道德方面所做的努力。宣公十二年"楚子围郑"，北宋《春秋》学者多解为贬斥夷狄，胡安国则认为："上无天王，下无方伯，天下诸侯有臣弑君、子弑父，诸夏不能讨而楚子能讨之，《春秋》取大节略小过。虽如楚子凭陵上国，近造王都之侧，犹从末减，于以见诛乱臣、讨贼子、正大伦之为重也。""大节"即伦常之理，表现为"诛乱臣""讨贼子"等，"小过"是相对"大节"而言，不涉及伦常秩序，如"凭陵上国""近造王都之侧"等。言明对中原诸侯与边沿夷狄进行价值评判的准绳为伦常义理，荆楚"除天下之残贼而出民于水火之中"，是以义驱之，在肯定之列。伦常秩序是文明发展程度的标志，维护者则进步，给予褒扬；破坏者倒退，给予贬斥。鲁桓公以弟弑兄，以臣弑君，本在诛讨之列，滕子却来朝见，是"反天理肆人欲，与夷狄无异，《春秋》深恶之"（桓公二年"滕子来朝"）。这种践踏伦常道德的行为通过书"子"而归入夷狄之列，夷狄含落后文明之意，并非指固定地域之边疆民族。

以上论述了胡安国的夷夏观。可以发现，胡安国论华夷关系的基本思路与北宋《春秋》学人如孙复、苏辙、孙觉等所论华夷之辨大致相同。从主导思想上的"尊王攘夷"推至所尊所攘的实质，华与夷主要是伦理文化上的区分，进而华与夷超出空间的范围，华夏可贬，夷狄可赞。但就具体内容来看，胡安国不同于北宋《春秋》学人的是：一为"尊王攘夷"寻求了形上之"理"的理论依据，尊攘所体现的等级关系是"天理"在社会生活中的表现；二是华夷之辨更具有鲜明的现实意义。这两方面的不同正是两宋之际学术上理学发展，政治上民族矛盾空前尖锐在胡安国《春秋》思想中的反应，呈现出胡传亦体亦用的学术风格。

（三）灾异。胡安国论自然现象，上承程颐《春秋传》中天人感应之理，同时又有所发挥，突出其适用价值。

一是天与人感应的内在依据为"理"。胡安国首先吸收张载对"气"的论说，以阴阳运动解释自然现象。僖公二十九年"大雨雹"，"《正蒙》曰：凡阴气凝聚，阴在内者不得出则奋击而为雷霆，在外者不得入则周旋不舍而为风。和而散则为霜雪雨露，不和而散则为戾气噎霾，阴常散缓受交于阳，则风雨调、寒暑正"。由张载阴阳之气的变化解释雹为戾气。隐公九年"大雨雪",胡安国也是从此角度作解,"震电者,阳精之发也,雨雪者,阴气之凝"。"大雨雪,此阴气之纵也。"进而胡安国认为自然界的异常现象并不是偶然、客观发生的,而是对人事的反应,"人事感于下,则天变动于上"(庄公七年"星陨如雨")。"天"因人事而变化,主动权在人。"《春秋》所载人事言,则是非善恶之迹设施于前,而成败吉凶之效见于后;以天道言,则感应之理明矣,不可不察也。"(隐公十一年"公及齐侯郑伯入许")这里胡安国承接程颐《春秋》观中的天人关系,承认存在天与人的相感,又进一步细化天人感应表现为事件发展的前因后果,实质为"天道""天理"在现实中的落实。

二是论证天人相应之理,目标指向现实政权,劝诫在上者体认"天理",以德治国。"天理"的主要内容为伦常,而人事的异常莫过于伦常的破坏,反映到自然现象的变化也为伦常,如大雨雹的发生为"阴胁阳,臣侵君之象",孔子作《春秋》"明王道,正人伦气志,天人交相感胜之际深矣",以天与人感应之理反衬人伦礼制的合理性。"若反身修德,信用忠贤,灾异之来必可御矣。"即胡安国认为在上者德性的培养可以预防自然界异常现象的发生,并以周宣王为例,说明"以人胜天,以德消变之验也"(昭公二十五年"季辛又雩")。所以,胡安国讲灾异是通过道德说教权力者而发挥《春秋》的济世之意。

总之,胡安国《春秋传》的灾异观,不仅是以"天理"为最高根据,而且认为自然界的异常现象可以通过人,尤其是在上者的道德修养而得以消除,表明《春秋》的经世致用的特性。

除上述三个方面外,《春秋传》在军事问题上一方面是继承程颐《春秋》观的有"道"之战;另一方面又联系时政,显示出其强烈的现实色彩。文公二年"晋侯及秦师战于彭衙,秦师败绩",胡安国提出"处己,息争之道,寡怨之方,王者之事也",也即程颐所谓"处己,绝乱之道"说法的具体展开。同时,胡安国又主张君王内修德政,外以德服远而不可屈从于外夷,并一再强调兵权不可下移,以示尊君。如批评齐桓公"不务德,勤兵远征,不正王法,则将开后世之君劳中国而事外夷,舍近攻而贵远略"(庄公二十三年"齐人伐山戎"),通过贬称"人"而警戒后世好武力而不修文德者。对于鲁国内乱,公子庆父弑君出奔齐,胡安国追溯周成王时，兵权分散，而庄公授兵权于庆父一人，"庆父主兵自恣，国人不能制也"，以此垂戒后世君王要统一兵权。这种说解与其是胡安国在发挥大义，不如说是其借《春秋》阐述时政，为国君献计献策。稍后的理学家朱熹一方面肯定胡安国"能解经而通事务"①，另一方面认为胡传"说得太深""有太过处"②，清代学人皮锡瑞也评论胡传"锻炼太刻，都存托讽时事之心"③，多就胡安国《春秋传》中浓烈的政治意味有所微词。但实际讲来，其中原因离不开客观上南宋政权所面临的积弱积贫现状，主观上有胡安国个人康济时艰的拳拳赤子之心。

在书例问题上，程颐指出事同辞同为例，事同辞异而多有义，反对限于书例的解经方式。胡安国在此基础上区分常例与变例，"《春秋》之文有事同则词同者，后人因谓之例，然有事同而词异则其例变矣。是故正例非圣人莫能立，变例分圣人莫能裁。正例，天地之常经，变例古今之通义。惟穷理精义，于例中见法，例外通类者斯得之矣"④。指出例有常例、变例两种，均为圣人所定；例的用途是穷理求义。

综上所述，胡安国及其《春秋传》可概括为以下几点：

第一，胡安国承接程颐以"理"解经的精神，使《春秋》进一步纳入理学轨道，正如《春秋传序》中自言"以程氏之说为证"。虽然胡安国对形上之"理"的理论贡献及其自身体认有限，但在致知、学与心等理学范畴的相互关系上，即在穷理的方式方法上是有一定认知的。以此解释《春秋》，无疑是在程颐《春秋传》的基础上对《春秋》义理化有进一步的推进。有学者认为：依思想发展脉络讲，"宋代孙复、刘敞、胡安国的《春秋》学自成一种系统"，因为得到后世理学家认同，所以将其《春秋》学纳入到理学思想体系。⑤ 应该说，将孙复、刘敞等《春秋》学归入一类有一定的学术意义，但是否归入理学，胡安国《春秋》观是否也在其列有待考察，因为首先三人处于不同的政治背景与学术环境，因

---

① 黎靖德编：《朱子语类》，第 2458 页。
② 黎靖德编：《朱子语类》，第 2152 页。
③ 皮锡瑞：《经学历史》，中华书局 2004 年版，第 179 页。
④ 胡安国：《春秋胡氏传·明类例》。
⑤ 姜广辉：《"宋学"、"理学"与"理学化经学"》，《哲学研究》2007 年第 9 期。

其客观条件的差异而形成的《春秋》学特征也因人因时而异;其次,从解经方式上,孙复、刘敞二人《春秋》学大体可归入一般儒学的《春秋》研究,而胡安国对《春秋》的研究产生于理学南传的发展时期,其理论基础为二程的"天理"论,大体上可归于理学体系。

第二,胡传对程颐《春秋传》的发展,以及对南宋理学有所影响的是:胡安国《春秋传》注重经邦济世。在"天理"的前提下,通过对"义""法""权"等价值范畴或原则的运用,对历史事实的引鉴,强调伦理的道德规范,表现"尊王""讨贼""攘夷"等政治行为的合理性,以至超出《春秋》经义的界限,"感激时事","借《春秋》以寓意"①,受到后世理学家的批驳。从学术意义上讲,胡安国从史与事中寻求义理的治学路径对理学延至南宋日渐内倾、对心性等形上价值建构日渐精微而忽于现实需要有一定的纠偏作用,使理学逐渐从高深的"神坛"走向现实政治、社会民众。当然,这种趋势传达的主题仍是伦理纲常。有学者指出:北宋《春秋》学侧重尊王,以孙复为代表;南宋《春秋》研究主复仇攘夷之义,以胡安国为代表。②"胡安国阐明《春秋》大义所以强调封建纲常,突出尊王攘夷是着眼于现实,立足于经世的。"③ 这一评论指出了胡传的现实意义,但忽视了胡安国凸显伦理纲常的途径与方法。

第三,胡安国《春秋传》影响深远,后儒评价不一,大致可分为两类:一类是就《春秋传》具体内容的点评,如胡安国所提出的"以夏时冠周月",朱熹持异议,表示"不敢信";黄震认同胡安国所讲"春"为夏正之春,反对其"月"为周月;毛奇龄对所谓《春秋》用夏时,表示不可解。关于此一历法问题,有学人已专门进行了厘正④,在此不多述。又如胡传的成书过程,黄渊引《宋史》本传、《玉海》等史料加以论证;关于《春秋传》中的灾异,李蓘认为胡传多引汉儒所言灾异,但不直接言说。这些评价叙多于论;另一类是就《春秋传》整体而言,有褒有贬。

---

① 永瑢等:《四库全书总目》,第219页。
② 牟润孙:《论两宋〈春秋〉学之主流》,载《注史斋丛稿》,中华书局1987年版,第141页。
③ 侯外庐、邱汉生、张岂之主编:《宋明理学史》(上),第241页。
④ 参见赵伯雄《春秋学史》,山东教育出版社2004年版,第513—520页。

如朱熹讲："胡氏《春秋传》有牵强处，然议论有开合精神。"① 蒋悌生曰："近世明经取士专用胡氏传，盖取其议论正大，若曰一一合乎笔削之初意，则未敢必其然也。"何乔新曰："宋之论《春秋》而有成书者，无如胡文定公。文定之传精白而博赡，慷慨而精切，然所失者信《公》《谷》太过，求褒贬太详，多非本旨。"② 可见，后人肯定胡传对儒家精神大体方向的把握，"开合精神"既有学术上的理学气质，又有实践上的可操作性；批评胡传在经义发挥上走得太远，是"宋之《春秋》非鲁之《春秋》"，过于联系现实政治，有失《春秋》大义。

实际讲来，胡安国经史并重、体用相合的思维方式对日后湖湘学派学术宗旨的建立，以至永嘉学派学术取向都有不同程度的影响，单是毁誉各异的评论本身就足以证明胡安国《春秋传》的地位。而且，从史料记载来看，南宋时胡安国《春秋传》被定为经筵读本，成为官学；元代延祐年间科举改制，"始以《春秋》用胡安国传，定为功令"。明代胡广撰修《春秋大全》，"其书所采诸说，惟凭胡氏定去取而不复考论是非"③。清初，《钦定春秋传书汇纂》收集《春秋》类著作时，考虑到胡传流传时间长，一时难以更改，"仍缀于三传之末"④。由此可见胡安国《春秋传》备受瞩目的程度。

第四节　《春秋》研究方法的新探索

从周敦颐对《春秋》以"人道"推至孔子所作《春秋》，到二程以"理"解《春秋》的二十年，再到胡安国体用统一的《春秋传》，《春秋》在理学家这里完成了从点到线再到面的立体呈现，成为义理解经的典型。学术的内在发展从来都是多样化的，《春秋》学也不例外。除上述显性的理学家"天理"下的《春秋》研究外，同时并存的有隐性的一般儒学的《春秋》研究。当然，所谓的"显性"与"隐性"是相对的。这种研究

---

① 黎靖德编：《朱子语类》卷，第 2155 页。
② 以上所引自朱彝尊《经义考》卷 185，胡安国《春秋传》，《四库全书（文渊阁本）》。
③ 永瑢等：《四库全书总目》，第 230 页。
④ 永瑢等：《四库全书总目》，第 235 页。

形式或角度不同，或内容各异，但最重要的是其在《春秋》的研究方法上有探索、创新。本节主要就崔子方、萧楚、叶梦得三人的《春秋》研究新方法上作一番考察。

一 崔子方以例与"理"解《春秋》

崔子方字彦直，号西畴居士，涪陵人，《宋史》无传。从《四库全书总目》《玉海》《经义考》等文献资料来看，崔子方"为人介而有守"，与苏轼兄弟、黄庭坚交往，尤其是黄庭坚，称崔子方为"六合佳士"，又称其贤。崔子方于绍圣年间（1094—1097）三次上疏，乞置《春秋》博士，不报。按《宋史·哲宗本纪》载：哲宗元祐元年（1086）六月置《春秋》博士，绍圣四年（1097）三月罢《春秋》博士，崔子方也就是在此时上书。随后隐居真州六合县，闭门讲习，专意著书三十余年。当时，王安石新学占优势地位，崔子方《春秋》学到南宋初才引起关注。建炎二年（1128）六月，江端友请下湖州，取崔子方所著《春秋传》藏秘书；绍兴六年（1136）八月，崔子方之孙若上之，而翰林学士朱震在《进书札子》中也推荐崔子方的著作①。此时胡安国《春秋传》修改稿已近完成，受到上层青睐。

崔子方著有《春秋经解》十二卷，据《四库全书总目》称：此书从《永乐大典》、黄震《日抄》所引《本例》裒辑成编，原书原文已不可见。《宋史·艺文志》录《春秋本例》《春秋例要》合为二十卷，后《春秋例要》佚。四库所存《春秋例要》是从《永乐大典》辑出。

（一）崔子方《春秋》学特点是两条线并行：一是情与理，二是辞与例。《春秋经解自序》详细阐明了这一观点的产生及两条线路的关系。

首先，崔子方从自身治学经历谈起，认为前人在解读《春秋》的路径上存在误区：

> 始余读《左氏》爱其文辞，知有《左氏》而不知有《春秋》也；其后益读《公羊》《谷梁》爱其论说，又知有二书而不知有

---

① 永瑢等：《四库全书总目》，第217页。

《春秋》也。《左氏》之事证于前，二家之例明于后，以为当世之事与圣人之意举在乎是矣。然考其事则于情有不合，稽其意则于理有不通意者，传之妄而求之过欤。乃取《春秋》之经治之，伏读三年，然后知所书之事与所以书之之意，是非成败褒贬劝诫之说具在夫万有八千言之间，虽无传者一言之辩，而《春秋》了可知也。①

这里崔子方治《春秋》有一个从读传到读经再到尊经的转变，而在其解经过程中进一步舍传求经，于《春秋》经文寻求经义。宣公二年"晋赵盾弑其君夷皋"，《经解》解为："三家以为赵穿弑也，赵盾不讨贼，故书赵盾弑焉。夫《春秋》谨名分，别嫌疑。今加弑君之罪于人而不为异辞以见之，恐非圣人之意，而传或失之也。"即依《春秋》经的圣人精神而怀疑三传。不过三传自身仍有可取之处，《经解》也不同程度地采纳了三传的内容，《四库全书总目》称《经解》"大略皆从《左氏》，而亦间与从《公》《谷》者，故与胡安国《春秋传》或有异同焉"②。从《经解》来看，似乎分不出以三传中的哪一传为主；而当时占优势地位的胡安国《春秋传》主要是取《左传》之事，《公》《谷》之精义，大纲依从《孟子》，混杂处则据程颐《春秋传》，二人治经之异同有待进一步考察。

以此为出发点，崔子方指出研究《春秋》者在治经方法上不得要领，产生纷争，其原因在于"观之经则简略而难知，寻之传则明白而易见，故后之学者甘心于见诬，而有志之士虽有疑于其说，欲质之而莫得其术。于是是非蜂起，各习其师，务立朋党，以相诋訾甚于操戈戟而相伐也"。即一方面是《春秋》经与传的不同特点，另一方面是治经者的个人选择，或"甘心见诬"，将错就错，或有所怀疑，但不知如何论证。

其次，崔子方提出以"情"与"理"、"辞"与"例"解经。"古今虽异时，然情之归则一也；圣贤虽异用，然理之致则一也。合情与理举而错诸天下之事，无难矣。""情"可理解为认知常情，普遍之情，"理"

---

① 崔子方：《春秋经解·自序》，《四库全书（文渊阁本）》。以下简称《经解》。
② 永瑢等：《四库全书总目》，第217页。

可释为事物的条理、常理。情与理具有永恒性,超越时间与空间,是一般的解经方法。圣人之辞"恃情与理以自托其言而传之于后世",后世学者依据一般性的"情与理"来领悟圣人之言。就《春秋》而言,"圣人之有作欲以绳当时之是非,著来世之惩劝,使人皆知善之可就,而罪之可避也"。即《春秋》经本身含有"情与理","情与理"的内容不外乎价值判断,所以不必依托《春秋》传注加以理解。

"情与理"在表达方式上存在一定难度,"其辞必完具于一经之间,其事必完具于一辞之中,虽然圣人岂敢以一辞之约而使后世之人晓然知吾之所喻哉?"即仅是通过简约之辞并不能传达经之大义,这就需要书例来解决。"辞之难明者则著例以见之,例不可尽也,则又有日月之例焉,又有变例以为言者,然后褒贬是非之意见矣。"一方面,辞与例之间相互依赖,"《春秋》之为书辞约而例繁,欲其严也故其辞约,欲其明也故其例繁。例者,辞之情也。然则学者当比例而索辞,然后可也"①。即辞与例在表达特征上是矛盾的双方,在经义方面,例为辞的依据;另一方面,从横向看,例分常例、变例,常例为"著日以为详,著时以为略,又以详略之中而著月焉"。以书日、月、时表达详略;变例即"以事之轻重错于大小尊卑疏戚之间",改变日、月、时的一般用法表达事件的轻重大小。从纵向看,例又有日月例与其他书例,"圣人之书编年以为体,举时以为名,著日月以为例,《春秋》固有例也,而日月之例盖其本也"②。言日月例为《春秋》书法的基础。

情与理、辞与例二者既有区别,又有联系。"圣人以辞与例成其书,以情与理而自托其言,则所以虑后世者亦至矣。辞与例,其文也;情与理,其质也。文质不备,君子不为完人;文质不备,《春秋》不为完经。"③"文"与"质"本指文章的文采与朴实,"质胜文则野,文胜质则史。"后引申为人的文采与道德品质,"文质彬彬,然后君子"(《论语·雍也》)。这里的"文"与"质"代表形式与内容,辞与例为《春秋》经的形式,

---

① 崔子方:《春秋经解·附录》。

② 崔子方:《春秋本例序》。

③ 崔子方:《春秋经解·自序》。

情与理为《春秋》经的内容，二者共同构成《春秋》经。以此来看三传，其不足之处是"舍情理而专求乎辞例之间"。具体而言，《左氏》只记事不作价值判断而"失之浅"，《公羊》追求艰涩难懂"失之险"，《谷梁》务于曲折深远而"失之迂"。三传解经义主观臆度，不得圣人精神。所以，解《春秋》的途径当是"度当时之事以情，考圣人之言以理，情理之不违，然后辞可明而例可通也"。主张通过情与理而使文辞明朗，书例通达。

（二）事实上，辞与例、情与理在崔子方《春秋》学中表现为政治大法。"虽然《春秋》因鲁史而成文，而《春秋》不为鲁作，其文则鲁史，而其义则有王者之法存焉。"① 指明《春秋》史的基础，但《春秋》所含王法大义超出空间范围而具有普遍性。"王法"的内容不外乎尊天子、卑诸侯、贬夷狄等伦理规范，并通过情、理、例得到阐发。如以书例表达尊王、攘夷之义，而日月例的产生也是由乎此。"盖曰天下有内外，国家有大小，位有尊卑，事有轻重，不可得而齐也。是故详中夏而略夷狄，详大国而略小国，详内而略外，详君而略臣，详所重而略所轻，此《春秋》之意而日月之例所从生也。"② 即借书例的详略呈现纲常等级关系。成公元年"王师败绩于茅戎"，《本例》讲：按照书例应当书日，此书时，表示"王者之师，天下莫敢校；今茅戎乃能败之，《春秋》深恶焉。故其词使若王师自败于彼云尔，又特略其事而以时志也"。即理想的政治形态中天王军队战无不胜，现实中少数民族打败周王的军队则以书日月例的不同表示"尊王"，贬斥夷狄之意。但现实中如果天王有悖王法，"蔡人、卫人、陈人从王伐郑"，"以天王之尊，而从三国之微者伐郑，《春秋》所不与也，故以略言之"③，则由不书月，讥讽在上者的作为。《春秋本例》解昭公二十六年"公围成"，"夫公实有国，而不能制其臣，至于见逐，反区区欲取一邑以自营，见公之失君道矣"④。依"君道"则君臣等级有序，这里以不书月讥贬鲁公不行君道。可见，崔子方通过书法的变化或

---

① 崔子方：《春秋经解》卷1。
② 崔子方：《春秋经解·后序》。
③ 崔子方：《春秋经解》卷2。
④ 崔子方：《春秋本例》卷6。

正面或反面表达尊王之义。

对于少数民族政权，崔子方同样以日月例进行褒贬。"凡外盟例月，与戎盟例时，公盟例日，与戎盟例月，《春秋》尊中国而贱夷狄，详略之例然也。"由书时、日、月例的不同可推知事件的详略，进而展现对华与夷的不同态度。华夏与夷狄有地域之分，但更重要的是文化之华夷的区分，所以对少数民族习染、接受华夏文明，崔子方也给予肯定。如对楚、吴的看法：楚始称荆，"其后日以强大，来慕礼义，其君臣爵号名氏自同乎中国，故《春秋》亦从而书之"。到楚屈完来盟，楚与中原诸侯国并列，从而肯定楚在文明礼义方面的进步；吴"其行礼于中国，与其有援中国之功，则《春秋》从而进之"，其他情况则从旧俗，"终春秋之世贬也"。① 崔子方这种赞同少数民族的渐进说，以及对楚、吴的不同看法，可能受到苏辙夷夏观的影响。

因为"情"作为普遍之情，与"理"有相通之处，所以，以"情""理"解《春秋》大义可统一到"理"上，表现在"实"与"势"两个方面。崔氏认为《春秋》经中存在直接引用旧史的情况，"圣人修《春秋》于旧史之书，其事不足以为褒贬者，则削之；其文不足以见褒贬者，则修之。若夫载当时之事，因旧史之文而足以见夫褒贬者，吾何加损焉？亦因其实而已"②。即史实性记事本身已经含有褒贬之义，圣人不作修改。文公五年"葬我小君成风"，《经解》释为："《春秋》正名分、谨嫡庶而不可乱者也。然成风称夫人以薨，称小君以葬，何也？当时之辞也。"即《春秋》经文保持事件的原始记载，其中的褒贬之义自然流露。可知，"实"的内涵为事理、常理，所以《春秋》依实而录，褒贬自见。

"势"主要是指历史的发展形势。崔子方在一定程度上承认历史的客观变化，如关于葬礼，"大国次国之葬例月，其越礼而葬者僭也，故加日以见之，其不及礼而葬者，逼也，故去月以见之"。通过日月例的不同表达讥贬之义。"大国之僭礼者多，而次国之僭礼者少，次国不及礼者多，

---

① 崔子方：《春秋本例》卷19。
② 崔子方：《春秋经解》卷6。

而大国之不及者少，理势然也。盖惟天子无僭而小国无逼耳。"① 所谓的大国、次国之分是指"《春秋》有所谓大国者晋、宋、齐、秦之属是也，有所谓次国者陈、蔡、卫、郑之属是也，有所谓小国者曹、许、邾、杞之属是也，又有所谓附庸微国者向、极、鄑、鄡之属是也"②。这是对当时社会现状的总结。崔子方一方面通过日月例批评违反礼制的行为，另一方面又对不合礼的行为作了相应区分，区分的依据是"理势"，是对当时现实政治的理智分析和概括。

同传统《春秋》尊王抑霸相比，崔子方褒扬齐桓、晋文的盟会及其霸主地位。"夫诸侯之盟以日为信，而桓、文之盟则不日以为信，诸侯之盟以同为美，而桓文之盟以不同为美。然则《春秋》变例以见美于桓文者，其详如此。"③褒扬的原因在于齐桓"攘夷狄、安中国、九合诸侯，免民于左衽之患也"，其有保护中原文明之功。所以，崔子方讲"事盟主之道"，文公十三年"公如晋"，《本例》解释："公方修礼于大国，而遽与他国私会，以为失事盟主之道，故不月以见讥。"本来，各诸侯国之间无君臣之分，崔子方不仅以各国实力分出大国、次国、小国，又提出诸侯关系中存在小国事大国，各国事盟主的政治原则。这种新型政治观的出现，与其说是"在一定程度上挑战了传统的中央集权制观念"④，不如更确切地说是崔子方变化的历史观在解读《春秋》经义上的反应。而且，同霸政相比，崔子方更提倡王政，"周衰之末，天下无王，诸侯有能行王政而兴起者，则易然也。以桓公之盛，管仲之贤，而不能有志乎此，乃区区为霸者之政，此孔子之门所以小管仲而下桓文"⑤。这里的"无王"并非指不存在现实之王，而是指缺少推行理想政治的"王道"之王，暗示齐桓具备政治革新的条件，表达出崔子方对王政的向往。这种观点实际上正是崔氏就北宋政权所面临的内忧外患而提出的理想政纲，对北宋统治者寄予厚望。

---

① 崔子方：《春秋本例》卷14。
② 崔子方：《春秋经解》卷2。
③ 崔子方：《春秋经解》卷3。
④ 葛焕礼：《崔子方的〈春秋〉学》，《山东大学学报》2006年第4期。
⑤ 崔子方：《春秋本例》卷3。

综上，崔子方从情与理、辞与例两条路径解读《春秋》大义，尤其突出日月例。以例寻求经义，并非崔子方首创，北宋《春秋》学人多少有所涉及，但并不作为研究重点。崔子方秉承前人舍传求经的治学精神，突出日月例法，并完全以日月例言说《春秋》，不能不说在研究方法上是一种新视角、新突破。但实际操作中存在不足，似乎经义完全被限定在日月例的框架中，虽然有变例加以弥合。正如《四库全书总目》提要所言："予夺笔削寓意宏深，日月特其中之一例。故二家（《公羊传》与《谷梁传》）所说，时亦有合，而推之以概全经，则支离辁輵而不尽通，至于必不可通，于是委屈迁就，变例生焉。此非日月为例之过，而全以日月为例之过也。"① 即以日月例治经本身无可厚非，但完全依靠日月例，则经义支离不通。以情与理解《春秋》，从实际内容看，也并非崔氏首创，苏辙《春秋集解》就以"道""势"解经，崔子方与苏氏兄弟及其门人多有来往，其情与理概念的提出或许受到苏辙解经思想的影响，尤其是其对"势"的运用，近似于苏辙《春秋》学中对"势"的阐发，但"情与理"的直接表述是崔氏不同于苏辙的创新点。当然，二人的理论根基并不同，崔子方没有明确形上之"道"的概念，仍着重于"王政""王法"等制度、法规的层面，苏辙则以形上之"道"为基础，前文已有详述。

二 萧楚专题性研究《春秋》

萧楚（？—1130），字子荆，庐陵人。《宋元学案》有录，绍圣中入太学，贡礼部不第。当时蔡京专权，萧楚激愤其奸，谓蔡京为宋朝王莽，后引退著书，专于《春秋》。② 其著有《春秋辨疑》，《四库全书总目》称："《江西通志》及《万姓统谱》云是书四十九篇，今止四十四篇，盖有佚脱。《宋志》云十卷，今《永乐大典》所载止二卷，则明人编辑所合并也。"③ 今所见本四卷。

---

① 永瑢等：《四库全书总目》，第217页。
② 黄宗羲：《宋元学案》，第1446页。
③ 永瑢等：《四库全书总目》，第217页。

《春秋辨疑》有两大特点：一是从形式上讲，《春秋辨疑》四十四篇分篇依例论述。如《盟会侵伐统篇》《书入辨》《同盟辨》等，每篇围绕某一特例或突出重点事件，或总结所有相似事件进行经义的阐发。单篇可成文独立存在，综篇则成书表达大义。

萧楚何以选择专题性的方式诠释《春秋》？或许可以从其对《春秋》经、史关系的看法中找到答案。"孔子本准鲁史，兼采诸国之志而作《春秋》，《春秋》之未作则史也，非经也；《春秋》之既作则经也，其文犹史尔，而不可以为史法。"按《春秋》为孔子依据鲁史而修作，已成为学术界一般性共识。萧楚则作进一步考证，认为《春秋》经资料源于鲁史及各诸侯国史书。从语言形式看，旧史有始有终，首尾完备，读者一目了然；《春秋》则辞文简约，类似提纲条目。如"仲尼读《晋志》见赵宣子弑君事，曰：惜也出竟乃免。观今《春秋》书曰：晋赵盾弑其君，使旧史之文只如此，则虽孔子何以知盾之奔未出竟也"。"《汲冢纪年》书称：周襄王会诸侯于河阳，今只书：天王狩于河阳。"《春秋》经与旧史行文上的这种差别，正是孔子在旧史基础上剪裁修改的结果，"未修《春秋》，辞有本末，足以辨事善恶；仲尼得以据其实而笔削之，非鲁史之旧章也"。那么，孔子为何做这种变动呢？萧楚认为春秋时期，天下秩序混乱，表现为"天子失其政柄，而诸侯擅权，终于陪臣执国命，而蛮夷张横。诸夏遂微，先王纲纪文章于是荡然"。即政权迭变，纲常崩坏。"圣人忧之，因国史所载乱败之由，裁成其义，垂训于世，冀后之君子前知而反之正也。"① 孔子所修裁的《春秋》其中包含普遍性的大义，为后世治理国家提供宪纲模式。萧楚分篇分例挖掘《春秋》书法，正是以这种方式寻求其中之"义"。

另一特点是从内容上讲，《辨疑》是通过《春秋》经义致用于现实政治。《辨疑》认为孔子改作《春秋》的主旨是"大中之道"，"首王而系月，首月而系事，以一天下之统；先王人而黜诸侯，先诸侯而黜大夫，以明天下之分；内中国而外诸夏，内诸夏而外夷狄，以正天下之势。幽

---

① 萧楚：《春秋辨疑》卷1《春秋鲁史旧章辨》，《四库全书（文渊阁本）》。以下简称《辨疑》。

观冥运之灾变，近考人为之得失，彰诚意之片善，发伪貌之巨奸，拟议予夺，一归乎大中之道，此《春秋》所书之大约也"。此"大中之道"表现为伦理纲常、道德判断，也即"王道"、理想的治国理念。进一步可概而论为天时、人事，"上律天时，下尽人事，赏善罚恶不离乎皇极之训，此先王天下所以治也"①。"皇极"即"大中之道"，前章已有详述。

以"大中之道"指导现实社会，《辨疑》主张最高权力者统一兵权与政权，如《辨疑》提要所讲："辨地不系国，以明统制必归于王，辨伐沈救郑，以明威福不可移于下。"又，《地名不系所属之国辨》主要解答《春秋》直接书写政治事件、自然现象等发生的所在地，而不书所属诸侯国的原因，是为了突出各诸侯国国土统属天王，"言天下之地制归于王也""天下之事统归于王"②，也就是《诗经·小雅》中所谓"溥天之下，莫非王土，率土之滨，莫非王臣"，体现最高统治者掌控天下之意。《大夫伐沈救郑辨》认为霸国大夫与诸大夫伐人从伐沈开始，霸国大夫会大夫救人从救郑开始，《春秋》皆贬斥书人，理由为"举兵伐人使之畏伏，所谓威也，率众救人使免于难，所谓福也。威福，人主之利器，诸侯擅之则害于天下，大夫擅之则害于国，况大夫而擅作天下威福乎？"③"威福"见于杜预注解《左传》昭公二十年"赏庆刑威曰君"为"作威作福，君之职也"，指君王的威严。萧楚讲"威福"是指君王支配武力而产生的两种不同效果，指出统一兵权在治理国家中的重要地位。国君丧失兵权，容易造成在下者专权，导致上下失序，以至亡国。所以，萧楚一再强调"威福不可移于下而杜祸于微"，"一国威柄，君人尤不可失"。④如此反复警示，实是萧楚对当时宋廷时政的强烈关怀、衷心建议，从中可见《辨疑》的济世功能。

以上简略论述了萧楚《春秋辨疑》以专题例法解经，意在经世的两大特点。以书法解经，宋初学人王晳《春秋皇纲论》已有先例，但主要是承唐啖、赵《春秋》学派舍传求经的治经精神，较为客观地评论三传

---

① 萧楚：《春秋辨疑》卷1《春秋鲁史旧章辨》。
② 萧楚：《春秋辨疑》卷4《地名不系所属之国辨》。
③ 萧楚：《春秋辨疑》卷3《大夫伐沈救郑辨》。
④ 萧楚：《春秋辨疑》卷1《盟会侵伐统辨》。

及注解；崔子方同样以例注《春秋》，突出的是日月例的发挥运用，以至有过于拘谨之嫌。《春秋辨疑》在前人书法解经的基础上，对例法内容作了更广泛的吸收，如在引证典籍上，不仅包括三传，而且加入了《论语》《孟子》《易》以及唐啖助、宋初欧阳修等对某一书例或问题的看法；在具体例法上，不仅论证日月例，"若系国之重者则日，其次则月，尤其此则时"①。而且涉及其他凡例，"凡有携二之国来受盟则曰同"，对书例的分析大于对例的总结整合。

对于《春秋辨疑》的经世之意，四库馆臣认为："虽多为权奸柄国而发，而持论正大，实有合尼山笔削之义。"此评价颇高。"与胡安国之牵合时事，动乖经义者有殊；与孙复之名为尊主，而务为深文巧诋者用心亦别。"② 应该说，拿《春秋辨疑》与现实色彩浓厚的北宋初年孙复《春秋尊王发微》和两宋之际胡安国《春秋传》相比，对比方向把握恰当，且孙、胡二人解《春秋》的确存在凭私臆度的不足。但若对比中考虑到三位学人的时间与空间的差距、事件背景以及学者个人的学术气质，或许对比更具有合理性。如萧楚为程颐弟子，胡安国为二程私淑弟子，同学承于程门，二人解《春秋》的路径却不尽相同。

三 叶梦得《春秋》学体系

叶梦得（1077—1148），字少蕴，号石林，苏州吴县人。绍圣四年（1097）进士，南渡后官至崇信军节度使。《宋史》有载。

叶梦得嗜爱《春秋》，其《春秋》学有两方面值得后人学习、探讨。

第一，阐释模式的创新。按《宋史·艺文志》载，叶梦得《春秋》类著述颇丰，有《春秋谳》三十卷、《春秋考》二十卷、《春秋传》二十卷、《石林春秋》八卷、《春秋指要总例》二卷，其中后两种已散佚，《春秋谳》《春秋考》二书散见于《永乐大典》，独有《春秋传》为完书。关于叶梦得《春秋》类著作情况，有学人已做出详细梳理③，暂不赘述。

---

① 萧楚：《春秋辨疑》卷1《春秋鲁史旧章辨》。
② 永瑢等：《四库全书总目》，第217页。
③ 参见潘殊闲《叶梦得〈春秋〉类著述考论》，《湖州师范学院学报》2004年第6期。

叶氏《春秋谳》《春秋考》《春秋传》三类著作既各自独立，又相互关联。《春秋考·原序》讲："自其《谳》推之，知吾之所正为不妄也，而后可以观吾《考》；自其《考》推之，知吾之所择为不诬也，而后可以观吾《传》。"① 叶氏自己对三部著作有排序，即先《春秋谳》，次《春秋考》，最后《春秋传》，此正是叶氏《春秋》学体系。

《春秋考》《春秋传》的体裁自不待言，独《春秋谳》之"谳"为前人所未言。"谳"，本义为审判定罪，《汉书·景帝纪》："诸狱疑若，虽文致于法而于人心不厌者，辄谳之。"② 后引申为判明、评断，柳宗元《驳复仇议》："向使刺谳其诚伪，考正其曲直，原始而求其端，则刑礼之用判然离矣。"③ 叶梦得取"判明"之意用于《春秋》，论三传得失，即《春秋左传谳》《春秋公羊传谳》《春秋谷梁传谳》。据《四库全书总目》称此书三十卷，今从《永乐大典》辑出二十二卷，其中《左传谳》本为四百四十二条，缺九十条；《公羊传谳》本为三百四十条，缺六十五条；《谷梁传谳》本为四百四十条，缺八十四条。叶梦得自言："其掊击三传曰谳"④，"吾为《春秋谳》是正三家之过，亦略备矣"⑤。即评判三传。如《春秋谳》辩驳《左传》开篇对隐公的定位，认为"元妃未必为孟子""隐公母未必为声子""惠公未尝再娶于宋，而仲子亦非桓母""隐立桓而奉之亦无有"，并且《史记》所载与《左传》所录有出入，"古书庞杂，诸儒各记所闻，莫可尽考，一当以经为正"⑥。主张从经而弃传；又，以隐公三年"葬宋穆公"为例，《公羊传谳》《谷梁传谳》都从反对两传的日月例入手，"日月为例，《公羊》《谷梁》之说也，以经考之盖无有尽契者，故复以变例为之说。夫褒贬取舍以义裁之，则无常或可变也。日月者，有常而不可易，日月而可变，则复安所用例乎？"⑦ 在叶氏

---

① 叶梦得：《春秋考·原序》，《四库全书（文渊阁本）》。
② 班固：《汉书》，中华书局1999年版，第106页。
③ 柳宗元：《柳河东集》卷4，《四库全书（文渊阁本）》。
④ 朱弁：《曲洧旧闻》卷10，《四库全书（文渊阁本）》。
⑤ 叶梦得：《春秋考·原序》。
⑥ 叶梦得：《春秋左传谳》卷1。
⑦ 叶梦得：《春秋公羊传谳》卷1。

看来，既然是日月例，就应当通行全文，符合经文中所有情况；如果存在变例，则与例本身的常规属性相背，所以二传对此经文的解释不通。可见，《四库全书总目》所称此书"抉摘三传是非，主于信经而不信传，犹沿啖助、孙复之余波"①，契中《春秋谳》要旨。

应该说，以"谳"为体，是叶氏在阐释格式上的首创。四库馆臣对此有异议，"惟古引《春秋》以决狱，不云以决狱之法治《春秋》，名书以谳，于义既为未允。且左氏、公羊、谷梁皆前代经师，功存典籍而加以推鞠之目，于名尤属未安，是则宋代诸儒藐视先儒之锢习，不可为训者耳"。即反对以"谳"体解《春秋》，但其反对的理由并不充分。清代学人仍以"谳"判罪之义理解《春秋》，而叶氏取"谳"引申义评议三传；且与其说是"宋代诸儒藐视先儒之锢习"，不如讲是叶氏在前人理论成果基础上的新开拓。

《春秋考》从《永乐大典》中辑出十六卷，是为《春秋谳》评判三传提供理论依据。叶氏于此《原序》中讲："古之君子不难于攻人之失，而难于正己之是非，盖得失相与为偶者也，是非相与为反者也。必有得也，乃可知其失；必有是也，乃可斥其非。而世之言经者或未有得而遽言其失，莫知是而遽诋其非。好恶予夺惟己之私，终无以相胜，徒纷然多门以乱学者之听，而经愈不明。"②即指出《春秋》传注以主观臆测议论经文，不得经义。虽然《春秋》传注存在不足，但叶氏并不主张简单、一味地排斥、舍弃传注，"吾所谓失者，非苟去之也，以其无当于义也，盖有当之者焉；吾所谓非者，非臆排之也，以其无验于事也，盖有验之者焉，则亦在夫择焉而已"。而是有选择的加以筛遴，其标尺为"义"与"事"，"义"的内涵为"圣人之道""先王之制"，此也是《春秋谳》评议三传的标准。以《公》《谷》为例，"《公羊》《谷梁》有据经而言义者，有据事而言经者，然时犹不免有失，其又有无事而凿为之说，以言经者则不知其何据"。言明二传在"义"与"事"方面有失误。如隐公二年"无骇帅师入极"，《春秋考》考察《公》《谷》对此经文的释词与

---

① 永瑢等：《四库全书总目》，第219页。
② 叶梦得：《春秋考·原序》。

对其他类似经文的解释不甚一致，进而认为此二传是对经义的臆断，"不明大夫不氏之例，遂纵横广为多辞，以幸或中，其实皆非有闻于经者也"。即二传所解不合《春秋》经旨、例法，即使是有相合之处，也只是凑巧偶合，显示出叶氏尊经之意。

《四库全书总目》称此书"大致在申明所以攻排三传者，实本周之法度，制作以为断，初非有所臆测于其间，故所言皆论次周典，以求合于《春秋》之法。其文辨博纵横，而语有本源，率皆典核"① 所论中的。

《春秋传》二十卷，是对《春秋谳》《春秋考》的理论概括，也是叶氏《春秋》观的直接体现。《春秋传序》言：

> 《春秋》为鲁而作乎？为周而作乎？为当时诸侯而作乎？为天下与后世而作乎？曰为鲁作《春秋》，非鲁之史也；曰为周作《春秋》，非周之史也；曰为当时诸侯作《春秋》，非当时诸侯之史也。夫以一天下之大，必有与立者矣，可施之一时，不可施之万世，天下终不可立也。然则为天下作欤，为后世作欤。故即鲁史而为之经，求之天理，则君臣也父子也兄弟也朋友也夫妇也无不在也；求之人事，则治也教也礼也政也刑也事也无不备也，以上则日星雷电雨雹雪霜之见于天者皆著也，以下则山崩地震水旱无冰之见于地者皆列也，泛求之万物，则蠡螟蠓蜚麋蛾鹳鹆之于鸟兽，麦苗李梅雨冰杀菽之于草木者，亦无一而或遗也。而吾以一王之法笔削于其间，穹然如天之在上，未尝容其心。……由是可以为帝，由是可以为王，由是霸者无所用其力，由是乱臣贼子无所窜其身。②

这里讲：一是指明《春秋》的意义具有永恒性，是千秋万世的普遍法则；二是《春秋》经基础为鲁史，内容为"天理""人事"以至世间一切万物，"天理"是指其所表现的人类社会的伦常关系，"人事"是指社会制度、规范等操作程序；三是《春秋》的现实功能，倡王道反霸道。

---

① 永瑢等：《四库全书总目》，第219页。
② 叶梦得：《春秋传序》。

由上的简单分析，可以看出，叶氏《春秋》三书由《春秋谳》到《春秋考》再到《春秋传》，层层相扣，内在逻辑严谨。《四库全书总目》于《春秋谳》的提要讲："盖《传》其大纲，而《考》、《谳》其发明义疏也。"就三种《春秋》类著作的宗旨而言，可以说是为"大纲"与"义疏"的关系；但就三书的逻辑次序言，是先破后立，逐级推进，由《谳》最后至《传》。

第二，解经思想上的新颖。叶梦得提出以事与义相参考的方式解读《春秋》，"夫《春秋》者，史也，所以作《春秋》者，经也。故可与通天下曰事，不可与通天下曰义"。《春秋》作为史以记事见长，《春秋》经为史实的根据，以义见长。"事"具有直观性，"义"则具有难解性，需要个体自身的理解力、判断力等条件。所谓事与义的结合指："不得于事则考于义，不得于义则考于事，事义更相发明，犹天之在上有目者所可共睹，则其为与为夺，为是为非，为生为杀者，庶几或得而窥之矣。"（《春秋传序》）言以事件与经义相互发挥的方法解《春秋》，所达到的效果是价值判断、科学判断合情合理。

以此评论三传，则《左氏》"详于史而事未必实，以不知经故也"，《公》《谷》"详于经而义未必当以不知史故也"。三传因为事与义相分离，所以其所擅长的或史实记录或经义发挥也受到影响。如《春秋考》解释外臣盟会，以隐公二年"纪子帛莒子盟于密"及昭公二十七年"晋士鞅宋乐祁犁……会于扈"为例，明确："《左氏》知其事而不能言其义，《公羊》《谷梁》不知其事，故皆略而不为说，吾然后知三家言经，或知其事而不知其义，或不知其事而并失其义。"① 即三传解《春秋》在事与义上缺少结合，最终有损经义。

又，叶梦得讲："《春秋》有可以事见者，求以事；事不可见而可以例见者，求以例；事与例义在其中矣。有事与例俱不可见而义独可推者，求以义；义者，理之所在也。有事与例与义俱不可见而意可通者，求以意；意者，人情之所同也。莫易乎事，莫难乎意。"② 意指：一是解《春

---

① 叶梦得：《春秋考》卷4。
② 叶梦得：《春秋考》卷1。

秋》的具体方法遵照从直接到间接，先易后难的顺序，从事到例到义再到意。事与例直观，"见"而既得，"义"需要"推"，需要个体的归纳、判断等综合能力，"意"则需要"通"，所谓"人情之所同"即普遍的情感、意志、欲望等，其本质为"天理"，表现在人身上即为"良知良能"。所以叶氏最后归纳解经方法为"此亦孟子论《诗》，所谓以意逆志"，读者之"意"与文本作者之"志"在"天理""良知"上的统一；二是此处所论述的事、例、义、意的阐释方法与上述所谓事与义相结合的方法，二者虽然在表达方式上有所不同，但含义相同，目标一致。从解经角度看，前者是就《春秋》经文而言，是具体的解释方法，后者是就《春秋》经与史的两种属性而言，是一般的解经方法；从相互关系来看，前者是后者的展开论述。无论哪种表述，其旨向归于圣人精神，"出传注之外而察千载之上"。

总之，叶梦得《春秋》学主要表现为《春秋》学体系与阐释方法的革新，其批驳三传、理论依据、正面立说的内在《春秋》学系统很容易让人联系到宋初刘敞《春秋权衡》《春秋传》《春秋意林》的《春秋》学体系。应该说，叶梦得对刘敞《春秋》学理论有汲取，"叶梦得作《石林春秋传》，于诸家义疏多所排斥……惟于刘敞则推其渊源之正"①。更有进一步的创新，如讞体的出现，以至元代王元杰撰有《春秋讞义》。且二人的理论基础不同，刘敞处于经学变古的高涨时期，于《春秋》尊经以至改经，倡导"王道"以致用于世；叶氏不仅尊经弃传，而且用理论加以论证，其"天理""人事"的应用，显然是受到理学的影响。事、理、例、义概念的提出，也是在前人解经思想上的总结与发展。

上述概论了一般儒学的《春秋》研究，主要是研究方法上的新探求。崔子方、萧楚、叶梦得三人解读《春秋》的途径各有千秋，但这些方法并非绝对独立，相互之间有采纳，如崔子方、萧楚《春秋》学中都有对日月例的运用，只是侧重点不同。而且三人《春秋》学的主旨不外乎尊王、抑臣、贱夷狄，用以治世。《春秋》研究新方法的出现，一方面说明义理化的《春秋》学发展之外并存有《春秋》学的新气象，彰显研治

---

① 永瑢等：《四库全书总目》，第215页。

《春秋》学术上的多样化；另一方面又表明这一时期《春秋》学人沿袭了北宋初年《春秋》学者的创新精神、用世意识。

总之，这一时期理学形成，并得到初步发展，《春秋》学两条路径的进程更加明朗化。一是义理化的《春秋》，随着"理"的逐渐完备，《春秋》完全从属于"理"，"理"在《春秋》这里也得到落实。周敦颐、邵雍、张载或从宇宙论或从象数或从气构建形上范畴"理"，《春秋》在此过程中只是起到辅助性作用，且涉及面狭窄。二程"天理"论奠定了理学的基本形态，其《春秋》观，尤其是程颐对《春秋》的认识全面而理性，从经、史、传关系到对儒家经典的定位再具体到《春秋》的解读，"理"成为阐释《春秋》的唯一、最高依据；《春秋》也为形上之"理"提供形下之落实载体。从理论上讲，《春秋》在程颐这里实现了完全义理化，形成"理"与《春秋》的道与器、形上与形下之势；从形式上讲，《春秋》义理化的表现与理论有一定的差距，毕竟程颐本人只解到《春秋传》的桓公九年，而没有通解《春秋》全经。其中的原因一方面是程颐对"四书"、对"理"的探索、构建是其关注的重点，《春秋》自然不在重点之列；另一方面也与《春秋》经本身的纲目体形式有关。残缺的《春秋传》影响到《春秋》在现实生活中的有效发挥。两宋之际的胡安国作为洛学的私淑弟子，弥补了这一缺陷，其《春秋传》博采前人理论成果，吸收程氏《春秋》观的"天理"依据，又加入现实政治的元素，塑造出体用相合的学术风格，并延及其后湖湘学派的成长、发展。《春秋》学至此在最高层面上施展其济世功能。

另一路径是一般儒学的《春秋》研究。与同前期这一形式的《春秋》学发展相比，这一时期在《春秋》的研究方法上有新的突破，崔子方、萧楚、叶梦得三人各有所得。而之所以会出现这种现象，个中原因或许可理解为一方面是崔、萧、叶三人对前人研究《春秋》方法上的总结、概括，又有个体的努力、认知；另一方面是就宋学的整体面貌而言，创新精神一直是学术前进的动力，无论是上述义理化的《春秋》研究，还是此处一般儒学的《春秋》探讨，都是创新意识的实践成果，崔子方、萧楚、叶梦得对书例、阐释模式的探寻是开拓精神的真实例证。

当然，《春秋》两条路径的发展并非独立平行，而是相互有交叉点，比如尊王、攘夷，为现实政治提供参考方案是二者共同的方向，只是实现的途径有别。

概而言之，《春秋》在理学的初步发展时期，失去了原所具有的对等平台，成为"天理"存在的表现工具，并在更高的理论层面发挥实践功能。

第 五 章

理学框架下的《春秋》学

随着理学的蓬勃发展，程门弟子上承二程尤其是程颐的《春秋》某些观点，进一步提出具体的解读《春秋》的方法。杨时作为"南渡洛学大宗"虽提出静中体认的读书方法，但重视的是《春秋》之实践品质。弟子罗从彦则将这种方法用于研究《春秋》，再传弟子李侗倡导静中体认后所达到的修养效果即"洒落"，并以此作为《春秋》大义"难知""难知"的原因。朱熹对道南学派治《春秋》方法既有继承，更有所创新。不仅以史通经，发挥《春秋》的史书特性，更将《春秋》完全纳入其理学体系。

第一节 道南学派之《春秋》观

关于"道南学派"，学界普遍的认识是二程洛学由北向南、由北宋向南宋传承的主要派系。上承洛学，下启闽学。其代表人物一般是指杨时、罗从彦、李侗。[①] 整体而言，三位理学家主要关注于心性论及修养工夫，"内圣"之学，他们对《春秋》的研究基本上也是"内圣"之学的运用。但从宋代《春秋》学的发展历史看，道南学派的《春秋》研究提供了一种治经方法，并在一定程度上影响后学。

杨时，字中立，南剑将乐（今属福建）人，学者称龟山先生。《宋

---

① 参见朱雪芳《道南一脉——从杨时到李侗》，《船山学刊》2007 年第 2 期；向世陵《程学传承与道南学派》，《社会科学战线》2005 年第 2 期；申绪璐《道南一脉考》，《中国哲学史》2012 年第 4 期。

史》本传称：杨时"以师礼见（程）颢颍昌，相得甚欢。其归也，颢目送之曰：'吾道南矣'"①。黄百家评价杨时称："二程得孟子不传之秘于遗经，以倡天下。而升堂睹奥，号称高第者，游、杨、尹、谢、吕其最也。顾诸子各有所传，而独龟山之后，三传而有朱子（朱熹），使此道大光，衣被天下，则大程'道南'目送之语，不可谓非前谶。"② 所以，后人称其为"道南第一人""开闽中道学之脉""闽学鼻祖"。

关于杨时的《春秋》学，学界关注较少。有学者通过整理《龟山集》中相关《春秋》资料，对比李明复《春秋集义》、程公说《春秋分纪》中有关杨时解经之文，考证出杨时《春秋》遗说四十一条，并论证杨时《春秋》学与孙复、胡安国、二程之《春秋》观的关系。③ 这一研究成果有重要的学术价值，但似乎缺少对杨时经学思想的论证，因为杨时《春秋》学观点正是其经学思想的具体表现。

杨时的经学思想继承二程的经学观，并进一步强调经学的实践特性。首先，同程颐所讲"经所以载道"一样，杨时也认为六经存道。"六经，先圣所以明天道正人伦，致治之成法也。"④"六经，虽圣人微言而道之所存……舍六经亦何以求圣人哉！"⑤ 其次，杨时主张儒佛有别，儒高于佛。"六经不言无心，惟佛氏言之……心不可无，性不假修。故《易》止言洗心尽性，《记》言正心尊德性，《孟子》言存心养性。佛氏和顺于道德之意，盖有之于理，义则未也。"⑥ 与佛学"无心"相比，儒学讲"洗心""正心""存心"。儒佛的差别很小，"所差秒忽耳"。如果六经大道真正得以宣明，"则佛在其下矣"。但现实生活中"为佛者既不读儒书，或读之而不深究其义；为儒者又自小也"，⑦ 造成"学者所以不免求之释老，为其有高明处"的混乱现象。其实"六经中自有妙理""圣人将妙理只于

---

① 脱脱等：《宋史》，第 12738 页。
② 黄宗羲：《宋元学案》，中华书局 1986 年版，第 947 页。
③ 参见黄觉弘《杨时〈春秋〉遗说及其渊源》，《贵州大学学报（社会科学版）》2009 年第 5 期。
④ 杨时：《龟山集》卷 25《送吴子正序》，《四库全书（文渊阁本）》。
⑤ 杨时：《龟山集》卷 25《与陈传道序》。
⑥ 杨时：《龟山集》卷 10《语录·荆州所闻》。
⑦ 杨时：《龟山集》卷 10《语录·荆州所闻》。

寻常事说了"。① 杨时提倡学人研究儒家经典，探寻其中圣人大义。最后，杨时认为经史有别，主张以经判史。"六经不可容易看了……史固不可不看，然六经先王之迹在焉，是亦足用矣。必待观史未有史书以前人何以为据，盖孔子不存史而作《春秋》，《春秋》所以正史之失得也。……就史求道理，是以学愈博而道愈远。若经术明，自无工夫及之，使有工夫及之则取次。提起一事便须断遣处置得行，何患不能识别。"② 在杨时看来，经书的出现早于史书，且六经包含史书内容，历史内容以经义为评判标准。这与程颐所言"先须识得义理，方始看得经"之观点基本一致，只是杨时把"义理"的范围由《论语》《孟子》扩展至六经，并与史书相对比。

除此，杨时突出六经的实践特质。"六经之义验之于心而然，施之于行事而顺，然后为得；验之于心而不然，施之于行事而不顺，则非所谓经义。"③ 可见，六经中蕴含的大义不仅有益于修身养性，且适用于现实，解决实际问题。所以，杨时感叹"说经义至不可践履处，便非经义。若圣人之言，岂有人做不得处？"④ 这一观点同样源于二程"穷经将以致用"的观点。

具体到《春秋》经，杨时继承二程"《春秋》圣人之用""《春秋》大义数十……炳如日星乃易见"，即《春秋》可知的观点，进一步提出"《春秋》正是圣人处置事处，他经言其理，此明其用。理既明，则其用不难知也"⑤。"人言春秋难知，其实昭如日星。孔子于五经中言其理，于《春秋》著其行事。学者若得五经之理，《春秋》诚不难知。"⑥ 即《春秋》的实践性。又，《龟山集》卷八《经解·春秋义》中录有十八条杨时解经之文。从解词内容来看，杨时主要是从"礼""义"角度阐述纲常伦理。如解"郑伯克段于鄢"为"夫为人君不能明义以善……郑伯之过

---

① 杨时：《龟山集》卷11《语录·京师所闻》。
② 杨时：《龟山集》卷11《语录·余杭所闻》。
③ 杨时：《龟山集》卷10《语录·荆州所闻》。
④ 杨时：《龟山集》卷11《语录·京师所闻》。
⑤ 杨时：《龟山集》卷11《语录·京师所闻》。
⑥ 杨时：《龟山集》卷13《语录·南都所闻》。

大矣"。"三月庚戌天王崩"条，杨时认为"王崩，国之大事……盖以《书》考之，则王既尸，天子二伯各率诸侯入应门左右，礼也。鲁之不朝，则诸侯之不臣可知矣。"鲁隐公与戎狄会盟，杨时指出"戎狄之道，径情而直行，非可以礼信结也，与之会盟，失之矣"。同程颐将《春秋》纳入理学范围不同，杨时从一般儒学角度，以王道、礼制解读《春秋》。所以，有学者称："杨时《春秋》学虽然也是重义理，重有补于世的王道政治，但立论衍说却甚少见此'天理''人欲'为范畴的程门理学色彩。"①

总体而言，杨时虽无《春秋》专著，但其继承二程某些《春秋》观点，强调《春秋》可知、"不难知"，重视《春秋》的实践品质。

罗从彦，字仲素，南剑（今福建南平）人。师从杨时，也曾问学于晚年程颐。著有《遵尧录》《春秋指归》《春秋释例》《春秋解》等。今存《春秋指归序》。

相比二程、杨时对《春秋》的部分解读，罗从彦有完整的《春秋》专著，但今已不可见，只能从《春秋指归序》及胡安国所作《答罗仲素书》中窥见其《春秋》观。从目前学界对罗从彦《春秋》学研究成果来看，② 一方面梳理了罗从彦《春秋》与杨时、尹焞、侯仲良、胡安国等学人的关系，即罗从彦与杨时在《春秋》学方面交流较少，从尹焞那里得到程颐《春秋传》；经侯仲良提示，罗从彦研读《左传》；胡安国与罗从彦书信交流《春秋》；另一方面考证了罗从彦《春秋》与胡安国《春秋》的区别，即二人对程颐所讲的"《春秋》为百王不易之通法"的理解各异。罗从彦认为"《春秋》诛一世子止而天下之为人子者莫敢不孝，戮一大夫盾而天下之为人臣者莫敢不忠"③。胡安国指出罗从彦对《春秋》大义的阐释有简单化倾向，并未真正理解程颐《春秋》观点。因为《春秋》"微辞隐义，抑纵予夺，是非进退"，主张研究《春秋》"必多求博取，

---

① 黄觉弘：《杨时〈春秋〉遗说及其渊源》，《贵州大学学报（社会科学版）》2009 年第 5 期。
② 参见黄觉弘《唐宋〈春秋〉佚著研究》，中华书局 2014 年版，第 190—198 页；向世陵《程学传承与道南学派》，《社会科学战线》2005 年第 2 期。
③ 罗从彦：《豫章文集》卷 12《春秋指归序》，《四库全书（文渊阁本）》。

贯通类例，未易以一事明也"。①

　　事实上，从现存资料看，虽然罗从彦与杨时较少交流《春秋》，但杨时所传授的读书方法使罗从彦对《春秋》有新的认知。杨时曾对罗从彦讲："某尝有数句教学者读书之法，云以身体之，以心验之，从容默会于幽闲静一之中，超然自得于书言象意之表。此盖某所为者如此。"② 即静中体认的读书方法。其后，罗从彦从程门弟子尹焞处得程颐《春秋传》，并"退而考合于经，验之以心而参之以古今之学"，得出"须雍容自尽于燕闲静一之中，迟之以岁月，积之以力久，优而游之使自求之，餍而饫之使自趋之，则于《春秋》之学其庶几乎"③ 的研究《春秋》之方法。这一方法正是对杨时"静中体认"方法的继承，并将其运用到《春秋》的研读中。罗从彦的弟子李侗曾对朱熹讲："罗先生解《春秋》也浅，不似胡文定。后来随人入广，在罗浮山住三两年，去那里心静，须看得较透。"④ 李侗一方面认为其师罗从彦解《春秋》有不足之处，"其说有未定处"⑤，"罗仲素春秋说不及文定，盖文定才大，设张罗落者大"⑥。另一方面认同罗从彦静中体认，自得义理的治学方法。甚至朱熹也讲："某初疑解《春秋》，干心静甚事。后来方晓，盖静则心虚，道理方看得出。"⑦ 比较认可这种治学之方。如此看来，罗从彦继承程颐《春秋》观点、杨时静中体认的读书方法，并将这种治学方法应用于《春秋》。

　　李侗，字愿中，南剑州剑浦（今福建南平）人，学者称之为延平先生。李侗主张静养工夫论，并无著述。其弟子朱熹称其"不著书，不作文，颓然若一田夫野老"⑧。李侗通过书信解答青年朱熹的疑惑，后来朱熹将其整理为《延平问答》。从《延平问答》中，我们可以一窥其《春秋》论。

---

① 罗从彦：《豫章文集》卷16《答罗仲素书》。
② 杨时：《龟山集》卷12《语录·余杭所闻》。
③ 罗从彦：《豫章文集》卷12《春秋指归序》。
④ 李侗：《李延平集》，上海商务印书馆1935年版，第47页。
⑤ 李侗：《李延平集》，第41页。
⑥ 李侗：《李延平集》，第41页。
⑦ 李侗：《李延平集》，第47页。
⑧ 黄宗羲：《宋元学案》，第1293页。

第五章 理学框架下的《春秋》学　205

李侗注重研究《春秋》解经方法，倡导《春秋》虽可知，但也有"难得""难言"之处。

> 春秋且将诸家熟看，以胡文定解为准，玩味久必自有会心处，卒看不得也。伊川先生云《春秋》大义数十，炳如日星所易见也。唯征辞奥旨，时措从宜者所难知尔。更须详考其事，又玩味所书抑扬予夺之处看如何。积道理多，庶渐见之。大率难得，学者无相启发处，终愦愦不洒落尔。①
>
> 李先生说今日习《春秋》者，皆令各习一传，并习谁解，只得依其说，不得臆说。②
>
> 李先生尝论公孙敖事，只如京师不至而复，便是大不恭。鲁亦不再使人往，便是罪。如此解之，于经文甚当，盖经初无从己氏之说。③
>
> 《春秋》一事，各是发明一例，如看风水，移步换形，但以今人之心求圣人之意，未到圣人洒然处，不能无失耳。④
>
> 《春秋》一事各是发明一例，如观山水，徒步而形势不同，不可拘以一法。然所以难言者，盖以常人之心推测圣人，未到圣人洒然处，岂能无失耶？⑤
>
> 李先生好看《论语》……更爱看春秋左氏。初学于仲素，只看经。后侯师圣来沙县，罗邀之至，问伊川如何看，云亦看左氏，要见曲折，故始看左氏。⑥

从上述资料可以看出：第一，李侗主张从经文本身经义，反对臆断，反对以例解经，"不可拘于一法"。第二，正是因为"一事各是一例"，所

---

① 李侗：《李延平集》，第7页。
② 李侗：《李延平集》，第41页。
③ 李侗：《李延平集》，第41页。
④ 李侗：《李延平集》，第45页。
⑤ 李侗：《李延平集》，第58页。
⑥ 李侗：《李延平集》，第48页。

以李侗认为解《春秋》应"详考其事",研读《左传》。第三,李侗提倡参考《春秋》诸家注解之书,尤其是胡安国《春秋传》可作为标准。因为胡氏《春秋传》"设张罗落者大"。第四,同杨时、罗从彦不同,李侗提出《春秋》"难言""难得","难"在"不洒落""未到圣人洒然处"。何谓"洒落"?李侗自言"某尝以谓遇事若能无毫发固滞,便是洒落。即此心廓然大公,无彼己之偏倚,庶几于理道一贯。若见事不彻,中心未免微有偏倚,即涉固滞,皆不可⋯⋯为此说者,非理道明,心与气合,未易可以言此,不然只是说也"①。可见,"洒落"是修养呈现的境界或气象,这种修养表现为心与气合一,理清道明,无偏无倚。而要达到这种修养需要涵养持守,始终如一。"大凡人理义之心何尝无,唯持守之即在尔⋯⋯持守之久,渐渐融释,使之不见有制之于外,持敬之心,理与心为一,庶几洒落尔。"②需要静坐默识,"所谓静坐,只是打叠得心下无事,则道理始出。道理既出,心下愈明静矣"③。朱熹曾评价其师"洒落"之说:"洒落"是"见识分明,涵养纯熟之效,须从真实积累功用中来,不是一日牵强着力做得","且要学者识个深造自得底气象,以自考其所得之浅深"。④"洒落"最终是"自得"与"涵养"、知识与修养共同作用的结果。而《春秋》"难得""难言"之处恰在于圣人心气相合,理清道明,普通人难以达到此境界,所以"以常人之心推测圣人",难以领会《春秋》大义,"未到圣人洒然处"。

李侗重视解读《春秋》的方法,并以此解答青年时期朱熹读《春秋》的疑惑。《李延平集》收录了戊寅(1158年)冬至前二日,朱熹就《春秋》桓公二年"滕子来朝"中的一些疑问写信求教于李侗。⑤朱熹疑问有三:一是滕子何以贬称子,程颐所谓"服属于楚故贬称子"之说有何依据;二是胡安国"朝威而贬之"之论有一定道理,但后世子孙也称子,有可疑之处;三是针对胡安国所讲"纪侯志不在朝威,故再朝皆无贬"

---

① 李侗:《李延平集》,第19页。
② 李侗:《李延平集》,第17页。
③ 李侗:《李延平集》,第38页。
④ 李侗:《李延平集》,第49—50页。
⑤ 李侗:《李延平集》,第11—12页。

论,朱熹认为其义理正当,但怀疑《春秋》书法是否如此。李侗回信,首先指出"夫子凡所书诸侯来朝,皆不与其朝也",有讥讽之义,胡安国的解释"为精";其次,关于祖先有罪而牵至后世之说"大段害理"。"《春秋》与人改过迁善""圣人之心必有其善然后进之",不会有私意。进一步指出"《春秋》所以难看者,盖以常人之心推测圣人,未到圣人洒然处",也即普通人与圣人在修养层次、体认天理方面有差距,不能理解《春秋》大义,"《春秋》难看";最后,关于程颐的解读需要再作考证,纪侯朝鲁桓公与"滕子来朝"性质不同,不在讥贬之列;建议朱熹运用程颐解读《春秋》之法。可见,李侗解答朱熹的疑惑重点仍是以胡安国《春秋传》为参考,不拘于例法,达到圣人"洒然处",求得经义。

其后,朱熹一方面继承其师李侗的某些《春秋》观点。如认同胡安国《春秋传》"义理正当""尽是正理"①;反对以义例褒贬解经,"却要去一字半字上理会褒贬,却要去求圣人之意,你如何知得他肚里事!"②同时,朱熹也认为《春秋》"难看""不可晓""无理会处",也提倡看《左传》。另一方面提出自己的《春秋》观点。如朱熹虽然认同胡安国《春秋传》"义理正当",但又指出其"说的理太多""亦有太过处"③;虽与其师李侗都认为《春秋》"难看",但朱熹之"难"在于《春秋》文本旧史文字与孔子笔削文字难以区分,李侗之"难"在于"未到圣人洒然处";二人都主张看《左传》,朱熹又进一步提出读《左传》的方法。随着其理论体系的逐渐成熟,即便是早年关于"滕子来朝"的那些疑问,朱熹也重新思考其师李侗的观点,认为程迥的解释较合理。"沙随(称迥)谓此见得春秋时小国事大国,其朝聘贡赋之多寡,随其爵之崇卑。滕子之事鲁,以侯礼见,则所供者多,故自贬降而以子礼见,庶得贡赋省少易供,此说却恐是。"④ 之所以有这些不同,最根本的原因在于朱熹提倡"只如看史样"对待《春秋》,李侗以修养工夫论《春秋》。关于朱熹的《春秋》学,详见下文。

---

① 黎靖德编:《朱子语类》,第2151、1650页。
② 黎靖德编:《朱子语类》,第2144页。
③ 黎靖德编:《朱子语类》,第2151、2152页。
④ 黎靖德编:《朱子语类》,第2154页。

综上，由杨时到罗从彦再到李侗的道南学派，其《春秋》观基本上继承程颐《春秋》观点，集中于解经方法。杨时虽主张静中体认的读书方法，但并没有将其运用到《春秋》中，反而突出《春秋》的实践性；罗从彦将杨时的读书方法运用到《春秋》研究中，并在李侗那里得到进一步深化。至于朱熹的《春秋》观，则另有一番"景象"。

第二节　朱熹《春秋》学

朱熹（1130—1200），字元晦，徽州婺源（今江西婺源）人，出生于闽延平尤溪（今福建尤溪县），为宋代理学集大成者。朱熹学问渊博，涉猎广泛，对儒家经典如《易》《诗》《书》"三礼""四书"都有研究，以至编著成书。唯独对《春秋》只言片语，言简意赅，未有撰述，甚至劝诫学者放弃《春秋》研究。所以，有学者称：朱熹对于《春秋》"态度似乎有些暧昧"[①]。实际上，正如元代"儒林四杰"揭傒斯所言"朱子不言《春秋》，而知《春秋》者莫如朱子"[②]。朱熹以史解经，以理判史，将《春秋》纳入其理学体系，使之完全成为理学化《春秋》。

一　朱熹经学思想

在朱熹看来，"六经是三代以上之书，曾经圣人手，全是天理"[③]。所以，研究儒家经典需要对经书主次顺序、读经者、经文内容以至注解经文等都有所要求。首先，从整体上讲，经书有主次顺序之分。

> 为学须是先立大本。……故必先观《论》《孟》《大学》《中庸》，以考圣贤之意；读史，以考存亡治乱之迹；读诸子百家，以见其驳杂之病。其节目自有次序，不可逾越。[④]
>
> 读书，且从易晓易解处去读。如《大学》《中庸》《语》《孟》

---

① 赵伯雄：《朱熹〈春秋〉学考述》，《孔子研究》2003 年第 1 期。
② 揭傒斯：《文安集》卷 8《通鉴纲目书法序》，《四库全书（文渊阁本）》。
③ 黎靖德编：《朱子语类》，第 190 页。
④ 黎靖德编：《朱子语类》，第 188 页。

四书，道理粲然。人只是不去看。若理会得此四书，何书不可读！何理不可究！何事不可处！①

今学者不如且看《大学》《语》《孟》《中庸》四书，且就见成道理精心细求，自应有得。待读此四书精透，然后去读他经，却易为力。②

人自有合读底书，如《大学》《语》《孟》《中庸》等书，岂可不读！读此四书，便知人之所以不可不学底道理，与其为学之次序，然后更看《诗》《书》《礼》《乐》。③

河南程夫子之教人，必先使之用力乎《大学》《论语》《中庸》《孟子》之言，然后及乎六经。盖其难易、远近、大小之序固如此，而不可乱也。④

凡读书，先读《语》《孟》，然后观史，则如明鉴在此，而妍丑不可逃。若未读彻《语》《孟》《中庸》《大学》便去看史，胸中无一个权衡，多为所惑。⑤

可见，一方面朱熹认为儒家经典中的《论语》《孟子》《大学》《中庸》即"四书"直接体现圣人之道，为治经的根本。而且从难易程度方面讲，"四书"在先，"六经"居后。所以，应当在理解"四书"的基础上再去研究《诗》《书》《礼》《乐》等"六经"。另一方面，同史书相比，"四书"之义理是评判历史人物、事件的标准，其地位高于史书。朱熹以陂塘灌溉进行比喻，说明"须是陂塘中水已满，然后决之，则可以流注滋殖田中禾稼"，即融会义理之后再看史书。义理与史实相互作用，既反对"读书未多，义理未有融会处，而汲汲焉以看史为先务"，导致"决陂塘一勺之水以溉田也，其涸也可立而待也"，于理有

---

① 黎靖德编：《朱子语类》，第 249 页。
② 黎靖德编：《朱子语类》，第 2778 页。
③ 黎靖德编：《朱子语类》，第 1658 页。
④ 朱熹：《朱子全书》，第 24 册，上海古籍出版社、安徽教育出版社 2002 年版，第 3895 页。
⑤ 黎靖德编：《朱子语类》，第 195 页。

不足；也反对"读书既多，义理已融会，胸中尺度一一已分明，而不看史书，考治乱，理会制度典章"，造成"陂塘之水已满，而不决以溉田"①，义理只是书本之理，缺少实践。无论如何，"四书"地位高于"六经"与史书。值得注意的是，朱熹"四书"观点正是继承了二程提取"四书"，以此作为儒家经典之基础的思想，并进一步发展为"四书"学，构建其理学体系。

其次，对于读经者而言，必须虚心静读，专一刻苦，切己体认。"问读诸经之法。曰：'亦无法，只是虚心平读去。'"②"人做功课若不专一，东看西看，则此心先已散漫了，如何看得道理出。"并以《论语》《孟子》为例，"须是看论语，专只看论语；看孟子，专只看孟子。读这一章，更不看后章；读这一句，更不得看后句；这一字理会未得，更不得看下字"。说明"专一而功可成"③。义理虽在经书，但需要主观个体切己体察。"读六经时，只如未有六经，只就自家身上讨道理，其理便易晓。"④"凡读书，须有次序。且如一章三句，先理会上一句，待通透；次理会第二句，第三句，待分晓；然后将全章反复绅绎玩味。……须见得身分上有长进处，方为有益。如《语》《孟》二书……若要将来做切己事玩味体察，一日多看得数段，或一两段耳。"⑤

最后，如何解读经文内容、注解文字，如何注解经书。关于经文内容，朱熹主张先要熟读正文，然后看注解，注解中的训诂、考证名物也应仔细看；其后再读正文，才会有所得。"且先读十数过，已得文义四五分；然后看解，又得三二分；又却读正文，又得一二分。"⑥"须是将本文熟读，字字咀嚼教有味。若有理会不得处，深思之；又不得，然后却将注解看，方有意味。"⑦"学者观书，先须读得正文，记得注解，成诵精

---

① 黎靖德编：《朱子语类》，第195页。
② 黎靖德编：《朱子语类》，第187页。
③ 黎靖德编：《朱子语类》，第189页。
④ 黎靖德编：《朱子语类》，第188页。
⑤ 黎靖德编：《朱子语类》，第189页。
⑥ 黎靖德编：《朱子语类》，第190页。
⑦ 黎靖德编：《朱子语类》，第191页。

熟。注中训释文意、事物、名义，发明经指，相穿纽处，一一认得，如自己做出来底一般，方能玩味反复，向上有透处。"① 至于读经书过程中的疑问，朱熹提出参考诸家注解，尤其是诸家注解的差异之处，更当深思研究，得出结论。"若有疑处，须是参诸家解熟看。看得有差互时，此一段终是不稳在心头，不用放过。"②"凡看文字，诸家说有异同处，最可观。谓如甲说如此，且挦扯住甲，穷尽其词；乙说如此，且挦扯住乙，穷尽其词。两家之说既尽，又参考而穷究之，必有一真是者出矣。"③ 正文→注解→正文，如此反复阅读，最终达到"读书须细看得意思通融后，都不见注解，但见有正经几个字在"④，即不见注解，只见经文，自有所得的效果。

朱熹不仅思考如何解读经书，而且论证如何注解经书，他本人著有《四书章句集注》《周易本义》《诗集传》《仪礼经传通解》等。朱熹自述之所以自己注解经书，其原因在于诸家注解之书的弊病。"今之谈经者，往往有四者之病：本卑也，而抗之使高；本浅也，而凿之使深；本近也，而推之使远；本明也，而必使至于晦，此今日谈经之大患也。"⑤"后世之解经者有三：（一）儒者之经；（一）文人之经，东坡陈少南辈是也；（一）禅者之经，张子韶辈是也。"即经书注解类著作臆断穿凿，经义不明。注经者或以文字解读经文，如苏轼著有《易传》《书传》，朱熹评价"东坡书解却好，他看得文势好"⑥。陈少南即陈鹏飞，南宋绍兴年间进士，著有《书解》。叶适曾为其撰写《墓志铭》，称其"以经术文辞名当世，教学诸生数百人"⑦。或以禅义解读经文，如张九成，字子韶，著有《孟子传》。"九成之学出于杨时，又喜与僧宗杲游，故不免杂于释氏。"⑧正是因为谈经者主观臆断、解经者诠释方向各异，使得儒家经旨得不到

---

① 黎靖德编：《朱子语类》，第191页。
② 黎靖德编：《朱子语类》，第192页。
③ 黎靖德编：《朱子语类》，第192页。
④ 黎靖德编：《朱子语类》，第192页。
⑤ 黎靖德编：《朱子语类》，第193页。
⑥ 黎靖德编：《朱子语类》，第1986页。
⑦ 叶适：《水心集》卷13《陈少南墓志铭》，《四库全书（文渊阁本）》。
⑧ 张九成：《孟子传·提要》，《四库全书（文渊阁本）》。

彰显。所以，朱熹自己注解经书。那么，到底如何注解经书？朱熹认为：从消极层面讲，注经不应当过于关注文辞，任意添加或删除字词。"传注，惟古注不作文，却好看。只随经句分说，不离经意，最好。疏亦然。今人解书，且图要作文，又加辨说，百般生疑。故其文虽可读，而经意殊远。"① "解书之法，只是不要添字。"② 更不应当主观穿凿。"大抵某之解经，只是顺圣贤语意，看其血脉通贯处为之解释，不敢自以己意说道理也。"③ 从积极层面讲，解经者需要顺着经书作解，"将圣贤之语解开了"。其顺序是"先还他成句，次还他文义"④，因为"圣贤说出来底言语，自有语脉，安顿得各有所在"⑤。所以，注解经书关键在于文字通顺，义理通透。"解经不必做文字，止合解释得文字通，则理自明，意自足。今多去上做文字，少间说来说去，只说得他自一片道理，经意却蹉过了！"⑥ "解说圣贤之言，要义理相接去，如水相接去，则水流不碍。"⑦

可见，朱熹经学思想既注重从"四书"到"五经"、史书的读经顺序，或者说以"理"为中心，辐射经史。也对注经者、读经者提出较高要求。正是在这种背景下，朱熹"理"学框架中的《春秋》观逐渐呈现。

二 朱熹对《春秋》的整体看法

朱熹对《春秋》的整体看法，主要是指其对《春秋》性质、孔子作《春秋》的原因、《春秋》与"三传"的关系、解读《春秋》的方法等《春秋》学基本问题的看法。

从相关文献资料看，朱熹对于《春秋》的态度有前后两种不同的变

---

① 黎靖德编：《朱子语类》，第 193 页。
② 黎靖德编：《朱子语类》，第 2128 页。
③ 黎靖德编：《朱子语类》，第 1249 页。
④ 黎靖德编：《朱子语类》，第 194 页。
⑤ 黎靖德编：《朱子语类》，第 194 页。
⑥ 黎靖德编：《朱子语类》，第 2607 页。
⑦ 黎靖德编：《朱子语类》，第 437 页。

化。"熹之先君子好左氏书,每夕读之,必尽一卷乃就寝。故熹自幼未受学时已耳熟焉。及长,稍从诸先生长者问春秋义例,时亦窥其一二大者,而终不能自信于心。以故未尝敢措一词于其间。"① 此文作于绍熙庚戌(1190年),朱熹年六十一岁。从其自述中可知,少年朱熹受父亲"好左氏书"的影响,已对《左传》有所"耳熟"。后从师胡宪、刘勉之、刘子翚,也曾询问《春秋》义例。等到朱熹自己教徒授学,学生研究《春秋》并有疑问向老师请教,朱熹多是鼓励、引导,主张先研究《论语》《孟子》,"先须随事观理,反复涵泳令胸次开阔,义理贯通"②,即理明义精之后再治《春秋》。此正是朱熹经学思想的体现。晚年的朱熹虽认为《春秋》"无难晓处。只是据他有这个事在,据他载得恁地。但是看今年有甚么事,明年有甚么事,礼乐征伐不知是自天子出? 自诸侯出? 自大夫出? 只是恁地。"③ "如《春秋》,亦不是难理会底,一年事自是一年事。"④ 即肯定《春秋》的史书性质,但更多是感叹《春秋》"难读""难看""无理会处""有不可晓处"等。面对诸家注解穿凿《春秋》,朱熹直言:"今只眼前朝报差除,尚未知朝廷意思如何,况生乎千百载之下,欲逆推乎千百载上圣人之心! 况自家之心,又未如得圣人,如何知得圣人肚里事! 某所以都不敢信诸家解,除非是得孔子还魂亲说出。"⑤ "某尝说与学春秋者曰:'今如此穿凿说,亦不妨。只恐一旦有于地中得夫子家奴出来,说夫子当时之意不如此尔!'"⑥ 甚至放弃研读《春秋》,"《春秋》无理会处,不须枉费心力。吾人晚年,只合爱养精神,做有益身心工夫。如此等事,便可一笔勾断,不须起念。尽教它是鲁史旧文,圣人笔削,又干我何事邪?"⑦ 可见,朱熹对待《春秋》经历了"耳熟"→引导→"难读"→放弃四个阶段。

---

① 朱熹:《晦庵集》卷82《书临漳所刊四经后·春秋》,《四库全书(文渊阁本)》。
② 朱熹:《朱子全书》,朱杰人等主编,第22册,第2153页。
③ 黎靖德编:《朱子语类》,第2144页。
④ 黎靖德编:《朱子语类》,第1658页。
⑤ 黎靖德编:《朱子语类》,第2155页。
⑥ 黎靖德编:《朱子语类》,第2158页。
⑦ 朱熹:《朱子全书》,第25册,第4678页。

那么，朱熹所谓《春秋》"难读""难看"到底"难"在哪里，是否真正放弃研究《春秋》？

首先，关于孔子修作《春秋》的原因。《朱子语类》记载：

> 盖王者之政存，则"礼乐征伐自天子出"，故雅之诗自作于上，以教天下。王迹灭熄，则礼乐征伐不自天子出，故雅之诗不复作于上，而诗降而为国风。是以孔子作春秋，定天下之邪正，为百王之大法也。①

> 《春秋》只是直载当时之事，要见当时治乱兴衰，非是于一字上定褒贬。初间王政不行，天下都无统属；及五伯出来扶持，方有统属……到后来五伯又衰，政自大夫出。到孔子时，皇、帝、王、伯之道堕地。故孔子作春秋，据他事实写在那里，教人见得当时事是如此……②

> 《春秋》只据赴告而书之，孔子只因旧史而作春秋……大概自成襄已前，旧史不全，有舛逸，故所记各有不同。若昭哀已后，皆圣人亲见其事，故记得其实，不至于有遗处。③

由上述材料可知：第一，孔子修作《春秋》的基础在于旧史，鲁史《春秋》。以孔子生活的年代为标尺，《春秋》鲁国十二公中成公、襄公之前的旧史不完整，记录有差异；鲁昭公之后孔子亲历亲闻，所记属实。这里强调《春秋》的史书特性；第二，孔子作《春秋》的原因在于"见当时治乱兴衰"，即政权更迭、历史发展。周东迁以后王政衰落；至五霸，政自诸侯，后政自大夫。至孔子时，王权、霸权都无复存在。这里同样强调《春秋》的史学特性；第三，由《春秋》的事实判断到价值判断，王政存则"礼乐征伐自天子出"；王道衰，典章制度不出自天子，表现在文化典籍上即"自二南进而为二雅，自二雅退而为王风"，雅诗不

---

① 黎靖德编：《朱子语类》，第1350页。
② 黎靖德编：《朱子语类》，第2144—2145页。
③ 黎靖德编：《朱子语类》，第2146页。

作，退至与诸侯国同等地位的十五国风之王风。这一看法基本是对孙复"《诗》自黍离而降者，天下无复有雅也……春秋自隐公而始者，天下无复有王也"之观点的继承。所以，孔子作《春秋》"定天下之邪正，为百王之大法"，强调《春秋》的价值判断，具有永恒指导性。"问：'孔子作春秋，空言无补，乱臣贼子何缘便惧？且何足为春秋之一治？'曰：'非说当时便一治，只是存得个治法，使这道理光明灿烂，有能举而行之，为治不难。'"其中"百王之大法"继承了程颐《春秋》观点。

可见，朱熹认为孔子作《春秋》一方面是记录史实，以资借鉴，突出《春秋》史的特征；另一方面，《春秋》蕴含大义、永恒法则，突出《春秋》经的特征。《春秋》史实为基础，经义为实质。不难发现，朱熹的这些看法，基本上是对前辈学人《春秋》观的承继。

其次，《春秋》与"三传"的关系。"三传"是解释《春秋》经的《左传》《公羊传》《谷梁传》。朱熹认为"孔子作《春秋》，当时亦须与门人讲说，所以公谷左氏得一个源流，只是渐渐讹舛"①，"三传"同出圣门。孔子门人"惧其文（《春秋》）而泯没"，纷纷著书解说，力求保留圣人之义，只是在流传过程中渐渐有所讹谬。又，"三传"所同源，但各具特色。

> 左氏所传春秋事，恐八九分是。公谷专解经，事则多出揣度。②
> 春秋制度大纲，左传较可据，公谷较难凭。③
> 李丈问："左传如何？"曰："左传一部载许多事，未知是与不是。但道理亦是如此，今且把来参考。"问："公、谷如何？"曰："据他说亦是有那道理，但恐圣人当初无此等意……"④
> 左氏传是个博记人做，只是以世俗见识断当它事，皆功利之说。公谷虽陋，亦有是处，但皆得于传闻，多讹谬。⑤

---

① 黎靖德编：《朱子语类》，第 2152 页。
② 黎靖德编：《朱子语类》，第 2151 页。
③ 黎靖德编：《朱子语类》，第 2151 页。
④ 黎靖德编：《朱子语类》，第 2151 页。
⑤ 黎靖德编：《朱子语类》，第 2151 页。

国秀问三传优劣。曰:"左氏曾见国史,考事颇精,只是不知大义,专去小处理会,往往不曾讲学。公谷考事甚疏,然义理却精。二人乃是经生,传得许多说话,往往都不曾见国史。"①

以三传言之,左氏是史学,公、谷是经学。史学者记得事却详,于道理上便差;经学者于义理上有功,然记事多误。②

上述材料说明:在朱熹看来,《左传》作者曾亲见国史而擅长记载史实,属于史学,但某些事件的真实性有待考证,事件中的大义也有欠缺;《公羊传》《谷梁传》二书作者是经生,口传圣人要义,擅长说理,属于经学,但所记史实有误,义理也有臆断之处。即便是《公》《谷》都长与义理,仍有不同之处。有弟子疑惑《公》《谷》内容相似,朱熹认为二书作者"皆是齐鲁间儒,其所著之书,恐有所传授"③,但多有揣度,与圣人之意有差舛。"公、谷甚不好,然又有甚好处……何休注甚谬。"④"公羊说得宏大……谷梁虽精细,但有些邹搜狭窄。"⑤"公羊是个村朴秀才,谷梁又较黠得些。"⑥也就是说,《公羊传》主旨宏伟,语言朴实,东汉经学家何休注解《公羊》有谬误;《谷梁传》内容精细,但境界狭窄,语言圆滑。

"三传"中,朱熹对《左传》评论较多,涉及《左传》性质、作者、成书年代、读《左传》的方法等。如前所述,朱熹提倡从史学角度理解《春秋》,主张参考史学典籍《左传》,了解历史事件及圣人笔削大义。"看春秋,且须看得一部左传首尾意思通贯,方能略见圣人笔削,与当时事之大意。"⑦ 在诸多史书中,朱熹倡导"先读《史记》,《史记》与《左传》相包。次看《左传》,次看《通鉴》"⑧。因为《史记》《左传》等史

---

① 黎靖德编:《朱子语类》,第2151页。
② 黎靖德编:《朱子语类》,第2151页。
③ 黎靖德编:《朱子语类》,第2153页。
④ 黎靖德编:《朱子语类》,第2153页。
⑤ 黎靖德编:《朱子语类》,第2153页。
⑥ 黎靖德编:《朱子语类》,第2153页。
⑦ 黎靖德编:《朱子语类》,第2148页。
⑧ 黎靖德编:《朱子语类》,第195页。

书中记载的历史事件贯穿始终，便于阅读。至于《左传》作者与成书时间，朱熹推测作者为左姓人，楚国人，成书于秦时期。"左氏是楚左史倚相之后，故载楚史较详。国语与左传似出一手……左氏必不解是丘明，如圣人所称，煞是正直底人。……或云，左丘明，左丘其姓也。左传自是左姓人作。又如秦始有腊祭，而左氏谓'虞不腊矣'！是秦时文字分明。"① 又，《朱子语类》中多次记载朱熹对《左传》作者的评价，称其为"趋炎附势之人""趋利避害之人"。"左氏之病，是以成败论是非，而不本于义理之正。尝谓左氏是个猾头熟事，趋炎附势之人。"②"左氏是一个审利害之几，善避就底人，所以其书有贬死节等事。其间议论有极不是处：如周郑交质之类，是何议论！其曰：'宋宣公可谓知人矣，立穆公，其子飨之，命以义夫！'只知有利害，不知有义理。"③"左氏乃一个趋利避害之人，要置身于稳地，而不识道理，于大伦处皆错。"④ 在朱熹看来，《左传》作者见识卑浅，记载事件、人物多讲利害、成败等表象，缺少义理指导。所以，称其为"趋利避害之人"。那么，如何读《左传》？朱熹主张以《左传》中的史实为基础，解读历史事件的情理、时势，"平心看那事理、事情、事势"，并以鲁国十二公为例，具体说明其中的道理世变。"春秋十二公时各不同。如隐威之时，王室新东迁，号令不行，天下都星散无主。庄僖之时，威文迭伯，政自诸侯出，天下始有统一。宣公之时，楚庄王盛强，夷狄主盟，中国诸侯服齐者亦皆朝楚，服晋者亦皆朝楚。及成公之世，悼公出来整顿一番，楚始退去；继而吴越又强入来争伯。定哀之时，政皆自大夫出，鲁有三家，晋有六卿，齐有田氏，宋有华向，被他肆意做，终春秋之世，更没奈何。"⑤《春秋》政权更迭、历史发展情况如表5—1：

---

① 黎靖德编：《朱子语类》，第2147页。
② 黎靖德编：《朱子语类》，第2149页。
③ 黎靖德编：《朱子语类》，第2149—2150页。
④ 黎靖德编：《朱子语类》，第2959页。
⑤ 黎靖德编：《朱子语类》，第2148—2149页。

表 5—1　　　　　　　　《春秋》政权更迭情况

时期	特　征
隐、桓	王室东迁，号令不行，天下无主
庄、僖	齐桓、晋文称霸，政自诸侯
宣	楚庄强盛，夷狄主盟
成	晋国霸业复兴，吴、越争霸
定、哀	政自大夫

不难发现，朱熹对"三传"尤其是《左传》的看法基本是对前辈学人如刘敞经传观、苏辙道势观的继承，并进一步作出详细分析。

最后，如何解读《春秋》。在朱熹看来，读《春秋》的前提是熟读《论语》《孟子》等"四书"，义理贯通。"前辈以为此乃学者最后一段事，盖自非理明义精，则止是较得失、考同异……不若只看《论语》，用年岁工夫，却看证候浅深，别作道理。然但《论语》中看得有味，余经亦迎刃而解矣。"① "此经固当以类例相通，然亦先须随事观理，反复涵泳，令胸次开阔，义理贯通，方有意味……看《春秋》外，更诵《论》、《孟》，及看《近思录》等书以助其趣乃佳。若只如此实恐枯燥，难见功耳。"② 这一观点正是朱熹重"四书"、倡义理经学思想的体现。义理贯通不仅是理论知识的积累，更是切己体会、实践工夫，而《春秋》并非切己之书。弟子路德章有意编集《春秋》，朱熹反复书信劝导"《春秋》想亦不辍用功，此文字未为切己"③ "读书为学本以治心，今乃不惟不能治之，而乃使向外奔驰，不得休息，以至于反为之害……"④ 弟子曼渊在拜师之前研读《春秋》，朱熹同样指出"《春秋》是学者末后事，惟是理明义精，方见得"，认为"《春秋》是言天下之事。今不去理会身己上事，却去理会天下之事，到理会得天下事，于身己上却不曾处置得"，教导其

---

① 朱熹：《朱子全书》，第 22 册，第 1765 页。
② 朱熹：《朱子全书》，第 22 册，第 2153 页。
③ 朱熹：《朱子全书》，第 22 册，第 2561 页。
④ 朱熹：《朱子全书》，第 22 册，第 2562 页。

"先要理会自己本分上事"。①

那么，理明义精之后再如何读《春秋》？

> 此书（《春秋》）虽云本根天理，然实与人事贯通，若不稽考事迹，参以诸儒之说，亦未易明也。②
>
> 《春秋》一经从前不敢容易令学者看，今恐亦可渐读正经及三传，且当看史功夫，未要便穿凿说褒贬道理。③
>
> 问读春秋之法，曰："无它法，只是据经所书之事迹，准折之以先王之道……自将道理折衷便见。如看《史记》……只将自家平日讲明底道理去折衷看便见，看《春秋》亦如此。只是圣人言语细密，要人子细斟量考索耳……"④
>
> 问《春秋》当如何看。曰："只如看史样看。"曰："程子所谓以传考经之事迹，以经别传之真伪，如何？"曰："便是亦有不可考处。"曰："其间不知是圣人果有褒贬否？"曰："也见不得……圣人亦只因国史所载而书之耳，圣人光明正大，不应以一二字加褒贬于人，若如此屑屑求之，恐非圣人之本意。"⑤

由上述材料可知：解读《春秋》，一是应当熟悉历史事、人物，把《春秋》当史书看，"稽考事迹""且当看史功夫""据经所书之事迹""只如看史样看"；二是《春秋》经本身文字简略，需要参考"三传"、诸家注解之书。即使是前人观点，如程颐对《春秋》经传的认识，也应当保持怀疑；三是如何评价史实、历史人物？以"先王之道"、义理为评判标准，"将自家平日讲明底道理去折衷"，这一观点与朱熹的经学思想相一致；四是《春秋》存在义例，"《春秋》之有例固矣"，但"非夫子

---

① 黎靖德编：《朱子语类》，第 2789 页。
② 朱熹：《朱子全书》，第 22 册，第 1731 页。
③ 朱熹：《朱子全书》，第 23 册，第 2920 页。
④ 黎靖德编：《朱子语类》，第 1318 页。
⑤ 黎靖德编：《朱子语类》，第 2148 页。

之为也"①。所以，朱熹反对以例法褒贬解经。"若欲推求一字之间，以为圣人褒善贬恶专在于是，窃恐不是圣人之意。"② 甚至与以日月例解经相比，朱熹更倾向于以义理穿凿。"或有解《春秋》者，专以日月为褒贬，书时月则以为贬，书日则以为褒，穿凿得全无义理！若胡文定公所解，乃是以义理穿凿，故可观。"③ 即在一定程度上肯定胡安国《春秋传》。

需要说明的是，上述朱熹解读《春秋》的方法，受到其师李侗的影响。不同的是，李侗解读《春秋》，提倡胡安国的《春秋传》，认为其"设张罗落者大"；朱熹虽提倡参考诸家注解，但均表示怀疑。如认为程颐某些说法"有不可考处"，胡安国《春秋传》"多臆度说""有太过处"，以至于直言"不敢信诸家解，除非是得孔子还魂亲说出"④。其中的原因，或可解释为：李侗平生不著书，不作文，恬淡安适，其学说主要是修养论、工夫论，而"短于辨论邪正"（朱熹评价老师所言），故解《春秋》以胡安国《春秋传》为主；朱熹则创建完整的理学体系，以多闻阙疑的治学精神评价前人学说，故对前辈学人《春秋》注解谨慎分析，合理吸收。

以上是朱熹对《春秋》的整体看法，包括孔子作《春秋》的原因、《春秋》与"三传"的关系、解读《春秋》的方法。这些观点大多是对前人《春秋》观的继承和进一步细化。如前所述，朱熹虽屡次强调《春秋》难看、难理会，但这种"难"是建立在博览经注、刻苦精研《春秋》之后的心得体会，尤其是朱熹谈论《春秋》之语多在其五十岁以后至晚年，我们或许更能理解朱熹的苦心孤诣。朱熹四十九岁时，弟子余大雅问道："先生于二《礼》《书》《春秋》未有说，何也？"曰："《春秋》是当时实事，孔子书在册子上。后世诸儒学未至，而各以己意猜传，正横渠所谓'非理明义精而治之，故其说多凿'，是也。唯伊川以为'经世之大法'，得其旨矣。然其间极有无定当、难处置处，今不若且存取胡

---

① 黎靖德编：《朱子语类》，第 2147 页。
② 黎靖德编：《朱子语类》，第 2145 页。
③ 黎靖德编：《朱子语类》，第 2146 页。
④ 黎靖德编：《朱子语类》，第 2155 页。

文定本子与后来看，纵未能尽得之，然不中不远矣。"① 朱熹一生探究天理，精研经书，时已著有《易传》《诗集解》。对于《礼》，朱熹做过礼仪制度的汇编修订；对于《书》，朱熹也有单篇论述及与弟子的问答；对于《春秋》，朱熹只是只言片语。"五经"中，朱熹没有《礼》《书》《春秋》方面的专著，故其弟子有此问。而朱熹之所以未注解《春秋》，一方面是因为《春秋》文本本身史实难以考证，另一方面《春秋》类注解多穿凿臆说，乱象丛生，《春秋》大义不明。朱熹六十四岁后，弟子张洽问《春秋》《周礼》疑难之处。朱熹认为："此等皆无佐证，强说不得。若穿凿说出来，便是侮圣言。不如且研穷义理，义理明，则皆可遍通矣。"② 应该说，朱熹晚年有意研究《礼》，如曾草拟《仪礼经传通解》，其卒后由其弟子黄榦、杨复等续撰成书。③ 与《礼》的这种"待遇"相比，朱熹对《春秋》依旧片言只语。对于《春秋》《礼》中的疑难，朱熹仍旧强调史料不足之客观原因，仍旧主张先明义理再研究经文，反对臆断。可以断定，在朱熹庞大的理学体系中，"四书"是基础，"五经"之中的《春秋》有其独特之难：《春秋》经文简略，难于考证；《春秋》诸家注疏多臆凿之弊病，难以参考。由此，朱熹也就难以解读《春秋》著书成说，甚至劝弟子放弃《春秋》研究。有学者指出：朱熹"实非不曾精研《春秋》，乃是精研后劝人勿枉费心力耳"④。不失为的论。可谓笃论矣。

三 朱熹对《春秋》具体经文的理解

朱熹虽数次指出《春秋》之"难"，但仍对《春秋》部分经文作出了具体解释。《朱子语类》卷八十三记录朱熹与弟子之间关于《春秋》的问答，按顺序标记共一百三十三条，其中六十条至一百二十二条是朱熹解读诸条经文、传文。涉及的《春秋》经文、《左传》《公羊传》《谷梁

---

① 黎靖德编：《朱子语类》，第2175—2176页。
② 黎靖德编：《朱子语类》，第2148页。
③ 参见束景南《朱熹年谱长编》，华东师范大学出版社2001年版，第1287—1289页。
④ 钱穆：《朱子新学案》，台湾：九州出版社2011年版，第105页。

传》分布情况如下表①：

表 5—2　　　　　　朱熹解读《春秋》经文、传文情况

	条目	合计	备注
《朱子语类》与《春秋》经文相对应情况	66/67 - 隐 1 - 3，68 - 隐 2 - 8，69 - 隐 4 - 2，70 - 隐 5 - 1，71 - 隐 6 - 1，73 - 桓 4/桓 7，74 - 桓 6 - 4，75 - 桓 17 - 6，76 - 庄 16 - 4，77 - 庄 10 - 5，78 - 闵 1 - 4，79/80/81 评价季友，82/83/84 评价齐桓公，85 - 僖 5 - 4，86 - 僖 9 - 6，87 - 僖 10 - 3，88 - 僖 11 - 1，89 - 僖 21 - 2，90 - 僖 25 - 2，91 - 文 2 - 2，92 - 文 4 - 7，93 - 文 8 - 6，94 - 宣 1 - 2，97 - 宣 15 - 1/宣 15 - 2，100/101 - 成 18 - 2，117 - 哀 14 - 1，（僖 28 - 16，昭 19 - 2，定 14 - 10，哀 2 - 4）	30	1. 桓4、桓7 中无秋冬，朱熹对此作出解释 2. 僖 28 - 16 "天王守于河阳"，昭 19 - 2 "许世子止弑其君买"是朱熹与张洽的书信中提及的，并不存于《朱子语类》中 3. 定 14 - 10、哀 2 - 4 是《朱子语类》卷 34 与卷 43 中解读《论语》中提及
《朱子语类》与《左传》相对应情况	91 - 文 2 - 5，95 - 宣 2 - 4，96 - 宣 12 - 2，98 - 成 2 - 3，99 - 成 13 - 2，103 - 襄 9 - 3，104 - 襄 11 - 5，105 - 襄 14 - 1，106/107/108 - 襄 29 - 13，109 - 昭 6 - 3，110/111 - 昭 12 - 11，112/113 - 昭 26 - 11，114 - 定 4 - 3，115 - 定 10 - 2，116 - 定 12 - 2	15	1. 朱熹注解《左传》条目参考杨伯峻《春秋左传注》，中华书局 2009 年版 2. 宣 12 - 2 解释词义；襄 9 - 3 考证词句渊源；襄 11 - 5 考证词义注音；昭 12 - 11 解释字义
《朱子语类》与《公羊传》相对应情况	119 - 隐 5 - 4	1	朱熹解《公羊传》条目参考顾馨、徐明校点《春秋公羊传》，辽宁教育出版社 1997 年版
《朱子语类》与《谷梁传》相对应情况	122 - 庄 1 - 2	1	朱熹解《谷梁传》条目参考顾馨、徐明校点《春秋谷梁传》，辽宁教育出版社 1997 年版

---

①　参见杨伯峻《春秋左传注》中对每条经文作标记，以便查检，此表借鉴这种方法。隐 1—1 表示隐公元年第一条经文，以此类推。

由上表可知：从数量上看，朱熹解释《春秋》经文条目较多，解"三传"条目较少，这种重经轻传的学术特点是和北宋以至南宋的疑经变古新学风相一致的。从所属《春秋》十二公的分布来看，朱熹解《春秋》经条目多集中于隐、桓、僖、宣等，解《左传》条多集中于襄、昭、定等。这种不同或许可以解释为：朱熹曾指出：鲁成公、襄公以前"旧史不全，有舛逸，故所记各有不同"；而鲁昭公、哀公以后，"皆圣人亲见其事，故记得其实，不至于有遗处"①。所以，朱熹注解的《春秋》经文多在鲁成公、襄公以前，且对其中经文内容有所评论；注解的《左传》传文多在鲁襄公、昭公以后，且对传文内容或解释字义，或考证注音。

朱熹对《春秋》相关经文、传文的解读，大体分为两类：一类是朱熹自解，即依据经史作出怀疑；判断、推测等，多涉及伦理纲常；一类是朱熹他解，即或评价《春秋》注解，或由《春秋》相关经文、传文引申至时事评论，多涉及华夷关系。这两类解读看似不相关，实际都是朱熹天理观在学术、政治、社会等领域的呈现。

（一）朱熹自解内容。主要是《春秋》开篇的历法、即位问题，君臣、父子伦常关系，以及《春秋》末篇对"西狩获麟"的解释。

首先，关于《春秋》开篇正朔和即位问题。正朔是《春秋》记事所采用的历法，衍伸至正统论。有弟子劝朱熹注解《春秋》，朱熹直言《春秋》"实看不得"，"劈头一个'王正月'，便说不去"。以朱熹的理论水平和学术素养都认为《春秋》开篇难解，可见正朔问题的难度之大。胡安国《春秋传》中解"春王正月"提出"夏时冠周月"之论，即"周月"借用夏历之"正月"所对应的"春"②，孔子书"元年春王正月"是"特笔"。对此观点，杨时在与胡安国的通信中曾提出批评，"改正朔恐圣人不为也"③。如果说杨时的批评更多是交流、疑惑，那么朱熹对胡安国"夏时冠周月"的批评更为具体，呈现阶段性特征，有理有据。

---

① 黎靖德编：《朱子语类》，第2146页。
② 参见赵伯雄《春秋学史》，山东教育出版社2014年版，第380—384页。
③ 参见黄觉弘《唐宋〈春秋〉佚著研究》，中华书局2014年版，第185页。

《春秋》正朔事，比以《书》考之，凡书月皆不著时，疑古史记事例只如此。至孔子作《春秋》，然后以天时加王月，以明上奉天时，下正王朔之义，而加春于建子之月，则行夏时之意亦在其中。观伊川先生、刘质夫之意，似是如此。但"春秋"两字乃鲁史之旧名，又似有所未通。(《与张敬夫》)①

《春秋》书正，据伊川说则只是周正建子之月，但非春而书春，则夫子有行夏时之意，而假天时以立义耳。文定引《商书》"十有二月"、汉史"冬十月"为证，以明周不改月，此固然矣。然以《孟子》考之，则七、八月乃建午、建未之月，暑雨苗长之时；而十一月、十二月乃建戌、建亥之月，将寒成梁之候。又似并改月号，此又何耶？或是当时二者并行，惟人所用，但《春秋》既是国史，则必用时王之正。其比《商书》不同者，盖后世之弥文；而秦汉直称十月者，则其制度之阔略耳。(《答吴晦叔》)②

三代正朔，以元祀十有二月考之，则商人但以建丑之月为岁首而不改月号；(时亦必不改也) 以《孟子》七八月、十一月、十二月之说考之，则周人以建子之月为正月而不改时，以《书》"一月戊午"、"厥四月哉生明"之类考之，则古史例不书时；以程子"假天时以立义"之云考之，则是夫子作《春秋》时特加此四字以系年，见行夏时之意。若如胡《传》之说，则是周亦未尝改月，而孔子特以夏正建寅之月为岁首，月下所书之事却是周正建子月事。自是之后，月与事常相差两月。恐圣人制作之意不如是之纷更烦扰，其所制作亦不如是之错乱无章也。愚见如此，而考之刘质夫说，亦云先书"春王正月"而后书二百四十二年之事皆天理也，似亦以春字为夫子所加。但鲁史本谓之《春秋》，则又似元有此字。而杜元凯《左传后序》载《汲冢竹书》乃晋国之史，却以夏正建寅之月为岁首，则又似胡氏之说为可据。(《答林择之》)③

---

① 朱熹:《朱子全书》, 第21册, 第1330页。
② 朱熹:《朱子全书》, 第21册, 第1908页。
③ 朱熹:《朱子全书》, 第22册, 第1971—1972页。

三代正朔，胡氏《春秋传》已有此论，然郑康成、杜元凯说亦不可废。盖三代虽不改时与月，而《春秋》纪春无冰为异，则固以周正纪事也。石林叶氏又考《左传》所记祭足取麦、谷邓来朝三事，以为《经》《传》所记，有例差两月者。是经用周正，而《传》取国史，有直自用夏正者，失于更改也。《诗》中月数多用夏正者，《书金縢》"秋大熟"，亦是夏时，此为不改时月之验甚明。但《孟子》所谓七八月乃五六月，所谓十一月十二月乃九月十月，为不可晓，此亦宜当阙之耳。(《跋李少膺胜说》)[1]

上述材料为朱熹思考正朔问题的第一阶段。这一阶段朱熹更多是疑惑、考证，用"似有未通""又似并改月号""又似胡氏之说为可据"等不确定性文字表达。比较上述四段材料可以发现，朱熹对胡安国"夏时冠周月"说法的考证越来越细致，尤其对周人是否改月、时不甚确定，引用的论据既包括前辈学人东汉郑玄、西晋杜预、北宋理学家程颐、刘绚、叶梦得等观点，也包括经典古籍《尚书》《诗》《孟子》等，进而对此观点也越来越怀疑。归根结底，朱熹对胡安国"夏时冠周月"之说时而认同，时而否定，且均有据可循。

前书所谕周正之说，终未稳当。《孟子》所谓七、八月，乃今之五、六月，所谓十一月、十二月，乃今之九月、十月，是周人固已改月矣。但天时则不可改，故《书》云"秋大熟未获"，此即正是今时之秋。盖非酉、戌之月，则未有以见夫岁之大熟而未获也。以此考之，今《春秋》月数乃鲁史之旧文，而四时之序则孔子之微意。伊川所谓"假天时以立义"者，正谓此也。若谓周人初不改月，则未有明据，故文定只以商、秦二事为证。以彼之博洽精勤所取犹止于此，则无它可考必矣。今乃欲以十月陨霜之异证之，恐未足以为不改月之验也。盖陨霜在今之十月，则不足怪，在周之十月，则为异矣，又何必史书八月然后为异哉？况鲁史不传，无以必知其然，

---

[1] 朱熹：《朱子全书》，第24册，第3836页。

不若只以《孟子》《尚书》为据之明且审也。若尚有疑，则不若且阙之之为愈，不必强为之说矣。(《答吴晦叔》)①

某亲见文定公家说，文定春秋说夫子以夏时冠月，以周正纪事。谓如"公即位"，依旧是十一月，只是孔子改正作"春正月"。某便不敢信。恁地时，二百四十二年，夫子只证得个"行夏之时"四个字。据今周礼有正月，有正岁，则周实是元改作"春正月"。夫子所谓"行夏之时"，只是为他不顺，欲改从建寅。如孟子说"七八月之间旱"，这断然是五六月；"十一月徒杠成，十二月舆梁成"，这分明是九月十月。②

上述第一段材料中"前书所论周正之说"正是指前文《答吴晦叔》，当时朱熹对周人是否改月并无定论，也即"终未稳当"，所以才有此书信。此信中朱熹从正、反两个层面反复论证周人已改月，即一方面从《孟子》《尚书》等典籍及程颐观点证明周人改月，《春秋》中月数是旧史所书，四时顺序有孔子笔削之意；另一方面指出胡安国所谓周人不改月的证据不足。同博览群书的胡安国相比，吴晦叔提出的"十月陨霜"不足为据。何况鲁史原文不存，无从考证。所以，在这种情况下，朱熹提出以《孟子》《尚书》为依据。再退一步讲，关于周人是否改月这个问题可以存而疑之，不可勉强揣度。又，朱熹在与其他弟子讨论《春秋》正朔历法时，明确表明立场：胡安国所谓"以夏时冠月，以周正纪事"的说法"不敢信"，肯定周人已改月。

可见，这一阶段的朱熹对胡安国提出的周人不改月问题持否定态度，但仍旧保持其怀疑、严谨的学术精神。

问："'春王正月'，是用周正？用夏正？"曰："两边都有证据，将何从？某向来只管理会此，不放下，竟担阁了。吾友读书不多，

---

① 朱熹：《朱子全书》，第 22 册，第 1910 页。
② 黎靖德编：《朱子语类》，第 2159 页。

不见得此等处。某读书多后,有时此字也不敢唤做此字⋯⋯"①

仁甫问:"伊川说'若一事穷不得,须别穷一事',与延平之说如何?"曰:"这说自有一项难穷底事,如造化、礼乐、度数等事,是卒急难晓,只得且放住。且如所说春秋书'元年春王正月',这如何要穷晓得?若使孔子复生,也便未易理会在。须是且就合理会易所在理会。⋯⋯"②

上述第一段材料中,关于《春秋》开篇"春王正月"的解释,朱熹仍旧存疑,只是这种疑惑与前一阶段的怀疑截然不同。"某向来只管理会此,不放下,竟担阁了",即如前所述,朱熹在学术考证、交流中对"春王正月"的历法问题陷入两难,不知所以。为什么会有这种状态,朱熹解释为"吾友读书不多",学术视野不够开阔,以至于妨碍其穷理、格物。正是因为"读书多后",朱熹认为《春秋》开篇的周正、夏正问题可以疑而不论,暂且放下。

第二段材料是比较程颐与李侗的格物工夫论时涉及《春秋》"春王正月"。关于二人格物论,不在本书讨论范围,暂且不作详细论述。从朱熹解释中可以看出:程颐所谓"若一事穷不得,须别穷一事"适用于难穷的事,《春秋》开篇"元年春王正月"即属于此类。即使孔子复生,也不易理解。所以"只得且放住"。

可见,关于"春王正月"的历法问题,这一阶段的朱熹提出"且放住",存疑而不论。这种学术态度恰是建立在前两阶段的论证、否定、怀疑等基础之上的,也从另一角度说明朱熹理学思想的发展过程。

由上可知,关于《春秋》的历法问题,朱熹的认识经历了三个阶段,从周人改月与不改月的徘徊,到肯定周人改月,否定胡安国所解,再到"且放住"的存而不论。三个阶段是递进的层次,既说明朱熹严密谨慎的考证和怀疑精神,也是其理学思想发展的侧面反映,同样再一次证明朱熹所谓《春秋》之"难"是其精研细读《春秋》后的体会。

---

① 黎靖德编:《朱子语类》,第 2158 页。

② 黎靖德编:《朱子语类》,第 398 页。

关于即位问题，朱熹谈论较少。胡安国《春秋传》解释鲁桓公元年"公即位"，提到"周公即政而谓之摄"。朱熹对此提出批评，"胡文定说春秋'公即位'，终是不通。且逾年即位，凶服如何入庙？胡文定却说是冢宰摄行。他事可摄，即位岂可摄"①。朱熹晚年，在与龚惟微通信中同样表达对《春秋》即位问题的看法。"来谕以为他处皆可执其一说以为据，独即位之说为难通，愚恐其所执之说未必圣人之真意，而非独即位之说为无据也。若只欲为场屋计，则姑取其近似而不害理者用之；若欲真实为学，则不若即他书之易知者而求之，庶明白而不差也。"②龚惟微的疑惑在于《春秋》涉及的其他问题都有据可循，唯独"即位"之说难以理解。朱熹提出两点：一是认可《春秋》一些问题如"即位"的理解困难，即使解读也与圣人之义有偏差；二是建议龚惟微或参考《春秋》诸家中近似合理的注解以备科考，或研读其他经书以求切己之学。这种建议与前文所述其对《春秋》的整体看法是一致的，即朱熹精心研读过《春秋》，对《春秋》经文本身之"难"及诸家注解的烦琐与矛盾有所了解。因此，朱熹晚年与弟子、友人的通信中多次规劝他们研治其他经籍。

其次，关于君臣、父子伦常关系。君臣关系涉及"尊王"，北宋学人多有论述，如前所述。朱熹肯定《春秋》主旨包含"尊王"，即"诛乱臣，讨贼子""贵王贱伯"③"明君臣上下之分"④。其论"尊王"以史实为基础，以天理或理的种种表现为评判标准，评价齐桓公、晋文公两位霸主。

> 当时天下大乱，圣人且据实而书之……齐桓晋文所以有功于王室者，盖当时楚最强大，时复加兵于郑，郑则在王畿之内；又伐陆浑之戎，观兵周疆，其势与六国不同。盖六国势均力敌，不敢先动。楚在春秋时，他国皆不及其强；向非威文有以遏之，则周室为其所

---

① 黎靖德编：《朱子语类》，第 2159 页。
② 朱熹：《朱子全书》，第 23 册，第 2812 页。
③ 黎靖德编：《朱子语类》，第 2144 页。
④ 黎靖德编：《朱子语类》，第 1658 页。

并矣。①

春秋书"会王世子",与齐威公也。②

《春秋》熹所未学,不敢强为之说。然以人情度之,天王狩于河阳恐是当时史策已如此书。盖当时周室虽微,名分尚在,晋文公召王固是不顺,然史策所书想必不敢明言晋侯召王也……③

三段材料涉及的是《春秋》学中常见的齐桓、晋文的评价问题。胡安国《春秋传》从义利角度作出评述,"美桓公志义,卒有救患之功也"(僖公元年"齐师宋师曹师城邢")。"《春秋》明道正义,不急近功,不规小利,于齐桓晋文之事有所贬而无过褒以此。"(僖公十八年"秋八月丁亥葬齐桓公")朱熹同样肯定齐桓公保全周王室,维护中原形式上统一之功业。其分析的角度注重"据实而书""史策",并强调"势",即当时诸侯国与周王室的情况,"楚最强大""周室虽微,名分尚在"。

问:"威文亦须有德礼,如《左传》所云。"曰:"它只是借德礼之名出做事,如大搜以示之礼,伐原以示之信,出定襄王以示之义。它那曾有躬行德礼之实!这正是有所为而为之也。圣人是见得自家合著恁地躬行,那待临时去做些。"④

……此齐桓不得不尊周,亦迫于大义不得不然。夫子笔之于经,以明君臣之义于万世,非专为美桓公也……⑤

从两段材料的内容看,朱熹分析当时形势,指出齐桓公尊周的实质,"借德礼之名出做事""亦迫于大义不得不然"。也就是说齐桓尊周一方面基于当时形势的分析选择,另一方面最终目的是谋求霸主的政治地位。以圣人知行合一的标准来看,齐桓所谓仁德礼义只是工具,具有目的性、

---

① 黎靖德编:《朱子语类》,第2149页。
② 黎靖德编:《朱子语类》,第23册,第2165页。
③ 朱熹:《朱子全书》,第2987—2988页。
④ 黎靖德编:《朱子语类》,第550页。
⑤ 朱熹:《朱子全书》,第24册,第3532页。

暂时性。

可见，对于《春秋》中的"尊王"问题，前辈学人如孙复、刘敞、孙觉等大都强调所尊之"王"并非现实中个体值君王，而是尊王道、法则。朱熹讨论"尊王"，既尊重史书记载，重视事实判断；又以此为基础，分析事件或人物，以天理为评判标准，作出价值判断。或者说，朱熹对待历史事件和人物，突出"势"、纲常名分，而"势"、纲常名分正是天理的表现之一。"所谓势者，乃自然之理势，非不得已之势也"①，"势"本身内含其理，有其必然性。"'天分'，即天理也。父安其父之分，子安其子之分，君安其君之分，臣安其臣之分，则安得私！"② 即纲常伦理是天理的现实呈现。

至于诸侯国内的君臣关系，朱熹一方面对历史事件提出怀疑，作出推测；另一方面根据史实、依据天理评价历史人物。

如闵公元年"季子来归"，"三传"普遍解为"嘉之也"，肯定季友的贤德。唐陆淳也明确指出书"季子来归"是"善其归"。③ 北宋学人也多有类似评价，刘敞《春秋传》解为"贤之""贵之"，孙觉《春秋经解》也称"善其返"，苏辙《春秋集解》注为"喜之也"，胡安国《春秋传》称"旌其贤"。④ 无怪乎朱熹讲："诸家都言季友'来归'，为圣人美之之辞。"⑤ 学人们赞美季友归鲁的原因大体一致，即季友自身的道德素养和平定叛乱、稳定政局的能力。对此，朱熹则提出质疑，并根据史书记载，作出判断。学生问季友为人，朱熹回答："此人亦多可疑。"⑥ "纵失庆父之罪小，而季子自有大恶。今春秋不贬之，而反褒之，殆不可晓。"⑦ 进而朱熹推测，"《春秋》书'季子来归'，恐只是因旧史之文书之，如此宽看尚可"。"当时鲁国内乱，得一季子归国，则国人皆有慰望

---

① 黎靖德编：《朱子语类》，第3303页。
② 黎靖德编：《朱子语类》，第2449页。
③ 陆淳：《春秋集传微旨》，闵公元年"季子来归"条，《四库全书（文渊阁本）》。
④ 参见刘敞《春秋传》、孙觉《春秋经解》、苏辙《春秋集解》、胡安国《春秋传》中闵公元年"季子来归"条。
⑤ 黎靖德编：《朱子语类》，第2163页。
⑥ 黎靖德编：《朱子语类》，第2163页。
⑦ 黎靖德编：《朱子语类》，第2162页。

之意，故鲁史喜而书之。夫子直书史家之辞。""只是旧史书之，圣人因其文而不革。所以书之者，欲见当时事迹，付诸后人之公议耳。"① 即"季子来归"条是孔子在修作《春秋》时直取鲁史《春秋》，没有作修改。这种记载方式目的是如实而书，留待后人评价。可见，朱熹依旧是以史解《春秋》。又，根据史书记载，朱熹评价季友：鲁国内乱，国人寄希望于季友有所整顿和改变，所以鲁史"喜而书之"。"然季子罪恶与庆父一般""它自身上罪大，亦治庆父不得""'成风闻季氏之繇，乃事之'。左氏记此数句，亦有说话。……此等人皆鲁国之贼耳！"② 甚至从长远的历史过程看，季友归鲁正是"季氏得政，权去公室之渐"，"正是圣人著季氏所以专国为祸之基"③，季氏专政鲁国由此开始。

总之，关于"季子来归"，朱熹反对前人褒奖赞美之词，认为"季子之在鲁，不过有立僖之私恩耳，初何有大功于鲁！又况通于成风，与庆父之徒何异？然则其归也，何足喜？盖以启季氏之事而书之乎！"④ 即季友政治上有私心、私欲，生活作风不端正，各方面违背人伦纲常。在义理的标准下，季友乏善可陈。

又如晋献公时臣子里克、荀息之事。僖公九年"冬，晋里克杀其君之子奚齐"，僖公十年"晋里克弑其君卓及其大夫荀息""晋杀其大夫里克"。⑤ 如何评价这些历史事件和人物？

> 晋里克事，只以《春秋》所书，未见其非。《国语》载骊姬阴托里克之妻，其后里克守不定，遂有中立之说。他当时只难里克，里克若不变，太子可安。由是观之，里克之罪明矣。后来杀奚齐卓子，亦自快国人之意，且与申生伸冤。如《春秋》所书，多有不可晓。如里克等事，只当时人已自不知孰是孰非，况后世乎？⑥

---

① 黎靖德编：《朱子语类》，第2162—2164页。
② 黎靖德编：《朱子语类》，第2163页。
③ 黎靖德编：《朱子语类》，第2163—2164页。
④ 黎靖德编：《朱子语类》，第2148页。
⑤ 参见杨伯峻《春秋左传注》，中华书局2009年版，第328—330、333—336页。
⑥ 黎靖德编：《朱子语类》，第2165页。

或问:"《春秋》书'晋杀其大夫荀息',是取他否?"曰:"荀息亦未见有可取者,但始终一节,死君之难,亦可取耳。后又书'晋杀其大夫里克'者,不以弑君之罪讨之也。然克之罪则在中立。今《左传》中却不见其事,《国语》中所载甚详。"①

问"里克丕郑荀息三人,当初晋献公欲废太子申生,立奚齐,荀息便谓'君命立之,臣安敢贰'?略不能谏君以义,此大段不是。里克丕郑谓'从君之义,不从君之惑',所见甚正,只是后来却做不彻。"曰:"他倒了处,便在那中立上。天下无中立之事,自家若排得他退,便用排退他;若奈何他不得,便用自死。今骊姬一许他中立,他事便了,便是他只要求生避祸……"或曰:"看荀息亦有不是处。"曰:"全然不是,岂止有不是处?只是办得一死,亦是难事。"文蔚曰:"里克当献公在时,不能极力理会;及献公死后,却杀奚齐,此亦未是。"曰:"这般事便是难说。献公在日,与他说不听,又怎生奈何得他?后来亦用理会,只是不合杀了他。"②

三段材料说明:第一,关于晋国里克、荀息等事迹,朱熹认为要广泛阅读,多方参考。因为《春秋》简略,《左传》虽以史事见长,仍不免有遗漏之处;相比之下,《国语》记载史实较详细。可见其实证主义的治史方法。第二,如何评价这些历史人物,《公羊传》认为荀息有贤德,"不食其言",北宋学人也多从此角度展开评论荀息。刘敞就认为荀息"贤也""不食其言","荀息之智则未,荀息之义则尽矣";胡安国也评价荀息"君弑而死于难,书'及'所以著其节……不食其言"。③朱熹不甚认可前人所论,认为有所偏颇,指出"荀息亦未见有可取者","略不能谏君以义,此大段不是"。即肯定荀息在死君之难上保有气节,但作为臣子,不能以道义事其君,辅佐后主又无所成就。因为在朱熹看来"才节兼全,方谓之君子"。何谓"才"与"节"?"'托六尺之孤,寄百里之

---

① 黎靖德编:《朱子语类》,第2165页。
② 黎靖德编:《朱子语类》,第2165—2166页。
③ 参见刘敞《春秋传》,僖公十年"晋里克弑其君卓及其大夫荀息"条;胡安国《春秋传》,僖公十年"晋里克弑其君卓及其大夫荀息"条,《四库全书(文渊阁本)》。

命'是才,'临大节不可夺'是德"①。"才"代表处事能力,强调实践性;"节"代表操守、气节,属道德范畴。功业与道德兼备,才可称之为君子。荀息作为股肱之臣,"自家徒能临大节而不可夺,却不能了得他事,虽能死也只是个枉死汉,济得甚事"②,无"才"而只有"节","虽死何益"。所以,荀息称不上"君子","只是办得一死,亦是难事"。从天理的表现形式(才与节)看,荀息气节有余,才力不足。

至于里克,前辈学人多从君臣之义的角度进行评论,如刘敞提出:里克"据国之位而享其禄,临祸不死,闻难不图,偷得自存之计,使篡弑因己而立……里克……之贬不亦宜乎"。胡安国也指出:里克"持禄容身,速献公杀嫡立庶之祸者,故成其君臣之名,以正其弑逆之罪……"③二者解释义正词严,但似乎缺少原因分析。朱熹直言里克之罪在"中立","他倒了处,便在那中立上"。所谓"中立",初有居中站立之意,"故成王中立而听朝"④,即周成王居中而立,听取贤臣意见。后有不倾向于对立的任何一方之意。如晋国骊姬之乱,太子申生有难。作为太子的师傅,里克却言:"吾秉君以杀太子,吾不忍;通复故交,吾不敢。中立其免乎?"⑤朱熹针对里克这种无原则的立场,指出:"天下无中立之事,自家若排得他退,便用排退他;若奈何他不得,便用自死。"为什么说"天下无中立之事"?因为天理是宇宙的本源,"未有天地之先,毕竟是先有此理"⑥,具体化为自然规律、人类社会的纲常。"天理流行,触处皆是。暑往寒来,川流山峙,父子有亲,君臣有义之类,无非这理。"⑦所以,"事物之来,随其是非,便自见得分晓:是底,便是天理;非底,便

---

① 黎靖德编:《朱子语类》,第924页。
② 黎靖德编:《朱子语类》,第924页。
③ 参见刘敞《春秋传》,僖公十年"晋里克弑其君卓及其大夫荀息"条;胡安国《春秋传》,僖公十年"晋里克弑其君卓及其大夫荀息"条。
④ 戴德:《大戴礼记·保傅》卷三,《四库全书(文渊阁本)》。
⑤ 陈桐生译注:《国语》,中华书局2013年版,第308页。
⑥ 黎靖德编:《朱子语类》,第1页。
⑦ 黎靖德编:《朱子语类》,第1033页。

是逆天理"①,"天下事,只有一个是,一个非;是底便是,非底便非"②。事物只有是非之别,"无中立之事"。以天理为标准,里克或可选择坚持正义,或可舍生取义。

又,朱熹论述父子伦常,同样强调以天理为评判标准。《春秋》记载定公十四年,卫世子蒯聩出奔宋。哀公二年,晋赵鞅帅师纳卫世子蒯聩于戚。《史记·卫康叔世家》《春秋左传注》③对此事件有详细记载。事件经过大体为卫灵公时太子蒯聩与灵公夫人南子关系紧张,随后逃往宋国,又投奔晋国赵氏。灵公去世后,蒯聩之子辄继位。晋国赵氏出兵卫,支持蒯聩回国夺取政权。卫国抵抗,蒯聩入于戚。北宋学人从不同角度评论,最终归于父子人伦之道。如孙复从书例"世子"的角度,说明蒯聩政权的合法性。"蒯聩当嗣,恶辄贪图叛父,逆乱人理以灭天性。""蒯聩出入皆正其世子之名书之,所以笃君臣父子之大经也。"孙觉则引用《论语·子路》中的正名论,说明"使灵公得为父之道,则聩不至于逐;使聩得事父之礼,则逐而必反其位;使辄得子孙之义,则能感动王父以复聩之位,屏位权立以须聩之入",祖孙三代于人伦礼节之理认识不清,实践错误。胡安国通过解释"入""纳""归"等书例的不同,指出"父虽不父,子不可以不子",蒯聩与辄都违背父子之伦。④

朱熹从人伦之本源的天理出发,评判其人其事。

> 蒯聩不当立,辄亦不当立,当去辄而别立君以拒蒯聩。晋赵鞅欲立蒯聩。圣人出时,必须大与他剖判一番,教它知个是与不是。
>
> 吴伯英问:"若使夫子为卫政,不知果能使出公出从蒯聩否?"曰:"圣人行事,只问义之合与不合,不问其能与不能也。若使每事只管计较其能与不能,则岂不惑于常情利害之私乎?"

---

① 黎靖德编:《朱子语类》,第202页。
② 黎靖德编:《朱子语类》,第2808页。
③ 参见司马迁《史记》,中华书局1959年版,第1598—1599页;杨伯峻编著《春秋左传注》,第1597—1598、1611—1613页。
④ 参见孙复《春秋尊王发微》、孙觉《春秋经解》、胡安国《春秋传》中哀公二年"夏四月晋赵鞅帅师纳卫世子蒯聩于戚"条,《四库全书(文渊阁本)》。

问:"……使孔子得政,则是出公用之也,如何做得此等事?"曰:"据事理言之,合当如此做耳。使孔子仕卫,亦必以此事告之出公。若其不听,则去之耳。"

"蒯聩与辄,若有一人识道理,各相避就去了。今蒯聩欲入卫,辄不动,则所以处其事者当如何?后世议者皆以为当立郢,不知郢不肯做。郢之不立,盖知其必有纷争也。若使夫子为政,则必上告天子,下告方伯,拔郢而立之,斯为得正。然夫子固不欲与其事也。"或谓:"春秋书'晋赵鞅纳世子蒯聩于戚'。称'世子'者,谓其当立。"曰:"若不如此书,当如何书之?说春秋者多穿凿,往往类此。"①

由上述材料可知:一方面,朱熹评判历史人物的标准是"义之合与不合""是与不是""事理""道理",也即天理。以此来看,蒯聩与辄所作所为有违伦常,都不具备执政的前提条件;从积极层面讲,处于蒯聩与辄的境地,二人应当通情达理,相互避让。另一方面,朱熹假设孔子为政卫国,必然会以道义辅佐君王,使卫国纲常伦理名副其实。正是在这种意义上,朱熹认可胡安国提出的"人伦正,天理得,名正言顺而事成矣"的观点,"胡文定说辄事,极看得好"。②

总之,关于《春秋》中的尊王、君臣、父子伦常等主题,一方面朱熹强调全方位的占有史学资料,史料之间相互参考引证,力求还原事件、人物。同时,对史料也要有所怀疑和判断,反对穿凿臆断。如上述材料中出现的"旧史书之""据实而书""难信"等字眼,都表明朱熹这种严谨的实证主义的治史方法。另一方面,在史料基础上对历史人物的评价,朱熹始终以天理或天理的表现形式("势""大义""节""中立"等)作为标准。甚至搜集、考证史料的史学工夫,也是为义理服务,"放在义理允许的范围之内"③。"若论为学,则考证已是末流……恐自此不须更留

---

① 黎靖德编:《朱子语类》,第 1101—1102 页。
② 黎靖德编:《朱子语类》,第 1101 页。
③ 王世光:《"由故训以明理义"——戴震哲学方法论思想的新阐释》,《江海学刊》2001年第 4 期。

意，却且收拾身心，向里做些工夫……"①

最后，关于《春秋》哀公十四年"西狩获麟"的解读，朱熹仍旧采取存疑的学术态度，并以天理为标准进行判断。

《春秋》止于哀公十四年"西狩获麟"，学人们历来有所发挥。宋代以前学人多从"感麟而作""新王""素王"等角度进行解读，指向政权的合法性及礼制变革等。北宋学人则从麟的意向性即王道出发，论证历史的发展进程、政权的更迭、王道的衰落。朱熹对此解释比较简单明了，认为："《春秋》获麟，某不敢指定是书成感麟，亦不敢指定是感麟作。大概出非其时，被人杀了，是不祥。"②"胡文定公谓《春秋》绝笔于获麟，为'志一则动气'，意思说得也甚好。但以某观之，生出一个物事为人所毙，多少是不好，是亦一征兆也。"③ 从两段材料看：第一，关于"获麟"与孔子《春秋》的关系，前人或解读为"感麟而作"，即"获麟"事件在先，孔子由此作《春秋》。如杜预《春秋左传序》称"故余以为感麟而作，作起获麟，则文止于所起，为得其实"④；或解读为"书成感麟"，即孔子《春秋》在前，麟感应而现。如范宁《春秋谷梁传序》称"先王之道既弘，麟感化而来应"⑤。无论是"感麟而作"，还是"书成感麟"，都有被过度解读之嫌。所以，朱熹对两种说法既不完全否定，也无十分肯定，而是表示怀疑。

第二，"西狩获麟"到底有何含义？朱熹只是说"出非其时"，"为人所毙""被人杀了"意味着不祥，是不好的征兆。从麟"生非其时"来看，朱熹偏向于《公羊传》所谓"西狩获麟""记异也"，即作为一种不正常的现象来记载。为什么是"异"？《公羊传》认为麟之"异"在于"非中国之兽"，从地域层面理解。朱熹则从天理角度进行说明，"若论正理，则似树上忽生出花叶，此便是造化之迹。又加空中忽然有雷霆风雨，皆是也。但人所常见，故不之怪。忽闻鬼啸、鬼火之属，则便以为怪。

---

① 朱熹：《朱子全书》，第 23 册，第 2837 页。
② 黎靖德编：《朱子语类》，第 2172 页。
③ 黎靖德编：《朱子语类》，第 862 页。
④ 杜预注，孔颖达疏：《春秋左传注疏》，《四库全书（文渊阁本）》。
⑤ 范宁集解，杨士勋疏：《春秋谷梁传注疏》，《四库全书（文渊阁本）》。

不知此亦造化之迹，但不是正理，故为怪异。"以此来看，麟"生非其时"也在怪异之列，"不是正理"。对待这种怪异现象，朱熹提倡"孔子所以不语，学者亦未须理会也"①。由此，也就不难理解朱熹对"西狩获麟"简明的解释。

第三，在前辈学人"西狩获麟"的注解中，朱熹比较认同胡安国的理解。《胡氏春秋传》对"西狩获麟"注解为"……《易》曰大人者，先天而天弗违，后天而奉天时，舜、孔子先天者也，先天而天弗违，志壹之动气也；伏羲氏，后天者也，后天而奉天时，气壹之动志也。……"② 其中"大人者，先天而天弗违，后天而奉天时"出自《周易·乾·文言》，唐孔颖达疏曰："先天而天弗违者，若在天时之先行事，天乃在后不违，是天合大人也；后天而奉天时者，若在天时之后行事，能奉顺上天，是大人合天也。"③ "志壹之动气……气壹之动志"出自《孟子·公孙丑上》，意指心志与养气之间的相互关系，持志与养气工夫同等重要。胡安国援引《周易》《孟子》等经典文本注释"西狩获麟"，表明天人相感应，孔子《春秋》绝笔"获麟"，志向专一，有所作为，明天道，正人伦，"文成而麟至"，是"天合大人"。所以，朱熹比较赞同胡安国从志、气工夫论层面解读"西狩获麟"，"意思说得也甚好"，但仍有说理过度之嫌。依朱熹来看，麟被获"是不好"，"是不祥"，仅此而已。

至此，我们可以看出，朱熹自解《春秋》，即通过全方位的掌握相关史料，或疑而不论，或严密考证，进而以义理为标准作出评判。无论开篇历法问题、末篇"获麟"含义，还是中间的历史事件、历史人物，朱熹都强调谨慎地考证史料，反对臆断附会。在此基础上，朱熹力求探寻事件、人物等历史表象背后的哲理，以史看待《春秋》，将史学纳入其庞大的理学体系。"如读书以讲明道义，则是理存于书；如论古今人物以别其是非邪正，则是理存于古今人物；……"④ "凡读书，先读《语》《孟》，然后观史，则如明鉴在此，而妍丑不可逃。若未读彻《语》《孟》

---

① 黎靖德编：《朱子语类》，第37页。
② 胡安国：《春秋传》，哀公十四年"春西狩获麟"条，《四库全书（文渊阁本）》。
③ 王弼、韩康伯注，孔颖达疏：《周易注疏》，《四库全书（文渊阁本）》。
④ 黎靖德编：《朱子语类》，第391页。

《中庸》《大学》便去看史,胸中无一个权衡,多为所惑。"① 读史的目的是明察义理,验证天理,读史的方法是以义理为权衡,史学为理学的必然要求。这种史学与理学的关系,或者说朱熹经学思想在其自解《春秋》中得到充分地呈现。

(二)朱熹他解内容。相较于朱熹自解中的怀疑、考证,这部分内容一方面是评价《春秋》类注解,另一方面是通过解释《春秋》经、传条文,延伸至对现实政治、社会的批判。

1. 评价《春秋》类著述。对于《春秋》,历代学人注解繁杂多样。至宋一代,由于现实政治与学术的因素,《春秋》成为显学。随之而来的是《春秋》类著作的牵强妄说、附会穿凿,不明经义的弊端越来越明显。

> 包显道言科举之弊。先生曰:"如他经尚是就文义上说,最是《春秋》不成说话,多是去求言外之意,说得不成模样。某说道,此皆是'侮圣人之言'!却不如王介甫样,索性废了,较强。"②
>
> 先生问倪:"已前做甚工夫?"曰:"只是理会举业。"曰:"须有功夫。"曰:"只是习《春秋》。"又问:"更做甚工夫?"曰:"曾涉猎看先生《语孟精义》。"曰:"近来作《春秋》义,穿凿殊甚。如绍兴以前,只是讳言攘夷复仇事,专要说和戎,却不至如此穿凿。某那时亦自说《春秋》不可做,而今穿凿尤甚。"倪曰:"缘是主司出题目,多是将不相属处出,致举子不得不如此。"曰:"却是引得他如此。"③

两段材料当属朱熹晚年所论④,其与弟子讨论的主题是:《春秋》注解穿凿附会日益严重。"昔楚相作燕相书,其烛暗而不明。楚相曰:'举烛。'书者不察,遂书'举烛'字于书中。燕相得之曰:'举烛'者,欲

---

① 黎靖德编:《朱子语类》,第 195 页。
② 黎靖德编:《朱子语类》,第 2697 页。
③ 黎靖德编:《朱子语类》,第 2853—2854 页。
④ 参见陈荣捷《朱子门人》,华东师范大学出版社 2007 年版,第 42 页。

我之明于举贤也。于是举贤退不肖，而燕国大治。故曰：'不是郢书，乃成燕说。'今之说《春秋》者，正此类也。"朱熹以成语"郢书燕说"说明《春秋》注望文生义的严重性。与同类经书相比，《春秋》"说得不成模样"。从时间上看，高宗绍兴和议后，"经义中只避数项说话，如复仇讨贼之类而已"①；到孝宗淳熙晚至光宗绍熙年间，解《春秋》所避讳者越来越多。《春秋》之穿凿表现为脱离经文，自做文章，长篇累牍，苛求言外之意而不得经义。"更不复依傍春秋经意说，只自做一种说话，知他是说甚么！"② 孝宗淳熙十四年（1187），翰林学士洪迈提到："今经义、论、策一道有至三千言，赋一篇几六百言，寸晷之下，唯务贪多，累牍连篇，何由精妙？"③《春秋》作为必考经书，必然也是"累牍连篇"，自说自话。为什么会有如此弊端？其诱因是科举考试制度的不合理。朱熹多次提到"今日学校科举不成法"④，"如今科举，直是法先不是了"⑤。尤其是科举考试官在出题方面"务出隐僻题目，以乘人之所不知，使人弊精神于检阅，茫然无所向方"。即科考出题难懂而隐晦，致使学子苦于检索翻阅，杜撰胡说，偏离经义。难怪朱熹气愤地指出："出题目定不肯依经文成片段，都是断章牵合，是什么义理！"⑥ 由此，科考中的《春秋》穿凿可想而知。朱熹晚年数次规劝门人弟子放弃《春秋》，研治他经。甚至无奈地主张"不如王介甫样，索性废了，较强"。

《春秋》注解自话自说的情况日益严重，《春秋》大义也日益不明。

> 林问："先生论《春秋》一经，本是明道正谊、权衡万世典刑之书。如朝聘、会盟、侵伐等事，皆是因人心之敬肆为之详略；或书字，或书名，皆就其事而为之义理；最是斟酌毫忽不差。后之学《春秋》，多是较量齐鲁长短。自此以后，如宋襄晋悼等事，皆是论

---

① 黎靖德编：《朱子语类》，第 2854 页。
② 黎靖德编：《朱子语类》，第 2854 页。
③ 脱脱等：《宋史》，第 3633 页。
④ 黎靖德编：《朱子语类》，第 2694 页。
⑤ 黎靖德编：《朱子语类》，第 2692 页。
⑥ 黎靖德编：《朱子语类》，第 2692 页。

伯事业。不知当时为王道作耶？为伯者作耶？若是为伯者作，则此书岂足为义理之书？"曰："大率本为王道正其纪纲。看已前春秋文字虽粗，尚知有圣人明道正谊道理，尚可看。近来止说得伯业权谲底意思，更开眼不得！此义不可不知。"①

《春秋》本是明道正谊之书，今人只较齐晋伯业优劣，反成谋利，大义都晦了。今人做义，且做得齐威晋文优劣论。②

《春秋》之作不为晋国伯业之盛衰……亦近岁言春秋者之通病也。正谊不谋利，明道不计功；尊王，贱伯；内诸夏，外夷狄，此春秋之大旨，不可不知也。③

今之做《春秋》义，都是一般巧说，专是计较利害，将圣人之经做一个权谋机变之书。如此，不是圣经，却成一个百将传。……"正其谊不谋其利，明其道不计其功"，《春秋》大法正是如此。今人却不正其谊而谋其利，不明其道而计其功。……④

朱熹在教导弟子的过程中数次评论当时《春秋》研究主旨不明，明道正义的主题得不到阐发。"正其谊不谋其利，明其道不计其功"源自《汉书·董仲舒传》，"夫仁人者，正其谊不谋其利，明其道不计其功。是以仲尼之门，五尺之童羞称五伯，为其先诈力而后仁谊也。苟为诈而已，故不足称于大君子之门也。五伯比于他诸侯为贤，其比三王，犹武夫之与美玉也"⑤。本是董仲舒回答江都易王关于越国三仁的问题，提出仁人的评判标准：从思维认识到实践活动，以道义为准则，不以谋功利为先。这也成为儒学义利观的一个方面。进而比较春秋五霸与三王：三王可称为仁圣，如美玉；五霸虽贤于其他诸侯，但不可称为仁人。朱熹将"正其义""明其道"纳入天理的范畴，"天下之事不可胜穷，其理则一而已矣。君子之学，所以穷是理而守之也。其穷之也，欲其通于一；其守之

---

① 黎靖德编：《朱子语类》，第 2173 页。
② 黎靖德编：《朱子语类》，第 2173 页。
③ 黎靖德编：《朱子语类》，第 2173 页。
④ 黎靖德编：《朱子语类》，第 2174 页。
⑤ 班固：《汉书》，中华书局 1962 年版，第 2524 页。

也，欲其安以固。以其一而固也，是以近于拙。盖无所用其巧智之私而唯理之从，极其言，则正其谊不谋其利，明其道不计其功，是亦拙而已矣。"① 君子之学的实质是"唯理之从"，理论上穷尽天理，实际中践守天理，由此而呈现出的自然状态是"近于拙"，近乎木讷、笨拙。"正其义""明其道"，不谋利计功也是天理的一种表现方式，其状态也近乎拙。"凡事不可先有个利心，才说着利，必害于义。圣人做处，只向义边做。然义未尝不利，但不可先说道利，不可先有求利之心。盖缘本来道理只有一个仁义，更无别物事。义是事事合宜。"② 天理包含"义"，义是人们实践行为的准则。从先后次序讲，不可先有求利之心，先言利则害义。以此来看当时《春秋》注解，学人们多从五霸盛衰、齐晋功业、权谋诈术等功利处解读，不明《春秋》大义。所以，朱熹数次批评当时《春秋》研究之弊，教导门人弟子"不可不知"。

虽然《春秋》学研究整体上有穿凿附会、主旨模糊的弊病，但不否认个别《春秋》学人的研究贡献。朱熹肯定北宋前辈学人《春秋》研究，指出"前辈做《春秋》义，言辞虽粗率，却说得圣人大意出。……如二程未出时，便有胡安定孙泰山石徂徕，他们说经虽是甚有疏略处，观其推明治道，直是凛凛然可畏！"③ 即胡瑗、孙复等《春秋》学虽有疏漏之处，但"推明治道"，大义明晰。注解《春秋》经而能得圣人本意本是最高的学术追求，"须是己之心果与圣人之心神交心契，始可断他所书之旨"④。而达到与圣人之心合一的境界，实属高难。如果不得或不清楚，退而求存人伦纲常大意，有益于教化当时后世，也是"大功"一件。"《春秋》义例……虽是圣人立下，今说者用之，各信己见，然于人伦大纲皆通，但未知曾得圣人当初本意否。且不如让渠（指胡安国《春秋传》）如此说，且存取大意，得三纲、五常不至废坠足矣。"⑤ 胡安国《春秋传》属于此类。所以，在朱熹看来，胡安国《春秋传》可作为研读

---

① 朱熹：《朱子全书》，第 24 册，第 3737 页。
② 黎靖德编：《朱子语类》，第 1218 页。
③ 黎靖德编：《朱子语类》，第 2174 页。
④ 黎靖德编：《朱子语类》，第 2154 页。
⑤ 黎靖德编：《朱子语类》，第 2614 页。

《春秋》的一种参考书。"大抵《春秋》自是难看。今人说《春秋》,有九分九厘不是,何以知圣人之意是如此?平日学者问《春秋》,且以胡文定传语之。"①

朱熹为什么推荐胡安国《春秋传》?一方面是受其师李侗的影响,"《春秋》且将诸家熟看,以胡文定解为准";另一方面是胡《传》本身的特性,"义理正当",但也臆度穿凿。

> 问胡文定《春秋》。曰:"他所说尽是正理,但不知圣人当初是恁地不是恁地?今皆见不得。……"②
>
> 胡文定义理正当,然此样处,多臆度说。③
>
> 择之说:"文定说得理太多,尽堆在里面。"曰:"不是如此底,亦压从这理上来。"④
>
> 问:"今欲看《春秋》,且将胡文定说为正,如何?"曰:"便是他亦有太过处。……"⑤
>
> 问:"诸家《春秋》解如何?"曰:"某尽信不及。如胡文定《春秋》,某也信不及,知得圣人意里是如此说否?……"⑥
>
> 胡文定《春秋》非不好,却不合这件事圣人意是如何下字,那件事圣人意又如何下字。……⑦
>
> 胡《春秋传》有牵强处。然议论有开合精神。⑧
>
> 问:"《春秋》,胡文定之说如何?"曰:"寻常亦不满于胡说。且如解经不使道理明白,却就其中多使故事,大与做时文答策相似。……"⑨

---

① 黎靖德编:《朱子语类》,第 2960 页。
② 黎靖德编:《朱子语类》,第 1650 页。
③ 黎靖德编:《朱子语类》,第 2151 页。
④ 黎靖德编:《朱子语类》,第 2151 页。
⑤ 黎靖德编:《朱子语类》,第 2152 页。
⑥ 黎靖德编:《朱子语类》,第 2155 页。
⑦ 黎靖德编:《朱子语类》,第 2155 页。
⑧ 黎靖德编:《朱子语类》,第 2155 页。
⑨ 黎靖德编:《朱子语类》,第 2157 页。

可见，朱熹对胡安国《春秋传》既"爱"又"恨"，"爱"其以天理解经，"尽是正理"；"恨"其说理太多，生搬硬套，解经故事化而不得圣人大义。

具体到《春秋》经文，鲁襄公二十九年"吴子使札来聘"。朱熹讲"胡文定《春秋》解这一段也好，说吴季札让国事，圣人不取之，牵引四五事为证……但称名，则圣人贬之深矣云云。……"① 通观胡氏《传》解文，胡安国论证季札因辞位而使国家陷入混乱，书例称名而不称公子表示贬义。其中引证"四五事"中最重要的是"《中庸》曰道之不明不行也，我知之矣。季子所谓贤且智，过而不得其中也……惜其择乎中庸失时措之宜尔，此仲尼所以因其辞国生乱而贬之也"②。引文中《中庸》一段源自"道之不行也，我知之矣，知者过之，愚者不及也；道之不明也，我知之矣，贤者过之，不肖者不及也"，朱熹注解为"道者，天理之当然，中而已矣。知愚贤不肖之过不及，则生禀之异而失其中也"③。季札作为贤者智者，屡次辞位而使国家发生动乱，是"过而不得其中"，"失时措之宜"。可见，朱熹所讲胡氏《春秋》之"好"，正是其对"中""理"的理解和运用。

至于胡氏《春秋》中其他非"理"牵强的地方，朱熹或批评其"支离"，如解释"元"为"仁"；或反对其以字例解经，如解释"郑伯突""不没其实也"。

除此，朱熹对其他《春秋》学人也曾作出评判。④ 如认为东汉何休注解《公羊传》"甚谬"；认为西晋杜预解经"不云传误，云经误"是"可怪"；称赞刘敞《春秋》"亦好"，"好"在保留人伦纲常；评论"苏子由教人只读《左传》，只是他《春秋》亦自分晓"。对于程颐《春秋》，朱熹更多是解释、补充。"程子所谓'《春秋》大义数十，炳如日星'者，如'成宋乱'，'宋灾故'之类，乃是圣人直著诛贬，自是分明。"南宋

---

① 黎靖德编：《朱子语类》，第882页。
② 胡安国：《春秋传》，鲁襄公二十九年"吴子使札来聘"条，《四库全书（文渊阁本）》。
③ 朱熹：《四书章句集注》，中华书局1983年版，第19页。
④ 参见黎靖德编《朱子语类》，第2153—2155页。

学人林黄中①著有《春秋经传集解》，朱熹与学生多次讨论此书。一方面，朱熹肯定林氏对《左传》中"君子曰"的质疑和判断。"左氏尤有浅陋处，如'君子曰'之类，病处甚多。林黄中尝疑之，却见得是。"② 另一方面，针对林氏的一些论段，朱熹提出质疑和批评。如《公羊传》和《谷梁传》相似，"林黄中说是一人，只是看他文字，疑若非一手者"。"林黄中《春秋》又怪异，云隐公篡威公！"③ 又如林黄中解"归仲子之赗"为"周王以此为正其分"，朱熹批评其"不契勘"，即不严谨。

不难发现，对于《春秋》类注解著作，朱熹既从整体上评论《春秋》学研究状况，并分析其中的原因；又在评价个案《春秋》学时有褒有贬，有理有据。无论哪一种评判，其标准都是天理，只是表现方式各异，且始终如一地贯穿其怀疑精神。

2. 延伸性评判。通过解读《春秋》经、传条文延展至时事政治、社会的评判。少数民族与华夏民族的关系一直是《春秋》学的主题之一。北宋学人如孙复、刘敞、苏辙、孙觉等基本上承袭"尊王攘夷"的理论，以伦理型文化区分华与夷，凸显华与夷之间的动态变化。程颐、胡安国将华夷区分的标准上升到天理的理论高度。到朱熹这里，在继承"尊王攘夷"的基础上，既客观分析少数民族的发展状况，又以"理"为标准，引申至对时事、人物的评判。

如关于楚国。庄公十年，"荆败蔡师于莘，以蔡侯献武归"。北宋学人多从"荆楚""荆人""楚子"等称谓的变化，解释楚国与中原礼乐文明的交流，表明其或赞美或贬斥之意。朱熹直言："荆楚初书国，后进称'人'，称爵，乃自是他初间不敢骤交于中国，故从卑称。后渐大，故称爵。"④ 这种解释符合楚国的发展历史。《史记·楚世家》记载楚的祖先为黄帝后人，周成王时期，熊绎始受封子男之田的爵位，成为西周诸侯

---

① 关于林黄中著作及其与朱熹的争论，可参考朱瑞熙《南宋理学家林栗研究》，《宋代文化研究》，第1—49页。
② 黎靖德编：《朱子语类》，第2155页。
③ 黎靖德编：《朱子语类》，第2153页。
④ 黎靖德编：《朱子语类》，第2162页。

国之一。春秋时期，周王室衰微，楚国日渐强大，自立为王。①所以，朱熹虽然也是从楚书例的变化入手，但其解词强调楚国的历史发展。"吴楚盟会不书王，恐似乎吴楚当时虽自称王于国，至与诸侯盟会，则未必称也。"② 吴国为周太王儿子泰伯、仲雍所见，至十九世寿梦时期强大称王。但诸侯会盟时，《春秋》仍旧按"荆楚""楚子""吴子"等称谓记载。可以说，同前辈学人多以中原文化制度的优越性衡量少数民族相比，朱熹在认同《春秋》"内诸夏外夷狄"主题的基础上，更依据历史，立足现实，分析周边少数民族的发展状况，提出合理化建议。与其说朱熹在解读《春秋》，毋庸说其在评论南宋时期的政治。《朱子语类》中将盗贼与夷狄列为一卷，并详述西夏、辽等少数民族的历史发展、外交关系、风俗人情、与有宋以来的军事斗争等，反复历陈复仇之意。

复仇说是公羊家的独特学说。《春秋》中记载鲁桓公在齐国被齐襄公所杀，"冬十有二月己丑，葬我君桓公"。鲁庄公继位后，"筑王姬之馆于外"，主婚于齐襄公；又与齐襄公一起狩猎，后又牵涉鲁国内乱。到齐桓公时，鲁庄公又与宋、陈、卫等国盟齐于幽。《公羊传》《谷梁传》多从复仇的角度讥讽庄公，前辈学人也多认同《公》《谷》的解释，或补充或强调庄公不思复仇之罪。

朱熹对此有自己的看法。

> 问："鲁桓公为齐襄公所杀，其子庄公与桓公会而不复雠，先儒谓春秋不讥，是否？"曰："他当初只是据事如此写在，如何见他讥与不讥？当桓公被杀之初，便合与他理会。使上有明天子，下有贤方伯，便合上告天子，下告方伯，兴复雠之师。只缘周家衰弱，无赴诉处，庄公又无理会，便自与之主婚，以王姬嫁齐。及到桓公时，又自隔一重了。况到此事体又别。桓公率诸侯以尊周室，庄公安得不去！若是不去，却不是叛齐，乃是叛周。"曰："使庄公当初自能举兵杀了襄公，还可更赴桓公之会否？"曰："他若是能杀襄公，他

---

① 司马迁：《史记·楚世家》，中华书局1959年版，第1689—1695页。
② 黎靖德编：《朱子语类》，第2166页。

却自会做伯主,不用去随桓公。若是如此,便是这事结绝了。"①

陈问:"复雠之义,《礼记疏》云:'《谷梁春秋》许百世复雠'又某书,庶人许五世复雠。又云:'国君许九世复雠。'又,某人引鲁桓公为齐襄公所杀,其子庄公与齐桓公会盟,《春秋》不讥。自桓至定公九世,孔子相定公,会齐侯于夹谷,是九世不复雠也。此说如何?"曰:"谓复百世之雠者是乱说。许五世复雠者,谓亲亲之恩欲至五世而斩也。《春秋》许九世复雠,与《春秋》不讥、《春秋》美之之事,皆是解《春秋》者乱说。《春秋》何尝说不讥与美他来!圣人作《春秋》,不过直书其事,美恶人自见。后世言《春秋》者,动引讥、美为言,不知他何从见圣人讥、美之意。"又曰:"事也多样。国君复雠之事又不同。"僩云:"如本朝夷狄之祸,虽百世复之可也。"曰:"这事难说。"久之,曰:"凡事贵谋始,也要及早乘势做。才放冷了,便做不得。如鲁庄公之事,他亲见齐襄公杀其父,既不能复;又亲与之宴会,又与之主婚,筑王姬之馆于东门之外,使周天子之女去嫁他。所为如此,岂特不能复而已?既亲与雠人如此,如何更责他报齐桓公!况更欲责定公夹谷之会,争那里去?见雠在面前,不曾报得,更欲报之于其子若孙,非惟事有所不可,也自没气势,无意思了。又况齐桓公率诸侯尊周室以义而举,庄公虽欲不赴其盟会,岂可得哉!事又当权个时势义理轻重。若桓公不是尊王室,无事自来召诸侯,如此,则庄公不赴可也。今桓公名为尊王室,若庄公不赴,非是叛齐,乃叛周也。又况桓公做得气势如此盛大,自家如何便复得雠?若欲复雠,则襄公杀其父之时,庄公当以不共戴天之故,告之天子、方伯、连率,必以复雠为事,杀得襄公而后已,如此方快。今既不能然,又亲与之同会,与之主婚,于其正当底雠人尚如此,则其子何罪?又况其子承其被杀后而入国,又做得国来自好,庄公之所不如,宜其不能复而俯首事之也。"陈问:"若庄公能杀襄公了,复与桓公为会,可否?"曰:"既杀襄公,则两家之事已了,两边方平,自与桓公为会亦何妨?但庄公若能杀

---

① 黎靖德编:《朱子语类》,第2162页。

襄公，则'九合诸侯，一正天下'之功，将在庄公而不在齐桓矣。惟其不能，所以只得屈服事之也。只要乘气势方急时便做了，方好。才到一世二世后，事便冷了。假使自家欲如此做，也自鼓气不振。又况复雠，须复得亲杀吾父祖之雠方好。若复其子孙，有甚意思？……如本朝靖康虏人之祸，看来只是高宗初年，乘兀术粘罕斡离不及阿骨打未死之时，人心愤怒之日，以父兄不共戴天之雠，就此便打叠了他，方快人意。孝宗即位，锐意雪耻，然事已经隔，与吾敌者，非亲杀吾父祖之人，自是鼓作人心不上。所以当时号为端人正士者，又以复雠为非，和议为是。而乘时喜功名轻薄巧言之士，则欲复雠。彼端人正士，岂故欲忘此虏？盖度其时之不可，而不足以激士心也。如王公明炎虞斌父之徒，百方劝用兵，孝宗尽被他说动。其实无能，用着辄败，只志在脱赚富贵而已。所以孝宗尽被这样底欺，做事不成，盖以此耳。"僴云："但不能杀虏主耳。若而今捉得虏人来杀之，少报父祖之怨，岂不快意？"曰："固是好，只是已不干他事，自是他祖父事。你若捉得他父祖来杀，岂不快人意！而今是他子孙，干他甚事？……"①

上述两段材料中第一段出自《朱子语类·春秋》，为弟子陈文蔚所录，文字较简略；第二段出自《朱子语类·本朝七夷狄》，是弟子沈僴所录，文字较详细，大体包括第一段内容。之所以有这种不同，原因在于：有学者考证，陈文蔚断断续续四次师事朱熹，即淳熙十年（1183）、淳熙十六年（1189）九月以后、绍熙四年至五年（1193—1194）、庆元四年至五年（1198—1199），曾录戊申（1188年）以后所闻二百三十余条；沈僴则录庆元四年（1198）以后所闻七百余条。② 此时朝廷正式禁止"伪学"，朱熹列于"伪学党"名单，落职罢祠，"熹日与诸生讲学不休"③。或许陈文蔚师事朱熹时间有间隔，所闻所听不全面；沈僴所录正是朱熹

---

① 黎靖德编：《朱子语类》，第 3197—3199 页。
② 参见陈荣捷《朱子门人》，华东师范大学出版社 2007 年版，第 143、88 页。
③ 脱脱等：《宋史》，第 12768 页。

闲居讲学时期，记录较全面。

从内容上看，第一段资料中陈文蔚就鲁庄公与齐桓公会盟而不复仇，《春秋》是否表达讥贬而发问。朱熹首先否认《春秋》讥贬，强调《春秋》据实而书；其次指出庄公复仇的理想条件是王道盛行，社会有序，则"上告天子，下告方伯，兴复雠之师"。现实情况是周室衰微，社会秩序混乱，庄公"无赴诉处"，其本人对复仇也无所作为；再次，从道义上分析指出齐桓公尊周组织盟会，庄公必须参加盟会，与复仇无关；最后，从个人能力讲，如果庄公能为父杀仇，有此意志雄心足以当霸主。可见，朱熹只是就《春秋》中的某一事件作出判断。

如果说第一段材料朱熹是"就事论事"，那么，第二段材料朱熹则以"理""借题发挥"，直指时事。

首先，针对弟子所列举《谷梁传》中"百世复仇"说①、《周礼》中"五世复仇"说、《公羊传》中"九世复仇"说、许慎《五经异议》中"九世不复仇"之论，朱熹明确反对"百世复仇"说，"是乱说"；认为"五世复仇"说有一定的伦理意义，"亲亲之恩欲至五世而斩也"；指出"九世复仇"与《春秋》是否讥贬无关，"皆是解《春秋》者乱说"，仍旧主张《春秋》的直书其事。也就是说，朱熹对这三种复仇论态度不一，否定"百世复仇"论，认可"五世复仇"说，似乎也赞同"九世复仇"论。

其次，朱熹由评论鲁庄公不思复仇引申至评论靖康之祸，强调"时势义理"，即复仇的正当性、条件性、实效性。关于鲁庄公面对仇敌的所作所为，第一段材料中已有所说明，这段材料中朱熹反复阐明"时势""乘势"的重要性。"凡事贵谋始，也要及早乘势做。""事又当权个时势义理轻重。""只要乘气势方急时便做了，方好。"如前所述，"势"本身内含其理，有其必然性。一方面说明鲁庄公面对杀父仇人不能及时复仇，"他亲见齐襄公杀其父，既不能复；又亲与之宴会，又与之主婚"；另一方面说明到齐桓公时，鲁庄公复仇的条件已发生变化。"见仇在面前，不

---

① "百世复仇"说应出自《公羊传》，"九世犹可以复仇乎？虽百世可也"。参见顾馨、徐明校点《春秋公羊传》，辽宁教育出版社1997年版，第21页。

曾报得，更欲报之于其子若孙……又况齐桓公率诸侯尊周室以义而举，庄公虽欲不赴其盟会，岂可得哉！"由此论及北宋末年靖康之难，徽钦二帝被金人掳去。朱熹认为，高宗初年应当乘道义、天时在我、国人愤怒之时，报仇雪耻。到孝宗时，时势已发生变化，"盖度其时之不可，而不足以激士心也"，而那些主张复仇的臣子也多有私心。所以，评论时政，朱熹同样强调"势""理"，即复仇的正义性、条件性、及时性，"你若捉得他父祖来杀，岂不快人意！而今是他子孙，干他甚事"。

需要说明的是，上述两段材料都出自朱熹晚年。其实，绍兴三十二年（1162）时孝宗即位，朱熹年三十三岁，应诏上书言事。其先言格物致知、存养天理，次言"今日之计不过乎修政事、攘夷狄而已矣……夫金虏于我有不共戴天之仇，则其不可和也，义理明矣"，并提出"闭关绝约，任贤使能，立纪纲，厉风俗"等施政纲领。进而展望"数年之外，志定气饱，国富兵强，于是视吾力之强弱，观彼衅之浅深，徐起而图之，中原故地不为吾有，而将焉往"①，收复大好河山。孝宗隆兴元年（1163），朱熹三十四岁，奏事垂拱殿，历陈"君父之仇，不与共戴天者，乃天之所覆，地之所载。……恭惟国家之与北虏，乃陵庙之深仇，言之痛切，有非臣子所忍闻者，其不可与共戴天明矣"，提出"今日所当为者，非战无以复仇，非守无以制胜，是皆天理之自然，非人欲之私忿也"②。乾道元年（1165），朱熹三十六岁，为魏掞之《戊午谠议》③作序，直指"国家靖康之祸，二帝北狩而不还，臣子之所痛愤怨疾，虽万世而必报其仇者，盖有在焉"④，痛斥秦桧和议之罪。乾道六年（1170），南宋朝廷派祈请使使金求陵寝地，更定受书礼，时张栻应诏入对。朱熹年四十一岁，致信张栻，阐明罢祈请使，力倡复仇之义。"夫《春秋》之法，君弑贼不讨则不书葬者，正以复仇之大义为重，而掩葬之常礼为轻，以示万世臣子遭此非常之变，则必能讨贼复仇，然后为有以葬其君亲

---

① 朱熹：《朱子全书》，第20册，第573—576页。
② 朱熹：《朱子全书》，第20册，第634页。
③ 魏掞之，字符履，曾把高宗绍兴八年（1138）朝臣反对议和的奏议稿编成《戊午谠议》，收录胡铨、张阐等主战言论。
④ 朱熹：《朱子全书》，第24册，第3618页。

者。""须知自治之心不可一日忘,而复仇之义不可一日缓。"① 可见,朱熹在而立之年以至不惑之壮年,无论是上书君王,还是致信友人,都疾言复仇之意。至晚年闲居,与弟子讲学讨论,仍旧主张复仇,反对议和。至于隔几世复仇为正当,从上述材料所论"及早乘势""时势义理""度其时"等来看,在理论和现实层面,朱熹认为百世以至万世复仇不成立,虽然其从情感上也曾讲"万世而必报其仇";相比较之下,朱熹似乎默认五世复仇与九世复仇说。更确切地说,抛开世代复仇理论,朱熹主张在道义、天时、时势等条件具备的情况下,"及早"复仇。

除此,朱熹的夷夏观简要地体现在其所创立的史学体裁:《资治通鉴纲目》,纲目体。关于朱熹的《资治通鉴纲目》,后人研究论著很多。② 这里主要从三点说明《资治通鉴纲目》中所体现的朱熹之夷夏观。

第一,为何作《资治通鉴纲目》? 朱熹自述"臣旧读《资治通鉴》,窃见其间周末诸侯僭称王号而不正其名,汉丞相亮出师讨贼,而反书入寇……又凡事之首尾详略,一用平文书写,虽有目录,亦难检寻"③。李方子曾作《资治通鉴纲目后序》,称"至于帝曹魏而寇蜀汉,帝朱梁而寇河东,系武后之年,黜中宗之号,与夫屈原、四皓之见削,扬雄、荀彧之见取,若此类,其于《春秋》惩劝之法,又若有未尽用者,此朱子《纲目》之所为作也"④。即一方面《资治通鉴》编写与《春秋》所体现的惩劝、正名不符,另一方面司马光的《资治通鉴》编写浩繁,难以检索。这两方面都是朱熹《资治通鉴纲目》所作的学术原因。而现实中南宋政权暗弱,偏安江南,周边少数民族政权崛起强盛,更有靖康之难,议和之耻。这种情况下,迫切需要在中原与少数民族关系中给宋正名、定位,以史为依托不失为一种方法。

---

① 朱熹:《朱子全书》,第 20 册,第 1107—1110 页。
② 可参考侯外庐主编《宋明理学史》,人民出版社 2005 年版,第 407—421 页;白寿彝主编《中国史学史》第四卷,上海人民出版社 2006 年版,第 145—158 页;仓修良《朱熹和〈资治通鉴纲目〉》,《安徽史学》2007 年第 1 期;顾少华《朱熹"八书"与〈纲目凡例〉真伪新考》,《史学月刊》2016 年第 8 期;顾少华《知识社会史视野下的朱熹〈资治通鉴纲目〉新探》,《人文杂志》2017 年第 4 期等相关论著。
③ 朱熹:《朱子全书》,第 21 册,第 1002 页。
④ 朱熹:《朱子全书》,第 11 册,第 3502 页。

第二，从《资治通鉴纲目》的内容看，其主体思想是正统论。何为正统？朱熹认为"只天下为一，诸侯朝觐狱讼皆归，便是得正统"①，即地域上统一，政治制度的实施表明为正统。正统又分为正统之始、正统之余，秦、西晋、北宋属于正统之始，蜀汉、东晋等属于正统之余。除此，又有无统、列国、建国等统系。如何区分这些统系？主要体现在书例、书法中。《资治通鉴纲目·凡例》中首列统系，其次为岁年，然后是名号、即位、改元等十七种书例。不同的统系用不同的书法。如此，北宋属于正统之始，南宋苟安江南，类似蜀汉，属正统之余。所以，朱熹认为司马光《资治通鉴》将蜀汉出兵称之为"入寇"不合书法。看似朱熹是在为蜀汉正名，实则是彰显南宋为正统，周边少数民族政权为非正统。后代史学家正统观深受朱熹影响，如元代修宋、辽、金三史时，杨维桢上书作《三史正统辨》，提出以宋为正统，元承接宋。只是当时三史已修好，杨氏意见未被采纳。

第三，《资治通鉴纲目》的意义。从朱熹《资治通鉴纲目》问世，同时代学人及后代以至今天的学人都在探讨其意义，或从史学，或从理学，或从文献学、社会学等诸多角度展开论证。如学界普遍认为朱熹《资治通鉴纲目》开创了新的史学体裁，也代表着史学理学化的完成，其提出的"正统""无统"说在史学正统论发展史上也有一定的参考价值。如果我们联系到朱熹的时代背景，南宋偏安一隅，屡遭周边蛮夷挑衅、入侵，或许更能体会到朱熹将尊王攘夷、视南宋为正统的观念融入其学术著作的一片苦心。这样看来，朱熹《资治通鉴纲目》通过学术反映实际问题，具有现实指导意义。

可见，同北宋《春秋》学人的夷夏观相比，朱熹同样强调"尊王攘夷"，并能够客观、理性地分析少数民族的发展历史。进而联系时事政治，以"理"为准则，倡导复仇雪耻。由此，朱熹提出治理少数民族的对策，"中国所恃者德，夷狄所恃者力。……盖以力言之，则彼常强，我常弱，是无时而可胜，不得不和也。以德言之，则振三纲，明五常，正

---

① 黎靖德编：《朱子语类》，第 2636 页。

朝廷，励风俗，皆我之所可勉，而彼之所不能者，是乃中国治夷狄之道"①，即以德治夷。朱熹晚年，更切合实际地指出"恢复之计不难，惟移浮靡不急之费以为养兵之资，则虏首可枭矣"②，希望朝廷扩充军费，有所作为。又，朱熹将对待少数民族的态度反映到其学术著作《资治通鉴纲目》中，以学术思想的方式回应现实问题。整体上讲，朱熹的夷夏观既有"理"的指导，又具实践意义。

总之，上述这种解经方式可称之为朱熹他解，即评价《春秋》传注，由《春秋》相关经、传文引申至对现实问题的议论。无论是评价还是讨论，朱熹都以"理"为评判标准，或体现在学术层面，或反映现实政治。天理从来不是一直高高在上，最终需要面对现实，落在地面。

以上大体梳理了朱熹对《春秋》经文的具体解释，从形式上分为两类，一类是朱熹自解，通过考证、怀疑、比较史料，对其中的伦常关系、历法等问题作出诠释；一类是朱熹他解，评价《春秋》诸家著述，由华夷关系引申至时事评论。两类解释只是侧重点的区分，不具有绝对性，如朱熹自解中离不开对前辈学人某一《春秋》观点的引用、评论，朱熹他解中也涉及对《春秋》某经文的具体解释。两种解释方式中，朱熹都从史实出发，以天理为评判标准，"理"呈现出不同的表现方式。在朱熹这里，《春秋》史书的特性得到发挥，并且完全置于其理学体系中。

综上所述，朱熹的《春秋》学可概括为以下几点：

第一，朱熹《春秋》观由三部分组成，即其经学思想、对《春秋》形式的认知及对《春秋》内容的解读。此三部分是逐层展开，由朱熹对"四书"阐发义理、"五经"以不同角度佐证天理之定位，决定了先"四书"再"五经"以至史书、诸子的读经顺序，解经方法也是以义理为准则，评判经、史。在此基础上，朱熹论证《春秋》形式及内容。所谓《春秋》形式，是朱熹对《春秋》一些基本问题的看法，如孔子与《春秋》、《春秋》与"三传"、解读《春秋》的方法等。朱熹一方面从史实入手，参考传注；另一方面以"理"衡量史实，解读《春秋》大义。所

---

① 朱熹：《朱子全书》，第 21 册，第 1299 页。
② 黎靖德编：《朱子语类》，第 3200 页。

谓《春秋》内容，即朱熹解释《春秋》某些经文、传文。通过辨析史料、史实，以"理"为裁定标准，朱熹对历史事件、人物以至《春秋》诸家注、时事政治等提出自己的理解。

第二，朱熹解《春秋》的方法。如前所述，北宋学人大多以王道解读《春秋》，属于一般儒学的《春秋》研究；至程颐将《春秋》融入理学，只是《春秋传》本身不完整，难以窥见程颐以"理"解《春秋》的全貌；再到胡安国《春秋传》，虽然可以归入理学体系的《春秋》研究，但因其自身理学认知有限，加之两宋之际的政治危机，使得《胡氏春秋传》更具经世意义，而在经义阐发上有过度之嫌。到朱熹这里，《春秋》实现其理学化，完全成为其理学体系的有机组成部分。如上文所述，朱熹从《春秋》史书特性入手，搜集、考证、分析史料，在此基础上，以"理"评价事件及人物，凸显《春秋》大义。从学术脉络讲，朱熹经、史、理三者结合的方法，受到杨时、李侗等前辈恩师的影响。只是杨时有论点无展开论证，其《春秋》学的理学色彩并不浓厚；李侗虽对治《春秋》之途径有所论证，但并无《春秋》专著，具体到《春秋》条文如何阐释，我们不得而知。朱熹在此方法的基础上，进一步提出以史解经，以理判史。虽然朱熹也无《春秋》完整成书，但对《春秋》某些经文的解释也可为"小试牛刀"。

第三，朱熹《春秋》学的学术地位。以史通经，朱熹通过严密地考证、辨析史料，最大限度地发挥了《春秋》史书的特性，其实证主义的治史方法修正了前辈学人对《春秋》史实的理解和运用，并影响后世学人治学方向及学术思潮；以理判史，朱熹将《春秋》学完全纳入其理学体系，以天理评判事或人，提升了《春秋》学治经方法的理论高度，丰富了理学体系。不可否认，《春秋》在朱熹这里完全实现了理学化，成为理学的附庸。有学者指出："朱熹的《春秋》学把经与史、经学与理学结合起来，这体现了其《春秋》学思想的时代特色。"[①] 这一评价点出了朱熹《春秋》学的特点，经、史、理三者的结合，但似乎没有注意到三者相分后的重点，即《春秋》学在其理学体系中的地位。

---

① 蔡方鹿：《朱熹经学与中国经学史》，人民出版社2004年版，第463页。

概而言之，从杨时到罗从彦到李侗再到朱熹，他们继承二程《春秋》观，以理学的认识论、工夫论解读《春秋》。朱熹以史解经，以理判史的解经模式将《春秋》完全置于理学框架之下。正是这种情况下，《春秋》的理学化进程走到尽头，《春秋》在理与史的交融中开启新的"旅程"。

第六章

理学与史学交融中的《春秋》研究

理学在朱熹这里发展至顶峰，并形成完整的理学体系，其以史通经、以理判史的解经方法使得《春秋》完全成为理学的附属，同时也意味着《春秋》理学化进程逐渐走到了尽头。个中缘由一方面是南宋政治格局的变动，内部矛盾丛生，外部民族矛盾加剧，《春秋》"尊王攘夷"的主旨适应了时代的要求，《春秋》学自身要求"独立成长"，逐渐走出理学的框架；另一方面是南宋史学的繁荣，激发《春秋》之史的特性。这不仅表现为以史学体裁改编《春秋》，也表现为对《春秋》的史学解读。所以，这一时期既有《春秋》的史学化之特点，又有理学"影子"下的《春秋》解读；既有《春秋》体例的创新，也有对两宋《春秋》学以至理学家《春秋》观的整理，整体上呈现出理学与史学相交融之《春秋》。

第一节 史学之《春秋》

南宋史学的繁荣对《春秋》学影响深远，学人们或从史学理论研究《春秋》，如吕本中、吕祖谦家学背景下的《春秋》《左传》研究；或探索由《左传》解释《春秋》的途径，如陈傅良经制之《春秋》；或进一步释放《春秋》史之特性及实践性，如戴溪讲幄体之《春秋》；或在胡安国《春秋传》的影响下继续发挥《春秋》经世之功能，如赵鹏飞、高闶、张洽、陈深等对胡安国《春秋传》不同程度、不同角度的引用与承袭。无论是史学理论角度，还是前辈学人《春秋》观的影响，都体现出《春秋》学的史学化进程，更代表着《春秋》学的"独立成长"。

一 从吕本中《春秋集解》到吕祖谦"《春秋》三书"

东莱吕氏家族贯穿有宋一代,不仅在政治上出现吕蒙正、吕夷简、吕公著等宰相,而且吕希哲、吕本中、吕祖谦等人的学术影响深远,有"中原文献之传"的称号。吕本中、吕祖谦都研究《春秋》,二人解经各具特色,又有其家族之风。

(一)吕本中(1084—1145),字居仁,元祐宰相吕公著之曾孙,荥阳先生吕希哲之孙,吕好问之子,学者称其为东莱先生,或大东莱先生。《宋史·吕本中》称其"少长,从杨时、游酢、尹焞游,三家或有疑异,未尝苟同"①。清代全祖望在《宋元学案》中指出"大东莱先生为荥阳冢嫡,其不名一师,亦家风也"②。可见,吕本中学术受其家学影响。有《春秋解》《春秋集解》《童蒙训》《师友渊源录》《官箴》《东莱诗集》《紫微诗话》等十余种文学、经学、小学类著作。

目前,学术界对吕本中的研究主要集中于其文学领域,对其《春秋》学研究较少,而在这为数不多的吕本中《春秋》学研究中,主要是考证《春秋集解》的作者,对于吕本中《春秋》观的具体内容研究甚少。

关于吕本中与《春秋集解》,学术界的研究结论为:吕本中著有《春秋解》二卷或十卷、《春秋集解》十二卷,后《春秋解》亡佚不传,今本《春秋集解》既有吕本中《春秋解》《春秋集解》的内容,又有后人增补,析为三十卷。吕本中侄孙吕祖谦,世称"小东莱先生",也著有《春秋集解》(或《春秋集说》),并在宋元时期广受征引,后不传于世。因传刻久远,又同尊称郡望,故《春秋集解》有作者之误。③

今本《春秋集解》④中正文引"吕氏曰"一百零二条,正文所引"东莱吕氏曰"三条中有两条为吕本中言论,小注所引"吕氏曰"三条本

---

① 脱脱等:《宋史》,第 11635 页。
② 黄宗羲:《宋元学案》,第 1233 页。
③ 参见黄觉弘《唐宋〈春秋〉佚著研究》,中华书局 2014 年版,第 261—275 页;张宗友《吕氏〈春秋集解〉十二卷本作者与流传之探索》,《中国典籍与文化》第 4 期。
④ 吕本中:《春秋集解》,《四库全书(文渊阁本)》。

系正文①，共计一百零七条。由此一百多条论说，我们简单梳理吕本中《春秋》学思想。

首先，关于孔子作《春秋》的原因。吕本中认为"天子在上，诸侯擅相攻伐……圣人以为无王也，《春秋》所由作也"（卷三桓公二年"九月入杞"条）。"无王而作《春秋》"，北宋学人孙复持有此观点。不同的是，吕本中所谓"无王"更强调一种无秩序、无礼义、无纲纪制度的状态。"治平之世，圣王在上，惟能使人克己复礼而已尔。使人克己复礼，《春秋》所为作也。"（卷七庄公二十七年"葬原仲"条）"毫发不合于礼，则于心术之微必有不自得者。惟能自克于义，以求合于礼，则心广气盛，千万人吾往矣，其终必可以至于圣人也，此《春秋》所由作也。"（卷十二僖公三十一年"冬杞伯姬来求妇"条）吕本中屡次指出春秋时代礼义衰竭、道德沦丧的现状，如"隐公以诸侯之尊而下与他国大夫盟，苟徇目前之利无廉耻之节，此固圣人所宜贬也"（卷一隐公元年"九月及宋人盟于宿"条）。"盖当是时礼义衰绝之后，灭国弑君，世所谓大恶者，皆目见之熟不以为甚异。"（卷十九成公六年"莒人灭鄫"条）"春秋之世，诸侯专视强弱以相侵伐，以相取下，动失其正，人理灭绝，不道之极也。"（卷二十九哀公四年"晋人执戎蛮子赤归于楚"条）即使有一丝仁义的践行，吕本中都不放弃赞赏。僖公二年"城楚丘"，吕本中反对胡安国"专封"之解，"先儒以谓诸侯之义不得专封……如同时诸侯有相灭亡，天子不能令，方伯不能救，天下诸侯力能救而复之，则是蹈仁而践义也，而以是为专封，是嫂溺援之以手而以为罪也"。指出天子、方伯失权的情况下，诸侯同心筑城保存卫国，是仁义的行为。昭公三十二年"冬仲孙何忌会晋韩不信……城成周"，前辈学人解释为周王室衰败，等同诸侯国。吕本中则认为"周室虽微，诸侯犹勤之如此，先王之德泽犹有存焉者也"。即诸侯团结扩建成周，保卫王室，值得褒扬。

可见，吕本中从正反两方面说明孔子作《春秋》的目的是导人向善，树立规范。虽然也讲"无王而作《春秋》"，但更指向礼义、社会秩序。这与吕本中经历了靖康之难有关。

---

① 参见黄觉弘《唐宋〈春秋〉佚著研究》，第273—275页。

其次，关于解《春秋》的方法。吕本中《春秋集解》重史重经，反对以书例解经。隐公八年"辛亥宿男卒"，吕本中解："宿男不名，史失圣人不得而益之也。"桓公七年无正月、秋、冬记事，吕本中认为杜预所言"史阙文"不全面，"谓之阙文，则可矣"。桓公九年"春纪季姜归于京师"，吕本中解为"史失季姜归日，《春秋》不得而增益也，独记其春耳"。庄公十八年"三月日有食之"，吕本中称"无日与朔，史失之，《春秋》亦无由追考也"。可见，在吕本中看来，《春秋》中不书秋冬、不书名、不书日等情况，都是鲁史本身有所缺失，《春秋》经本身不作增减。

再次，《春秋》经中有史书常用的法则，即国有大小，记有详略。桓公二年"滕子来朝"，前人杜预、孙复、胡安国等都认为滕子朝见鲁桓公有罪，降爵称子，有贬斥之意。吕本中反对这种解释，从史书常例指出"春秋以后，杞或称侯或称伯或称子，滕或称侯或称子，薛或称侯或称伯，皆不可得而详考"，是因为"后之录《春秋》者由前人口授相传，遂致谬误不可知也"。而之所以有误，也与国家大小有关。"晋、楚、齐、秦诸大国，显者也，故不误；小国微也，故多误。"昭公十二年"晋伐鲜虞"，北宋学人苏辙从书例入手讥贬晋国。吕本中同样反对这种解释，指出"事有大小，则记有详略，史家常法，《春秋》特因是以褒贬垂训后世尔，所谓吾无所隐乎尔也"。晋国讨伐鲜虞，入人之国，"擅行诛讨"，"其事则微，故其书亦略"。事件本身已有褒贬在其中，"晋伐鲜虞，略辞也，其罪则自见矣"，无须从书例解释。小国家地处偏远，事件较小，史书记载则稍简略。史书的惩善扬恶之功能通过事件本身来表达，与书例、详略无关。如闵公二年"公子庆父出奔莒"，吕本中解为"属词比事，《春秋》教也。以经文观之，夫人庆父有罪自可见矣"，即《春秋》经文已自有褒贬。

对待"三传"及诸家注解，吕本中仍旧从史实、经文的角度进行评价，反对私臆穿凿。如吕本中认为"大抵三传解经皆据文生义，不论是非，无复阙疑，最学者大病，故不可不详也"[1]。"三传"解经有臆断之

---

[1] 吕本中：《春秋集解》，卷27定公六年"季孙斯、仲孙忌帅师围郓"条。

弊；批评西晋杜预解经从传而不知史书常法，"盖预专据左氏说经，不知闰月之日系前月之下，史策常体也"①。不赞成北宋学人刘敞以书例解读经义，对所谓"称官"有自己的理解。"刘原父以为称官皆不能其官，非也。……其人他无可称，独死其官得其职为可录尔，故举其官不系其人也。"②同时，指出刘敞解经附会之弊端。"刘原父以谓二传不言叔孙，而公羊独言叔孙，似是圣人本意，因遂以为可褒而褒之。世儒说经之凿举皆类此，原父能知他人之凿而不自知其凿也，惜哉。"③

由此，吕本中《春秋集解》从经文本身出发，经文记载又体现一定的史书常法，以史通经，解读史实背后的含义，发挥《春秋》惩劝鉴戒之作用。"圣人……欲使后世乱臣贼子，读之者悚然而惕惧，不敢为恶如此之甚也"，那么，吕本中所指出的"世之读《春秋》者专以校凡例、考同异为意"也就是《春秋》注解之弊端自然"求圣人之旨远也"④。

最后，关于《春秋集解》的内容。如前所述，吕本中认为"使人克己复礼，《春秋》所为作也"，克己复礼是王道的表现方式之一，《春秋集解》突出王道主题，并在君臣、父子等伦常关系、夷夏关系等方面逐一论证。

伦常方面。《春秋集解》对如何为君，如何为臣方面提出标准。作为君王，应当自强自立，选贤用能，有远大志向。周天子不能讨伐鲁桓公弑逆之行为，反而派人来聘，"其无立志可知矣"。齐国进犯鲁国北部边境，包围成地。鲁襄公救成遇到齐国大军，竟停滞不前。吕本中指责其"畏齐如此，而无强自为善、多进善人以立其国之意，襄公之不才亦可知也"⑤，并以此告诫后世君臣。除此，一国之君应当有孝亲之心。鲁文公在其父僖公葬礼后十个月才做牌位，"文公孝心不至可知矣，其能为国乎"⑥。文公十三年"大室屋坏"，吕本中感叹"君子之于宗庙，有斯须

---

① 吕本中：《春秋集解》，卷22 襄公二十八年"乙未楚子昭卒"条。
② 吕本中：《春秋集解》，卷13 文公八年"宋人杀其大夫司马宋司城来奔"条。
③ 吕本中：《春秋集解》，卷25 昭公二十四年"婼至自晋"条。
④ 吕本中：《春秋集解》，卷2 隐公十年"宋人蔡人卫人伐戴郑伯伐取之"条。
⑤ 吕本中：《春秋集解》，卷20 襄公二十五年"夏齐侯伐我北鄙"条。
⑥ 吕本中：《春秋集解》，卷13 文公二年"丁丑作僖公主"条。

不敢忘者，非以崇孝而厚远也，孝子之于亲心固如是也。推是心以为政，虽不中不远矣。鲁之为国，至使大室屋坏，其能有以及物乎？"① 君王个人孝德是其执政的基础。即使君王逝去，也要"死得其所"。如僖公薨于正殿，"死生之变，国之大事，得其正则为万世法，不得其正则有危亡颠覆之虑"②。

作为臣下，应当以道义辅佐君王，"既事之矣，则当以义正之，正之不得，则去之可也"③。臣子以道事君，当及时上书阻止君王的不合理行为。鲁昭公去往晋国途中停住在乾侯，晋国君派荀跞会见叛臣季孙意如。吕本中一方面指出礼义消亡，公室日渐衰弱，另一方面也认为荀跞作为臣子只是"奉命而行"，却"不能谏止"。至于臣下"据城以要其君者，皆叛也"，自然不属于忠君行为。

春秋时期，君与臣都没有履行各自职责，违礼背义。"君臣上下相残杀如此，则仁义不施而礼乐绝灭之效也。"④ 吕本中甚至认为"春秋之世，诸侯君臣失道至此者，皆由不知分义。苟力所能制则为之矣，此与禽兽奚辨？"⑤ 一国之君臣"欲自固其国而不知以礼自防，以义为上，徇目前之急忘长久之虑，遂至于沦于禽兽而不辞也"⑥。可见，国家君王与臣子当以礼义为准则，深谋远虑。如果不明职分，则如同禽兽。

关于齐桓、晋文之霸主，吕本中一方面表达出乱世中霸主存在的重要性。如霸主解决一国问题或多国间的争端，有利于统一的政治秩序。鲁昭公失国，寻求晋国、齐国帮助失败。吕本中感叹"当世诸侯如是，然后知无霸之害也"。之所以有这种认识，与吕本中生活在两宋之际有关，尤其是周边少数民族与宋政权并存，吕本中希望宋政权强大、统一。另一方面指出作为霸主应当维护秩序，践行礼义。楚人战败徐国，各诸

---

① 吕本中：《春秋集解》，卷14 文公十三年"大室屋坏"条。
② 吕本中：《春秋集解》，卷7 僖公三十二年"八月癸亥公薨于路寝"条。
③ 吕本中：《春秋集解》，卷24 昭公十三年"叔弓帅师围费"条。
④ 吕本中：《春秋集解》，卷18 成公十八年"齐杀其大夫国佐"条。
⑤ 吕本中：《春秋集解》，卷27 定公四年"夏四月庚辰蔡公孙姓师师灭沈以沈子嘉归杀之"条。
⑥ 吕本中：《春秋集解》，卷30 哀公十二年"夏五月甲辰孟子卒"条。

侯国无力救徐，吕本中指责"齐桓亦无意于中国也"，未能尽到霸主的职责。僖公二十八年记载晋国事迹很详细，吕本中反问"观晋文之举动如此有意于为善乎"。晋文公作为霸主不仅没有遵礼行义，反而捉拿曹国国君，与诸侯国包围许国，"晋文之与诸侯殆以奴之也"，完全背离霸主的本质。

关于父子、夫妇伦常，《春秋集解》集中于鲁庄公，说明婚姻之礼、父子之义。庄公二年"秋七月齐王姬卒"，"庄公为之服大功之服"，吕本中斥责其"违礼忘仇于是为甚"。鲁庄公的行为既不合丧葬之礼，又违背父子伦常之义。庄公二十二年"公如齐纳币"，《春秋集解》称"齐遇公违礼，公如齐失义"。庄公二十三年"公及齐侯遇于谷"，《春秋集解》指出"鲁庄公至不肖之人也，初未尝有怨齐之心"，并反驳《公羊传》所载鲁庄公之语，"皆里巷杂记妄说也"。随后列举鲁庄公与齐国相交往的一系列行为，"图婚于齐，纳币观社，与其大夫盟……"总结出"君子以鲁庄非人也"，"以为万世不肖子之戒"。鲁庄公如此悖礼犯义，《春秋集解》以此警示后人。

夷夏关系。吕本中既承认少数民族的事实存在，又提出对待少数民族的策略。如对于"于馀丘""介葛卢"，《春秋集解》客观地解释为夷狄之国，或夷狄之附庸，无主观情感、价值判断之词。宣公十一年"楚人杀陈夏征舒"，吕本中从书"楚人"与"楚子"的例法入手，区分楚国的责任与罪行。"称楚人杀夏征舒，讨贼之辞，且众同欲也，故曰楚人；入陈非众志也，楚子之罪也，故曰楚子，入陈所为之罪也。"蛮荒民族客观存在，中原如何应对？襄公十年"春公会晋侯宋公卫侯……会吴于柤，夏五月甲午，遂灭偪阳"，吕本中提出"中国诸侯往与吴会，宜示以礼义，明以王制，以同奖周室"，以中原先进礼制文化熏陶、引领少数民族，共同维护统一。这与前辈学人的夷夏观基本一致。同时，吕本中也指出"春秋之世，中国有事于外裔，未有言战者，盖遏绝之为务，惟力是恃，不以战为罪也"，认为中原民族可以也应当以武力制服少数民族。在吕本中这里，对待蛮夷之族是"先礼后兵"。与其说吕本中在解读《春秋》中的夷夏关系，不如说其是在向面临的边境忧患的宋朝政权提供建议。

以上从孔子作《春秋》原因、解《春秋》方法、《春秋集解》中的内容三个方面论述吕本中的《春秋》观我们可以发现，吕本中《春秋集解》整体上是从史学角度解读《春秋》。

第一个层面是史书编写规则，从实从事。"事有大小则记有详略"，依照事件的大小记载，有所取舍，详略得当。吕本中主张以《春秋》经文所记录的客观事实为基础，阐发其中的褒贬之义，反对主观臆断，牵强附会。至于史书中的书例，吕本中虽然反对单纯地依据书例治经，但对于某些书例不遵从前人观点，有自己的解释。这或许与其学术渊源有关。《宋元学案》称"紫微之学，本之家庭，而遍叩游、杨、尹诸老之门……多识前言往行以畜德"①。吕本中受其家风治学影响，同各家各派交流，形成自己的学术观念。

第二个层面是史学的借鉴作用。从历史事件中总结经验教训，对当下政治、社会领域问题有所引导或启发。吕本中《春秋集解》认为孔子作《春秋》源于"无王"，"使人克己复礼"，恢复王道。这一论证既是对春秋乱世的回应，也是吕本中学术思想的反映，如其《童蒙训》主张"后生学问，且须理会《曲礼》、《少仪》等，学洒扫应对进退之事……然后可以语上"。同时也为当时宋朝政权所面临的政治、社会等多方面问题提供建议，希望宋朝统治者维护统一的政治、社会秩序，推行王道之政。

《春秋集解》批判君、臣的失职行为，多次强调君王应当有孝亲之心。这种要求有别于前辈《春秋》学人的君臣观，其中原因或许有二：一是与吕本中的学术构成有关，"学者当熟究《孝经》《中庸》《大学》，然后遍求诸书，必有得矣"②。吕本中重视《孝经》，将其与《大学》《中庸》同等对待；二是与北宋末年靖康之难有关。当时被金人掳去的宋徽宗、宋钦宗是南宋高宗的父亲和兄长，建炎二年（1128），高宗曾派人祈请金国释放二帝。可见，吕本中所提倡的君王孝亲之心不失为对最高统治者的另一种赞扬。

---

① 黄宗羲：《宋元学案》，第 1241 页。
② 黄宗羲：《宋元学案》，第 1241 页。

《春秋集解》中对少数民族"先礼后兵"的对策、对"无霸之害"的强烈认知都可以诠释为吕本中为宋廷外患积极建言献策。绍兴七年（1137），吕本中上奏直书："当今之计，必先为恢复事业，求人才，恤民隐，讲明法度，详审刑政，开直言之路，俾人人得以尽情。然后练兵谋帅，增师上流，固守淮甸，使江南先有不可动之势，伺彼有衅，一举可克。若徒有恢复之志，而无其策，邦本未强，恐生他患。"① 《春秋集解》中的君臣论、夷夏观与吕本中的上书内容如出一辙。

因此，吕本中《春秋集解》是从史书编写规范到史学的借鉴功能两个层面阐释《春秋》。《宋元学案》称："顾世以其喜言诗也，而遂欲以《江西图》派掩之，不知先生所造甚高。"② 不仅当时，时至今日，学界对吕本中的研究仍旧集中于其文学领域，忽视其经学方面的造诣。陈振孙《直斋书录解题》收录吕本中《春秋集解》，评价其书"自三传而下，集诸家之说，各记其名氏……而所择颇精，却无自己议论"③。这一评价被《经义考》《四库全书总目》等收录，但《春秋集解》中明确有"吕氏曰"吕本中个人见解，如何解释这种矛盾？有学者考证出或许是陈振孙的疏误，或许十二卷本《春秋集解》"无自己议论"，并非今本三十卷本《春秋集解》④。其实，朱熹曾评价"吕居仁《春秋》亦甚明白"⑤ "吕居仁《春秋》却好，白直说去，卷首与末梢又好，中间不似。"⑥ 所谓"明白""白直说去"是指吕本中《春秋集解》语言简练明了，道理正当。"卷首与末梢又好"，即《春秋集解》的卷首和末篇内容保留了《春秋》纲常大义。无论如何，吕本中《春秋集解》以史解《春秋》，体现《春秋》经世致用，在《春秋》学史上有一定的学术影响。

（二）吕祖谦（1137—1181），字伯恭，婺州（今浙江金华）人，世

---

① 脱脱等：《宋史》，第11636页。
② 黄宗羲：《宋元学案》，第1241页。
③ 陈振孙《直斋书录解题》原书已散佚，今本《解题》从《永乐大典》中辑出。《解题》称《春秋集解》为吕祖谦所作，清人卢文弨曾作辨正，改为吕本中。参见陈振孙《直斋书录解题》，第65—66页。
④ 黄觉弘：《唐宋〈春秋〉佚著研究》，第270—271页。
⑤ 黎靖德编：《朱子语类》，第2157页。
⑥ 黎靖德编：《朱子语类》，第2174页。

称"小东莱""东莱先生"。曾师从林之奇、汪应辰、胡宪①，后与朱熹、张栻交游，并称"东南三贤"。《宋史》本传称"祖谦之学本之家庭，有中原文献之传"②，吕祖谦学术思想受吕氏家学影响。考察《宋元学案》，选入其中的多达十七人，共七世。全祖望在《紫微学案》中梳理从吕公著到吕希哲，再到吕本中以至吕祖谦的家学渊源，"故中原文献之传独归吕氏，其余大儒弗及也"③。可见，吕氏家族历来重视对历史资料、风俗礼制的研究，形成一定的家风、学风，并影响、熏陶吕氏后人。吕祖谦涉猎广泛，曾承旨编修《皇朝文鉴》，考定《古周易》《书说》《官箴》《闺范》《欧阳公本末》等，皆广泛流传；著有《春秋集解》《左氏类编》《左氏博议》《左氏传说》《左氏传续说》等；《东莱集》中收录其《春秋讲义》《左传手记》；又曾修《读诗记》《大事记》，未成书。

关于吕祖谦的《春秋》学或《左传》学思想，学术界研究成果很多，或从史学角度，或从文学层面，或从吕祖谦某一《左传》类著作入手，或是在论述其理学思想、经学思想时有所涉及，较少整体梳理其《春秋》观。本书拟从吕祖谦《春秋》类著作简介，经史观及《春秋》伦常关系、夷夏观三方面加以论证。

1. 吕祖谦《春秋》类著作简述

通观吕祖谦著作，涉及《春秋》《左传》的书籍数量众多，如上所列，共七种。其中存世且影响深远的是《左氏博议》《左氏传说》《左氏传续说》。现各简述如下：

《春秋集解》，《宋史·艺文志》记三十卷，今已佚。前文吕本中《春秋》学中有所论。《经义考》中载明代目录学家张萱评语，"吕祖谦博考三传以来至宋儒诸说，摭其合于经者撮要编之"④。即此本《春秋集解》或属于《春秋》资料汇编，较少吕祖谦个人的评论。

《左传类编》，《宋史·艺文志》载六卷。陈振孙讲：此书"分类内外传、事实、制度、论议，凡十九门，首有纲领数则，兼采他书"。张萱

---

① 林之奇、汪应辰为吕祖谦伯祖吕本中弟子，胡宪为胡安国从子，朱熹少时从其学。
② 脱脱等：《宋史》，第 12872 页。
③ 黄宗羲：《宋元学案》，第 1234 页。
④ 朱彝尊：《经义考》卷 187，《四库全书（文渊阁本）》。

罗列出《左传类编》中的十九类，"曰周，曰齐，曰晋，曰楚，曰吴越，曰戎狄，曰附庸，皆列国行事；曰诸侯制度，曰风俗，曰礼，曰氏族，曰官制，曰财用，曰刑，曰兵制，曰地理，曰春秋前事，自唐、虞以来《左氏》所引典故，曰论议，则《左氏传》中论议之文也"①。可见，此书属类书性质，专门就《左传》展开分门别类。四库馆臣称："久无传本，惟散见永乐大典中，颇无可采。"②

《春秋讲义》，一卷，乾道五年（1169）所作。当时，吕祖谦三十三岁，任严州（今浙江杭州建德）州学教授，编此讲义。今收录于《东莱集·别集》。南宋末年学者黄震称："成公《春秋讲义》亦少年之作，但不至如《博议》之太刻耳。"③《春秋讲义》首篇为"序"，依次解释"隐公""元年""春王正月""不书即位"，以至隐公二年"无骇帅师入极"，共十三条。

《左传手记》，一卷，淳熙元年（1174）所作，今收录于《东莱集·别集》，共十一条。黄震称"《手记》视《讲义》稍不衍文"④，即《春秋讲义》在收录过程中有一些多出的字或词句，《左传手记》的这种衍文情况较少。

上述吕祖谦《春秋》类著作，或不传于世，或影响较小，或卷帙有限，难以全面窥见其《春秋》学思想。《左氏博议》《左氏传说》《左氏传续说》是吕祖谦比较重要且影响至今的《左传》类著作。

《左氏博议》，又称《东莱左氏博议》，今本二十五卷。四库馆臣考证其成书时间，"四年已成《左氏博议》"，即乾道四年（1168）成书；又考证其卷数，今本二十五卷，其中注释或为吕祖谦弟子张成招标注，刻版过程中将其散入书中，此书十五卷本、二十卷本均不传于世。吕祖谦"自序"称："《左氏博议》者，为诸生课试之作也。"即此书是为当时科考士子所作的辅助性学习资料，"有以佐其笔端"。书成之后，"诸生岁时

---

① 朱彝尊：《经义考》卷187。虽然陈振孙、张萱都称《左传类编》中分门别类为十九，实则有十八。
② 永瑢等：《四库全书总目》，第220页。
③ 朱彝尊：《经义考》卷187。
④ 朱彝尊：《经义考》卷187。

休沐，必抄置楮中，解其归装无虚者，并舍姻党，复从而广之，曼衍四出，漫不可收"，影响广泛，颇受欢迎。吕祖谦也讲："是书而胸中所存、所操、所识、所习，毫愆发谬，随笔呈露，举无留藏。""凡《春秋》经旨概不敢僭论，而枝辞赘喻则举子所以资课试者也。"①《春秋博议》包含吕祖谦对《春秋》《左传》的观点、见识，或有所谬误，但毫无保留，希望有助于科考士子。此书不仅在当时广为诵读，直至清代，仍在重新刻版发行。清康熙年间泗州知府张文炳为解决当地应试考生"文气卑靡，体裁庞杂，胸无成竹，空弄笔头"的问题，重刻《东莱博议》。陈栎评价此书"不过以教后生作时文为议论而已，其议左氏多巧说，未得尽为正论"②。通观全文，《左氏博议》打破《左传》十二公的划分，把传文或并列相似事件，或排列事件先后，或综合两国交往等，然后随事立义，阐发议论。吕祖谦晚年回忆称"此皆少年场屋所作，往往浅狭偏暗，皆不中理，若有诵习，甚误学者"③。《左氏博议》属科考范文，较多议论，对《春秋》经义发挥有限。

《左氏传说》，二十卷。朱熹曾讲："东莱左氏说，亦好，是人记录他语言。"④陈振孙也持相似观点，指出"吕祖谦于《左氏》一书多有所发明，而不为文，似一时讲说，门人所抄录者"⑤。故《左氏传说》大体同《左氏博议》一样，同属史论性著作，但"推阐更为详尽"。《左氏传说》以《左传》十二公为框架，罗列每位鲁国国君执政时期的事件，随事立义。朱熹在于吕祖谦的通信中提到"向见所与诸生论说《左氏》之书，极为详博，然遣词命意，亦颇伤巧矣。恐后生传习，益以浇漓，重为心术之害"⑥。何为"巧"？四库馆臣认为"朱子所谓巧者，乃指其笔锋颖利，凡所指摘，皆刻露不留余地耳"⑦。在朱熹看来，吕祖谦议论《左

---

① 吕祖谦：《左氏博议·原序》，《四库全书（文渊阁本）》。
② 朱彝尊：《经义考》卷187。
③ 吕祖谦：《东莱集·别集》，卷10，《四库全书（文渊阁本）》。
④ 黎靖德编：《朱子语类》，第2158页。
⑤ 朱彝尊：《经义考》卷187。
⑥ 朱熹：《朱子全书》，第21册，第1429页。
⑦ 永瑢等：《四库全书总目》，第220页。

传》优点在于详细广博,缺点是过于注重排列组织语言文字,不利于阐发经旨,以致影响年轻人文风浮躁不实。

《左氏传续说》,十二卷。四库馆臣称"继《左氏传说》而作,以补所未及,故谓之《续说》"①。通观全文,《左氏传续说》以《左传》十二公为顺序,其中僖公十四年八月至三十三年,襄公十六年夏至三十一年,旧本阙失,无所记录。其体例为解读传文,随文解义,"故议论稍不如前说之阔大"。《左氏传续说》对早年所作《左氏博议》有所否定,对三传尤其是《左传》有所评判。

不难看出,吕祖谦比较注重《春秋》学中的《左传》研究,且形成了较系统的《左传》学思想,其中包含其文学、史学、理学等诸多学术观点。

2. "经史并重"

关于吕祖谦的学术特点,学术界多有研究,并形成较为一致的观点:博采诸家之长,以"中原文献之统"家学加以整合,形成自己的学术风格。这种特点不仅体现在吕祖谦的理学思想上,调和朱陆异同,主张"道与心一";也体现在其对经与史的认识上,"兼看经史"。

经与史的关系,如前所述,在程朱理学家看来,先是"四书",然后"五经",以至史书,经与史都是探究天理的途径。

吕祖谦承其家学"多识前言往行以畜德"之传统,主张经史并重。

一方面,吕祖谦对经学有一定的看法。如认同天理存在与经书典籍中,并提出"以理视经"。"二帝三王之《书》,牺文孔子之《易》,《礼》之仪章,《乐》之节奏,《春秋》之褒贬,皆所以形天下之理者也。"既然经书中蕴含天理,那么应当以"理"解经。但"天下之人不以理视经,而以经视经",造成"刳剔离析,雕缋疏凿之变多,而天下无全经"的局面。在此基础上,吕祖谦反对传注之学。"传注之学,汉之诸儒专门名家,以至于魏晋梁隋唐,全经固失,然而王肃、郑元之徒说存,而犹有可见之美。自唐太宗命孔颖达集诸家之说为《正义》,才经一番总集,后

---

① 永瑢等:《四库全书总目》,第221页。

之观经者便只知有《正义》，而诸儒之说无复存。"① 不仅原经不可见，诸家注解也不复存在。尽管如此，吕祖谦并不主张废除传注。"学者多举伊川语云汉儒泥传注，伊川亦未尝令学者废传注。近时多忽传注而求新说，此极害事，后生于传注中须是字字考始得。"② 对于传注也要考察研究。如何读经？吕祖谦主张"经须逐字看"③，同时"六经不可不参释文点检"④，"看经书须是识他纲目"⑤。这些观点与朱熹的经学观相近。

另一方面，吕祖谦重视史学，经与史常常相提并论，甚至谈论史学典籍、读史方法、史学评论等。首先，吕祖谦同等看待经与史。"今当只看一经一史为常课，而以诗文之类为余课。"⑥ 倡导年轻人以经、史为研究重点。如何研究经学、史学典籍？"学者当先治一经，一经既明，则诸经可触类而长之也；史当自左氏至五代史，依次读，则上下首尾洞然明白。"⑦ 经书、史书都要依照一定的次序开展研究。这里，吕祖谦并没有说明先治哪本经书，与程朱所提倡的先"四书"后"五经"、史书的治学次序有所不同。但吕祖谦指出各经之间有内在关系，触类旁通。对于史书，吕祖谦基本上是按年代排序，逐步了解历史年代、事件的先后发生过程。可见，无论是经书还是史书，吕祖谦都强调由少至多，依次研究，不可贪多、杂乱。具体到经、史的读书方法，吕祖谦认为"每日须读一般经书、一般子书，不须多，只要令精熟，须静室危坐，读取二三百遍，须令成诵，不可一日放过也；史书须每日读取一卷或半卷以上，始见功"⑧。根据经书与史书的不同特点，研究方法也不尽相同。但无论哪一种典籍，吕祖谦都主张熟读、精熟。

其次，吕祖谦谈论读史方法、史评等方面较详细。史书典籍浩繁，如何选择，如何阅读？吕祖谦提倡"观史先自《书》始，然后次及《左

---

① 吕祖谦：《左氏传说》，卷2，《四库全书（文渊阁本）》。
② 吕祖谦：《东莱集·外集》，卷6。
③ 吕祖谦：《东莱集·外集》，卷6。
④ 吕祖谦：《丽泽论说集录》，卷6，《四库全书（文渊阁本）》。
⑤ 吕祖谦：《丽泽论说集录》，卷10。
⑥ 吕祖谦：《东莱集·别集》，卷10。
⑦ 吕祖谦：《东莱集·外集》，卷6。
⑧ 吕祖谦：《少仪外传》，卷上，《四库全书（文渊阁本）》。

氏》、《通鉴》,欲其体统源流相承接耳"①。从时间上看,由《书》到《左传》再到《资治通鉴》,表现其历史发展轨迹。从内容上则有"体统"的前后承接。何谓"体统"或"统体"?

> 读史先看统体,合一代纲纪风俗、消长治乱观之,如秦之暴虐汉之宽大皆其统体也。复须识一君之统体,如文帝之宽宣帝之严之类。统体盖谓大纲,如一代统体在宽,虽有一两君稍严,不害其为宽;一君统体在严,虽有一两事稍宽,不害其为严。读史自以意会之可也。至于战国三分之时,既有天下之统体,复有一国之统体,观之亦如前例。大要先识天下统体,然后就其中看一国之统体;先识一代统体,然后就其中看一君之统体,二者常相关也。既识统体,须看机括。国之所以兴、所以衰,事之所以成、所以败,人之所以邪、所以正,于几微萌芽时,察其所以然,是谓机括。

可见,"统体"即"大纲",包含一代的纲纪风俗、兴衰之乱等。"看史书事实须是先识得大纲领处,则其余细事皆举。"②"统体"的分类是:天下统一时,统体分为一代统体和一君统体;天下分裂时,统体分为天下之统体与一国之统体。四者的关系是由小到大,由整体到部分。由认识天下统体到一国统体,由认识一代统体到一君统体。除此,读史还应当看"机括",即分析历史现象,探求其中的必然。

吕祖谦虽然提倡读史从《尚书》到《左传》再到《资治通鉴》,但对这些史家名著也作了划分。"学者观史各有详略,如《左传》《史记》《前汉》三书皆当精熟细看,反复考究,直不可一字草草。自《后汉》《三国志》以下诸史,只是看大纲始末成败,盖自司马氏、班氏以后,作史者皆无史法。"③可见,吕祖谦比较推崇两汉及以前史书,这类史书的编修者有修史的规则、章法。所以,吕祖谦主张"精熟细看,反复考

---

① 吕祖谦:《东莱集·别集》,卷7。
② 吕祖谦:《左氏传续说·纲领》,《四库全书(文渊阁本)》。
③ 吕祖谦:《左氏传续说·纲领》。

究","熟看事之本末源流"。

读史不仅要精熟史实,也要注意时代、时势的不同,政治风俗的差异。"看史要识得时节不同处,春秋自是春秋时节,秦汉自是秦汉时节。"① 如春秋时期,周的虽衰,天命未改,孔子《春秋》以尊王为本;到战国时期,天命已改,孔子劝诸侯自立政权,正是因为"时节不同"②。"大抵看书,其间有两句可以见得一国之风俗者,最当深考。"③ 如楚国幼子继承制,即是其风俗之一。

读史有一定的方法,那么,如何评价历史事件、历史人物呢?"读史既不可随其成败以为是非,又不可轻立意见,易出议论。须揆之以理,体之以身,平心熟看,参会积累,经历谙练,然后时势事情渐可识别。"④ 史论的原则是以义理为判断,以自身来体会,不可妄断。"观史当如身在其中,见事之利害,时之祸患,必掩卷自思,使我遇此等事当作如何处之。"⑤ 如何设身处地地作出客观评价?吕祖谦总结为"史亦难看,须是自家镜明,然后见得美恶,称平然后等得轻重,欲得镜明称平,又须是致知格物"⑥。意指在自身义理明彻的基础上,才会客观地评论史实。

最后,吕祖谦倡导读《左传》。如何读《左传》?除去读史书的一般方法,吕祖谦又提出阅读《左传》的具体方法。同其他史书不同,《左传》有承上启下之功。"盖此书正接虞夏商周之末,战国秦汉之初,上既见先王遗制之尚在,下又见后世变迁之所因",所以"最好看"。《左传》又与《史记》不同,"《左传》字字缜密,《史记》所载却有岁月差互、先后不同处"。"一部《左传》都不曾载一件闲事,盖此书是有用底书",学者精熟《左传》,则"诸史条例亦不过如此"。正因为《左传》的特殊,吕祖谦主张"看《左传》须是看得人情物理出",看事件背后的义理。至于《左传》的"统体","其大纲领只有三节",第一节是"自第

---

① 吕祖谦:《左氏传续说·纲领》。
② 吕祖谦:《左氏传说》,卷17"晋顷公卒"条。
③ 吕祖谦:《左氏传说》,卷4"楚国之举常在少者"条。
④ 吕祖谦:《东莱集·别集》,卷14。
⑤ 吕祖谦:《丽泽论说集录》,卷8。
⑥ 吕祖谦:《丽泽论说集录》,卷10。

一卷至第三卷庄公九年",霸者尚未兴起之时,"当时之权亦未尝专在一国";第二节是"自庄公九年以后直至召陵之盟",五霸迭兴之时;第三节是"自召陵以后直至卷末",晋楚争霸,吴越称霸。可见,吕祖谦以霸主的兴衰为主线划分《左传》,其中的原因或是对宋国势衰退的学术思考。当然,吕祖谦直指《左传》三病,"不明君臣大义,视周室如列国,如记周郑交质,此一病也;又好以人事附会灾祥,夫礼义动作,古人固是于此,见人吉凶,亦岂专系于此?此二病也;记管晏之事则尽精神,才说圣人事便无气象,此三病也"①。

总之,吕祖谦虽然对读经、解经、传注之学有一定的看法——这种看法与有宋一代经学变古思潮一脉相承,并提倡经史并重,甚至讲"读经多于读史,工夫如此,然后能可久可大";但相较而言,吕祖谦更关注、研究史学,对读史、史评、具体的史学典籍都有深入思考与独到见解。这不仅有其家学影响,也有吕祖谦个人对现实政治思考后的学术选择。如前所述,朱熹先"四书"后"五经"、史书的经学观与吕祖谦重视史学的治学特点不甚相同,自然受到朱熹的批评。"东莱聪明,看文理却不仔细。……缘他先读史多,所以看粗着眼。读书须是以经为本,而后读史。""伯恭于史分外仔细,于经却不甚理会。""某寻常非特不敢劝学者看史,亦不敢劝学者看经。只《语》《孟》亦不敢便教他看,且令看大学。伯恭动劝人看《左传》迁史,令子约诸人抬得司马迁不知大小,恰比孔子相似!"②批评其重视史学,缺少对经学的深入研究,对义理的思考。

3. 吕祖谦《春秋》观

吕祖谦的《春秋》观包括其对《春秋》的基本观点,如孔子作《春秋》的原因、孔子《春秋》与鲁史《春秋》的区别、《春秋》与"三传"的关系等,以及对伦常、夷夏关系的看法。其主导思想与吕祖谦理学、史学、实学思想密切相关,有强烈的指导现实之意味。

(1) 关于《春秋》学的基本问题。孔子为什么作《春秋》,历代

---

① 吕祖谦:《左氏传续说·纲领》。
② 黎靖德编:《朱子语类》,第2951页。

《春秋》学人都思考过这一问题,并提出自己的见解。影响比较广泛的是"无王"说,孙复、孙觉等都持这一观点。吕祖谦从孔子作《春秋》的大背景入手,指出孔子《春秋》的文化传承性、致用性。"当时春秋之末,先王之礼散在天下,无所统纪,正合当收拾时节。所以孔子出来删《诗》、定《书》、系《周易》、作《春秋》,盖这时节正是道德仁义、典章文物欲散而未尽,使当时无孔子,都散尽了。"① 可见,在春秋末年,孔子整理礼制典籍,挽救了文化传统。孔子作《春秋》的原因,吕祖谦也讲"无王"。"戎狄不知有王未足忧也,盗贼不知有王未足忧也,诸侯不知有王亦未足忧也,至于名为君子者,亦不知有王,则普天之下知有王室者其谁乎? 此孔子所以忧也,此《春秋》所以作也,此《春秋》所以始于平王也。"② 前辈《春秋》学人多描述"无王"在政治、文化、军事等诸方面的表现,吕祖谦则在前人的基础上,指出"无王"即日渐消亡的礼制文化、纲常秩序在各阶层的反应,尤其强调"君子"作为道德、文化的体现者和继承者,应当承担起文化不坠的责任。圣人孔子正是忧心文化命脉的中断而作《春秋》。

> 学欲切而思欲近,吾夫子作《春秋》,盖以深切自命,而传经者亦谓拨乱世反之正莫近《春秋》,君子将用力于切近之地,置是经其何从? 昔者某尝读是经矣,降隐讫哀,阅君十二,其褒者既往之功也,其贬者既往之罪也,其国、其爵、其氏、其名,皆既往之陈迹也,终日历数古人之臧否,而我无与焉,不识所谓切近者果何等语意者。夫子之褒贬,借古而警今,邪生同世,居同里,荣悴戚休,尚有旁观平睨,茫然如不见者,况用赏罚于冢中枯骨,若今人何? 圣人作经殆不如是也。然则《春秋》所谓切近者,岂无所在耶? 通古今为一时,合彼己为一体,前和后应,彼动此随,然后知吾夫子之笔削,本非为他人设,苟尚有丝发之蔽,判然已为二物矣。经非疏我,而我则疏经,盍内讼我之未近,不当妄疑经之远也。某始学

---

① 吕祖谦:《左氏传说》,卷19"范献子执羔"条。
② 吕祖谦:《左氏博议》,卷1"周郑交恶"条。

者也,切近用力之地何足以知之,敬因诸君问津焉。①

上述材料主要说明《春秋》的"切己"功能:第一,《春秋》体现"切近"之功用,即有益于个体切身体会,内心修养;第二,吕祖谦以反问的形式说明从《春秋》内容"终日历数古人之臧否"即褒贬到《春秋》"用赏罚于冢中枯骨"即赏罚,体现不出《春秋》"切己"之功用;第三,如何认识《春秋》的"切己"之功?"通古今为一时,合彼己为一体,前和后应,彼动此随",即将古与今历史统一,他者与个体统一。通过阐释《春秋》中的义理,使"我"心与圣人之意相合,"经非疏我而我则疏经",进而体现《春秋》在修养工夫方面的功用。换一种角度讲,这正是吕祖谦经史并重,理学与史学相结合的鲜明例证。所以,吕祖谦在"孔子所以忧"的基础上,进一步思考孔子作《春秋》的原因,并上升至道德修养、致用的层面。需要说明的是,"孔子所以忧"而作《春秋》出自吕祖谦早期著作《左氏博议》,而《春秋》"切近"之功源自吕祖谦晚年所作《春秋讲义》,从中可以看出吕祖谦对《春秋》所作的原因这一问题的思考过程和学术品质。

既然"孔子所以忧也,《春秋》所以作也""夫子作《春秋》深切自命",那么,孔子《春秋》必然与鲁史《春秋》不同。鲁昭公二年,晋国大夫韩宣子访鲁,见到《易象》与《鲁春秋》。吕祖谦指出:"宣子但见夫子未笔削之《春秋》,不见夫子已笔削之《春秋》。夫子已笔削之后,抑扬高下,无非妙用所在,此非宣子所能见。"②可见,孔子在鲁史《春秋》基础上修改成为《春秋》经,其特点是"抑扬高下,无非妙用所在"。如何体现这种"妙用"?隐公元年"公子益师卒",吕祖谦解释为:"具万理于一言者,圣人之笔为然。益师之卒载于鲁史者,不过史氏凡例之常耳。圣笔一书,惩劝交举,见王命之重焉,见天职之公焉,见君臣之义焉,见死生之际焉。"③同一件事,孔子《春秋》看似惩劝,实则重

---

① 吕祖谦:《东莱集·别集》,卷13《春秋讲义》。
② 吕祖谦:《左氏传说》,卷9"韩宣子聘于鲁"条。
③ 吕祖谦:《东莱集·别集》,卷13《春秋讲义》。

在"理",表现为纲常伦理制度;鲁史《春秋》则表现为史例、史法,由此可见"妙用"。《左传》文公十四年"凡崩薨不赴则不书,祸福不告亦不书,惩不敬也",吕祖谦认为"此是鲁史之例,非孔子《春秋》之旨。盖鲁史不书,所以惩不赴者之不敬,《春秋》不书,所以惩天下诸侯之无王"①。同时书例,其中的内涵不同。鲁史"不书"之例具有针对性,指向某一个体;孔子《春秋》"不书"之例则具有普遍性,指向制度、伦理。无怪乎吕祖谦批评"左氏所释乃鲁之旧史,未经夫子之笔削者"②。

至于《左传》作者与孔子的关系,吕祖谦在早期著作《左氏博议》中认为"左氏与子路同游夫子之门"③,肯定左氏受学于孔子。后在《左氏传说》中又指出"左氏于定哀之闲载孔子事甚多,其间皆传闻之失实,此以知左氏本不曾登圣门"④,否定左氏从学于孔子。在其晚年著作《左氏传续说》中表示"看得左氏亦是子产、叔向一等人,其记管晏子产叔向事,皆连当时精神,写出深知精髓,若不是此等人品,无缘记得如此精妙。只记孔子事,便无意思,以此知杜预谓左丘明受经于仲尼,其说难信"⑤,再一次否定孔子与左丘明的师徒关系。如何理解吕祖谦考证左氏身份的这种反复性?应该说,一方面表明吕祖谦长期研究《左传》,且保持着存疑的学术风格;另一方面与吕祖谦著作成书先后有关。如上所论,《左氏博议》成于吕祖谦早年,"大率《博议》中议论,自今日看来十全精确者,大段有数。盖此书旧日一时间意思耳"⑥,其中有所差误在所难免;《左氏传说》《左氏传续说》成书稍晚一些,对一些问题的思考和认识也更成熟。由此可见吕祖谦严谨的学术品质。

《春秋》与"三传"的关系,也是《春秋》学史上的主题之一。总的说来,吕祖谦与前辈学人观点比较一致。如提出"以经为律,以传为按""以经知之,非以左氏知之"的原则;认为"三传"各具特色,"盖

---

① 吕祖谦:《左氏传续说》,卷6"凡崩薨不赴"条。
② 吕祖谦:《左氏传说》,卷9"韩宣子聘于鲁"条。
③ 吕祖谦:《左氏博议》,卷6"齐侯见冢"条。
④ 吕祖谦:《左氏传说》,卷20"孔文子将攻大叔"条。
⑤ 吕祖谦:《左氏传续说·纲领》。
⑥ 吕祖谦:《左氏传续说》,卷2"莫敖屈瑕"条。

《公》《谷》只是经生,不识朝廷大体,其间载事或有鄙俚,然其中说经旨处却与理合处甚明,不可不仔细看。……若载事,则不比左氏。左氏是国史,识得朝廷大体"①。不同于前辈学人的是,吕祖谦比较关注《左传》及其注解。除去上述所论读《左传》之方法及其弊端,吕祖谦又评价西晋经学家杜预,"然杜预以从赴告解鲁史则固然,若以赴告解经则谬矣。杜氏止识鲁史之例,而圣人之意固不知也。"② 意指杜预长于解读史书,解读经义方面不足。尽管如此,杜预的某些解释一定程度上弥补了《左传》的失误之处。《左传》庄公十九年"楚子御之,大败于津,还,鬻拳弗纳",吕祖谦比较左丘明与杜预二者的解词,"左氏谓之爱君,此亦是左氏不明得大处,故杜氏之注云明非臣法,此一句虽非是左氏本意,然杜预却以此一句救左氏之失处。"③ 在吕祖谦看来,评价历史人物、历史事件应当从大处着眼,即前文所述的"统体""机括"。左丘明不明"大处",杜预注解对其有所纠正。

(2) 吕祖谦《春秋》君臣观、夷夏观等

关于《春秋》中的开篇问题、君臣关系、夷夏关系等,吕祖谦以其理学、史学、心学等思想进行解读,并且有鲜明的经世性、指导性等特点。

首先,《春秋》开篇"元年春王正月",历来受到学人的诸多解读。《公羊传》从大一统的角度阐发微言大义,并影响后学。吕祖谦提出自己的看法:

> 命日以元,《虞典》也,命祀以元,《商训》也。年祀日辰之首,其谓之元,盖已久矣,岂孔子作《春秋》而始名之哉? 说《春秋》者乃言《春秋》谓一为元,殆欲深求经旨而反浅之也。彼窃意因旧制,则不待圣人之笔创新例,然后见圣人之功。于是谓一为元之论出焉,抑不知天地之间名数声形无非至理,圣人亦何所加损哉,特

---

① 吕祖谦:《左氏传续说》,卷6"又执子叔姬"条。
② 吕祖谦:《左氏传续说》,卷9"传言经所以不书弑"条。
③ 吕祖谦:《左氏传续说》,卷3"楚子御之"条。

举以示之而已。首年之称元,未有知其所始者,自夫子笔之《春秋》,举以示人,而百圣之所宗,万事之所统,咸见于一字之间,奚必名出夫子而后谓之精义哉!①

关于"元年",吕祖谦指出:一是年岁月辰之首称为"元"有其历史渊源,并非孔子首创;二是解"元"为"一"者出自董仲舒《春秋繁露》,这种解释背离经旨;三是名数声形都是天理的表现,"元年"也是如此。孔子《春秋》书"元年"只是让世人知道、看见。可见,吕祖谦从"理"的高度解释"元年",反对附会深求。

至于"春王正月",吕祖谦分析:尧舜禹时期,"大纲已举,大法已明"。所以,《尚书》记载时不加"王"字;至春秋时期,"人欲肆,天理灭,泯泯棼棼,瞀乱混惑",孔子《春秋》加"王"字于"正月"之上,彰显"王道流行"之意。这一观点只是上文所论孔子为何作《春秋》问题的另一种表达方式。

又,关于"不书即位",吕祖谦认为孔子或增加或删减鲁史《春秋》都有深义。这种深义要从"纲领""源头"挖掘,而不是从一国一君狭隘地去理解。"不书即位"的内涵是伦理纲常,"三纲得存,五品得叙,皆夫子一削之力也"②。鲁国十二公都没有经过周天子的授权,按理都不应书"即位",但鲁桓公、鲁文公等书"公即位",似乎相互矛盾。吕祖谦解释为"罪有轻重,情有深浅",从情与实的角度说明书"即位"的理由。如何进一步理解这一观点,因此条解词有阙文,后面不得而知。可知的是,吕祖谦通过解读"不书即位"说明伦常制度为《春秋》之"闳纲大原"。

其次,同程朱理学家一样,吕祖谦将"理"视为天下万物的本源,普遍存在而永恒不息。"理之在天下,犹元气之在万物也。一气之春播于品物,其根其茎其枝其叶其华其色其芬其臭,虽有万而不同,然曷尝有二气哉?理之在天下,遇亲则为孝,遇君则为忠,遇兄弟则为友,遇朋

---

① 吕祖谦:《东莱集·别集》,卷13《春秋讲义》,"元年"条。
② 吕祖谦:《东莱集·别集》,卷13《春秋讲义》,"不书即位"条。

友则为义，遇宗庙则为敬，遇军旅则为肃。随一事而得一名名，虽至于千万而理未尝不一也。气无二气，理无二理。"① "天理则与乾坤周流而不息也。"② 因此，吕祖谦指出："学者当深观《春秋》，以察天理人欲之辨别。"③ 天理表现为社会的伦常准则，"子受命于父，臣受命于君，诸侯受命于天子，此天地之常经，《春秋》之闳纲大原也"④，"嫡庶长幼定分之出于天"⑤。所以，反映在国家治理层面，"大抵天下之所以治者只是君臣父子夫妇"⑥，"君臣父子兄弟是内治，制度纲纪是外治"⑦；反映在文化教育领域，"学只是理会君臣父子兄弟，才不学上下之分便乱"⑧。可见，吕祖谦从"理"的高度论证伦常的重要性。

在诸多伦常关系中，吕祖谦比较关注君臣关系，对君王与臣下提出相应的责任与要求。联系当时南宋实际情况，这种对君臣的要求具有较多的现实意味。对于在上者君王而言，应当立志，有远大理想和目标，建立王道之治世。吕祖谦在早期著作《左氏博议》及稍晚所作的《左氏传说》中都曾探讨王道与霸道关系，现代学人对此也有相关论著⑨，暂不详述。"天下之为治者，未尝无所期也，王期于王，伯期于伯，强期于强……抑不知天下之势，不盛则衰，天下之治，不进则退。强而止于强者，必不能保其强也。……吾是以知自期之不可小也。进伯而至于王，极天下之所期，无在其上者，其亦可以息乎？曰：王道果可息，则禹之孜孜，汤之汲汲，文之纯，亦不已何为者耶？"⑩ 可见，吕祖谦的历史进步观表现在君王个体上，不仅要求其立志推行王道之政，且应当时刻保

---

① 吕祖谦：《左氏博议》，卷3 "颍考叔争车"条。
② 吕祖谦：《左氏博议》，卷1 "颍考叔还武姜"条。
③ 吕祖谦：《东莱集·别集》，卷13《春秋讲义》，"无骇入极"条。
④ 吕祖谦：《东莱集·别集》，卷13《春秋讲义》，"不书即位"条。
⑤ 吕祖谦：《左氏博议》，卷3 "晋穆侯命二子名"条。
⑥ 吕祖谦：《左氏传续说》，卷1 "莒人入向"条。
⑦ 吕祖谦：《左氏传续说》，卷1 "段不弟"条。
⑧ 吕祖谦：《左氏传续说》，卷10 "于是乎下陵上替能无乱乎"条。
⑨ 可参考白寿彝主编《中国史学史》，第4卷《宋代的地区性史学》，上海人民出版社2006年版；董平《论吕祖谦的历史哲学》，《中国哲学史》2005年第2期，孙旭红《吕祖谦〈左传〉学中的王霸之辨》，《江汉大学学报》2010年第4期等相关论著。
⑩ 吕祖谦：《左氏博议》，卷11 "会于葵秋寻盟"条。

持警醒,"人心之不可满",王道不可息。这一观点突破传统儒家学者及程朱理学家的王霸理论。

为君者除去立志王道之治,也应当懂得欣赏、任用贤臣良仕。"大抵为国之根本,莫大于亲贤两字,有亲则可以藩屏王室,有贤则可以镇重朝廷,虽有奸贼不敢觊觎。"① 贤臣对国家、政权很重要。君王应亲近贤臣,主动远离佞臣、权臣。"佞人须是屏绝之,不使一时在左右,才近他,虽自能执持,终必为他移夺而不自知。此孔子所以有言曰远佞人,此古今之所深戒。"② 因为"徒倚权臣为事,不顾义理之所安者,未有不反为所害"③。为君者虽有贤臣良相辅佐,但仍当有安危大局的自我意识。吕祖谦以晋文公谨慎对待谋臣狐偃的建议为例,说明"人君虽有腹心谋臣,须是自识得治体。若使晋无子犯霸业,未必成见,得人材须要多,然人材虽多,亦要人君自理会得。若使文公从子犯之言与秦战,便是蹈惠公覆辙,举前一段谋臣不厌多,举后一段人材虽多,须是人君自识安危治乱之大体"④。君王的自我意识中尤其要注意对政治权力的掌控。"晋国之霸,固赖贤才众多,然亦有偏处。……方晋之盛时,英豪满朝……其后君上之权浸移于臣下……六卿之分晋,正缘偏于此,不能收其权而终至于亡国也。是知权不可弛,患不可不自微时制。"⑤ 吕祖谦提出的为君之道看似是在解读《左传》,实则是其致用思想现实关怀的反映。淳熙四年(1177),吕祖谦奉命重修的《徽宗实录》完成,品级得到晋升,在受到孝宗的召见时提出"夫治道体统,上下内外不想侵夺而后安……愿陛下虚心以求天下之士,执要以总万事之机"⑥,建议孝宗广招人才,抓住国家治理的关键。

相较于为君之道,吕祖谦对臣下提出了更多的要求与责任。"君子言分必及理,言理必及分,分不独立,理不虚行,得则俱得,失则俱失。"

---

① 吕祖谦:《左氏传说》,卷16"吴公子光弑其君僚"条。
② 吕祖谦:《左氏传说》,卷12"楚费无极害朝吴之在蔡"条。
③ 吕祖谦:《左氏传说》,卷19"晋赵简子盟卫侯将歃涉佗捘卫侯之手及掔"条。
④ 吕祖谦:《左氏传说》,卷3"子犯言于玉无礼"条。
⑤ 吕祖谦:《左氏传说》,卷4"晋蒐于夷易中军"条。
⑥ 脱脱等:《宋史》,第12873页。

等级名分与天理密不可分,"分"是"理"的表现,"理"是"分"的本质,二者息息相关。反映在君臣关系上,"君臣之际本非较曲直之地,臣之理虽直,其敢自谓直,以加吾君乎"。臣下应当做的是"早朝晏退,战战兢兢,上不知君之曲,下不知我之直,所知者尽臣道而已"①,似乎臣下应当愚忠、不辨是非。有学者指出:"吕祖谦明白无误地点明了其'言分必及理,言理必及分'命题的政治目的,即彻底杜绝'犯上之习',保证等级名分不受侵犯。"② 这一评价不无道理。不过,同大多数理学家一样,吕祖谦从天理的高度阐述等级名分、君臣上下的必然性。

既然臣下要"尽臣道",那么,如何表现"尽臣道"?吕祖谦以鲁桓公二年"宋督弑君与大夫"为例,说明"无君之心乃为恶之根本",为臣者要"养其尊君之心"。臣下尊君表现为从天理、道心层面引导君王修身养德。"大抵国之大臣在乎养其君德,保其君体。"西周时期辅佐周成王的周公旦即是如此。反观春秋时期晋灵公左右大臣如郤缺、赵盾等"都不能于是时正君心,养君德,自里面做工夫,一向只是谋人城攻人国,却曰君弱不可以息,都去外面做了。至于正君心里面工夫,都不曾做得一分"③,以致晋灵公"身弑国危"。吕祖谦又以管仲为例,说明"格君之心"的重要性。当时齐桓公在管仲的辅助下,富国强兵,最终成就霸业。吕祖谦肯定管仲的功绩,同时批评"管仲之事桓公,专去事上做工夫,却不去君心上做工。惟其去事上做工夫,故铺排次叙二三十年,皆如其规模;惟其不去君心上做工夫,故訑訑之声音颜色,拒人于千里之外。管仲之事,盖积数十年而成,桓公之骄,止一日而坏,不能格君心之非,其祸盖如此也"④。"仲不能以道格君之心,使自为善,反待简册之毁誉以制之。……不导其君以心制物,而反以物制心,是以外而制内也。"⑤ 为臣者应当正君心之非,在君心上下功夫,引导君王涵养德性。吕祖谦"正君心""格君心"的臣道观念是自孔子、孟子以至二程等儒家

---

① 吕祖谦:《左氏博议》,卷4"王师伐虢"条。
② 徐余庆、潘富恩:《吕祖谦评传》,南京大学出版社1992年版,第136页。
③ 吕祖谦:《左氏传说》,卷5"君弱不可以息"条。
④ 吕祖谦:《左氏传说》,卷2"晋文退舍避子玉喜"条。
⑤ 吕祖谦:《左氏博议》,卷10"齐桓公辞郑太子华"条。

学人政治哲学的一致追求。

臣下"正君心"表现为懂得进谏之道。"游宴之逸,人君之所乐也;谏诤之直,人君之所不乐也。以其所不乐而欲夺其所乐,此人臣之进谏所以每患其难入也。"①吕祖谦从君王心理表现的不同说明臣下进谏之难得客观存在。那么,臣下如何进呈谏议?一是臣下应当明确自己进谏的职责范围。"人臣之忧在于谏之未善,不在于君之未从。"吕祖谦从进谏者心理、行动、陈述、谏议的主题、语言表达、语气六个方面说明"未善","诚之不至未善也,理之不明未善也,辞之不达未善也,气之不平未善也,行之不足以取重于君,未善也,言之不足以取信于君,未善也",为臣者应当加强这几个方面的学习和修养。总之,"谏,吾职也;听,君职也。吾未能尽其职,乃欲越其职以必君之听,其可乎"②。所以,臣子的职责在于提出建议,并学习进谏技巧。二是进谏之道的实质是"正君心""格君心之非"。"进谏之道,使人君畏吾之言,不若使人君信吾之言,使人君信吾之言,不若使人君乐吾之言。"即臣下进谏的三个境界,最低境界的谏言是使君王有所畏惧,最高境界的谏言是君王乐于接受建议。而达到三个不同境界的效果需要不同的方法,"戒之以祸者,所以使人君之畏也;喻之以理者,所以使人君之信也;悟之以心者,所以使人君之乐也"。即臣下总结历史经验而使君王"畏",阐明道理使君王"信","正君心""格君心之非",使君王个体有所领悟、涵养、"乐"。可见,吕祖谦重视"道心",本然之善心,强调以道德修养体悟本心。为什么会有者三种不同的效果?"人君之游宴,畏人之言而止者,是特不敢为而未知其不当为也;信人之言而止者,知其不当为而未知其不足为也;惟释然心悟,然后知其不足为,知其不足为,虽劝之为,亦不为矣。"③这里,吕祖谦从君王心理变化的不同层面,"不敢为"到"不当为"以至"不足为",说明涵养本心之后的自我选择。

最后,华夏民族与少数民族关系是《春秋》学主题之一,"尊王攘

---

① 吕祖谦:《左氏博议》,卷1"臧僖伯谏观鱼"条。
② 吕祖谦:《左氏博议》,卷7"鬻拳兵谏"条。
③ 吕祖谦:《左氏博议》,卷1"臧僖伯谏观鱼"条。

夷"也是《春秋》学的基本观点。吕祖谦以齐晋称霸而宋襄公不能称霸为例，说明"尊王攘夷"。"齐晋所以霸，皆先弱楚，盖楚于中国，其势不两立，惟齐晋能攘戎狄、尊中国，此所以成霸业。"反观宋襄公则没有认清成为霸主的条件，"霸者欲尊周会诸侯，大要在摈楚"，因为"楚与中国相为消长"。宋襄公"欲成霸业，反求诸侯于楚，便不能攘戎狄尊中国"①，与齐桓、晋文称霸之路相异。正因为宋襄公如此对待蛮夷，所以其霸业失败。又，吕祖谦从历史、文化的角度论证华夏民族与少数民族的关系。"禹服周畿，要荒蛮夷，邈然处于侯甸采卫之外。当是时，华戎之辨固不待圣人而后明也。"西周时期实行畿服制，各级诸侯领地与蛮荒之族都有相应的地域范围，华与夷界限明确。"王道既衰，氈毳异类始错居于中国，疆土相入，蹄踵相交，室庐相望，习熟见闻，寖不知有华戎之辨矣。"② 王道衰微，中原政治统治削弱，蛮夷逐渐内迁，其生产、生活方式受中原文明影响，华夏民族与蛮夷的界限逐渐模糊。此时，华与夷的区别主要体现在文化上，尤其是伦理纲常。"大抵列国之所以为列国，以其有三纲；蛮荆之所以为蛮荆，只缘无三纲。三纲者，君臣父子夫妇也。"③ 吕祖谦这一观点与大多数《春秋》学人观点一致。

与前人夷夏观不同的是：吕祖谦从历史盛衰层面表达其对华夷关系的看法，且更强调华夏族自身发展、强盛的重要性，有强烈的现实指导性。夏商周三代时期，中原与周边民族盛衰相互关联。以楚为例，"楚自是荆蛮之与中国相为消长……楚之于中国，盖自商以来迭为盛衰。商盛则楚衰，商衰则楚盛。……及到周时，周盛楚再衰……到得东迁后，周既衰，楚自然盛，所以楚武王僭号抗衡中国，以此见中国与外域，迭为消长"。既然中原与少数民族相为盛衰消长，那么，中原在受到少数民族侵扰时，应大力发展以至自身强大，抵抗蛮夷。"盖天下统一，为之君者，当抚循其民。君不拯救抚循，非所以为君。及至天下分裂，抚循其民者，当在霸主；霸主不能抚循，其势自然归蛮夷。此中国不如蛮夷，

---

① 吕祖谦：《左氏传说》，卷3"宋襄盟于鹿上"条。
② 吕祖谦：《东莱集·别集》，卷13《春秋讲义》，"二年春公会戎于潜"条。
③ 吕祖谦：《左氏传说》，卷4"楚国之举常在少者"条。

皆中国之过，非蛮夷之过。"可见，吕祖谦通过解读《春秋》，对当时宋政权外患提出建议。乾道六年（1170），吕祖谦轮对，劝勉宋孝宗重视圣学，并提出"恢复大事也，规模当定，方略当审。陛下方广揽豪杰，共集事功，臣愿精加考察，使之确指经画之实，孰为先后，使尝试侥幸之说不敢陈于前，然后与一二大臣定成算而次第行之，则大义可伸，大业可复矣"，① 主张抗金，收复失地。

综上，吕祖谦提倡经史并重，但对史学似乎倾注更多，著有《左传》一系列著作，其《春秋》学更多表现为对《左传》的研究。清代学者全祖望称："宋乾、淳以后，学派分而为三：朱学也，吕学也，陆学也。三家同时，皆不甚合。朱学以格物致知，陆学以明心，吕学则兼取其长，而复以中原文献之统润色之。"② 南宋时期的理学发展达到高峰。有学者指出，这一时期理学家人才辈出，如影响较深远的朱熹、吕祖谦、陆九渊等。学术派别也形成于此时，且相互辩难、讨论。③ 朱学、陆学、吕学三家学派各有特点，吕祖谦兼容并蓄的学术风格在《春秋》学上表现为从理学、心学、史学等多层面阐释孔子与《春秋》、君臣关系、夷夏关系等主题。不难看出，吕祖谦这一治学特点受当时学术氛围大环境的影响。除此，吕祖谦"杂博"的治学风格也受其家学影响。有学者分析吕公著、吕希哲、吕本中等学术历程，指出"不明一师，不私一说的'博杂'学风是吕氏家学最为突出的特征"④。同时代的朱熹曾评价吕祖谦："东莱博学多识则有之，守约恐未也。""伯恭要无不包罗，只是扑过，都不精。"⑤ 从《春秋》学发展历史来看，一方面，由于吕祖谦重视《左传》研究，从而提高了《左传》在《春秋》学史上的地位，启发后学从史学、文学等角度阐释《左传》；另一方面，吕祖谦解读《春秋》的方法、内容进一步拓宽了《春秋》学的研究领域，使《春秋》逐渐摆脱理学附属的地位，《春秋》史学的特性日渐突出，《春秋》的现实借鉴之功能日渐得

---

① 脱脱等：《宋史》，第 12872 页。
② 黄宗羲：《宋元学案》，第 1653 页。
③ 侯外庐、邱汉生、张岂之主编：《宋明理学史》（上），第 221 页。
④ 张岂之主编：《中国思想学说史》（宋元卷下），第 445 页。
⑤ 黎靖德编：《朱子语类》，第 2949—2950 页。

到发挥。

二 陈傅良"经致"之《春秋》

吕本中、吕祖谦主要是从史学理论解读《春秋》，并探索多元化多角度《春秋》的史学表达，尤其是吕祖谦《左传》类系列研究著作，提高了《左传》在《春秋》学中的地位。遗憾的是，吕祖谦毕竟解读的是《左传》，《东莱集》中也只收录了《春秋讲义》一卷，有"喧宾夺主"之嫌。如何通过《左传》进一步解释《春秋》，同时代的陈傅良尝试着作出解答。

（一）陈傅良与《春秋》

陈傅良，浙江温州瑞安人，师从薛季宣、郑伯熊，与张栻、吕祖谦交流友善，是永嘉学派的重要学者。著有《春秋后传》《左氏章指》《毛诗解诂》《周礼说》《建隆编》等。

陈傅良一生与《春秋》密切相关。少年时，陈傅良学习胡安国《春秋传》。"余记为儿时，从乡先生学，同学数十儿，各授程《易》、胡《春秋》、范《唐鉴》一本。是时三书所在未锓板，往往多手抄诵也。"[1] 可见，陈傅良在胡安国《春秋传》未刊刻以前就已经有所抄录。青年时，陈傅良改变科考程文，自成一家。"其所论著如《六经论》等文，所在流播几于家有其书。蜀中文学最盛，读之者无不动色，文体为公一变。"[2] 现《六经论》已不可见，但其中应该包括《春秋》。乾道八年（1172），陈傅良三十六岁，"早以《春秋》应举，俱门人蔡幼学行之游太学，以蔡治《春秋》浸出己右，遂用词赋取科第"[3]。陈傅良与弟子蔡幼学都擅长《春秋》，并以此考取功名。朱熹曾提出批评，"《春秋》为仙乡陈、蔡诸公穿凿得尽。诸经时文愈巧愈凿，独《春秋》为尤甚，天下大抵皆为公乡里一变矣"[4]。这种现象一方面说明陈傅良在创新科举时文方面的影响及效果；另一方面也说明此时陈傅良更多借助《春秋》革新文体，还没

---

[1] 陈傅良：《止斋集》，卷41《跋胡文定公帖》，《四库全书（文渊阁本）》。
[2] 陈傅良：《止斋集》，《附录·楼钥神道碑》。
[3] 叶绍翁：《四朝闻见录》，卷1"止斋陈氏"，《四库全书（文渊阁本）》。
[4] 黎靖德编：《朱子语类》，第2761页。

有深入研究《春秋》《左传》大义。有学者分析：南宋初期科考中《春秋》被冷落，南宋中期以至末年，《春秋》学日渐繁荣，而陈傅良是复兴《春秋》的主要人物。① 这一论断主要是从科考《春秋》论证陈傅良的社会地位，但我们也应当关注陈傅良《春秋》《左传》思想在《春秋》学史上的地位。

陈傅良专注于《春秋》《左传》研究大概是在其晚年。《荆溪林下偶谈》记载：陈傅良所著《待遇集》出版发行，"人争诵之。既登第后，尽焚其旧稿，独从郑景望讲义理之学，从薛常州讲经制之学"②。可以想见，陈傅良取得科考名次后，开始师从郑伯熊、薛季宣学习义理、经制，并与吕祖谦、张栻相交流，其对《春秋》《左传》的认知也受其师友的影响。楼钥在《春秋后传序》中讲："同在西掖时，始以隐公后传数篇相示。因为道《春秋》之所以作，《左氏》之所以有功于经者，其说卓然。"③ 西掖是中书省的别称。考查陈傅良与楼钥年谱，二人共事中书省大概在光宗绍熙四年（1193）左右，此时陈傅良五十七岁，《春秋后传》《左氏章指》或处于撰写时期，还未成书。"某病躯日衰弱，渐渐了得《春秋》一书。及未启手足之前，更加删润……""某近复苦泄泻，今幸稍愈……惟《春秋后传》垂成，尚欠删润，不免就病中勉强……"④ 陈傅良晚年病里，《春秋后传》即将完稿，还需修改润色。周勉曾与蔡幼学、胡宗一起辅助其师著述，"于诸生中择其能熟诵三传者，首得蔡君幼学……又得二人焉，曰胡宗，曰周勉。游宦必以一人自随，遇有所问，其应如响……"⑤ 并作《春秋后传·跋》。"先生为《后传》将脱稿而病，期岁而病革。学者有欲速得其书，俾佣书传写。其已削者，或留其帖于编；增入是正者，或揭去弗存也。勉宦江陵还，始得朋友订正之，然已削者可刊帖于编，而增入是正者不可复求矣……"⑥ 陈傅良晚年《春秋后

---

① 参见王宇《南宋科场与永嘉学派的崛起》，《浙江社会科学》2004年第2期。
② 无名氏：《荆溪林下偶谈》，卷4"陈止斋"条，《四库全书（文渊阁本）》。
③ 陈傅良：《春秋后传·左氏章指原序》，《四库全书（文渊阁本）》。
④ 陈傅良：《止斋集》，卷38《答张端士五》。
⑤ 陈傅良：《春秋后传·左氏章指原序》。
⑥ 朱彝尊：《经义考》卷187陈傅良《春秋后传》条。

传》即将脱稿成书,被他人抄录传诵,出现删减不当,致使《春秋后传》已非陈傅良所作初稿。弟子蔡幼学曾为陈傅良作《行状》,介绍其著作,《春秋后传》十五卷,《左氏章指》三十卷。① 今本《春秋后传》则十二卷,四库馆臣也称今本《春秋后传》"已非傅良完本"。至于《左氏章指》,四库馆臣认为"今《永乐大典》中尚存梗概,然已残阙不能成帙,故不复裒录焉"②。所以不得而见。

由此,陈傅良早年学习胡安国《春秋传》,青壮年时期以《春秋》时文享有盛誉,晚年则潜心研究《春秋》《左传》。同僚兼学友的楼钥称陈傅良"深于《春秋》",陈傅良弟子蔡幼学也称其师"深于《春秋》",此言不虚。

(二)陈傅良对《左传》的看法

陈傅良于《春秋》"三传"中推崇《左传》,这源于其哲学理论以至对经与史、经与传关系的认识。

首先,陈傅良认为六经要旨在于经世、实用。"六经之义,兢业为本。"③ "六经之教,与天地并,区区特从管窥见得兢业一节,足了一生受用。"④ "兢业",即实事实功致用之学问。关于这一点,陈傅良弟子曹叔远自述:"自年二十从陈先生,其教人读书,但令事事理会。如读《周礼》,便理会三百六十官如何安顿;读《书》,便理会二帝三王所以区处天下之事;读《春秋》,便理会所以待伯者予夺之义。"⑤ 可见,陈傅良务实的治学特点对其弟子门人影响深远。陈傅良学术风格的理论基础在于其对道器的认知。同朱熹所认为的"即形器之本体而离乎形器,则谓之道;就形器而言,则谓之器"⑥——道本器末的观点不同,陈傅良提出"器便有道,不是两样,须是识礼乐法度皆是道理"⑦,即道反映在器上,

---

① 陈傅良:《止斋集》,《附录·蔡幼学行状》。
② 永瑢等:《四库全书总目》,《经部·春秋类二》,第220页。
③ 陈傅良:《止斋集》,卷37《与吕子约二》。
④ 陈傅良:《止斋集》,卷37《与沈叔晦》。
⑤ 黎靖德编:《朱子语类》,第2986页。
⑥ 黎靖德编:《朱子语类》,第1936页。
⑦ 黎靖德编:《朱子语类》,第2986页。

器中有道，考察礼乐制度就是求道。这一学术主张源于对其师薛季宣道不离器观念的继承，也是永嘉学派经制之学所谓特点。

其次，经与史既相关联，又相区别。"孔氏之述六经也，则以万世之史笔削之焉尔。于《书》录《康诰》，不录《唐诰》；于《诗》录《鹊巢》《驺虞》，不录《狸首》，其甚彰彰者也。史行于天下，六经修于圣人。万世之后，史与经并衡焉，有以考吾之所去取者矣，是孔子之意也。"① 意指六经基础为史书，史书出自史官，而六经蕴含圣人之意。这一点尤其在《春秋》上体现得更明显。"《春秋》固东迁之史也，史曰晋侯召王以诸侯见，吾曰天王狩；史曰卫宁殖孙林父出其君，吾曰卫侯奔向。微国史，亦无以见修春秋之辞也。"②《春秋》是孔子在鲁国《春秋》基础上进行笔削、修改，通过对两则事例的不同表达，说明"史著其迹，《春秋》察其心"。所以，经以史为基础，通过史书寻求经书的笔削大义。

最后，经与史相互依存的关系，以及"三传"的特点，使得它们的地位不甚相同。总的说来，陈傅良评价《春秋》注疏的标准是平实。"于《春秋》三传，诸家章句，孰得圣人意，孰不得圣人意，参互往复辨论务明白乃已，要其归大抵贵平而恶凿，不以私意传公道。"③ 这与南宋《春秋》学人的经传观点大体一致，倡导平实不穿凿。《左传》精于记事，《公羊》《谷梁》长于阐发经义，已成为学人共识。

陈傅良非常重视《左传》，"依经为传，文无虚发，优游不迫而意已独至，盖非二家所能及"，即《左传》在由史实发挥经义方面优于《公》《谷》。"《春秋》同是圣人经世之用，要其托史见义……而左氏合诸国之史，发明经所不书，以表见其所书。"④在陈傅良看来，《春秋》有经世之功用，这种功用是通过史实阐发经义。三传中《左传》搜集诸国历史，列举《春秋》中所"不书"的事件与《春秋》"所书"相互发明，从而

---

① 陈傅良：《春秋后传》，卷10"五年春王正月舍中军"条。
② 陈傅良：《春秋后传》，卷10"五年春王正月舍中军"条。
③ 陈傅良：《止斋集》，卷35《答天台张之望》。
④ 陈傅良：《止斋集》，卷35《答贾端老五》。

阐发圣人笔削之义。陈傅良曾为徐得之《左氏国纪》① 作序，其中阐述《左传》的性质及作用。

> 昔夫子作《春秋》，博极天下之史矣，诸不在拨乱世反之正之科，则不录也。左氏独有见于经，故采史记次第之，某国事若干，某事书，某事不书，以发明圣人笔削之旨云尔，非直编年为一书也。……自夫子始以编年作经，其笔削严矣。左氏亦始合事言（阙二字）与诸书之体，依经以作传，附着年月下，苟不可以发明笔削之指，则亦不录也。盖其辞足以传远而无与于经谊则别为《国语》，至夫子所见书，左氏有不尽见又阙不敢为传，唯谨如此。后作者顾以为一家史体而读左氏者，浸失其意见，谓不释经，是书之存亡几无损益于《春秋》。……学者诚得《国纪》，伏而读之，因其类居而稽之经，某国事若干，某事书，某事不书，较然明矣。……徐子殆有功于左氏者也。……②

上述材料一是说明孔子在诸史书的基础上笔削修改而成《春秋》，凸显其拨乱反正之主旨；二是提出《左传》的性质是解经之传，"依经作传"，并非只是编年体史书。其编写原则与圣人笔削之义相一致，表现为"某国事若干，某事书，某事不书"；三是徐得之《左氏国纪》以《左传》为基础，改编年体为国别体，编写原则与左氏一致，故"有功于左氏者也"。

陈傅良立足于《左传》，辅以《公》《谷》，通过"不书"与"书"的例法考证圣人笔削之义，这一特点体现在《春秋后传》中。如僖公五年"郑伯逃归不盟"，陈傅良解释为："国君而曰逃，贱之也。何贱乎？郑伯以其背夏盟也。厥貉之会麇子逃归不书（事在文十年），厉之役郑伯逃归不书（事在宣十一年），盖逃楚也。必若郑文公逃齐，陈哀公逃晋而

---

① 徐得之，字思叔，清江人，徐梦莘之弟。淳熙年间登进士，著有《春秋左氏国纪》20卷，今已佚。
② 陈傅良：《止斋集》，卷40《徐得之左氏国纪序》。

后书，所以示夷夏之辨严矣。"意指僖公五年中原诸侯盟会于首止，郑伯逃归不盟，《春秋》经记录此事。而宣公十一年"厉之役郑伯逃归"，《左传》有收录，《春秋》经不书此事。同是"郑伯逃归"，《春秋》经有"书"与"不书"两种书法，其中的含义正是《春秋》所倡导的华夷之别，尊王攘夷。除此，以"书"与"不书"阐发经义的特点更多体现在《左氏章指》中。陈傅良弟子蔡幼学作《行状》称："公深于《春秋》，其于王霸尊卑、盛衰消长之际，及乱臣贼子之所由来，发明独至。又以为《左氏》最有功于经，能存其所不书以实其所书，故作《章指》以明笔削之义。"① 楼钥所作《序》中也讲："若《左氏》或以为非为经而作，惟公以为著其不书，以见《春秋》之所书者，皆《左氏》之力。《章指》一书首尾专发此意。"② 可见，陈傅良《左氏章指》主要是比较、考证《春秋》经与《左传》中的"书"与"不书"，阐发圣人笔削之义。可惜，《左氏章指》不传于后世，无法领略其"书"与"不书"的运用。

陈傅良虽推崇《左传》，但并不盲从，而是进行严密地考证。"公之《章指》谓'君子曰者'，盖博采善言礼也者，盖据史旧闻非必皆合于《春秋》。或曰后人增益之，或曰后人依仿之，或以凡例义浅而不取，或以例非《左氏》之意，盖爱而知其恶者，乃所以为忠也。又言庄公元年至七年及十九年以后，讫终篇多无传，疑有佚坠。公之求于传者详矣。"③ 关于《左传》中的"君子曰"，如前文所述，林栗曾讲师西汉经学家刘歆之语，朱熹表示赞同。相较之下，陈傅良对《左传》中的"君子曰"内容多方面考查论证，作出客观判断。所以，楼钥赞称陈傅良是《左传》忠诚的"拥护者"。

后世学者对陈傅良《左传》学特点多有评价，褒贬不一。元代赵汸一方面肯定陈傅良《左传》学成就，"永嘉陈君举始用二家之说，参之《左氏》，以其所不书实其所书，以其所书推见其所不书，为得学《春秋》之要，在三传后卓然名家"，并参考陈傅良《左氏章指》《春秋后传》作

---

① 陈傅良：《止斋集》，《附录·蔡幼学行状》。
② 陈傅良：《春秋后传·左氏章指原序》。
③ 陈傅良：《春秋后传·左氏章指原序》。

《春秋左氏传补注》《春秋属辞》；另一方面指出陈傅良《左传》学的不足。"然其所蔽则遂以左氏所录为鲁史旧文，而不知策书有体，夫子所据以加笔削者，左氏亦未之见也。左氏书首所载不书之例，皆史法也，非笔削之旨。《公羊》《谷梁》每难疑以不书发义，实与左氏异师。陈氏合而求之，失其本矣。故于左氏所录而经不书者，皆以为夫子所削，则其不合于圣人者亦多矣。"① 即《左传》并非鲁史《春秋》之旧文，《左传》作者也不曾见过鲁史《春秋》；《左传》"不书"之例为史法书例，且与《公》《谷》所谓"不书"之义截然不同，陈傅良《左传》学所阐发的"书"与"不书"之内容并非圣人笔削之义。四库馆臣大体上赞同赵汸观点，同时指出"某故不书者，不得经意或有之，必以为别发史例，似非事实"②，纠正赵汸的某些错误观点。其实，《左传》"不书"书例，或为史法，或为不得经意，或为陈傅良所言"夫子所见书，左氏有不尽见又阙不敢为传"，即"无传之经"。明代学者何乔新认为陈傅良"以传之所书而论经之所不书，则《传》事又岂一一皆实乎"，怀疑《左传》记载事件的真实性。这种怀疑与前文所述朱熹对《左传》史实的怀疑不谋而合。

总之，陈傅良道器观是其致用学术思想的理论基础，其对"六经之义，兢业为本"的认知，以《左传》史事、书例阐发《春秋》圣人之义都是其哲学思想的表现，《春秋后传》同样如此。

（三）《春秋后传》之"世变"

陈傅良致用思想于《春秋后传》主要表现为以"世变"解经，即通过划分、总结《春秋》十二公历史阶段、特点表达其君臣观、夷夏观等。

《春秋后传》"后"为何意？楼钥在其《神道碑》中称：陈傅良"博极群书，而于春秋左氏尤究极圣人制作之本意，左氏翼经之深旨，著《春秋后传》《左氏章指》二书。盖经止获麟孔子卒，传止韩魏反而丧之，之后殆未有此书也"。元代赵汸也称陈傅良"在三传后卓然名家"。所以，《春秋后传》之"后"为"三传"之后。确切讲是《左传》之后，《春秋

---

① 赵汸：《春秋集传·原序》，《四库全书（文渊阁本）》。
② 永瑢等：《四库全书总目》，第 220 页。

《春秋后传》撰写形式是每条经文下面以小字或注解"有传",或注解"有公羊传",或注解"有谷梁传",或注解"公羊谷梁有传"等。经文注解中对事件、书例、出处、对前人注解的态度等同样以小字标出。如隐公二年"纪子帛莒子盟于密",陈傅良解为"纪子帛阙……"小字称"杜预子帛裂繻字,盖意之也,不取"。纪子帛为何人,史料记载又缺失,而杜预认为纪裂繻字子帛,陈傅良指出这种解释有臆断之嫌,不认可此解。《春秋后传》中引用前人注解情况如下:

表6—1　　　　　　　《春秋后传》引用前人注解情况

作者	年代	著作	备注
左丘明	春秋末年	《左传》	《春秋后传》中对"三传"有引用,有否定,也有判断
公羊高	战国	《公羊传》	
谷梁赤	战国	《谷梁传》	
何休	东汉	《春秋公羊解诂》	《春秋后传》对此类注疏既有肯定,也有否定
杜预	西晋	《春秋左氏经传集解》	
范宁	东晋	《春秋谷梁传集解》	
陆淳	唐	《春秋集传纂例》	
孙复	北宋	《春秋尊王发微》	
刘恕	北宋	《资治通鉴外纪》	
刘敞	北宋	《春秋传》《春秋意林》《春秋权衡》等	《春秋后传》中有三例引用《春秋传》
苏辙	北宋	《春秋集解》	
杜谔	北宋	《春秋会义》	《春秋会义》二十六卷,已佚
胡安国	北宋	《春秋传》	
薛季宣	南宋	《春秋经解》《春秋指要》	《春秋经解》《春秋指要》共十四卷,已佚,现存有《春秋指要·序》
吕祖谦	南宋	《左氏博议》《左氏传说》《左氏传续说》	

---

① 沈玉成、刘宁《春秋左传学史稿》中认为《春秋后传》是上接"三传"的"后传",参见《春秋左传学史稿》,江苏古籍出版社1992年版,第238页。

由上表可知：《春秋后传》中引用学人著作近二十种，其中引用"三传"次数最多，有肯定，有否定。又，十五位学人中，引用宋代学人最多，从另一侧面反映出宋代《春秋》学的繁荣。陈傅良于宋代《春秋》学人观点同样有所取舍，且把考证范围扩展至史书，如《资治通鉴外纪》。叶适曾为陈傅良作《墓志铭》，称赞陈傅良"年经月纬，昼验夜索，询世旧，翻吏牍，搜断简，采异闻，一事一物必稽于极而止"①。这种博文严谨的治学态度，于《春秋后传》中可见一斑。

《春秋后传》主旨为伦常、夷夏观念，只是表现方式与前述《春秋》学人有所不同，即在"世变"、历史阶段的划分总结中表达主旨，最终指向现实问题。

在阐述陈傅良"世变"观以前，我们先关注《春秋》开篇，因为《春秋》开篇历来受到《春秋》学人的诸多解读。关于"隐公"，大多数学人关注周平王、鲁隐公，《春秋后传》则提出《春秋》始于周桓王。"《春秋》非始于平王，始于桓王也。"原因在于平王东迁后，"诸侯犹有让千乘之国者"，"臣子犹知尊君亲上也"，"据经守古之士为多也"，纲常秩序尚存；周桓王即位后，从天王到诸侯，"彝伦攸斁"，伦常尽丧，"《春秋》所以作也"②。可见，陈傅良通过描述一系列等级秩序被破坏的历史事件提出自己的观点。

"元年"，陈傅良从历史考证"改元"的过程。"惟王者然后改元，诸侯改元自汾王以前未有也。"从周厉王以后改称"元"，周厉王以前各诸侯国尤其是中原各国记录称"世"，"但有世而无年"。史书修改纪年方法，从西周共和开始。与中原诸侯国改元不同，周边蛮夷之国称年称名时间较晚。"吴至寿梦十九世，越至勾践二十余世而后始有年，燕自召公至昭王而后始有名，秦自秦仲至文公而后始有史，皆僻远晚兴者也。"③可以看出，陈傅良一方面从历史角度考证"改元"过程，另一方面从华夏民族与少数民族区分"改元"时间各异。

---

① 陈傅良：《止斋集》，《附录·叶适墓志铭》。
② 陈傅良：《春秋后传》，卷1"隐公"。
③ 陈傅良：《春秋后传》，卷1"元年"。

"春王正月",其中到底是夏历还是周历法,历来意见不一,影响较大的是胡安国"夏时冠周月"说。陈傅良基本认同胡安国的看法,并对其中历法的变迁作出历史的考证。"夏时冠周月,非周之旧典也。西周之史言时皆夏时也,言月皆周月也。言时皆夏时,于《周官》见之,言月皆周月于《书》见之,未有以夏时冠周月者也。以夏时冠周月,则鲁史也。夫子之修《春秋》每孟月书时以见鲁史,每正月书王以存周正,盖尊周而罪鲁也。"① 可见,"夏时冠周月"为鲁史《春秋》旧文,正月书"王"则孔子修改之文,其中含义为"尊周罪鲁"。关于周与鲁的定位,西汉董仲舒曾提出"绌夏存周,以《春秋》当新王",即所谓"王鲁"说。东汉何休也称"托王于鲁,因假以见王法","王"鲁的目的是呈现王法。唐代学者孔颖达反驳此种观点,指出《春秋》主旨是兴周而非黜周。宋代学人于《春秋》主张"尊王攘夷",并逐渐发展为"正统论"。应该说,陈傅良"尊周罪鲁"说对前人相关学术观点既有继承也有批判,并无太多新意。"陈止斋欲著《后传》,于诸生中择能诵者一人自随,似不草草。然谓书王存周,未免又落窠臼。"② 又,《春秋后传》讲"晋之《乘》,楚之《梼杌》,鲁之《春秋》皆东迁之史也。古者诸侯无私史,有邦国之志,则小史掌之而藏周室……自三史作而国自为史矣"③。其中"古者诸侯无私史"说本自其师薛季宣,"诸侯无史,天子有外史,掌四方之志,而职于周之太史"④。朱熹曾批驳称"诸侯若无史,外史何所稽考而为史?如古人生子,则闾史书之,且二十五家为闾,闾尚有史,况一国乎"⑤,意指官方史书资料源自诸侯地方史,反对"诸侯无史"论。

《春秋》开篇短短八个字,陈傅良从历史考证层面阐述伦常、尊王、夷夏等主旨。回到正文,更是如此。

正如楼钥"序"中所言:陈傅良著作"深究经旨,详阅世变",更确切地说是在世变中论经旨。"《春秋》大义,夷夏之辨,君臣之分而已。"

---

① 陈傅良:《春秋后传》,卷1"春王正月"。
② 朱彝尊:《经义考》卷187陈傅良《春秋后传》。
③ 陈傅良:《春秋后传》,卷1"春王正月"。
④ 薛季宣:《浪语集》,卷30《经解春秋旨要序》,《四库全书(文渊阁本)》。
⑤ 黎靖德编:《朱子语类》,第2158页。

《春秋后传》将《春秋》大致分三个阶段：隐桓庄闵时期，僖文宣成时期，襄昭定哀时期①。每一时期特点不同。如下：

表6—2　　　　　　《春秋后传》对《春秋》的阶段划分情况

时段	政治上表现	书例上表现	特笔	备注
自隐而下	春秋治在诸侯，天子无道，则不徒罪诸侯；诸侯专征，千乘之国有弑君者	宰书名，王子书名，甚者王不书天；君恒称君，贬人之，故诸侯多贬辞	春秋初，宋鲁陈卫蔡一党，齐郑一党，郑多特笔，春秋之初，诸侯无王者，齐郑宋鲁卫为之	庄公十三年，北杏之后，盟主始专，春秋之治在盟主而诸侯不与；诸侯之合在隐公三年石门之盟；罪莫甚于郑庄，宋鲁齐卫次之
自文而下	春秋治在大夫诸侯无道则不徒罪大夫也；大夫专将，百乘之家有弑君者	弑君称人，甚者称国，弑君，天下之元恶；大夫恒称大夫，贬人之，故大夫多贬辞		
襄昭定哀	诸侯在而大夫盟，始自晋悼公；大夫专盟自宋始		齐多特笔；春秋之季，诸侯无伯者，齐郑宋鲁卫为之	定公七年，诸侯盟于咸，志诸侯之散；诸侯无主盟

由上表可知：一是陈傅良将《春秋》中的政权更迭基本上分为诸侯专政和大夫专政，诸侯专政中包含霸主专盟；大夫执政是从诸侯主导下的大夫被动会盟到大夫主动自相盟会；至定哀时期，陪臣专权。"诸侯不胜贬则政在大夫，大夫不胜贬则陪臣执国命。"从天子到诸侯再到大夫再到陪臣。这种历史阶段的划分同前述孙复、苏辙等《春秋》学人的划分大体一致。二是在政权更迭中，从周天子到诸侯国君到大夫再到陪臣，各阶层都有违背礼制，破坏伦常的行为，陈傅良强调"实录"。三是同前

---

① 陈傅良：《春秋后传》卷6文公"七年春公伐邾"条。

辈《春秋》学人划分阶段不同的是：陈傅良试图以书例的变化寻求圣人笔削之义。同时，陈傅良讲"特笔"，即《春秋》在某一阶段重点记录某一国或数国人物或事件，以寓褒贬。如上表所论《春秋》初期，郑国多特笔，"罪莫甚于郑庄"。

整体上，《春秋后传》将春秋分为三个时期，各个时期政治、书例等方面有不同的表现。具体而言，《春秋后传》由历史阶段划分表达君臣、夷夏关系。

君臣关系。同北宋《春秋》学重视"尊王"一样，《春秋后传》也讲"尊王"，但"王"似乎更代表政治秩序。"周乱不书，书王室乱，则天下无人纪矣。"平王东迁后，王室历经惠襄之世子颓之乱、子带之乱，各诸侯国辅助王室平定内乱，"《春秋》不书，犹有臣子焉耳"。至景王悼王时，子朝之乱，"凡历悼敬五年而后定，而讫于佚贼，则天下无人纪矣"①。不仅王室内部动乱，各诸侯国也对抗王室。"郑败王师，齐灭后之母家，而卫亦抗子突以自立，其无王甚矣。"② 可见，《春秋后传》所谓"尊王"，更多指向统一的政治秩序。更进一步讲，这种指向是陈傅良希冀南宋朝廷实现统一的强烈愿望。

《春秋后传》对臣下提出更多要求。隐公四年"卫州吁弑其君完"，书例称"州吁"，则"隐桓庄之春秋凡贼皆名之"，最终弑君者得到讨伐。表现在书例上，"州吁不称公子，而石碏得书人"。所以，陈傅良总结"东迁之初，国犹有臣子矣"，称赞春秋初期为臣者尽职尽责，忠君讨逆。庄公九年"齐人杀无知"，同样在例法上表现为雍廪书人，说明"春秋之初，王道犹未坠，人心犹止于礼义"。虽然诸侯放恣，但学士大夫凛然正义，"国犹有臣子"。可见，春秋初期，臣子忠贞可畏，恪守臣职。又，《春秋后传》指出"死节人臣之极致也，《春秋》贵死节"，或书"及"或书"大夫"。如桓公二年"宋督弑其君与夷及其大夫孔父"，庄公十二年"宋万弑其君捷及其大夫仇牧"。前提是国君有道，臣下与君王共生死；如果君王无道，君不成君，臣子与昏君共死，则不值得记录。如文

---

① 陈傅良：《春秋后传》，卷10 昭公二十二年"王室乱"条。
② 陈傅良：《春秋后传》，卷2 桓公"十有一年春正月齐人卫人郑人盟于恶曹"条。

公十六年"宋人弑其君杵臼",臣子荡意诸也因此而死,《春秋》没有记载。也就是说,臣子应当忠贞正义,以道事君。

关于春秋霸主,《春秋后传》指出:"春秋之初,王室犹甚威重也。卫之定州吁也,陈之妻郑忽也,纪之求成于齐也,皆欲假宠于王,齐桓之兴亦必请王师而后专伐。自伯者之令行,天下诸侯不知有王矣。"① 王室的威权似乎成为诸侯国的一种工具。正因为齐桓公兴起之初尊重王室权威,尤其是僖公五年首止会盟,"不但不同盟也而帅诸侯以会世子";九年葵丘会盟,"序周公于诸侯之上而不敢同盟焉"。所以,《春秋后传》赞齐桓公"知节",肯定齐桓公的行为。随着齐桓势力强大,成为春秋霸主,"天下诸侯不知有王"。陈傅良评价霸主,"有盟主非美事也,无盟主非细故也"。盟主的存在代表王室衰落,政治秩序的调整;盟主无存代表秩序混乱,中原分裂,蛮夷入侵。"桧亡,东周之始也;曹亡,春秋之终也。夫子之删《诗》也系曹桧于国风之后,于桧之卒篇,曰思周道也,伤天下之无王也;于曹之卒篇,曰思治也,伤天下之无伯也。"② "无王"王道尽失;"无伯",统一的政治局面尽亡。可见,陈傅良理想的政治模式是统一有序的王道之治,是王道与霸道的有机统一。

夷夏关系。《春秋后传》一方面申明攘斥夷狄之意,如僖公十九年"冬会陈人蔡人楚人郑人盟于齐",此是楚国初次与中原诸侯国会盟,"《春秋》不以外域会中国",所以书"陈人"等;二十一年楚人"执宋公以伐宋",但不书"楚人","不以荆楚执诸夏之辞";僖公五年齐桓公组织首止会盟,《春秋》书"郑伯逃归不盟",以其违背中原诸侯盟会;《左传》记载宣公十一年"厉之役",郑襄公逃归,《春秋》没有记载。同样是逃归不盟,书与不书的含义是夷夏之辨,这时的夷狄属于地域层面的地理之夷狄;另一方面,《春秋后传》多次"进荆""进吴","外晋""外郑"。庄公二十三年"荆人来聘",《春秋后传》认为书"人"且不称使,是蛮夷之族吏治不健全,"未有大夫"。但"荆人先诸夏修聘于上国",即通过联姻建立外交关系,"进之也"。楚国主动学习中原礼制,

---

① 陈傅良:《春秋后传》,卷3庄公"十有四年春齐人陈人曹人伐宋夏单伯会伐宋"条。
② 陈傅良:《春秋后传》,卷12哀公"八年春王正月宋公入曹以曹伯阳归"条。

《春秋后传》表示褒扬，同时也为中原华夏民族潜在的危机表示担忧。定公四年"蔡侯以吴子及楚人战于柏举，楚师败绩"。楚国围蔡，蔡国有难而求救于中原盟主晋国，晋国拒绝援助；蔡又向吴国求助，吴国兴师伐楚。"是故吴始称子，书战书败绩皆进吴也。"可见，楚与吴虽为地域之蛮夷，但其行为或学习礼制文化，或伸张正义，《春秋后传》肯定他们的进步。这一点与南宋《春秋》学人不尽相同，因为南宋政权与周边少数民族对峙，在战争中处于弱势。反映到学术上，表现为南宋学人一改北宋学人对少数民族的肯定与褒奖，基本上是绝对化地贬斥夷狄。陈傅良这种态度，或许主要是源于其务实求真的学术品质。

正是由于本着实用实事的原则，陈傅良逐一表达"外郑""外晋"。文公十年"秦伐晋"，《春秋后传》指出"外秦也"，因为"于《诗》存《秦风》，于《书》存《秦誓》，皆兵事。于是外秦，兵加于盟主，秦人为之也。又三十年而外郑，又五十年而外晋，外郑犹可也，外晋甚矣。"楚国称霸，秦国有功。成公三年"郑伐许"，陈傅良注解为"外郑也，其外之何？楚之伯，郑人为之也。由齐桓以来争郑于楚，桓公卒，郑始朝楚，诸夏之服于楚，郑为乱阶也。至辰陵，郑帅诸夏而事楚矣，败晋于邲，盟十四国之君大夫于蜀，皆郑为之。是故外秦而后外郑，微秦郑，中国无荆祸矣"。秦、郑作为中原诸侯礼制之国，追随蛮夷楚国，甚至帮助其称霸中原。所以，陈傅良"外之"，将其纳入夷狄之列。至于晋国，作为中原盟主，理应维护中原政治秩序，主持公道正义，但"晋区区争地于群狄"。所以，"宣成之春秋，晋有事于秦楚或略而不书，而甚详于灭狄，以是为晋衰也。晋之衰，诸夏之忧也"。至昭公十二年"晋伐鲜虞"，《春秋后传》"外晋也"。原因在于"晋之君卿无中国之志也"。面对楚国一系列侵扰中原诸侯国的行为，晋无所作为，已经不能承担盟主的责任，将晋归入蛮夷之列。

由此，陈傅良虽然主张攘斥地域之夷狄，同时又在史实的基础上客观看待少数民族的进步与作用，叹息华夏民族的胸无大志，目光短浅。究其实，"晋"似乎成为南宋朝廷的代名词，"外晋"更多是陈傅良对南宋国势衰弱、周边少数民族政权林立、强大之政局的忧心，也希冀南宋统治者改变现状。

综上，陈傅良一生与《春秋》息息相关，其著作《春秋后传》《左氏章指》影响深远。从《春秋》学发展脉络上讲，陈傅良《春秋》学试图理清《春秋》与《左传》的关系，进一步提高了《左传》在《春秋》学史上的地位。以致其某些观点如认为左氏所录为鲁史旧文受到后代学人的批驳，其对《春秋》传注细致考证的严谨学风又受到后代学人的肯定。"自王弼废象数而谈《易》者日增，自啖助废三传而谈《春秋》者日盛，故解五经者，惟《易》与《春秋》二家著录独多。空言易骋，兹亦明效大验矣。傅良于臆说逢起之日，独能根据旧文，研求圣人之微旨。"① 其运用的方法是以史实为基础，分析、排列历史事件，总结历史阶段特点，在"世变"中凸显《春秋》伦常大义，且最终直指南宋社会现实。无论是内容还是方法，陈傅良致用学术思想的理论基础正是其道器观。这一观念与正统程朱性理之学截然相向，相应地，正统理学附属地位的《春秋》学逐渐走出阴影，走向《春秋》史学之属性。

三 戴溪"讲幄之体"《春秋讲义》

南宋《春秋》学发展到戴溪这里，《春秋》史书特性及实践性向前推进了一大步。其原因在于：客观上，在大的时代背景下，南宋宁宗时期，历经开禧北伐、嘉定和议，国家再一次蒙难受辱，民族矛盾突出，《春秋》本身所具有的伦常、夷夏关系之主题自然得到进一步阐释；主观上，作为陈傅良的"同调"，戴溪经历国难，且担任资善堂说书（即为皇子讲书）、天子詹事，进入权力中心，有机会通过讲解经书、学术著作表达自己的政治见解，寄希望统治者能够奋发有为，改变国家命运。《春秋讲义》正是戴溪为皇太子进讲之作。

（一）"讲幄之体"

戴溪，用家人，世称岷隐先生。《宋史》本传称："会和议成……数月，（戴溪）召为资善堂说书。由礼部郎中凡六转为太子詹事兼秘书监。景献太子命溪讲《中庸》《大学》，溪辞以讲读非詹事职，惧侵官。天子曰：'讲退便服说书，非公礼，毋嫌也。'复命类《易》、《诗》、《书》、

---

① 永瑢等：《四库全书总目》，第220页。

《春秋》、《论语》、《孟子》、《资治通鉴》，各为说以进。"① "会和议成"，指开禧年间，宁宗朝宰相韩侂胄领导的北伐金朝之战，后韩侂胄被杀，宋与金罢兵和议，签订"嘉定和议"（1208 年）。戴溪经历战乱国耻，任太子詹事，本来只负责太子宫中事务，不负责讲经说书，后经太子要求，进讲经史典籍。《春秋讲义》即是给太子讲书的教义之一。所以，"是书期于启沃君听，天下学士不可得而闻也"②，流传不广。四库馆臣认为"时当韩侂胄北伐败衄，和议再成，故于内修外攘、交邻经武之道尤惓惓焉。至卒、葬之类并阙而不释，考宋代于丧服之制避忌颇深。……溪之不释此类，盖当时讲幄之体也"③。所谓"讲幄体"（又称讲章体），是为帝王讲解经书的一种特殊体裁，其特点是以经史典籍为讲本，与时事政治相结合，解读经义的同时劝诫皇帝。一般担任进讲官的多是精通古籍的儒家学者。④ 联系到"嘉定和议"，戴溪进讲《春秋》，《春秋讲义》的主题自然是"内修外攘""交邻经武之道"。嘉定八年（1215），戴溪卒。癸未（1223 年），戴溪之子桷"修葺旧闻，锓木金陵学舍"，沈光作序。宝庆丙戌（1226 年），牛大年复刻于泰州，"命工锓木置之郡校，以广其传"⑤。正因为《春秋讲义》传播有限，故陈振孙《直斋书录解题》未收录，朱彝尊《经义考》注为"已佚"。即便存录，《春秋讲义》卷数各异。《宋史·艺文志》作四卷，王瓒《温州志》作三卷，《宋元学案》称《春秋说》三卷。四库馆臣也认为"今外间绝无传本"。今本《春秋讲义》大部分是从《永乐大典》中裒辑校正，一小部分从黄震《黄氏日抄》及程端学《春秋本义》《春秋或问》中检补，并整理为四卷，每卷分上下篇。

《春秋讲义》在《左传》历史事件的基础上，以"经""实"为标准评判三传，继承有宋一代疑古、创新之学风。

---

① 脱脱等：《宋史》，第 12895 页。
② 戴溪：《春秋讲义·原序》，《四库全书（文渊阁本）》。
③ 永瑢：《四库全书总目》，第 222 页。
④ 关于讲章体，可参考黄忠慎《戴溪〈续吕氏家塾读诗记〉著书动机及其解经立场》，《辽东学院学报（社会科学版）》2009 年第 4 期，第 62 页对"讲章体"的注解。
⑤ 戴溪：《春秋讲义·原序》。

襄公二年，鲁、晋、齐等诸侯国大夫会于戚，"遂城虎牢"。《春秋讲义》列出"三传"注解，指出"三传"所解相互冲突。"以经意考之，《谷梁》之说殆非，《公羊》亦未免求之太过。""《春秋》谨分守正名实之意也。"可见，以经文原意为衡量标准，《公》《谷》所解都有失误之处。虎牢到底归属郑还是晋，事实不清，《春秋》所书体现其"正名实"之意。隐公二年"纪子帛莒子盟于密"，《春秋讲义》认为"纪子帛其义不可晓"，"三传"所解不通。"圣人存而不削，史之旧文，不敢改也"，突出孔子求实精神。桓公十四年"夏五"，《春秋讲义》指出"夏五之必有月，众人所共知也。夏五而不书月，圣人所不敢增也。由圣人之笔削而不敢增，众人之所共知。其不如圣人者乃欲增改，疑似之阙，多见其不知量也"，同样强调圣人严谨的治史学风，反对任意增改穿凿。

又，《春秋讲义》联系事件前因后果，提出"原情"论。隐公九年"冬公会齐侯于防"，按《左传》所记录：宋公不尊王，鲁与齐多次会盟，如会于防、会于中邱、盟于邓，商议伐宋。因为"奉王命以讨不王，此天下之大义"，但《春秋》以常事书防之会、中邱之会，而邓之盟削而不书。其原因在于"隐公实以怒宋之故，借公议以释私憾"，假公济私，《春秋》不以为义。庄公三年"公次于滑"，《春秋讲义》解为"自桓公以来，数数谋纪，卒无尺寸之功。今也纪之亡已形而势已迫矣，岂次滑所能救哉？庄公特不过借此名以自欺，非真欲救纪也。《春秋》不书救纪而止书次滑，亦原情之意也"。意指鲁庄公并无援助纪国之心，《春秋》不书救纪，也是基于考查事件的实情、真相。又，成公十三年"公如京师……"按《左传》所解，鲁成公朝见周天子，但《春秋》书"如"不书"朝"，"原情之辞也"。实则鲁成公"无朝王之心，过京师不得已而行朝王之礼"，"天理之在人心者不可泯也"，君臣伦常一丝尚存。因而，《春秋》书"公如京师"，"记其实而不序其名"；书"公自京师"，"见京师之尊而诸侯之不得专也"；书"公至自伐秦"，"见初心之所存而终事之不可掩"。可见，《春秋》对君臣伦常用词之严密。所以，《春秋》为原情、记实之书，以书例表达事件内容，批判"三传"。

究其实，戴溪"原情"论基础为史实，通过例法探究事件的真正含义。这一观点与北宋欧阳修"求情责实"的治经方法、苏辙经史互彰的治学特点一脉相承。只是戴溪"原情"论语言更加平实、和缓。或许正是因为《春秋讲义》为进呈未来统治者的参考书,所以"明白正大,义精语平"。

(二)伦常、夷夏关系

《春秋讲义》在天道规范下讨论"尊王"、君臣关系,在事理标准下探究夷夏关系,天道或王道、事理更多指向政治、伦理、道理等形下含义。因此,其君臣观、夷夏观更具现实意义。

君臣观。在戴溪看来,"王者,班正朔以奉天道,则天下万事莫不得其正矣"①,"尊王"实质是尊天道、王道。隐公元年"秋七月天王使宰咺来归惠公仲子之赗",从天道而言,"赏曰天命,刑曰天讨,有一不当则失其所以为天矣";现实中,仲子为鲁惠公之妾,天子不当赠送吊丧礼品;宰咺作为天子冢宰,以道辅佐天王,"非所当使于诸侯"。君与臣都违背纲常法则,不合天道。庄公元年"王使荣叔来锡桓公命",天子赐命形式上"生而褒宠其功以策命之,死则褒赠其功以追策焉",目的是"劝勉诸侯之忠"。而鲁桓公"得罪于王法,生不能讨,死又追命之",天王本不该赐命于鲁桓公。因此,表现在书例上是王不书天,因为周王"失天道"。可见,《春秋讲义》所谓"尊王",尊的是天道、王道,天道表现为伦常制度。联系南宋政权,戴溪此解意在劝诫统治者奉行天道,恪守君职。

对于臣下,《春秋讲义》多次"责诸侯",要求其"尊王",为君王复仇。隐公九年,周天子使南季聘于鲁。《春秋讲义》解:"《春秋》之法责臣子者重,责君父者轻。天子下聘于诸侯,固失体矣;诸侯未尝报聘于天子,如不臣何?《春秋》未暇责周,深责鲁矣。"也就是说周天子所为虽然不合礼,但诸侯国更加失职失礼。桓公十五年"天王使家父来求车"。《春秋讲义》指出"不书求则无以知王室之日卑,而诸侯久无所贡也。直书其实,不避其名,责诸侯也",批评诸侯的失职。以至于文公元年"天王使毛伯来锡公命",《春秋讲义》再次申明"《春秋》责君父者轻,责臣子者重",指责鲁文公"不能奔走京师,拜命王庭",违背礼

---

① 戴溪:《春秋讲义》,卷1上隐公"元年春王正月"条。

制。臣下的职责包括为君父复仇。襄公二年"晋师宋师卫宁殖侵郑",《春秋讲义》认同《谷梁》所解,"君父之仇,臣子所当报也"。结合南宋实际情况,戴溪肯定《春秋》复仇论,也是希望统治者勿忘国耻,奋进自强。

相比各诸侯国的失职行为,《春秋讲义》褒扬个别"尊王"行为。僖公五年,齐桓公率诸侯会周王世子,并与诸侯盟于首止。"率诸侯盟于首止,则世子之尊矣;诸侯自盟而王世子不与此,桓公之大义也。《春秋》书诸侯盟于首止,见齐桓尊王之义焉。"赞扬齐桓公的尊王之义。昭公三十二年,诸侯之大夫城成周。当时周王室衰微,诸侯放恣,而"列国大夫犹知有王"。因此,《春秋讲义》褒奖诸侯国大夫的行为,认为"其事虽微,其心则犹未泯也,《春秋》安得而不与之"。可见,无论是齐桓公"尊王",还是诸侯国大夫"知有王",《春秋讲义》所尊所知的是统一、稳定的等级政治秩序,其本质是天道、王道。戴溪借此表达对南宋内部政局混乱、外部夷族强势的内外交困之忧患,并表明自己的政治主张。

夷夏关系。如何处理华夏族与少数民族的关系,一直是《春秋》学主题之一。相比北宋《春秋》学人较温和的处理方式,南宋《春秋》学攘斥夷狄日趋绝对性,在《春秋讲义》中有所表现。如何区分华与夷?戴溪从书例、种族区分华与夷,强调华夷之别。文公八年"冬十月壬午,公子遂会晋赵盾盟于衡雍;乙酉,公子遂会雒戎盟于暴",《春秋讲义》从书例入手,指出两次书"公子遂",正是"圣人谨夷夏之辨"。如果只书一次"公子遂",则"视雒戎与中国均,非所以立天下之大防";两次书"公子遂",则"夷夏之分截然不可犯"。《春秋》从例法上体现华夏族与少数民族有别。在戴溪看来,蛮夷种族落后。秦、楚、吴、越均为夷狄,尤其是越,"夷狄之贱者也,最后出,其常自称曰于越,骤通于中国,未能遽忘其陋,故以于越告……始也称越非能通也,终称于越非不能通也。不变文身之旧,以见其种落之贱尔"。这种解释言辞之间充满鄙夷,带有一定的主观色彩。

正因为《春秋讲义》严格区分华与夷,所以对于少数民族的行为主要是否定。如庄公二十三年"荆人来聘",前辈学人多以荆楚主动学习中原礼制,肯定其行为。戴溪则直言"非进之也",因为"幸而知有聘问之礼，人道未息，犹有望于其终也。向使荆人能世守是礼，交聘于中国，则晋楚之争庶几少释，而中国之民庶几少息肩乎"，意味着荆楚"来聘"的行为具有暂时性、偶发性，不值得褒进。昭公十七年"楚人及吴战于长岸"，《春秋讲义》否定《公》《谷》所解，指出"《春秋》之法，凡书外裔其法与中国同者，非进外裔也，伤中国也"。蛮夷相互斗争，衬托的是中原势力之微。因此，少数民族之间的互战，"其始也不书于《春秋》，其中也以外裔之法书之，其末也待以中国之法"，这些书例都表明是"伤中国"，而非褒奖夷狄。至于少数民族主持的盟会，《春秋讲义》更是感慨万分。哀公十三年，吴国主持黄池之会，其势力发展至顶峰。《春秋讲义》否定《公》《谷》所解，认为"入春秋之末，独吴人扰乱中国，几无宁岁，圣人痛抑而力绝之。……曰吴子，伤之也；曰及吴，外之也。且伤且外，岂曰进乎哉，岂曰两伯乎哉"。从书例上感叹中原势力的衰败，强烈反对肯定少数民族政治地位之说。

那么，如何对待少数民族？从消极层面讲，中原不可与夷狄结盟。鲁隐公曾与徐戎会盟，《春秋讲义》不认可《左传》所谓"修惠公之好"的解释，而是反对与夷狄结盟，"戎狄非盟会可结"。因为，夷狄行为变化无常，像狄曾救齐，齐与狄结盟，随后又两次入侵齐国，"如狄者岂可使有功于中国而与之盟会哉"。除此，中原也不可联夷制夷。定公四年，蔡侯联合吴国大败楚国，吴入郢。《春秋讲义》解为"楚自入春秋以来，倔强汉淮之间，陵犯中国盖二百年矣，中国不能制，假手于吴，国几亡而仅存，甚矣。中国之不竞，失于机会，霸图遂绝。始称吴子，幸吴犹能治楚也；末称吴，吴犹楚也，去楚而吴继之，此圣人之所伤也"。面对夷狄的侵扰，联合夷狄制服夷狄，只可免去一时的困扰，并不是长久之计。现实中，北宋曾经联夷攻辽，以辽制夏，联金灭辽，灭辽的同时，北宋也灭亡。戴溪解经直指南宋政局，劝诫当朝统治者引以为戒，不可重蹈覆辙。

从积极层面讲，中原要以威势驱逐入侵的蛮夷。鲁庄公十八年，追击西戎至济西，《春秋讲义》肯定其行为，"追戎伐戎不可谓无功"。因为"夫戎蛮种落，倏去忽来，不可常也。今一旦骤至骤去，而鲁人亦骤追之，故《春秋》不言其伐，然自是而后鲁伐戎，戎终不能为鲁患"，主张以武力解决蛮夷的入侵，"治戎之道，使之畏威则远遁，岂可以盟誓结哉"。文公七年，北狄又入侵鲁国西部边境。戴溪同样主张"至是狄患方兴。侵我西鄙。其后鲁人获长狄侨如，狄遂少戢。外攘之道固不可以无威也"。因此，《春秋》中以武力抗击蛮夷的君臣，《春秋讲义》都大加赞扬。如僖公三十三年，晋人败狄，《春秋讲义》称其为"郤缺之隽功也"；文公十一年"叔孙得臣败狄于咸"，《春秋讲义》也评价其为"一时之隽功"；宣公十五年"晋师灭赤狄潞氏，以潞子婴儿归"，戴溪同样认为"今兹晋侯能灭赤狄潞氏，执其君长而归，亦可以为功矣"。进而，戴溪感慨"《春秋》于晋败狄之事纤悉备书，幸中国之犹能自强也"，更是希望南宋统治者能效仿古人，驱逐周边蛮夷政权，恢复河山。

当然，《春秋讲义》对消灭夷狄的军事行动是有原则的，最终指向礼制教化。宣公十五年晋师灭赤狄潞氏，戴溪加以赞扬。宣公十六年，"晋人灭赤狄甲氏及留吁"，《春秋讲义》则称"太甚"，"中国之有夷狄犹阳之有阴，阴不可使胜阳，然不能无阴也。古之王者攘却之则有之矣，后世好大喜功之君不分别其事理而但以威取之则过矣"。可见，攘斥夷狄的原则为"事理"，即王道、天道，并非滥杀无辜。换句话说，对待少数民族，以军威震慑之，维护统一与正义；以礼制教化之，改变其落后的精神面貌，以夏变夷。

综上，《春秋》在戴溪这里似乎完全脱离形上之"理"的束缚，释放其实践性、时代性，以至这种致用性影响其史实基础。① 其中的原因在于：主观上，戴溪个人的政治生活历经南宋开禧北伐、嘉定和议；学术生涯中与永嘉学派陈傅良志趣相同。这种经历决定了讲章体的《春秋讲义》必然关注现实问题。客观上，从理学发展脉络看，宁宗时期庆元党禁对正统理学产生一定的消极影响，曾经附属于理学框架内的《春秋》学势必会摆脱这种束缚，逐渐强大，日渐发挥其史学、政治特性，独立面对时代考验。

---

① 像宣公十五年"晋师灭赤狄潞氏"，戴溪认为晋侯有功。四库馆臣按语引程端学《春秋或问》观点，意指晋师灭赤狄潞氏原因不明，无经文史实支撑，"戴氏之说非是"。

四　胡安国《春秋传》影响下的《春秋》学

除去史学、经制之学中的《春秋》，还有一种模式的《春秋》研究，即胡安国《春秋传》影响下的《春秋》。如前所述，胡安国《春秋传》成书于南宋初年，并列入经筵读本。南宋政治、军事等外在环境，史学之兴盛繁荣、理学之官方地位等内在学术发展脉络，使得体用集合的胡安国《春秋传》影响南宋一代学人。当然，胡安国《春秋传》与史学、经制之学关系密切，其本身就是经史并用的"产物"。所以，胡安国《春秋传》影响下的《春秋》主要是从其致用性层面讨论学人的《春秋》观。

（一）赵鹏飞①

赵鹏飞，字企明，号木讷，四川绵州人，生平不详。关于赵鹏飞的《春秋》学，本书拟从三个方面阐述，试图勾勒其《春秋》观。

首先，赵鹏飞《春秋经筌》的特点。厘清其大体的生存年代，有益于客观理解、论证《春秋经筌》思想。四库本《春秋经筌》卷篇"序"文介绍《春秋》学在四川的发展情况，以及赵鹏飞《春秋》学特点与贡献。该"序"文作于咸淳壬申（1272年），作者为青阳梦炎。②青阳梦炎，生平不详。《至顺镇江志》记载："青阳梦炎，子梓卿，蜀成都人，居京口，家世治《春秋》。宋末选补太学生，登进士第，授官……咸淳中，忤时相意，去官，不复仕。……归附初，世祖皇帝闻其名，召至都，赐第以居……历官至吏、礼部尚书，翰林学士，卒官。"③可见，青阳梦炎大体生活于南宋末年至元初，四川成都人，《春秋》为其家学。约在咸淳末年降元，并受到元世祖礼遇。"序"文称："余与先生居同里，且受

---

① 赵鹏飞，生平事迹不见于史书，约为北宋末年南宋初年人，或比胡安国稍晚一些。四库馆臣从其对《春秋》"三传"的态度——"以经明经""以无传明《春秋》"，将其归入孙复一派。但从其《春秋经筌》的内容看，赵鹏飞主张《春秋》寓王道，并通过解读《春秋》表达其对南宋政局的看法，有较强的现实性。所以，笔者将赵鹏飞归入此处。

② 有学者将青阳梦炎误认作留梦炎，如文廷海、谭锐《四川历代〈春秋〉学略论》，《中华文化论坛》2009年第2期。

③ 俞希鲁编纂：《至顺镇江志》，杨积庆、贾秀英等校点，江苏古籍出版社1998年版，第767页。

经于先生之高弟,每患此书未能散见于四方,谨刊诸家塾与同志共之。"①
由青阳梦炎的大体生平,可以推断:既然青阳梦炎师从赵鹏飞弟子,则赵鹏飞约生活于北宋末年南宋初年②,且其在学术方面有一定的影响,"经生学子窃其绪言以梯科第者,踵相接也"。只是其学术著作流传不广,故而青阳梦炎将《春秋经筌》刊刻于家塾。

赵鹏飞为什么作《春秋经筌》,《春秋经筌》特点何在,如何对待"三传"?这些问题的答案都在赵鹏飞自作的《春秋经筌序》中。

> 木讷子作《经筌》,自叙其首曰:鱼可以筌求,而经不可以筌求。圣人之道寓于经……盖吾之所谓筌,心也。求鱼之所谓筌,器也;道不可以器囿而可以心求,求经当求圣人之心,此吾《经筌》之所以作也。然圣人作经之心安在哉?曰圣人驭天下之柄,威福而已;二帝三王之道行,则所谓威福者为赏、为罚、为黜陟;吾夫子之道否,则所谓威福者为褒、为贬、为劝惩。自其赏罚而观之,则贤不肖判然玉石矣。……若夫仲尼则以是柄寓之空言,褒而伸忠魄,贬而诛奸魂,其文见于片言只字之间,而威福与二帝三王同,其用则深辞隐义,讵可亿而度哉?
>
> 故五经鲜异论,而《春秋》多异说。麟笔一绝而三家鼎峙。董之《繁露》、刘之《调人》纷然杂出,几成讼矣。后学何所依从耶。及何休、杜预之注兴,则又各护所师而不知经。……各怀私意,以护私学,交持矛盾,以角单言片论之胜,于圣经何有哉?故善学《春秋》者,当先平吾心,以经明经,而无惑于异端,则褒贬自见。然世之说者,例以为非传则经不可晓。呜呼,圣人作经之初,岂意后世有三家者为之传邪?若三传不作,则经遂不可明邪?圣人寓王道以示万世,岂故为是不可晓之义以罔后世哉?顾学者不沈潜其意,而务于速得,得其一家之学已为有余,而经之明不明不问也。

---

① 赵鹏飞:《春秋经筌·序》,《四库全书(文渊阁本)》。
② 关于赵鹏飞的生活年代,有学者将其视为南宋末年人,如李建军《宋代〈春秋〉学与宋型文化》,博士学位论文,四川大学,2007年;宋鼎宗《春秋宋学发微》,台北:文史哲出版社1983年版。笔者于此作一推断,仅供参考。

> 愚尝谓学者当以无传明《春秋》，不可以有传求《春秋》。……三传固无足据，然公吾心而评之，亦时有得圣意者。……惟范宁为近公，至于论三家则均举其失，曰失之诬、失之俗、失之短，不私其所学也。其师之失，亦从而箴之。……愚以为宁之学近乎公，而王通亦曰：范宁有志乎《春秋》焉。愚学春秋每尚宁之志，固愿视经为的，以身为弓，而心为矢。平心而射之，期必中于的。……三传纷纭之论，庸能乱吾心哉？庶有得于经而无负圣人之志，盖《春秋》公天下之书，学者当以公天下之心求之。①

由"序"文可知：第一，赵鹏飞作《春秋经筌》目的是力求圣人之心。圣人之心通过文字、语言等形式表达"威福"。"威福"出自《尚书·周书·洪范》，"惟辟作福，惟辟作威"。孔颖达《疏》曰："惟君作福得专赏人也，惟君作威得专罚人也。"② 除去其中的政治因素，"威福"有褒贬价值判断之义。圣人《春秋》中寓有褒贬，其作用与政治制度的运作一样，赏罚分明，褒贬易见。第二，如何在《春秋》中求得圣人之心？从消极层面讲，由于《春秋》"深辞隐义"，故而注解、学派杂乱，如三家注疏、汉晋经学家，多为私学、私义，不可作为参考；从积极层面讲，研究《春秋》当平心静气，以经明经，"褒贬自见"。赵鹏飞总结解经途径，即以经文本身为目标，自然之身体为外在条件，以修养之心为内在条件，通过主体的努力实践，力争求得经文中的圣人之心。第三，如何对待"三传"？以经明经，但不可无"传"明经。因为"三传"虽不足据，但"时有得圣意者"，有其偶然性，不可绝对废除。尤其是东晋范宁，比较公允、客观地对待《谷梁传》。

赵鹏飞不仅在"序"中阐明经传关系，在《春秋经筌》内容中反复论证以经文为标准的解经方法。一是要"信经"。"若学经也当信经，岂得于经外凿为异论哉？"③ "不信经而溺于传，惑矣。"二是要"以经明

---

① 赵鹏飞：《春秋经筌·赵鹏飞自序》。
② 孔颖达：《尚书注疏》，卷11，《四库全书（文渊阁本）》。
③ 赵鹏飞：《春秋经筌》，卷7僖公三十年"晋人秦人围郑"条。

经"。"吾读《春秋》窃不喜学者以传溷经,苟平定心气,以经明经。"①"学者不以经而学经,乃信口耳浮华之论,此吾所以辩之哉。"反对"以传证经",甚至"以经明传";三是"不得已而后求之传"。"若其(经)不可通,不得已而后求之传,然必合经文而无抵牾则从之,不然则无取也。"即以经为标准,参考传注,且其中与经文相合的注解多具有偶然性。比如《左传》,"史左氏虽非史官,而其传闻者盖亦史尔,其附会者固不可信,而嫡庶长幼兄弟之详非左氏无以考。……则左氏于此亦不可尽废也,特考其事,断以经文,而定其褒贬可也"②,"左氏之说出于野史,学经者所不取,然时有合于经,则君子所不废"③。可见,赵鹏飞较为客观地看待《左传》,既怀疑其中事件的真实性,也肯定其在"嫡庶长幼兄弟"等方面有助于了解事件经过、解读经义。

四库馆臣评价赵鹏飞经传思想,尤其是其对"三传"的态度。"夫三传去古未远,学有所受,其间经师衍说,渐失本意者,固亦有之。然必一举而刊除,则《春秋》所书之人无以核其事,所书之事无以核其人。……然则舍传言经谈何容易。啖助、赵匡攻驳三传,已开异说之萌,至孙复而全弃旧文,遂贻《春秋》家无穷之弊。……鹏飞此书亦复之流派。其最陋者,至谓经书成风,不知为庄公之妾,僖公之妾,付之阙疑。"④ 意指赵鹏飞沿袭唐代啖赵一派至北宋孙复之"舍传求经"的解经方法,有其不足之处,以至混淆事件、人物关系。究其实,赵鹏飞虽强调"以经解经",但并不主张完全废除传注。从啖赵一派至孙复、赵鹏飞并非绝对意义上的"舍传求经",对"三传"与历代注解都有不同程度的引用、吸收。至于"成风"之误,一方面说明书例解经有其局限性,因为赵鹏飞正是从书例推出成风为僖公之妾;另一方面或可理解为赵鹏飞治学的纰漏,过于求经,疏于考证。

其次,《春秋经筌》中的王道观。北宋学人一般儒学式的《春秋》研究多以王道为主题,如孙复、刘敞、孙觉等。赵鹏飞同样指出"圣人寓

---

① 赵鹏飞:《春秋经筌》,卷7僖公十八年"宋公曹伯卫人邾人伐齐"条。
② 赵鹏飞:《春秋经筌》,卷7僖公十八年"宋公曹伯卫人邾人伐齐"条。
③ 赵鹏飞:《春秋经筌》,卷2桓公二年"杞侯来朝"条。
④ 永瑢等:《四库全书总目》,第224页。

二帝三王之道于《春秋》",并详细论证王道与霸道的区别,对比、评价齐桓、晋文二霸主。

《春秋》主旨为王道,表现为伦常规范。"圣人为王道而作《春秋》,所以正天下之大分,君臣也,父子也,兄弟也,夫妇也,朋友之交也。而《春秋》之世皆反之……五者正,则王道成……"① 王道与霸道的关系,如下表:

表6—3　　　　　　　　　王道与霸道关系

依仁仗义,伐判讨逆,安中国,尊王室	王道	(内)心	正心诚意	应于外非有心以期之	济世	逸	无勤怠
	霸道	(外)物	有其迹无其真	丰于外慊于内	功利	劳	有勤怠

注:此表依据赵鹏飞《春秋经筌》,卷7僖公十七年"冬十有二月乙亥齐侯小白卒"条所作。

也就是说,作为两种不同的政治模式,王道与霸道有共性:遵从仁义道德,或讨或伐的军事行动,目的是"安中国,尊王室",建立统一的政治秩序。当然,二者在本质上相区别:王道实质为仁心,正心诚意,表现为从事物本身出发应对外界,目标为救世,呈现的状态是安乐从容,无勤勉与倦怠的分别;霸道本于外物,表现为追寻外界事物,缺乏内心的修养,目标是功名利益,呈现的状态是劳苦奔波,时而勤勉时而倦怠。同前辈学人相比,赵鹏飞区分王道与霸道较细致、全面,但基础都是儒学的价值观、政治观。

即使是霸主,赵鹏飞从"势"出发,客观评价齐桓、晋文,尤其是对晋文公的看法,打破了传统学术观点。孔子曾讲"晋文公谲而不正,齐桓公正而不谲",从汉代郑玄到宋代刘敞、程颐、谢湜、苏辙大都为此作注脚说明,赵鹏飞则为晋文公"正名"。《春秋经筌》从齐桓、晋文所处的时代形势的不同,阐明二者"功同势异"。具体对比如下:②

---

① 赵鹏飞:《春秋经筌》,卷16哀公十有四年"春西狩获麟"条。
② 赵鹏飞:《春秋经筌》,卷7僖公"二十有八年春,晋侯侵曹晋侯伐卫"条。

表6—4　　　　　　　　齐桓、晋文所处时代形势对比

	诸侯	楚
齐桓	天下习衰周之弊而莫识所谓霸者，故桓公求诸侯为难，必屡会屡盟，训谕告诫而后诸侯服从	楚方张，其侵犯不过蔡而已，故诸侯既合，则一问而楚服；齐桓之时楚不出蔡郑；齐桓伐楚，至于召陵，楚地也；齐桓制楚以三十年之久，故合诸侯以正问罪之名，期其服而已
晋文	诸侯皆习于从霸主，惟时无其人则无所适从，晋文起而号召之，一挥而至矣	楚陷齐鲁之郊，鲁、曹、郑、卫、陈、蔡、许自东以南皆楚矣；晋文败楚止于城濮，卫地也，自楚及卫，盖千里，却楚千里之外，以收鲁、宋、曹、卫、陈、郑、许、蔡半天下之诸侯；晋文则解倒悬之急于旦莫之间，故务以谋必于胜之而后已；晋文公侵曹、伐卫者，伐楚之序

可见，赵鹏飞立足于齐桓、晋文不同时期，中原政局与边境危机形势各异，面临的困难也不同，"齐桓难于合诸侯而易于制楚，晋文难于制楚而易于总诸侯"。尤其突显晋文在蛮夷势力强盛的情况下所采取的手段、取得的功绩，指出"学者观天下之势，探晋文之心，而后以圣人之书法参之，则文公之举措谋画不啻若自已出，若三传支离之说，吾何以观之哉"，肯定晋文之功绩，反对传注之解。至于常常被学人们说明晋文"谲而不正"的证据之"天王狩于河阳"，《春秋经筌》解释为"天王复辟，所以德晋者甚重，而晋将朝焉，于是襄王出狩而就见之，所以劳晋文之来也"。"河阳之朝，则天王出劳也，其文甚明，无可疑者，何用从三传之凿说者哉。"[①] 即周天子慰劳晋文而自出，并非传注所解"晋文召王"。《春秋经筌》又比较晋文、齐桓后世子孙，"然桓公之后，子孙不振，庸庸守国而已，无复兴霸者；而文公之后，厉悼平定皆能嗣文公之业以宗诸侯，与强楚角立，虽不足以服楚而中国赖之，不遂至覆亡，则亦不为无益于衰世焉"，其中的原因在于"桓公务以柔胜而济之以威，文

[①] 赵鹏飞：《春秋经筌》，卷7僖公二十八年"天王狩于河阳"条。

公务以刚胜而济之以德"。① 甚至，赵鹏飞抛弃其所讲"功同势异"之论，直言"晋文公以五年之间突起而攻之，一站而霸，可谓一时之伟绩矣。使桓公之兴五年而遽伐楚则未必胜用，是知晋文之功为难也"②，难免有假设史实，主观夸大晋文之功的嫌疑。那么，赵鹏飞何以下大力气为晋文公"正名"，高度评价晋文之功？我们或许可以从"文公务以刚胜而济之以德"中找到答案。正是赵鹏飞亲身经历北宋靖康之难，亡国之耻，南宋统治者懦弱苟安，毫无斗志。所以，赵鹏飞借褒扬晋文公面对强盛之蛮夷刚强有谋，表达对当时政局的不满，也寄希望于统治者奋起抗争，有所作为。可见，赵鹏飞的王道观有很强的经世性。

最后，《春秋经筌》中的夷夏观。同大多数《春秋》学人一样，赵鹏飞从伦常礼乐制度方面区分华夏族与少数民族。"所贵乎中国者，以其礼义之所自出，五教之所由兴，尊卑上下粲然有伦，此四方之所景慕，而不敢犯牧圉也。"③ 庄公二十三年"荆人来聘"，北宋学人大多认为楚国主动学习中原先进文化，褒扬其进步。《春秋经筌》则认为楚国"盖借聘问以窥中国也，计道里之远近，历山川之险夷，觇强弱于诸侯，察备御于疆场，其为谋有不可得而料者"。楚国来聘具有军事勘察的意味，"假礼以为谋，君子不可不察也"，楚国行为并不值得褒奖。

又，在霸主的认同方面，《春秋经筌》一方面遵从孔子观点，另一方面彰显其攘夷思想。

> 孟子之所谓五霸者，其实威文而已，宋襄之败为中国羞，固所不录；而秦穆、楚庄皆戎蛮之长，何名为霸？圣人岂许其霸中国哉！故秦穆楚庄皆无予辞，非私齐晋而鄙秦楚也，中外之辩也。④

> 世之称五伯者，其论出于荀孟，圣人初无是言也。孔子曰：齐桓公正而不谲，晋文公谲而不正。言桓文而已，初不及宋襄、秦穆、

---

① 赵鹏飞：《春秋经筌》，卷7僖公三十二年"冬十有二月己卯晋侯重耳卒"条。
② 赵鹏飞：《春秋经筌》，卷7僖公二十八年"夏四月己巳晋侯齐师宋师秦师及楚人战于城濮，楚师败绩"条。
③ 赵鹏飞：《春秋经筌》，卷5闵公二年"十有二月狄入卫"条。
④ 赵鹏飞：《春秋经筌》，卷8文公三年"秦人伐晋"条。

楚庄、吴阖闾、越勾践也，而荀孟之所谓五伯者，亦所取不同，各循战国一时之称慕而立论尔。孟子之所谓五伯则桓文与宋襄、秦穆、楚庄为五，荀子之所谓五伯则桓文与楚庄、阖闾、勾践为五。二子之论既殊，则学者信吾夫子之言足矣，战国之说不足据也。……圣人独于桓文有实予之辞。……凡以幸天下之有桓文而不为荆蛮也。若夫宋襄则固无成功……而秦穆、楚庄、阖闾、勾践皆为中国患，圣人何忍长其寇哉！若阖闾、勾践皆逞兵以斗其私，尤无足称据者，《春秋》盖外之，君子不道也。……若楚庄者尤为中国之害，又非秦穆之比，秦穆斗私怨于晋而已，实不敢陵诸侯也，而庄之兴直犯中国……观《春秋》所书无一语之温，庸可谓予秦楚乎？吾故辩之，暴秦楚之恶以存中国，破荀孟之论以直威文，非私意也。①

上述两段材料说明：第一，关于"五霸"说的来源，《春秋经筌》认为出自荀孟，孔子并无此观点。确切地说，最早使用"五霸"一词的是孟子，"五霸者，三王之罪人也；今之诸侯，五霸之罪人也；今之大夫，诸侯之罪人也"。② 至于"五霸"所指为何人，孟子并无详细说明，以至后人注解异说纷纷。赵鹏飞自己对此也"左右摇摆"，并不确定孟子所谓"五霸"具体代表人物。但可以肯定的是，孔子评价齐桓、晋文，并无"五霸"之说；第二，关于霸主的标准，判断是否为霸主有三个必要条件：一是从圣人之言，一是有维护统一之战功，一是出自华夏族之正统。以此来看，齐桓、晋文可称为霸主，宋襄公无功绩，不在霸主之列；秦穆公、楚庄王、吴王阖闾、越王勾践为蛮夷身份，也不列入霸主。可见，关于"五霸"论，赵鹏飞既遵从其"以经明经"的解经特点，又彰显其夷夏之别的学术观点。

由于赵鹏飞主张攘斥夷狄，因此，对《春秋》中打败夷狄的诸侯、大夫大加赞赏。文公十一年"叔孙得臣败狄于咸"，《春秋经筌》解为"狄之患深矣，自僖之末侵陵中国，至晋人败之于箕，其后侵齐侵鲁侵宋

---

① 赵鹏飞：《春秋经筌》，卷9宣公十八年"甲戌楚子旅卒"。
② 朱熹：《四书章句集注·孟子集注》，第343页。

而不敢犯晋之牧圉，败之之力也。……叔孙得臣出其不虞而败之于咸，自是盖有惧心，惟十三年一侵卫而已，不敢窥齐鲁之藩篱也，则咸之役，不惟有功于鲁，且有功于天下，不可不录也"。不难看出，面对夷狄的侵犯，赵鹏飞主张坚决地予以还击，将其打败，并使其有畏惧之心，不敢来犯。赞赏之词的背后实则是对当时南宋当政者消极面对金人入侵的强烈愤慨。

当然，赵鹏飞反对以武力完全消灭夷狄族类，主张施以礼乐教化，以夏变夷。宣公十六年"晋人灭赤狄甲氏及留吁"，《春秋经筌》认为晋人已经灭潞氏，"彼甲氏留吁何足为患哉"，应当"施礼教以革其余风，明王制以除其旧习，属之象胥，训其顽民"，以中原礼乐制度改造少数民族。所以，"甲氏留吁之灭盖亦过矣"。

综上，赵鹏飞《春秋经筌》明确提出"以经明经"，反对以传注求经，又吸取传注中符合经文的部分。虽然其中不免有纰漏之处，但依旧保留着北宋以来疑古思潮之风采。四库馆臣以其解经模式将其归为孙复一派，又指出其"颇欲原情""平允之处"。而南宋末年青阳梦炎则从《春秋》学的区域发展层面，指出赵鹏飞之论"不外乎濂洛之学而善于原情，不为传注所拘"。无论赵鹏飞学术归属哪一派别①，其解经特点得到后世学人的一致认同。从《春秋经筌》内容来看，赵鹏飞在阐述王道、霸道之别，为晋文公"正名"，对待少数民族态度方面都表现出强烈的经世性、实践性。

（二）高闶

高闶（1097—1153），字抑崇，号息斋，谥宪敏。绍兴元年（1131）以上舍选赐进士第，后任秘书省正字、礼部员外郎、国子司业。绍兴初年，高闶制定太学规则，"太学课试及郡国科举，尽以此为法"，"中兴已后学制多闶所建明"。② 高闶"少宗程颐学"，后又从杨时于太学。"胡安国至京师，访士于时，以闶为首称，由是知名"。后因遭秦桧猜疑，被劾

---

① 赵鹏飞《春秋经筌》内容与前文所述周敦颐、二程《春秋》学稍有出入，周、程讲《春秋》"明大法""百王不易之大法"，反对褒贬善恶之解。赵鹏飞"自序"中虽讲"圣人寓王道以示万世"，但其内容仍有"断以经文而定褒贬"之论。

② 脱脱等：《宋史》，第 12858 页。

出知筠州，不赴，卒。著有《春秋集注》四十卷。四库馆臣称"原书久佚，惟散见《永乐大典》中，谨按次排比，荟粹成编。其《永乐大典》原阙者，则采各书所引阅说补之，首尾完具，复为全帙。陈振孙《书录解题》称是书十四卷，今以篇页繁重，析为四十卷"①。可见，今本《春秋集注》已非高闶原文，而是综合各种古籍资料整理而成。

南宋学人楼钥曾为《春秋集注》作"序"，其中记载高闶成书过程。绍兴十四年（1144），"车驾幸学，讲《易·泰卦》于上前，擢二卿，将向用矣。以直道忤时宰，一斥不复，家食累年，中寿而殁"。正是在退居家乡的这段时间，高闶"杜门屏居，略不以事物自撄，日有定课，风雨弗渝，此书之所以成也"②。《建炎以来系年要录》也记载："闶退居明州，太师秦桧欲卜其向背……闶辞之，遂致其仕，绝口不言时政，杜门观书，卒免于祸。"③ 所以，四库馆臣称高闶"晚年精力，尽在是书"，即《春秋集注》成书于高闶晚年。

高闶《春秋集注》中的"自序"为程颐《春秋传序》原文，《经义考》中收录了学人对《春秋集注》的评价。如陈振孙认为高闶"学专本程氏，《序》文可见"，程珌也讲"公之学，盖欲沿伊川之书以求圣人之心者"，楼钥、张萱同样认为高闶"专以程氏为本，又博采诸儒之说为之集注"，四库馆臣亦言"是书以程子《春秋传》为本"。可见，学人们普遍认为高闶《春秋集注》是在程颐《春秋传》的基础上博采诸家之说而成书。通观《春秋集注》全书，高闶主要继承了程颐对《春秋》的定位，即《春秋》"为百王不易之大法"，似乎并没有在程颐以"理"解《春秋》的基础上推进《春秋》理学化进程，其解经特点、主题思想更偏向于胡安国致用性的《春秋》学。

《春秋》何以始于隐公？《春秋集注》曰："昔周有天下，历岁数百世，修其德，虽有辟王而王道尚行，人心眷眷不忘。……方平王东迁之始，典刑尚在，天下犹禀号令。仲尼不忍遽绝之也，不忍遽绝之者，若

---

① 永瑢等：《四库全书总目》，第220页。
② 高闶：《春秋集注·原序》，《四库全书（文渊阁本）》。
③ 李心传：《建炎以来系年要录》卷164，《四库全书（文渊阁本）》。

曰犹有所待焉耳。至于在位既久,恬于颓靡,无振起之略。诸侯以周室不足惮,专肆擅横,变法坏纪荡无禁制,礼乐征伐各自己出,乱臣贼子接迹海内,夷狄强暴凭陵中夏……平王正当中兴之时,略无拨乱之志……自是而后,周之子孙日失其序,徒以名位苟活于世。故《诗》至《黍离》而降,《书》至《文侯之命》而绝。然则王者之迹熄,适在隐公之时。仲尼默观天运,知三代循环之治,至是而极。惧先王经世之法坠地莫传,欲立为中制,俾万世可以通行。故假周以立王法,而托始于隐公焉,且以文武之道期后王,以周公之事业望鲁之子孙也。以此推之,《春秋》固非一王之法,乃万世通行之法也。"意即从西周到东周,王道逐渐衰落。尤其是到周平王时,礼制崩坏,政治混乱,而平王无所作为。孔子假周以立王法,故《春秋》的意义在于"立万世通行之法"。高闶的这一解释正是对程颐"平王之时,王道绝矣,《春秋》假周以正王法"之论的详细注脚,阐明《春秋》"立百王不易之大法"。

"元年",程颐解为"隐公之始年",高闶则展开论证为"元者,始也。董仲舒曰:谓一为元者,示大始欲正本也,一元既建,累而数之,为国之久新,历年之多少,显然可见矣。此记久明远,万世可行之法也",最终的落脚点仍旧是《春秋》"万世可行之法"。

至于"春无正月",更能反映出高闶对程颐《春秋》定位的继承和展开。程颐解释此条经文简明扼要,"春,天时;正月,王正。书'春王正月',示人君当上奉天时,下承王正。明此义,则知王与天同大,人道立矣"①。《春秋集注》则解为"《春秋》托文以示义,大要尊周而主鲁。……然以建子为正,正月非春也,圣人盖假天时以立义耳,斯可见行夏之时者,万世不易之法也。……夫春者,天时也;王正月者,王正也。诸侯当上奉天时,下承王正,知王正月之为春,则知王道即天道矣。《春秋》因天命以正王道,称天王以奉天命,故先书春王正月,以见王与天同大,而二百四十二年之事皆天理王道也"。可见,高闶的注解是对程颐注解的进一步展开和发挥。随后,程颐对鲁国十二公"即位"情况作了划分,高闶则基本上沿袭这种划分。如下表:

---

① 程颢、程颐:《二程集》,第1086页。

表 6—5　　　　程颐与高闶对鲁国十二公"即位"情况对比

	十二公的划分	是否书"即位"	原因
程颐	隐	不书"即位"	隐公自立
	桓、宣、定	书"即位"	无王无君,自即位
	庄、闵、僖	不书"即位"	既非王命,又非先君之命,不书即位不正其始
	文、成、襄、昭、哀	书"即位"	既不受命于天子,以先君之命而继世者,则正其始
高闶	隐、文、成、襄、昭、哀	隐公不书"即位",其他五公书"即位"	不请王命而承之以正者,隐独不书即位者,圣人以王法夺之而大义既立
	桓、宣、定	书"即位"	著其自立之罪
	庄、闵、僖	不书"即位"	既无王命,又皆继故而非承以正

由上表可知,高闶对鲁国十二公的划分及其标准基本一致,稍有不同的是对鲁隐公的划分,程颐将其归为"自立为王",高闶则将其归入"承之以正者",即其政权来源合法,但在书例上则不书"即位",目的是"正王法"。

高闶《春秋》观中的"万世不易之法""王道""天道",主要表现为伦常关系及夷夏关系,并且具有较强的现实性。

君臣关系。《春秋集注》首先强调君臣等级关系的绝对性。"《春秋》之法,尊君而卑臣,抑强扶弱。君弱矣,则扶而尊之;臣强矣,则抑而卑之,岂特惩当时之变乱,盖将以明天地之义也。"①"君虽不君,臣不可以不臣……为君父者,不以臣子之故得没其罪,为臣子者,不以君父之恶而亏体焉。此《春秋》所以责臣子之备而笃忠孝之深也。"② 具体到周天子与诸侯、陪臣的等级关系,《春秋集注》以亲亲关系相譬喻。"昔人论《春秋》无贤臣,以为诸侯之视天子犹父也,陪臣于诸侯亦犹子之于

---

① 高闶:《春秋集注》,卷15,僖公五年"公及齐侯宋公陈侯卫侯郑伯许男曹伯会王世子于首止"条。

② 高闶:《春秋集注》,卷10,庄公二十一年"秋七月戊戌夫人姜氏薨"条。

父,则其视天子犹祖也,人子孝于父者,必欲其父孝于祖;陪臣忠于诸侯者,必欲诸侯忠于天子,则忠孝两全矣。今陪臣皆强公室而弱王室,是弱祖而强其父也,佐诸侯以敌天子,是佐父以敌其祖也,贻祖之怨,成父之逆,恶莫大焉。"① 强调等级关系的严密性和示范性。如管仲辅佐齐桓公称霸,是"挟父而判其祖"。因此,"《春秋》无贤臣"。僖公二年,齐桓公率诸侯城楚丘而新建卫国。《春秋集注》称:"天子在上而诸侯辄敢专封,非其所守而擅兴力役以城之,皆王法所不容也。"② 僖公十四年"诸侯城缘陵",《春秋集注》解为:"杞为淮夷所病,其国其君犹存,而霸者能率诸侯城之,固非不义之举,特以无王命而贬。"③ 同样,卫人立晋,《春秋集注》认为卫公子晋虽得到国人支持,但《春秋》"明绝之"。其原因在于如果"诸侯之立不必命于天子,特以公子之亲,众人宜之而自立",那么,"千乘之国皆可擅置其君,而邦君之子皆可专其国矣,斯大乱之道也"④。可见,高闶突出君臣等级秩序的必然性。这种"突出"更多是对当时南宋政权初建的合理化建议。

其次,高闶所讲伦常关系的理论基础为"天道""王道",尊君实为尊"王道"。现实中的个体君王也有失职之处,如《春秋集注》中对周天子"归惠公仲子之赗""来聘""求车""赐公命"等失礼行为均用"王之不王""天理灭,人道亡""无天道"等讥贬之辞。作为君王,应当培养人才,提倡道德气节。"崇学校以养人之材,兴廉耻以励人之行,其义修,其节立,虽未试之事而治民之端已见,虽未授以位而爱君之义已彰。如是而用之,凡在位者皆忠臣也。"⑤ 还应当知贤才,用良臣。"盖人君之使臣也,知其贤而使之,则功必成;知其不贤而使之,则事必败。夫不知其不贤而过使之,至于败事,君子犹曰君不知人,当自罪尔,而况已知其不贤而强使之,不独陷其身又属之以民乎?"⑥ 国家有难,君王应当

---

① 高闶:《春秋集注》,卷6,桓公十一年"柔会宋公陈侯蔡叔盟于折"条。
② 高闶:《春秋集注》,卷16,僖公二年"春王正月城楚丘"条。
③ 高闶:《春秋集注》,卷16,僖公十四年"春诸侯城缘陵"条。
④ 高闶:《春秋集注》,卷2,隐公四年"冬十有二月卫人立晋"条。
⑤ 高闶:《春秋集注》,卷2,隐公四年"戊申卫州吁弑其君完"条。
⑥ 高闶:《春秋集注》,卷14,闵公二年"郑弃其师"条。

积极寻求救国之方，奋起反抗，以至与国家共存亡。以纪国国君为例，《春秋集注》前后两种态度。庄公三年"纪季以酅入于齐"，《春秋集注》指出："齐强国也，图纪久矣，而纪谋所以存国之道亦备矣。今纪侯自度灭亡无日，天王必不能正，邻国必不能救。与其绝祀残民，生受屈辱，孰若使季以酅为附庸以事齐，庶几宗社之不陨也"，肯定纪季以酅入齐的行为，"纾一时之祸，不得已之甚，所以谋存其国可谓切矣"①。庄公四年，"纪侯大去其国"，《春秋集注》则严厉地贬斥纪侯这种行为。"夫为国君者，死社稷不以难去。今纪无内难，但为齐所逼而敌犹未至境也，借使齐以兵临我，犹当励其臣民，固其御备而为之守，上诉于天子，近赴于邻国求我之援。不幸而力不足，则亦死之可也，恶有先自委其国而去之者哉？"②

至于复仇，一方面，《春秋集注》指出复仇中的"忠恕之道"。"盖《春秋》责臣子以讨贼者，以为可讨而不讨也；至其所不能必讨者，圣人亦无责焉，忠恕之道也。夫以鲁视齐，齐为强，又非鲁之臣，如欲讨贼，则必至于侵伐以伤其人民，争夺以亡其社稷，君父之仇未必能复，而先君之土地先已危亡，无辜之人民先已残贼，则其为害于我又有甚于不讨贼之耻也。况擅动干戈以伐人之国，王法所不容乎。故鲁之臣子，圣人非不责之，但责以其君见杀于他邦，不责其必讨强齐。此《春秋》所以曲尽人情之难，而深虑危亡之必至也。"③ 即复仇需要"王法"保证其合法性，需要在国土完整，人民不受太大侵害的情况下"可讨而讨"，并非无视实际情况要求"必讨"。像鲁庄公与仇人齐襄公狩猎的行为，高闶极尽贬斥之辞，指出"为人子而忍情如此，故不没公而书及，所以深罪之"，鲁庄公罪恶深重。

另一方面，《春秋集注》褒奖复仇之战，虽败犹荣。庄公九年"及齐师战于乾时，我师败绩"，《春秋集注》云："盖自我桓公遇弑之后，仇雠之人复与吾君之母宣淫于通道大都，鲁人羞之甚矣，曾未尝一与齐交锋，

---

① 高闶：《春秋集注》，卷8，庄公三年"秋纪季以酅入于齐"条。
② 高闶：《春秋集注》，卷8，庄公四年"纪侯大去其国"条。
③ 高闶：《春秋集注》，卷7，桓公十八年"冬十有二月己丑葬我君桓公"条。

以少雪我国之耻也。令公兴师伐齐，故鲁人乐致其死，以纾稽年愤懑之气，初不系于纳纠也。故纳纠虽不克，而众怒不能自已，于是贼于乾时而败焉。内败不书，独此书我师败绩者，鲁人咸自夸其能伐仇，乐于死战而不以为辱也。先儒谓复仇者以死贼为荣，此言是矣。于是可见鲁国之人不忘君父之仇，而庄公特以纳纠兴师，初无力战刷耻之意，遂致军气不振，绩用弗成也。"①意指君王无复仇之义，鲁国人有复仇之心，乐于死战，死得其所。

由上，高闶似乎认可割地存国，但又鼓励抗争保国；提出复仇之忠恕，但又赞扬以战复仇。看似矛盾的背后实则是高闶借经淑世的良苦用心。南宋高宗历经靖康之耻，屡次逃亡，直到建炎四年（1130）政权才稍有稳定。此后主战派和主和派相博弈，最终在绍兴十一年（1141）宋金和议，南宋签订屈辱和约。所以，高闶对如何保国、如何复仇似乎没有始终如一的坚定态度，唯一比较"坚定"的是要维护等级政治秩序，维护君王权威。这种"矛盾"的态度不仅体现在其学术观点上，也体现在其政治生活中。如高闶曾遭秦桧猜忌，罢免职务；晚年时竟致信秦桧，"述其穷困之状"，希望恢复官职。②总体而言，《春秋集注》论证的君臣关系具有鲜明的实践特点。

最后，《春秋集注》从等级秩序、尊王道之君的角度评价霸主。同大多数《春秋》学人一样，高闶肯定齐桓、晋文在尊中国、攘夷狄方面的功绩。如庄公十三年北杏之会，《春秋集注》认为齐桓公率诸侯辅佐王室，"圣人特书其爵以著周之极衰而齐侯始霸，得免民于左衽也"，保全中原。僖公四年，齐桓公率诸侯侵蔡伐楚"次于陉"，《春秋集注》褒扬在"天王不能治"的情况下，"齐侯能奋中国之威一举而服之，而天下不胥为左衽者乃其力也"，书例称爵"予其有攘夷狄尊中国之功也"。僖公五年齐桓公率诸侯会王世子，并与诸侯盟于首止，《春秋集注》称赞"齐既不敢盟世子而以会世子为名，可谓知尊王矣"。僖公二十八年"晋侯齐师

---

① 高闶：《春秋集注》，卷9，庄公九年"八月庚甲及齐师战于乾时我师败绩"条。
② 参见王明清《玉照新志》卷5，《四库全书（文渊阁本）》；高纪春《秦桧与洛学》，《中国史研究》2002年第1期。

宋师秦师及楚人战于城濮，楚师败绩"，《春秋集注》指出"楚之强甚于齐桓之时"，而晋文公能"一战而胜楚"，自此以后"楚人不敢复窥中国"，"则功莫盛于此"。以至于昭公二十五年的周王室之乱，《春秋集注》感慨"有霸者作，苟能举法以定之"，像齐桓公首止之会拥立王世子郑，晋文公诛杀叔带护送周襄王回朝一样，"岂不美哉"。所以，"圣人伤王室之乱而又于此著诸侯之无霸也"，肯定霸主在维护政治秩序方面的贡献。

那么，齐桓、晋文"尊王"的实质是什么？"齐桓、晋文役有尊周之名而无尊周之实，虽曰曰内率诸侯以尊王室，其实内率诸侯以尊已也，假尊王室之名以令诸侯尔。孔子作《春秋》以明王道，以拨乱世，故召陵之盟、城濮之战与其攘夷狄救中国，一时之权也。"① 意指霸主所谓"尊王"有名无实，重申《春秋》主旨为王道。甚至设想如果有明智君王，"能任贤使能，齐桓、管仲可成为中兴之功臣"。可见，高闶虽然认可齐桓、晋文霸主在保护中原、攘斥夷狄方面的功劳，但仍主张维护等级政治秩序，维护君王权威，这一观点与当时南宋政局密切相关。

夷夏关系。中原汉族与少数民族区别主要体现在礼乐文化制度上，这基本上已成为宋代《春秋》学人的共识。高闶同样认为"中国之所以为中国谓有理也，义也，理义人心之所同，盖不待驱而后从也"②。所以，中原诸侯国不可与蛮夷相盟誓，"以中国礼义之乡圣人之后，而与戎割牲歃血以相誓辱，亦甚矣"；少数民族派使者聘问，中原诸侯国应"以礼义谢绝之"；蛮夷之族主持盟会，从书例上表示反对。如襄公十三年"公会晋侯及吴子于黄池"，《春秋集注》解为："不言公会吴子晋侯者，不与吴之主中国也。不与吴之主中国者，存中国也，故以晋侯及吴子为文。"③少数民族处置弑君之臣也是衬托中原王权衰落，统治秩序的瓦解。如宣公十一年"楚人杀陈夏征舒"，《春秋集注》先是认为"弑君之贼固人人可得而杀之，岂有蛮夷华夏之间哉"，笔锋一转，"征舒弑君今已逾年，国人不能讨，天子方伯不能诛，而反使楚入中国而杀之……圣人书此者

---

① 高闶：《春秋集注》，卷16，僖公三十二年"冬十有二月己卯晋侯重耳卒"条。
② 高闶：《春秋集注》，卷31，昭公四年"楚子蔡侯陈侯许男顿子胡子沈子淮夷伐吴"条。
③ 高闶：《春秋集注》，卷40，哀公十三年"公会晋侯及吴子于黄池"条。

非与楚人之能讨也，伤中国之不能自正也"①。同样，正因为以文化区分华与夷，故而违礼背义的中原诸侯也以夷狄称之。如昭公十二年"晋伐鲜虞"，《春秋集注》认为面对楚国侵凌中原，"晋人视其残虐也莫之能救则亦已矣，而反效其所为以伐人国，是悖中国之道而行夷狄之事，故以夷狄书之"。尤其是晋作为盟主，"能伐鲜虞而不救徐，非力不能也，弃中国也，如此则与夷狄何辨哉"②。

综上，高闶《春秋》学上承理学家程颐对《春秋》的整体定位，即"《春秋》百王不易之大法"。这一"大法"主要表现为伦常等级秩序，尤其是君臣一伦——君主权威的绝对性，以及对外的夷夏关系，即以国力或强或弱，采取或以德服夷或武力征服外夷。高闶阐述伦常关系、夷夏关系都体现鲜明的借经淑世、以经抒怀的特点，清代学人全祖望指出"读宪敏《春秋集注》，其发明圣人褒贬义例，远过于胡文定公，至今说《春秋》者以为大宗"③。实际上，高闶《春秋集注》晚出于胡安国《春秋传》，后者被列为经筵读本，以至在元、明、清时期都颇有影响，全祖望的"大宗"之说不免有对同乡学人的"照顾"因素。四库馆臣评价高闶《春秋集注》"正大简实"，"非孙复崔子方辈所可几及"④，比较符合高闶《春秋》学特点。

（三）张洽

张洽（1161—1237），自元德，临江之清江人，嘉定元年（1208）进士。《宋史》本传称"洽少颖异，从朱熹学，自《六经》传注而下，皆究其指归，至于诸子百家、山经地志、老子浮屠之说，无所不读"⑤。意指张洽为朱熹弟子，博览群书。张洽任地方官时，学以致用，多有善政。

张洽《春秋》学著作较多，从《经义考》记载看，《左氏蒙求》一卷，已佚；《春秋集传》二十六卷，已佚⑥；《历代郡县地理沿革表》二

---

① 高闶：《春秋集注》，卷23，宣公十一年"冬十月楚人杀陈夏征舒"条。
② 高闶：《春秋集注》，卷32，昭公十二年"晋伐鲜虞"条。
③ 黄宗羲：《宋元学案》，第968页。
④ 高闶：《春秋集注·提要》。
⑤ 脱脱等：《宋史》，第12785页。
⑥ 《续四库全书》中保留了《春秋集传》卷1至卷17、卷21、卷22。

十七卷,并《目录》两卷,已佚;现存《春秋集注》十一卷,并《纲领》一卷。张洽自叙三者之间的关系,"凡二百四十二年之行事,与汉唐以来诸儒之议论,莫不考核研究,会其异同而参其中否,积年既久,似有得于毫发之益,过不自度,取其足以发明圣人之意者,附于每事之左以为之传,名曰《春秋集传》;既又因此书之粗备,复仿先师文公语孟之书,会其精意,诠次其说,以为《集注》,而间有一得之愚,则亦窃自附于诸贤之说后。虽生平心思萃在此书,然智识昏耗,学殖弗深,岂敢自谓尽得圣人笔削之大指?至于地理一书,则以封域分合之参差,古今名号之因革,此同彼异,骤改忽更,散此群书,莫能统会。盖自诵习之初已病其然,乃博稽载籍,重加参究,窃规司马迁十表之模范,述为一编,以今之郡县为经,而纬以上下数千年异同之故,庶几案图而考,百世可知"①。可见,《春秋集传》成书在先,以此为基础,形式上仿照朱熹《四书章句集注》,形成《春秋集注》,而《历代郡县地理沿革表》用以解决《春秋》中的地理问题。又,张洽晚年本想对《沿革表》进行修改、增补,但"自登仕版,心志专于所职,不复能有所是正;间当甲申待次(1224年)、庚寅(1230年)奉祠以来,仅能整次《集注》之书,粗成编次"。即张洽晚年删润的主要是《春秋集注》。

张洽《春秋》学著作受到官方重视,四库馆臣称"端平元年(1234),朝廷知洽家居著书,宣命临江军守臣以礼延访,赍纸札誊写以进书。既上,除洽知宝章阁"②。有学者考证张洽进书过程及《春秋集注》的刊刻版本,端平元年(1234)八月尚书省下达牒文,令张洽进书。九月,张洽呈请修订,"容日下一面修改校定,俟得允当,却容赍本申纳"。端平二年(1235)七月,张洽投进《春秋集传》《历代郡县地理沿革表》《春秋集注》三书,并附进书状。呈书之后,张洽又补写了讳法的帖子。此时张洽著作并未梓行。宝祐三年(1255),临江军学方应发刻《春秋集注》于临江郡庠。后临江刊本《春秋集注》遭毁,也就是张洽曾

---

① 朱彝尊:《经义考》,卷189,张洽《春秋集注》,《四库全书(文渊阁本)》。
② 永瑢等:《四库全书总目》,第223页。

孙张庭坚"后序"中所云"后《集注》刊郡庠,景定庚申(1260)毁焉"①,传本日稀。董克翁将一录本授予卫宗武,卫宗武于德祐元年(1275)主持镌板于华亭义塾②。至元代,此三书历经"磨难"。张洽曾孙张庭坚"后序"中称:元代大德庚子(1300年),黄雪崖打算刊印《春秋集注》,未成。辛丑(1301年),张思敬、滕斌于《春秋集注》"仅成三卷"。后《春秋集传》《历代郡县地理沿革表》二书得以刊刻,但《春秋集传》"章卷倒乱,文字差讹不可读",《历代郡县地理沿革表》"亦无复举行"。至延祐甲寅(1314年),张庭坚校正补刊,"《集传》始为全书,流行四方",《春秋集注》仅用以授课教学。延祐庚申(1320年),赵文炳"出学帑以成《集注》,不三月而讫工"。③ 张洽《春秋》三书命运多舛,足以说明张洽《春秋》学影响广泛而深远。《明史·选举志》记载:明初"颁科举定式,初场试《四书》义三道,经义四道。《四书》主朱子《集注》……《春秋》主左氏、公羊、谷梁三传及胡安国、张洽《传》……永乐间,颁《四书五经大全》,废注疏不用。其后,《春秋》亦不用张洽《传》……"④ 清代纳兰成德"序"曰:"明洪武初,颁五经四子书于学官,传注多宗朱子……《春秋》则胡氏《传》张氏《注》并存。久之……习《春秋》者胡《传》单行而《集注》流传日鲜矣。"⑤ 二者记载稍有出入,与胡安国《春秋传》并行的到底是张洽《春秋集传》还是《春秋集注》。但无论是哪一本张洽《春秋》著述,均已说明张洽《春秋》学曾经一度影响广泛。

张洽虽为朱熹门人,其《春秋集注》形式上也是模仿朱熹《四书章句集注》,但其《春秋》观并未承继朱熹对《春秋》的理解与认知,甚至在某些方面更偏向胡安国《春秋传》。

首先,从《春秋集注》引用前人注解的情况看,正如张洽《进书状》所言,《春秋集传》《春秋集注》书写模式是每条经文下罗列历代诸家注

---

① 朱彝尊:《经义考》卷189 张洽《春秋集注》。
② 参见李致忠《北京图书馆藏宋版书叙录(一)》,《文献》1990年第4期。
③ 朱彝尊:《经义考》,卷189 张洽《春秋集注》。
④ 张廷玉等:《明史》,卷70《选举二》,中华书局1974年版,第1694页。
⑤ 朱彝尊:《经义考》,卷189 张洽《春秋集注》。

解，自得之意附于诸家解之后。《春秋集注》引用历代学人、著作的大体情况如下表①：

表6—6　　　　　《春秋集注》引用历代学人、著作情况

时期	作者	著作	引用次数
先秦		《左传》	基本上每条经文下面都附有"三传"解文
		《公羊传》	
		《谷梁传》	
		《国语》	1
		《周易》	7
	孔子门人	《论语》	1
	孟子	《孟子》	17
汉代	班固	《汉书》	2
	司马迁	《史记》	3
	董仲舒	《春秋繁露》	1
	何休	《公羊解诂》	9
	刘向		1
	郑众		1
	贾逵		1
魏晋	杜预	《左氏经传集解》	243
	范宁	《谷梁传集解》	2
	徐邈		2
	郭璞		1
唐代	啖助	《春秋集传纂例》	26
	赵匡	《春秋微旨》	
	陆淳	《春秋集传辨疑》	
	孔颖达	《左传正义》	2
		《礼记正义》	5
		《毛诗正义》	1
		《尚书正义》	1

---

① 因《春秋集注》所引用学人著作较多，且有些书籍已佚，难以考证。因此，笔者仅作了大概统计。

续表

时期	作者	著作	引用次数
宋代	孙复	《春秋尊王发微》	38
宋代	石介		1
宋代	刘敞	《春秋传》《春秋意林》《春秋权衡》	101
宋代	张载	《正蒙》	1
宋代	邵雍	《皇极经世》	3
宋代	程颐	《春秋传》	69
宋代	苏辙	《春秋集解》	26
宋代	刘绚		27
宋代	许翰		93
宋代	任公辅		15
宋代	陆佃		1
宋代	孙觉	《春秋经解》	14
宋代	胡安国	《春秋传》	282
宋代	吕本中	《春秋集解》	12
宋代	高闶	《春秋集注》	2
宋代	吕祖谦	《左氏传说》《左氏传续说》《左氏博议》	5
宋代	薛季宣		3
不确定	师氏		4
不确定	余氏		1
不确定	任氏		5
不确定	庐陵李氏		1

由上表可知：第一，《春秋集注》所引用学人及其著作数量可观，其中从先秦至两宋共三十八位学人，约三十五本典籍著作，说明《宋史》本传所言张洽"无所不读"此言不虚；第二，《春秋集注》所引宋代以前学人及著作中，引用最多的还是"三传"及杜预对《左传》的注解，这是研究《春秋》的基础资料；第三，整体上，《春秋集注》引用学人数量

最多的是宋代学者，共十七人①，占总人数近半，尤其是对胡安国《春秋传》的引用，数量最多。这种现象一方面说明宋代《春秋》学的繁荣，张洽对北宋《春秋》学的继承、吸收；另一方面说明胡安国《春秋》学对张洽《春秋集注》的影响。

其次，从《春秋集注纲领》来看，张洽仿照胡安国《春秋传纲领》而作《春秋集注纲领》，其对比如下：

表6—7　张洽《春秋集注纲领》与胡安国《春秋传纲领》对比情况

胡氏《春秋传纲领》	孟子	庄周	董仲舒	王通	邵雍	张载	程颐
	4条	2条	1条	2条	1条	1条	5条
张氏《春秋集注纲领》	论语	孟子	史记	庄周	公羊	董仲舒	王通
	9条	3条	1条	2条	1条	1条	1条
	周敦颐	邵雍	张载	程颐	胡安国		
	1条	1条	1条	6条	2条		

这种对比呈现出：第一，张洽在胡安国《春秋传纲领》的基础上，引用的学人或著作增加了五个，《春秋》源头往前推至孔子，往后延至胡安国，理学家里面则增加了周敦颐《春秋》观点。这样看来，《春秋集注纲领》简单梳理了先秦至两宋之际的《春秋》学观点，较胡安国《春秋传纲领》完整一些；第二，《春秋集注纲领》引用学人或著作材料有所增加，如胡安国《春秋传纲领》引用条数最多的学人是程颐，共五条；张洽《春秋集注纲领》引用条数最多的是《论语》，共九条。张洽《春秋集注纲领》中摘录了程颐《春秋传序》全文、胡安国《春秋传序》全文、《叙传授》全文；第三，从增加的内容看，张洽延续胡安国《春秋传纲领》中以"义"解《春秋》及以"理"解《春秋》两类解经方法，并在此基础上有所增补。增加的《论语》部分及程颐《春秋传序》、胡安国《春秋传序》《叙传授》部分，一方面说明张洽强调《春秋》体现的正是孔子王道思想、政治主张；另一方面说明张洽《春秋集注》对程颐、胡

---

①　从《经义考》的记载来看，"不确定"的四位学人大概生活在北宋或两宋之际。

安国《春秋》学的继承及有限发展。

最后，从《春秋集注》的内容看，张洽从王道层面集中探讨"尊王"与"攘夷"，具有较强的经世意义。正是在这一角度，张洽《春秋》与胡安国《春秋传》有异曲同工之处。

伦常关系，尤其是君臣一伦，张洽提出"《春秋》奉天道以正王法"，"《春秋》之法必辨等列……所以严君臣之分，谨上下之交而革霸者苟且之政也"。① 因而，"以君天下者，必敦典庸礼，命德讨罪，以当天心，然后辅相裁成之职尽而天地以位，万物以育"，说明奉行王道的君王职责及其达到的效果。以此为标准，现实之个体君王或"赗"或"来聘"或"赐命"等行为都有违天道，背弃王法。桓公五年"蔡人卫人陈人从王伐郑"，《春秋集注》解为"桓王以小忿夺郑伯之政，又帅诸侯伐之，而大奸大恶反易天常之，乱臣贼子乃屡聘焉，其失天下共主之义，非小过也。……故人诸侯而王不称天"。表现在书例上，桓公四年缺少秋、冬，"今鲁桓有弑君之罪，王不能奉天讨而反使冢宰聘之，王者之职亏阙如此，使三纲不建，五常不立，人类将变为禽兽，故于今年阙秋冬"。甚至，现实之君王近乎孟子所言"独夫"，"盖国君之尊，其势位之崇高，非臣下所得轻危之也。……今蔡昭不君，上得罪于大国，下无道于其民，忠谋不用，无罪见杀，人心已离……《春秋》以盗杀书之，所以见其几于独夫也"②。可见，张洽尊王道之"王"。

同大多数《春秋》学人一样，《春秋集注》对臣下要求以王道辅佐君王，忠于君王。襄公六年"齐国夏及高张来奔"，张洽认为二人"为国世臣，从君于昏，受其顾命力不足于卫上，委君而出奔，故名以罪其不忠"。又，《春秋集注》从君王的角度阐明"御臣之道"。隐公八年"无骇卒"，《春秋集注》引用《左传》叙述事件经过，在胡安国解经的基础上，指出"季友、仲遂之恩实过于厚，过厚若隆于恩，而先王之礼毫厘之过则生乱启衅常必由之，学者不可以不考也"，即君王对臣下应当赏罚

---

① 张洽：《春秋集注》，卷8 襄公八年"季孙宿会晋侯郑伯齐人宋人卫人邾人于邢丘"条，《四库全书（文渊阁本）》。
② 张洽：《春秋集注》，卷11 哀公"四年春王二月庚戌盗杀蔡侯申蔡公孙辰出奔吴"条。

有度，以免生乱。成公十七年"晋杀其大夫郤锜郤犫郤至"，《春秋集注》认为郤氏为晋厉公股肱之臣，晋厉公应"正名"其是否有罪，不应听信奸佞之人的谗言，"《春秋》所以列书而深罪之也"。进而以宋太祖凭智慧使强臣放弃军权为例，说明"事有机括，政有要领，正君道以御其臣，初不在于多杀也"，表达"御臣之法"。

即便是霸主，《春秋集注》也多表达"尊王"、王道之主题。僖公二年"城楚丘"，《春秋集注》指出"桓公虽有存亡继绝之大德，而不免专天子之大权"，从书例上"略齐桓之功而止书鲁人之往城"，目的是"抑霸权而尊王室"。僖公十八年"葬齐桓公"，有《春秋》学人以此回顾齐桓公尊王攘夷之功，张洽继承孟子"仲尼之徒不道桓文之事"的思想，提出"桓公自入国以来急于功利，志于富强，其处己待人皆不以正心正家为务。尸未及寒而庶孽争国，宋伐其丧，冢子见杀，国几于亡，足以见霸者功烈之卑，圣门不道之实矣"。

可见，张洽在论证君臣伦常关系时，并没有继承理学家以"理"解《春秋》的方法，甚至对其师朱熹《春秋》观点都几少阐述，而是一般儒学王道之《春秋》解读，对王道之君、理想之君王作了细致论证，对胡安国《春秋》观点有所发挥。不难看出，这种解读指向南宋内忧外患的政治现状，有较强的警示意义。

夷夏关系方面，张洽虽然区分地域之夷与文化之夷，但实质上仍主张攘斥夷狄，以先进礼义文化教化、影响少数民族。对于地域、种族之少数民族，《春秋集注》认为"待戎之道，驱之可也"，即以武力驱逐蛮夷，反对与少数民族会谈与盟誓。对鲁隐公与戎会盟的行为加以贬斥，"讥隐公降国君之尊，失中国之重，不修政事，结援四裔，不习武备，百徒为苟安之举"①。对于蛮夷主盟中原的行为，张洽感叹中原诸国的衰弱。"自宋之盟，夷夏不辨，楚人行霸主之礼于中国，非晋平赵武之责而谁责哉？"② 甚至以自然现象比附夷夏消长的变化，昭公二十五年"有鸜鹆来巢"，《春秋集注》援引邵雍气论，"鸜鹆来巢"验证"气自南而北"，预

---

① 张洽：《春秋集注》，卷1隐公二年"春公会戎于潜"条。
② 张洽：《春秋集注》，卷8襄公三十年"春王正月，楚子使远罢来聘"条。

示着天下将大乱。大乱表现为"楚虽为中国患而齐晋犹足以抑之,自此之后,晋霸不竞,吴楚越皆以南夷迭主夏盟,诸侯敛衽事之,驯至大乱"。可见,张洽严格区分地域之夷狄,反对少数民族主政中原。联系当时南宋政治、军事局面,张洽对少数民族的态度直指现实。

又,张洽虽从"义"的角度对少数民族的善行义举加以赞扬,但最终的落脚点仍是夷夏有别、伦常秩序、道德规范等主题。如僖公四年"楚屈完来盟于师盟于召陵",《春秋集注》从书例"一分为二"地看待楚国行为。一方面,"书名氏嘉其服义而进之也";另一方面"来而不书使者,《春秋》待蛮荆谨严之法"。所以,"书楚屈完来盟,以嘉其服义;不书楚子使,以严内外之分而伸齐桓方伯之体"。张洽这一解读有褒奖有立场。宣公十一年"楚人杀陈夏征舒",《春秋集注》从伦常制度层面说明"乱臣贼子人人共恶,人人得讨不间于内外,乃所以广忠孝之路而拯救三纲于大乱之日也",维护纲常秩序。这一解读与胡安国所论"诸夏不能讨而楚子能讨之""以见诛乱臣、讨贼子、正大伦之为重也"不谋而合。随后,"丁亥楚子入陈,纳公孙宁、仪行父于陈",《春秋集注》虽然肯定"楚庄怀夷狄贪婪之心而尚能以义自克,故封陈而不取",但"见善不明而非有改过不吝之公心",最终接纳乱臣。可见,楚庄所谓善行只具有暂时性、偶然性,其根源在于少数民族在道德礼制方面的落后、无知。这种解读同样透露出张洽对南宋政局的思考和建议。

整体上讲,张洽从"义"的层面肯定少数民族维护伦常秩序之功,其中有对胡安国夷夏观的继承,但区别于胡安国的是:张洽并没有论证"尊王攘夷"的哲理基础,因而地域之夷与文化之夷的区分标准比较模糊,相应地其理论的创新性不足。与同时代的《春秋》学人夷夏观大体一致,张洽主张坚决地驱逐地域、种族之少数民族,并以中原优秀文明引导、教化偏远地区,希望"明王谨德,四夷宾之",具有强烈的现实意义。

综上,张洽虽为朱熹门人,其《春秋集注》形式也仿照朱熹《四书章句集注》,但其《春秋》观点并没有继承其师,援引的学人中也不见朱熹之名,且《春秋集注》的这种形式受到学人的批评。车若水,南宋末年人,稍后于张洽,为朱熹再传弟子,曾增补《四书章句集注》中"致治""格物"之缺。他评价张洽《春秋集注》"于《春秋》一书质实判断不得,文公论之详矣,除非起孔子出来,说当时之事与所以褒贬去取之意,方得。今作《集注》便是质实判断,此照《语》《孟》例不得,《语》《孟》是说道理,《春秋》是纪事,且首先数句便难明。惠公仲子,不知惠公之仲子耶,或惠公同仲子耶;尹氏卒,一边道是妇人,一边道是天子之世卿。诸儒讥世卿之说自是明训,恐是举烛尚明之论,理虽是而事则非也"①。很明显,车若水批评张洽《春秋集注》的观点正是朱熹基本的《春秋》观,《春秋》与《论语》《孟子》本质不同,意味着解读《春秋》不可模仿《论语》《孟子》的注解。这一评价得到四库馆臣的认同,"其论亦颇中洽之病"②。从上述论证可见,张洽《春秋集注》形式上"以前贤已成之说,略加编划,统会群言,掊击伪辨"③,偏向于《春秋》资料汇编;内容上是以"天道""王道"解读《春秋》,其解经方法偏向于一般儒学的解读。因此,张洽《春秋集注》并不属于以"理"解《春秋》的模式,只是对程颐、胡安国某些《春秋》观点有所继承与发挥。有学人评价张洽《春秋集注》"集诸家之长,而折中归于至当,无胡氏牵合之弊"④,肯定了张洽《春秋集注》的特点。但或许正是因为张洽《春秋集注》对胡安国《春秋传》的引用和承接,风格较为相似,以至在流传过程中日渐沉寂。

(四) 陈深

陈深(1260—1344),字子微,平江人。南宋灭亡时,陈深约二十岁。"深生于宋,宋亡,笃志古学,闭门著书。天历间奎章阁臣以能书荐,深匿不出。"⑤ 著有《读易编》《读诗编》,已佚,仅存《读春秋编》。

陈深的《读春秋编》主要是集录前贤论说,阐述"尊王攘夷"大义。如伦常关系中君臣一伦,《读春秋编》认为"王者与天同大,王能体乾元刚健之德,则典礼命讨岂不能奉而行之",即王权的合法性源于天,理想

---

① 车若水:《脚气集》,《四库全书(文渊阁本)》。
② 永瑢等:《四库全书总目》,第 223 页。
③ 朱彝尊:《经义考》卷 189,张洽《春秋集注》。
④ 朱彝尊:《经义考》卷 189,张洽《春秋集注》。
⑤ 永瑢等:《四库全书总目》,第 225 页。

之君王奉"天道""王道"而进行政治活动。因此,《读春秋编》对现实君王的"归赗""求赙""来聘"等失礼行为加以讥讽,"天子失道"。对于齐桓公制服夷楚的行为,《读春秋编》肯定其功绩,同时从纲常秩序、君王权威的角度批评其"规模狭隘,非天吏讨罪之法也"①。王道之臣下则应具有忠诚、正直、守信、重节等道德品质,也就是以王道为标准严于律己,辅佐君王。至于夷夏关系方面,《读春秋编》一方面严格区分地域之蛮夷与华夏族;另一方面对少数民族在礼义文化层面的进步表示称赞,进而感叹中原政治的衰落。可见,陈深《读春秋编》的观点承袭南宋学人基本《春秋》学观点,缺乏创新,无怪乎四库馆臣称其"别无新异之见"。有学者将南宋后期的《春秋》学归纳为"归结守成期"②,这种划分不无道理,体现在陈深《读春秋编》上正是明显的例证。

当然,陈深《读春秋编》在编写形式上仍有其自身的特色。

首先,《读春秋编》比较全面地汇集《春秋》学领域主要学人及著作,尤以胡安国《春秋传》为宗。如下表:

表6—8　　　　　　《读春秋编》引用学人及著作情况

时期	作者	著作	引用次数
先秦		《左传》	724
		《公羊传》	144
		《谷梁传》	65
	荀子	《荀子》	1
汉代	刘向		1
	何休	《公羊解诂》	8
晋	杜预	《左传经传集解》	322
	范宁	《谷梁传集解》	6
	徐邈	《谷梁传注》	1

---

① 陈深:《读春秋编》,卷5僖公四年"春王正月公会齐侯……伐楚次于陉"条,《四库全书(文渊阁本)》。
② 李建军:《宋代〈春秋〉学与宋型文化》,博士学位论文,四川大学,2007年,第60—71页。

续表

时期	作者	著作	引用次数
唐代	孔颖达	《春秋左传正义》	4
	啖助	《春秋集传纂例》	5
	赵匡	《春秋微旨》	20
	陆淳	《春秋集传辨疑》	21
宋代	孙复	《春秋尊王发微》	22
	石介		10
	刘敞	《春秋传》《春秋意林》	32
		《春秋权衡》	32
	苏辙	《春秋集解》	14
	程颐	《春秋传》	68
	王安石		4
	朱长文		1
	许翰		75
	任公辅		4
	刘绚		9
	陆佃		2
	孙觉	《春秋经解》	12
	吕本中	《春秋集解》	14
	胡安国	《春秋传》	103
	朱熹		1
	张洽	《春秋集注》	20
	陈傅良	《春秋后传》	1
	程迥		1
	家铉翁	《春秋详说》	1
不确定	师氏		10
	景氏		1
	余氏		2

由上表可知：陈深《读春秋编》共收录了三十二位学人注解及《春秋》基本资料，其中宋代学人十九位，超过总学人半数，一方面说明两宋《春秋》学的繁荣，另一方面说明陈深对两宋《春秋》学的承继。又，

从引用单个学人及著作的数量来看，条数最多的是"三传"及杜预、胡安国的著作。"三传"及杜预注解是研究《春秋》的基本史料，而且两宋学人解经大多是"兼采三传"。陈深《读春秋编》大量征引胡安国《春秋》观点，客观层面是胡安国《春秋》学在南宋的学术影响，主观层面是陈深主动的学术选择。因为胡安国历经北宋灭亡、南宋初建，借《春秋》以济世；陈深则亲历南宋衰亡，以宋遗民自居，著书立说。相似的生活经历，陈深注解《春秋》引录胡安国《春秋》观点自然顺理成章。

其次，陈深《读春秋编》重视史实、音韵、地理、典章制度等的考证。承接宋以来的疑古学风，陈深也主张"以经为正，传不足信"，"经止书实事而义见于言外"。《读春秋编》解释每条经文大都以《左传》、杜预《集解》中的事件为基础，然后罗列各家注解。同时，《读春秋编》对经文的地名、音韵、礼制等多方考辨，引经据典，有理有据。四库馆臣对此评价较高，"自宋人喜以空言说《春秋》，遂并其事实而疑之，几于束诸高阁。深所推阐虽别无新异之见，而独能考据事实，不为虚骄恃气，废传求经之高论，可谓笃实君子"①。应该说，陈深不仅"考据事实"，而且考证地理、文字、典章制度等，确实称得上"笃实君子"。

最后，陈深《读春秋编》在文字表达方面简练明了，语气较为平缓。如《春秋》最后一条经文"西狩获麟"，胡安国《春秋传》以近七百字的长篇大论、旁征博引，说明"事应虽殊，其理一也"，随后一一解释孔子作《春秋》《春秋》以鲁史为基础、始于隐公、绝笔于获麟等的原因，最后引用《中庸》说明《春秋》的意义，"百王不易之大法""拨乱反正之书"。陈深《读春秋编》只是列出杜预注释，自解只一百零六字，感叹王道衰落，夫子绝笔。二者的文字表达截然不同，其中的原因或许在于：胡安国生于两宋之际，解经用语慷慨激昂，寄希望于南宋政权奋发有为；陈深虽生于南宋末年，但大半生在元朝度过，宋灭亡已是既成事实，故而文字表达相对平淡，甚至透露出伤感和无奈。

总体而言，陈深《读春秋编》虽然少有创新，但不失为一种研究《春秋》的史料，其自身也有一些特点，"未可以平近忽之矣"。

---

① 永瑢等：《四库全书总目》，第 225 页。

综上，所谓史学影响下的之《春秋》，即是从史书规范到史学功能各种角度解读《春秋》。吕本中、吕祖谦、陈傅良主要以史学方法、史实、史评、历史阶段划分等层面解经，提高了《左传》在《春秋》学中的地位；戴溪的讲幄体《春秋》以及赵鹏飞、高闶、张洽、陈深等学人受胡安国《春秋传》影响下的《春秋》研究，无不体现史学的借鉴功能。所以，这一模式的《春秋》研究在内容上更偏向于一般儒学的《春秋》解读。当然，史学影响下的《春秋》研究仍旧有理学不同程度的参与，如吕祖谦、张洽等学人的《春秋》观中即有"理"的影子。

第二节 理学"影子"下的《春秋》

自从朱熹以史书看待《春秋》，并将《春秋》置于理学的从属地位之后，《春秋》非但没有彻底追随理学，"一蹶不振"，反而日益彰显其史学属性，学人们纷纷以《春秋》抒怀济世，在南宋学术史上大放异彩。至南宋理宗时期，理学被确立官方统治思想，这一时期出现了类似正统理学视域下的《春秋》著作。之所以称为"类似"，是因为这些学人大都借理学外壳解经致用，并非真正程朱理学意义上的解经。为何会出现这种现象？应该说既有主观上学人们的学术造诣，又有客观上的时代环境所使然。

一 洪咨夔"《春秋》以奉天命而立人极"

洪咨夔（1176—1236），字舜俞，于潜（今浙江临安西）人，嘉泰二年（1202）进士。《咸淳临安志》称"咨夔研究经史，驰骛艺文，蔚为近世词宗"[①]，其主要成就在诗歌。洪咨夔著有《平斋文集》《平斋词》《春秋说》，前两本著作版本众多，影响深远，《春秋说》已无传本。四库馆臣考证《春秋说》卷数，又从《永乐大典》中整理其文，编次为三十卷。

《春秋说·自序》云：

---

① 潜说友：《咸淳临安志》，卷67，《四库全书（文渊阁本）》。

帝王诰命讫于平王，国风变于黍离，圣人伤王者之不作，因《鲁史》修《春秋》，以奉天命而立人极。夫天命流行于人极之中，无一息间断，人惟不知吾心有天而外求天，谓吉凶祸福天未尝定，往往无天而动于恶。然天虽有时而未定，终必有时而定。天者定，则人者屈，此人极之所由立也，此《春秋》成乱臣贼子所以惧也。彼乱臣贼子惟利是计，岂惧夫空言之贬、身后之辱哉？惧夫天者定而人者屈，失其所以为利也，故凡犯天下之清议，冒天下之大罪，能逭诸一时，不能逭诸异日；能逭诸其身，不能逭诸其子若孙。……知天命有不可逭，则欲动于恶将有所惧而戢，此拨乱反正之笔所以有功于人极也。且《易》《春秋》在鲁，皆所以司天人之契。人欲穷而天理灭，其卦为剥。《春秋》二百四十二年，纯乎剥者也。……《春秋》以伤王者不作而始，以幸王者复作而终，以鲁圣贤之泽未泯，一变可至道而托之，以诏万世。天道至教，圣人至德，备见于行事，断断乎循之则治，违之则乱，得之则生，失之则死，信人极非《春秋》不立也。余自考功罢归，杜门深省，有感于圣人以天治人之意，作《春秋说》。

上述"自序"指出：《春秋》大义在于"奉天命而立人极"，洪咨夔所谓"天命"，具有意志性、权威性、主宰性。"天者定则人者屈"，伦常纲纪由"天"而定，"天命"的这种必然性使得乱臣贼子有所惧怕。《春秋》蕴含"天人之契"，穷人欲则天理灭。所以，"人极非《春秋》不立"。可见，洪咨夔之"天命"与正统理学之"理"有相似之处，即二者都具有决定性，但缺少内涵，过于单一。

《春秋说》以"奉天命而立人极"为主线，从伦常关系、夷夏关系等诸多方面进行论证。

伦常关系。《春秋说》从"天"的角度阐述等级伦常的权威性、合法性。"夫君臣之分，犹乾坤之不可易。"① 理想君王之"位"源于"天"，

---

① 洪咨夔：《春秋说》，卷2隐公十一年"冬十有一月壬辰公薨"条，《四库全书（文渊阁本）》。

"有天德者可以居之",正如《周易·鼎象》所谓"君子以正位凝命","位得其正,则行之于身,布之于国,无一不得其正,而天命为可凝"①。成为君王的条件客观上由"天命""天位"而定,并且"天命不可以智力求,天位不可以权术干,而受之必以道"②;主观上需要具备"天德",表现为"人君以五事治身而惟其敬也,以二南治家而惟其正也,以九经治国而惟其定也"③,也就是要具备从修身到齐家再到治国、平天下的能力,其中既有道德因素,也有政治因素。如此,君王"位得其正,上无愧于天,中无愧于祖宗,下无愧于民而后可以行即位之礼"④。反之,君王违道背德,则"天命""天道"终将对其惩治。如鲁桓公的所作所为,《春秋说》认为"天下之理未有久屈不伸者,久屈而伸有非人力所能及,是之谓天……天道报施不爽,若影响契券,时有迟速,终归于定。使大恶而可逭,天地且不立矣"。即"天道"惩罚在时间上具有模糊性,在后果上具有必然性。鲁国秉承周礼,世代国君、臣子依道而行,鲁桓公"首犯大戒,天王不正,诸侯不伐,国人不问,几漏吞舟矣",但最终"假手于彭生而拉之,非天欤"⑤。

对于臣下,《春秋说》数次阐明在君臣等级必然性的前提下,无论君主如何,臣下都应当忠诚,恪守臣职。"君臣,天地之大分,君虽无道,臣安得而弑之?"⑥ "臣弑其君,子弑其父,极天下之大恶,岂容轻加诸人?"⑦ 所以,洪咨夔从庄公二十五年"公子季友如陈"、庄公二十七年"公子季友如陈葬原仲"、庄公三十二年"公子庆父如齐"到闵公元年"季友来归"、闵公二年"公子庆父出奔莒",以至僖公元年"公子友帅

---

① 洪咨夔:《春秋说》,卷3 桓公"元年春王正月公即位"条。
② 洪咨夔:《春秋说》,卷15 宣公"元年春王正月公即位"条。
③ 洪咨夔:《春秋说》,卷26 昭公二十六年"三月公至自齐居于郓",其中"五事"出自《尚书·洪范》,指貌、言、视、听、思;"二南"指《诗经》中的《周南》《召南》,记录周公、召公对长江流域的教化之功;"九经"出自《中庸》,"凡为天下国家有九经,曰修身也,尊贤也,亲亲也,敬大臣也,体群臣也,子庶民也,来百工也,柔远人也,怀诸侯也"。
④ 洪咨夔:《春秋说》,卷15 宣公"元年春王正月公即位"条。
⑤ 洪咨夔:《春秋说》,卷4 桓公十八年"冬十有二月己丑葬我君桓公"条。
⑥ 洪咨夔:《春秋说》,卷20 成公"十有八年春王正月,晋杀其大夫胥童,庚申晋弑其君州蒲"条。
⑦ 洪咨夔:《春秋说》,卷25 昭公十九年"夏五月戊辰许世子止弑其君买"条。

师败莒师于郦，获莒挐"，数条经文说明季氏得政、权去公室的全过程。四库馆臣称其"得笔削微义"，评价甚高。但此解并非洪咨夔首创，如前文所述，朱熹《春秋》观点中已有此意。关于评价霸主齐桓，洪咨夔虽称赞其"有功于中国""有功于王室"，但较多强调"《春秋》王者之事，伯非所乐也""伯者有功于一时，得罪于万世"。无论是评价季友，还是评价齐桓，洪咨夔的出发点都是"奉天命立人极"。

甚至，自然现象也体现伦理纲常。桓公三年"秋七月壬辰朔日有食之既"，《春秋说》认为"日食朔而既，阳微之极也。夫君，阳也，臣，阴也。鲁宋比年弑其君，阴之干阳若此，咎征以类而应，宜阳宗尽食以示谴也"。也就是说，自然现象以应人事，"以某变推前日某事之感"，"天人精祲相为感通"。人事反映在自然现象上，人事在先，天象在后，一一对应。庄公七年"夏四月辛卯夜恒星不见夜中星陨如雨"，洪咨夔指出"今经星不见，纬星则见矣，王命不行于诸侯，篡君参错于列国，三纲五常之理皆失其经，上感于天而经星为之不见，至夜半星陨纷然如雨，岂小变哉？"可见，等级制度的破坏通过天文现象呈现出来，而且是"大变"。洪咨夔进一步提醒统治者"天秉阳，垂日星。星不见而复陨，阳不足，可知有国者毋以天道远而自恕也"。

夷夏关系。对于华夏民族与少数民族的关系，洪咨夔仍旧从"天命""天道"的角度论证夷夏有别，尊夏攘夷。

> 天之爱中国厚矣，楚自州而国，自国而人，自人而爵，其势勃勃未已也。召陵之盟、城濮之战桓文深折其气，使不敢以无人视中国，人谋之力也。其后人谋有所不及，而天实制之。……天意不以人谋不及，听其荐食，巫臣已通吴于晋矣。……非天之厚中国，使自生一敌以制其命，谁实制楚乎？……《春秋》尊中国之心即上天厚中国之心也，讵可徒以匮盟论哉？①
>
> 吴楚自相攻，中国之利也而。……天道贵阳而贱阴，进阳而退阴。中国，阳也；外域，阴也。中国力不足以制外域，必假外域以

---

① 洪咨夔：《春秋说》，卷18成公"三年春王正月公会晋侯宋公卫侯曹伯伐郑"条。

制外域。楚方虎视而吴鞭平王之尸，吴方张而越栖夫差于甬东，此皆天所以助吾中国之不及也，楚、吴其无以目前之强为足恃哉。①

楚方强，中国莫之制，天以吴制之；吴方强，中国莫之制，天以越制之。天之扶植中国，何尝不用其至，而一时君臣上下但知倚天幸，而不思所以当天心，委天运而不求所以永天命。拱手以诸夏之权禅楚，又以禅吴，且骎骎以禅越，天独奈之何哉？《春秋》为扶天常立人极而作，中外消长之故，必谨其微而详其变。②

上述三段材料表达的主题大体一致：首先，"天厚中国""天爱中国""天之扶植中国"的理论根源在于"天道贵阳而贱阴，进阳而退阴"。阳与阴是《周易》最基本的概念，洪咨夔以此比附华夏民族与少数民族，阐明夷夏有别，而意志之"天"护佑中原，以夏为主；其次，"天厚中国"表现为"假外域以制外域"，即楚、吴、越三个少数民族之间的消长发展，以及对中原的政治影响；最后，如何运用"天厚中国"？洪咨夔指出：虽然上天厚爱"中国"，但当政者应当发挥自身主动性，运用"人谋之力"制服蛮夷，不应当消极地等待"天命"。可见，洪咨夔以"天命"论证夷夏关系，其中不免有盲目自信，忽略事实，为南宋朝廷军事政策寻找根源之嫌，但不可否认，这一观点的背后同样蕴含洪咨夔忧患之心，济世之情。

综上，洪咨夔《春秋说》主旨为"奉天命而立人极"，其中的"天命"有正统理学之"理"的影子，但缺乏内涵，过于单调，不具系统性。以"天命"论纲常，并无太多新意，有学人研究指出"洪氏此书，深究《春秋》'奉天时而立人极'的精义，其实这种路数并不新鲜，程颐的《春秋传》早就这样做过，只不过洪氏做得更为明确，更为完备而已"。这一评价不无道理，但也应注意到洪咨夔《春秋说》的时代背景及现实条件，在某种层面上决定了其《春秋》观的理学外壳与经世致用。

---

① 洪咨夔：《春秋说》，卷25昭公十七年"楚人及吴战于长岸"条。
② 洪咨夔：《春秋说》，卷30哀公十三年"于越入吴"条。

二 黄仲炎《春秋通说》"远稽孟子,近酌朱熹"

黄仲炎,字若晦,温州永嘉人,生卒年月不详,著有《春秋通说》。从黄仲炎自作"序"、《缴进春秋通说表》以及李鸣复《经筵讲读奏举状》①来看,黄仲炎为"老而不第之士","由童至壮,研思是经","潜心十稔"著书立说,书成于绍定三年(1230)。约端平元年(1234),黄仲炎作《缴进春秋通说表》,行希望最高统治者重视此书,"臣谨缮写前件《春秋通说》,成若干册,囊封随表缴进以闻"。随后,端平三年(1236),朝奉大夫、权刑部尚书兼侍读李鸣复作《经筵讲读奏举状》,目的是"欲望圣慈,既垂乙夜之览,或降付后省,更加阅视,如有可采,甄以宠光"。

黄仲炎《春秋通说》以教戒论《春秋》,反对褒贬义例解经,其"自序"表达此主旨一目了然。

> 《春秋》者,圣人教戒天下之书,非褒贬之书也。何谓教?所书之法是也。何谓戒?所书之事是也。法,圣人所定也,故谓之教;事,衰乱之迹也,为戒而已矣。彼三传者,不知其纪事皆以为戒也,而曰有褒贬焉。……质诸此而彼碍,证诸前而后违……于是褒贬之例穷矣,例穷而无以通之则曲为之解焉,专门师授,袭陋仍讹,由汉以来,见谓明经者不胜众多,然大抵争辨于褒贬之异,究诘于类例之疑……而《春秋》之大义隐矣。……故刘知几有虚美隐恶之谤,王安石有断烂朝报之毁,遂使圣人修经之志更千数百载而弗获伸于世,岂不悲哉?故曰《春秋》者,圣人教戒天下之书,非褒贬之书也。

> 昔之善论《春秋》者,惟孟轲氏、庄周氏为近之。轲之说曰:孔子作《春秋》而乱臣贼子惧,是以戒言也;周之说曰:《春秋》以道名分,是以教言也。斯二者,庶几孔子之志也。夫人之所以异于禽兽者,以其有道也。如是而君臣,如是而父子,如是而长幼男女

---

① 参见孙诒让《温州经籍志》,中华书局2011年版,第210—214页。

亲疏内外之差等不齐也。……时乎衰周，王政不行……孔子有忧之而无位以行其志，不得已而即吾父母国之史以明之。……若夫笔削有法而训教存焉，崇王而黜霸，尊君而抑臣，重内而轻外，辨礼之非，防乱之始，畏天戒，重民生，为万世立治准焉。呜呼，使后之为君父、为臣子、为夫妇、为兄弟、为党友、为中国御四方者由其法，戒其事，则彝伦正而祸乱息矣。

余由童至壮，研思是经，尝眩于旧说……难于解辨盖久而后能破之，旁稽记载，互参始末，为书十有三卷，名曰《春秋通说》。通说者，去褒贬之茅塞，而通诸教戒之正途也。夫《春秋》固有以只字垂法者矣……而非字字有义也；亦固有所谓例者矣……此皆通例也。先儒谓左氏非左丘明，丘明乃孔子前辈……盖今《左氏传》，即楚左史也。古者史世其官，则传是书者，倚相之后也。故左传载楚事比他国为特详，是得其实。《公》《谷》亦莫明其所自来……要皆非亲受经于圣人者，故于说经首失其义，而其间抑或有得者，谷梁氏尔。若夫具载事实，则左氏尚可考，故当据事以观经，事或抵牾难于尽从，则以经为断。……①

上述"原序"说明：一是黄仲炎定位《春秋》为教戒之书，教指伦常法则，戒指史实借鉴之功用。教与戒表现方式各异，教由圣人而定，体现《春秋》经之属性；戒由事件显现，体现《春秋》史之属性。整体上，黄仲炎《春秋通说》体现出经史相融的特点；二是黄仲炎治经方法为"据事以观经"，"以经为断"。虽然认同《春秋》"固有以只字垂法者""固有所谓例者"，但反对字字有例法，反对以书例论褒贬；三是黄仲炎考证《左传》作者，比较"三传"优劣。由此可见，黄仲炎《原序》中无论是其经史相融观点，还是治经方法、对"三传"的考证和评价，基本上是对北宋、南宋初期《春秋》学观点的继承，尤其是对朱熹《春秋》经传关系论的承袭。黄仲炎本人也称"远稽《孟子》之书，近酌朱熹之论"，并无太多创新、发展。

---

① 黄仲炎：《春秋通说·原序》，《四库全书（文渊阁本）》。

《春秋通说》从君臣伦理、夷夏关系论证《春秋》教与戒。关于君臣纲常，黄仲炎首先指出"天王者，代天理物之称也"①，其权威合法性源于"天"，"君臣，天地之大义"。因此，"有道之君必清心寡欲，不殖货利；有道之臣必奉公洁己，务绝包苴，故能使朝廷清明，政刑不缪"②，即君臣伦常依道而行，秩序井然。反之，君臣等级秩序遭到破坏，对君王、臣下都提出警戒。"弑逆，天下之大恶。"《春秋》书弑逆之事，不仅是正名定罪，更重要的是"使后世为君父者明其为祸之惨而谨戒指，务绝其萌焉"③。君王还应当重用贤臣，接纳忠言。庄公二十六年"曹杀其大夫"，《春秋通说》指出有道之世，君王贤明，刑罚严明，不会出现臣子被杀、妄杀的情况；无道之世，君王昏庸，政刑混乱，臣子则被妄杀、乱杀。以此警戒"后之人君戒其可杀，则当任忠贤；戒其妄杀，则当谨刑辟；戒其乱杀，则当壹政枋"④。僖公二十四年"天王出居郑"，《春秋通说》列举周襄王的所作所为，指出"书曰天王出居于郑，以为后世人主违忠谏之言，启异类之侮者之戒焉"，告诫最高统治者应当听取臣子忠言。

作为臣下，应当敢于进言，以道事君，甚至以死谏君。"人臣之义在于正谏其君之非而已，苟能以死力正谏其君，鲜有不能回其君之听者。不幸而不听，以至于死，则臣子之义尽矣。"⑤反之，"以不能谏正其君则不忠，以不能先觉其乱则不智，不忠不智其杀身祸君，宜也"⑥。反对臣子的明哲保身，"若夫有位于朝，食君之禄，则既以身许国矣，岂可缄默苟容，与俗俱靡，以自立辟为戒，以善保身为得哉！此非所以为人臣之训也"⑦。至于霸主，《春秋通说》同样从王道、霸道的角度进行比较论证。王道与霸道于"仁"各异，"以德行仁者王，以力假仁者霸。王不求

---

① 黄仲炎：《春秋通说》，卷1隐公元年"秋七月天王使宰咺来归惠公仲子之赗"条。
② 黄仲炎：《春秋通说》，卷2桓公二年"夏四月取郜大鼎于宋戊申纳于太庙"条。
③ 黄仲炎：《春秋通说》，卷1隐公四年"戊申卫州吁弑其君完"条。
④ 黄仲炎：《春秋通说》，卷3庄公二十六年"曹杀其大夫"条。
⑤ 黄仲炎：《春秋通说》，卷5僖公十年"晋里克弑其君卓及其大夫荀息"条。
⑥ 黄仲炎：《春秋通说》，卷2桓公"二年春王正月戊申宋督弑其君与夷及其大夫孔父"条。
⑦ 黄仲炎：《春秋通说》，卷8宣公九年"陈杀其大夫泄冶"条。

速，惧损德也；霸不暇德，为求速也"①。相应地，王与霸的效果也各异，"古之王者由修身齐家而推之治国平天下，盖其立治有本，而施诸外者皆其余功也，是以享国长远而无患。若夫霸者惟区区用力于其外，而所以立其本者不暇讲矣"。以此标准评价齐桓公，则"齐桓内行不修"，宠信小人，世子不定，以致国家混乱。管仲"无格君之学"，"功烈卑陋"②。

黄仲炎以《春秋》论证君臣伦常，以王道为标准，对君王、臣下提出各自职责，基本是对前贤学人观点的继承，尤其是对孟子政治观的引用、发挥，在理论创新方面并不明显。当然，黄仲炎《春秋》学中的君臣观无不透露出对南宋时政的拳拳之心。

关于夷夏关系，黄仲炎同样肯定夷夏有别，华夏民族在文华礼制方面的优越。"中国者，五政之所加，七赋之所养，衣冠礼乐之所存也。自古圣人分天下为五服，而以周索、戎索辨其疆者，非特人事，亦天理也。"③ 即华夏与少数民族的区分是天理的表现，有其必然性。对待蛮荒民族，圣王"有道"，"于其来也，接之而不伤义；于其判也，讨之而不伤仁"④，体现王道之风。以此为标准，则"会戎非礼也，盟戎非策也"，"中国不得以和戎为功矣"⑤。至于少数民族之间的争斗，如前所述，洪咨夔认为是"天厚中国"，黄仲炎则反对这种观点，认为"诸侯以自治为福，而不以二国相攻为福也，幸强暴有相攻之衅而指以为福者，此浅智之谋而非仁人之愿也"⑥，强调自强自治。显然，黄仲炎借《春秋》表达其对当时南宋军事政策的批判。《春秋》中对楚国的书例，历来受到学人的诸多解读。黄仲炎突出《春秋》教、戒之作用，反对"渐进"褒扬之说。"《春秋》之书荆有二义焉，一辨其等以垂教也，一明其祸以垂戒也"⑦，"楚何以先称荆而后称楚？曰从其实也。《诗》称蠢尔蛮荆，是楚

---

① 黄仲炎：《春秋通说》，卷3庄公"十有五年春齐侯宋公陈侯卫侯郑伯会于鄄"条。
② 黄仲炎：《春秋通说》，卷6僖公十八年"秋八月丁亥葬齐桓公"条。
③ 黄仲炎：《春秋通说》，卷1隐公"二年春公会戎于潜"条。
④ 黄仲炎：《春秋通说》，卷8宣公"十有六年春王正月晋人灭赤狄甲氏及留吁"条。
⑤ 黄仲炎：《春秋通说》，卷2桓公二年"公及戎盟于唐"条。
⑥ 黄仲炎：《春秋通说》，卷10宣公"三年春楚公子婴齐帅师伐吴"条。
⑦ 黄仲炎：《春秋通说》，卷3庄公十年"秋九月荆败蔡师于莘以蔡侯献舞归"条。

以荆称旧矣。至春秋之初，犹以荆通于中国，故《春秋》从而荆之。今始改为楚，故《春秋》亦从而楚之尔。说者谓自州而国之乃《春秋》渐进之法，谬矣"①。

值得注意的是，黄仲炎《春秋通说》援引大量历史事件证明其观点，尤其是两汉、唐之事，以至某些解文颇似政论文。如昭公二十五年"公孙于齐次于阳州"，黄仲炎引用史事说明君王政权旁落"其祸在渐致而不在骤伐也"。"鲁政逮于季孙四世矣……始于僖公，成于成襄，不能早正而预虑；及至昭公，寄命意如之手，身如羁旅，受人指麾，去亡国无几矣。事势至此已，无可奈何不胜其愤而骤伐之，幸而得志则如汉和帝之诛窦宪，桓帝之诛梁冀，魏孝庄之诛尔朱荣；不幸而不胜也，则如齐简公之谋田常，高贵乡公之讨司马昭，唐文宗之图宦者尔。向使不为刚决而务含忍，则如齐郁林王知萧鸾之有异志而取之不能，汉献帝知曹操之不臣而图之不果，唐昭宗知朱温之必篡而杀之不克，皆翻及于亡，虽欲小正之，岂可得哉？"进而警醒"有国家者可不谨其微哉"。这种形式的解文在南宋学人中并不少见，如胡安国、吕祖谦等。

综上，黄仲炎《春秋通说》以教、戒为主旨，主张由事解经，经史结合，倡导王道、伦常秩序、尊王攘夷，基本上是对前辈学人，尤其是孔孟、程朱一派《春秋》观的因袭与继承，理论创新有限。李鸣复评价黄仲炎《春秋通说》"折衷是非，事为之说，证以后代，鉴戒昭然，言古验今，切于治道"②。虽然指明其解经特点，但这种治经方法并非首创。清代学人孙诒让则认为"《春秋通说》大旨宗朱子《春秋》无褒贬之说，故其书于治乱得失，推论明切，又多引后世史事，参互证验，以阐教戒之旨，虽不必果得圣人笔削之意，然以视孙复诸人，以《春秋》为有贬无褒者，其厚薄固有间矣"③。即黄仲炎继承朱熹《春秋》无褒贬观点，在此基础上，阐述《春秋》教、戒之义。与孙复"有贬无褒"论相比，黄仲炎《春秋》观点较为客观。这一评价较为中肯。四库馆臣列举黄仲

---

① 黄仲炎：《春秋通说》，卷5僖公元年"楚人伐郑"条。
② 孙诒让：《温州经籍志》，中华书局2011年版，第212页。
③ 孙诒让：《温州经籍志》，第216页。

炎反驳胡安国"夏正冠月"说,认为黄仲炎"立义明白正大,深得圣人之意,盖迥非安国所及也"①。有学人不认可四库馆臣所论,认为黄仲炎"实不明胡安国缘经济时之壮怀"②。不论是对黄仲炎《春秋通说》评价如何,我们都应注意到:黄仲炎《春秋通说》教戒论,名字虽有新意,但主要内容多是对前辈学人《春秋》观点的因袭,尤其是对孔孟、程朱等儒家学者某些《春秋》观点的引用和解释。

三 吕大圭"《春秋》扶天理遏人欲"

吕大圭(1227—1275),字圭叔,泉州南安人。少从学于乡先生王昭,又师从杨昭复,王昭、杨昭复二人均为陈淳弟子,陈淳则为朱熹晚年弟子,故吕大圭为朱熹三传弟子。吕大圭为宋末死节之士,因拒签降笺而被杀害。著有《易经集解》《论语孟子集解》《学易管见》《春秋集传》《春秋或问》《春秋五论》等。清代学人纳兰成德"序"称"《五论》与《读易管见》《论语孟子解》以传在学者得存,然《管见》诸书皆不可见见,者又仅此而已,惜哉!"③即吕大圭著作大都已不可见,只存有《春秋五论》。清代李清馥《闽中理学渊源考》则记载:吕大圭曾将著书泥封一室,被害后,"其泥封室尽毁于贼,独其门人所传《易经集解》、《春秋或问》二十卷、《春秋五论》一卷、《论语孟子集解》、《学易管见》行于世"④。即吕大圭著作经由其弟子相传而流于后世。可见,吕大圭著作中最晚在清朝初年曾有所流传,但后来大都散佚不见,现存《春秋或问》《春秋五论》。

关于吕大圭《春秋》三书,其弟子何梦申"跋"中称:"广文吕先生加惠潮士,诸士有以《春秋》请问者,先生出《五论》示之,咸骇未闻,因并求全稿。先生又出《集传》《或问》二书,盖本文公之说而发明之,有《五论》以开其端,有《集说》以详其义,又有《或问》以极其

---

① 永瑢等:《四库全书总目》,第223页。
② 宋鼎宗:《春秋宋学发微》,台北:文史哲出版社1983年版,第102页。
③ 朱彝尊:《经义考》卷191吕大圭《春秋五论》条。
④ 李清馥:《闽中理学渊源考》,卷33《侍郎吕朴乡先生大圭》,《四库全书(文渊阁本)》。

辨难之指归，而《春秋》之旨明白矣。"① 也即是说吕大圭任潮州教授时，已著有《春秋》三书。《春秋五论》属于纲领性著作，《春秋集传》具体解释《春秋》经义，《春秋或问》属专题性著述。三本著作形势各异，从不同角度阐述《春秋》宗旨，且《春秋》三书于宝祐甲寅（1254年）得以刊刻。今《春秋集传》已佚。

吕大圭《春秋》学观点主要集中于《春秋或问》卷首《春秋褒贬论》及附文《春秋五论》中。《春秋褒贬论》以提问的方式论证了七个问题：一是《春秋》并非"以一字为褒贬"，而是"纪实之书"；二是孔子并非"一切因鲁史之旧文"，而是有"史官之笔"与"夫子之笔"的区分，前者"事也"，后者"义也"，事与义相关联，并进一步说明"《春秋》非圣人所自作，亦非圣人不能作"，孔子修《春秋》有其必然性；三是反对以褒贬论《春秋》以及《春秋》"无褒皆贬"说，强调《春秋》为"记事之史"；四是反对以日月例解经，以日月记事为史书撰写方法，《春秋》大义"不为日月设也"；五是解释何为"《春秋》天子是事"，说明天子的职责在于"叙彝伦立人极位天地育万物"，建立伦常政治制度，而孔子修《春秋》的文化功能等同于先贤圣王之事功；六是举例说明"圣人之笔法"；七是解释孔子为何作《春秋》，"孔子，天理之所在"，《春秋》是天理的表现。总体上讲，《春秋褒贬论》主要说明三个问题：首先孔子作《春秋》的原因是存天理。兴人道；其次是孔子如何修《春秋》，区分鲁史《春秋》与孔子《春秋》。孔子是在鲁史《春秋》的基础上，阐发其中大义，这种大义并非针对一国一事，而是为万世树立法则。所以，吕大圭反对以字例、褒贬解经；最后是孔子修《春秋》的影响，它等同于先贤之事功、理想统治者的政治、制度功能。

《春秋五论》主要论证《春秋》学的基本问题，原文中只标有"论一""论二"等字眼，并无具体名称。明代唐顺之《稗编》收录《春秋五论》，并将"论一""论二"等分别命名为《论夫子作春秋》《辨明褒贬之例》《特笔》《论三传所长所短》《世变》②。有学者总结《春秋五

---

① 吕大圭：《春秋或问·跋》，《四库全书（文渊阁本）》。
② 唐顺之：《稗编》，卷11—13，《四库全书（文渊阁本）》。

论》内容："论一主要讨论了孔子作《春秋》的原因……认为孔子作《春秋》一是为了扶天理遏人欲，二是为了明是非之理，而不是孔子代天子行赏罚之权而作赏善罚恶之书；论二则对以往《春秋》学中以日月、名称、爵号为褒贬的说法进行了驳斥；论三则紧承论二所驳，认为《春秋》……所书并不皆据旧史，而是有圣人之特笔以明义……圣人特笔所明之义则有三点：明分义、正名实、著几微；论四则讨论了治《春秋》当以'观世变'为目的，因为《春秋》始、终都是世道变迁的转折点，其始于鲁隐公，是为周平王末年……其终于获麟，则是大夫专权的时代，且《春秋》所记也可分为隐桓庄闵、僖文成宣、襄昭定哀三个世道变化（权力下移）的阶段；论五分析了三传的长短，认为《左传》长于记事，短于说理，《公羊》《谷梁》长于说理，短于记事，并进一步对《公羊》及何休注的不妥处进行了批驳。"① 应该说，这一概括大体上符合《春秋五论》的主要观点，但有些论证似乎还需要进一步细化。如"论一"的确是讨论孔子作《春秋》的原因，但列举的两个原因之间有什么关系，文中并无说明。事实上，两个原因实则为一，即"《春秋》者，扶天理而遏人欲之书也"。② 至于"为了明是非之理"只不过是天理的表现及效果，由天理明而至人心正，进而"天下之人以是非为荣辱"。又如"论三"重点是讲"特笔"，吕大圭首先区分达例与特笔及其与孔子的关系，达例侧重史实，"非必圣人而后能，虽门人高弟预之可也"，而特笔反映精义，"岂门人高弟所能措其辞哉，非圣人则不能与"。又如"论五"所讲"三传"长短，即便是"三传"之长处，吕大圭也在其中找到其缺点，"左氏虽曰备事而其间有不得其事之实，《公》《谷》虽曰言理而其间有言于理之正者"。

对《春秋五论》进一步概括，基本上包括三个问题：一是孔子作《春秋》的原因，即"论一"部分；一是孔子如何修作《春秋》，即"论三"部分；一是后人如何解读《春秋》，即"论二""论四""论五"部分。

---

① 张尚英：《〈春秋五论〉作者考》，《四川大学学报（哲学社会科学版）》2007年第2期。
② 吕大圭：《春秋五论》，论一。

通过分析《春秋褒贬论》《春秋五论》，可以看出：第一，《春秋或问》中的《春秋褒贬论》与《春秋五论》二者内容比较接近，均阐述《春秋》学的基本问题，只是《春秋五论》论证更详细，《春秋褒贬论》则作简要说明。或者说，《春秋褒贬论》是《春秋五论》的"缩减本"。其中的原因在于前述吕大圭《春秋》三书的定位不同。第二，吕大圭《春秋》学观点大多是对二程、朱熹、吕祖谦、陈傅良等，尤其是朱熹《春秋》观点的继承和展开。正如吕大圭弟子何梦申所讲：《春秋五论》《春秋集传》《春秋或问》"盖本文公之说而发明之""夫子之心至文公而明，文公之论至先生（吕大圭）而备"。① 如吕大圭主张的以史解《春秋》，反对日月褒贬论，对"三传"的看法，基本上是朱熹《春秋》观点的详细铺陈。其所论"《春秋》扶天理遏人欲之书""有功于万世"的观点带有鲜明的理学色彩。至于所论《春秋》"观世变"，在吕祖谦、陈傅良《春秋》学中造诣充分论证，并非首创。

《春秋或问》虽然是选取《春秋》条文进行解释，但其观点不出《春秋五论》范围。如反对书例褒贬解《春秋》，"圣人之作《春秋》不以名字为褒贬也……后世之儒以名字为褒贬而后圣人之意愈不可见矣。自其以名字为褒贬也，至于质之经而不合则必曲为之说以通之，故治《春秋》者多失之凿"②。又如评价"三传"，"大抵《公》《谷》之论多街谈巷议之说，而左氏之说多委曲诬辞也，其可信盖鲜矣"③。再如论世变，"读隐桓之《春秋》，则知伯图未兴而诸侯之莫相统一也，读庄闵僖文宣成之《春秋》，则知伯图迭兴而诸侯尚犹有所总摄也，读襄昭定哀之《春秋》，则知伯图寖衰而中国诸侯莫适为主也"④。论霸主，"圣人之于《春秋》也，固未尝不与伯主之功，而亦未尝喜伯主之盛，据事直书而善恶自见矣"⑤。"伯图之兴，固天下之至幸也……伯图之盛，又非天下之至

---

① 吕大圭：《春秋或问·跋》，《四库全书（文渊阁本）》。
② 吕大圭：《春秋或问》，卷18昭公"楚子虔诱蔡侯般杀之于申"条。
③ 吕大圭：《春秋或问》，卷18昭公"楚子麋卒"条。
④ 吕大圭：《春秋或问》，卷3隐公"齐侯郑伯盟于石门"条。
⑤ 吕大圭：《春秋或问》，卷8庄公"齐侯宋人陈人蔡人邾人会于北杏"条。

不幸欤。"① "天下之有伯，非美事也，天下之无伯，非细故也。"② 基本上是《春秋五论》中论四"世变"的观点。至于对齐桓、晋文霸主的比较，《春秋或问》着重孔子"晋文公谲而不正，齐桓公正而不谲"观点而作详细的展开论证。

综上，吕大圭《春秋》学观点主要集中于《春秋五论》，元代学者程端学称"吕朴乡《五论》正大明白"，清代学人纳兰成德也评价"《五论》闳肆而严正，《春秋》大旨具是矣"③。实际上，吕大圭作为朱熹三传弟子，其《春秋五论》带有鲜明的理学色彩，基本上对程朱理学家，尤其是朱熹《春秋》学某些观点的承袭和说明，并无太多新意。但从吕大圭个人经历及时代环境看，吕大圭不仅解读《春秋》大义，更以实际行动践行《春秋》宗旨。正如四库馆臣所讲"大圭抗节遇害，其立身本末，皎然千古，可谓深知《春秋》之义"④。纳兰成德从道学角度高度评价吕大圭，"当时诋訾道学者往往谓其迂疏无济，然宗社既屋，人争北向，圭叔独不为诡随，甘走海岛，不惮以身膏斧钺，大节何凛凛也。以是观之，道学亦何负于人国乎？"⑤ 有学者也认同此观点，"大圭抗节遇害，则其于《春秋》大义，要非耳闻口受者比也"⑥。

四 家铉翁"《春秋》垂王法示后世"

家铉翁（约1213—1297），字则堂，眉州（今四川眉山）人。《宋史》本传称其"以荫补官""赐进士出身，拜端明殿学士，签书枢密院事"，元兵围临安，丞相下令在降诏上签名，家铉翁拒绝署名。随后，家铉翁以祈请使身份被押往大都觐见元世祖。"礼成不得命，留馆中。闻宋亡，旦夕哭泣不食饮者数月。大元以其节高欲尊官之，以示南服。铉翁

---

① 吕大圭：《春秋或问》，卷12 僖公"小白卒"条。
② 吕大圭：《春秋或问》，卷19 定公"会于召陵侵楚"条。
③ 朱彝尊：《经义考》卷191 吕大圭《春秋五论》条。
④ 永瑢等：《四库全书总目》，第224页。
⑤ 朱彝尊：《经义考》卷191 吕大圭《春秋五论》条。
⑥ 宋鼎宗：《春秋宋学发微》，1983年。

义不二君，辞无诡对。"① 后又禁于河间，设馆讲学，"为诸生谈宋亡故事及宋兴亡之故，或流涕叹息"。元成宗即位，欲授以官职，家铉翁云："臣年八十矣，亡国之俘不能死，陛下安用之？得以骸骨归葬先人冢旁，受恩多矣。"后成宗赐千金，将家铉翁放还眉山，仍赐应付驰驿号处士，但家铉翁"力辞金币应付，徒步还家"②。此时家铉翁已年逾八十，后以寿而终。

家铉翁自言"平生著书苦不多，可传者见之《春秋》与《周易》"。今存《春秋集传详说》《纲领》，以及四库馆臣从《永乐大典》中辑出的《则堂集》，其他如《周易》类著作已佚。清人王士禛称："铉翁祖大酉，名列朱文公党籍；大酉曾祖愿，愿父勤国与二苏为同门友，尝愤王安石废《春秋》，著《春秋新义》，盖家学云。"③ 家勤国《春秋新义》已不可见，《春秋集传详说》中也无材料证明家铉翁受其远祖《春秋》学影响，但其"自序"中称学识浅陋的儒生研究《春秋》"尤无忌惮者，至目《春秋》为断烂朝报，以此误天下后世，有不可胜诛之罪"。所以，可以肯定的是：《春秋》学为家氏家学，且都反对王安石的《春秋》"断烂朝报"论。

《春秋集传详说》成书历经"磨难"，家氏"自序"中称：

> 家铉翁早读《春秋》，惟前辈训说是从，不能自有所见。中年以后，阅习既久，粗若有得，乃弃去旧说，益求其所未至。……不敢苟同诸说之已言，不敢苟异先儒之成训，三传之是者取焉，否则参稽众说而求其是。众说或尚有疑，夫然后以某鄙陋所闻，具列于下。如是再纪，犹不敢轻出示人，将俟晚暮辑而成编，从四方友旧更加订证。会国有大难，奉命起家，无补于时，坐荒旧学，既遂北行，平生片文幅书无一在者，忧患困踬之久，覃思旧闻，十失五六；已而自燕来瀛，又为暴客所剽，然以地近中原士大夫知贵经籍，始得

---

① 脱脱等：《宋史》，第12598页。
② 曹学佺：《蜀中广记》，卷46，《四库全书（文渊阁本）》。
③ 王士禛：《居易录》，卷15，《四库全书（文渊阁本）》。

尽见《春秋》文字。因答问以述己意,卒旧业焉。①

也就是说,家铉翁《春秋集传详说》成书有三个阶段:第一阶段是家铉翁青少年时期读《春秋》,多是前人注解之书,即广泛阅读时期;第二阶段是家铉翁中年以后再读《春秋》,有所疑惑,也有自得,且开始著书,写成初稿。"岁在癸亥,余年半百,始定学问之指归,著《心原》、《性原》、《〈春秋〉〈易〉纲领》……"②癸亥即1263年,家铉翁五十岁写作著书,这一阶段为怀疑、开始著述时期;第三阶段是按照原来的计划,家铉翁晚年应当编辑、修订书稿。但国难当头,家铉翁于1276年任祈请使北上,"平生片文幅书无一在者",身边缺少《春秋》相关资料及初稿,且原来所"自得"的见解也多以忘却。直到1278年来到河间,1283年开馆授徒,讲授《春秋》,逐渐著书成说。"余自燕以来瀛,卒《春秋》旧业,成《集传》三十卷。"③"自燕徙瀛,地近中原,士有志于道者,不鄙而辱临之。于是记忆旧闻,勉揩病目,手萃成编,相与共学。"④可见,《春秋集传详说》成书于家铉翁河间生活较稳定、设馆授学其间。不仅有其原来的自得旧闻⑤,也有讲授《春秋》时的心得新知。四库馆臣考证《春秋集传详说》成于1284年,这一说法大致可以成立。《春秋集传详说》卷二十七"冬十月陨霜杀菽",家铉翁附文称"丙戌九月十二日,瀛野降霜"。丙戌为1286年。或许家铉翁1284年《春秋集传详说》完稿,随后两三年进行修订、补充。所以,这一阶段为著书修订时期。元代龚璛"跋"称"书成,于瀛寄宣,托于其友肃斋潘公从大藏之,盖久而《纲目》十篇学士大夫已盛传于世矣。泰定乙丑,宣学以廪士之赢刊大学疏义等书,取诸潘氏,锓梓于学,凡三十卷。其曰《春秋

---

① 家铉翁:《春秋集传详说原序》,《四库全书(文渊阁本)》。
② 家铉翁:《则堂集》,卷3《心斋说》,《四库全书(文渊阁本)》。
③ 家铉翁:《则堂集》,卷3《志堂说》。
④ 家铉翁:《则堂集》,卷3《心斋说》。
⑤ 关于"旧闻",家铉翁《春秋集传详说·纲领》中《原夏正》上、中篇称"在南方尝为之辨",即为旧闻。

集传详说》，盖俟夫说约者得经旨焉，此先生著述意也"①。可见，《春秋集传详说》成书后由家铉翁好友收藏，其《纲领》流传于世。嘉定乙丑（1325年），《春秋集传详说》才刻版印刷，供学生研读。

家铉翁《春秋》学基本观点为：《春秋》性质为经，"垂王法以示后世"，包含"圣人之心法"，具有永恒性。这一观点主要体现在"原序"与《纲领》中。"原序"反复强调"鲁史，史也，《春秋》则一王法也。""《春秋》主乎垂法而不主乎记事""晋乘、楚梼杌、鲁春秋，史也，圣人修之则为经。"即孔子《春秋》与鲁史《春秋》相区别，《春秋》主旨为"垂王法"。在《纲领》中，《春秋》"垂王法"的主旨表现在《春秋》学的诸多基本问题上。如《春秋》的开篇语结尾，家铉翁从"垂王法"的角度说明鲁国从隐公开始，君臣、兄弟、夫妇等伦常关系混乱；周平王继位数年，"因循苟且"，振兴无望。所以，《春秋》始于鲁隐公、周平王末年。"始于隐，所以诛鲁国之乱贼，始于平，为其忘亲奖仇，绝灭天理，不子不君，邻于乱贼之事，圣人为万世王法，《春秋》作焉。《春秋》为诛乱贼而始，夫复何疑不宁？"同样，"以诛乱贼而始，亦以诛乱贼而终。""齐大乱，君以弑死亦三世，田氏因以篡齐而《春秋》终矣。"

又如《春秋》的历法问题，家铉翁北上以前作《原夏正》两篇，迁至河间时又以反驳商季文《正朔辨》再作《原夏正》。三篇主题一致，"寅卯辰为春，寅为岁首，此百王不易之正"，《春秋》以夏时为法。可见，家铉翁仍是从为后世流传王法的层面解释《春秋》历法。关于《春秋》开篇"元年春王正月公即位"，家铉翁解为"书元年，鲁史之旧文也，书春王正月公即位，夫子特笔，所以垂王法于后代"。"夫子作《春秋》以垂一王法，所谓一王法者，百王公共之法，非时王法也。"② 也就是说，"元年"为鲁史旧文，"春王正月公即位"为孔子"特笔"，"特笔"中包含圣人"垂法"之意。这一解释依旧在家铉翁"《春秋》垂法"论的范围内。关于"三传"与《春秋》的关系，家铉翁指出《春秋》之

---

① 朱彝尊：《经义考》，卷191家铉翁《春秋集传详说》。
② 家铉翁：《春秋集传详说·纲领·明五始》。

大法"扶纲常，植人极"正是《公羊》《谷梁》所阐发而流传的，具体包括"大一统之义，内京师而外诸夏，内中国而外吴楚，尊王抑霸，讨贼扶善，以存天理而遏乱源"①。《春秋》经义载体为史事，《左传》虽有"近诬而失实"的缺点，但"左氏不为此书，后之人何所考据以知当时事乎？不知当时事，何以知圣人意乎"。所以，家铉翁反对废除《左传》，应当"取其有备于经者而革其舛诬"②。至于《春秋》中的霸主，家铉翁从"尊王攘夷""内外之辨"等王法之内容论证霸主的条件，一为对内有功业，尊王，一为对外攘斥蛮夷。齐桓、晋文用心可能不纯，但二人为"中国"之诸侯，"以尊天子扶王室为号"。所以，家铉翁认为只有齐桓、晋文称得上霸主，其他或本为蛮荒之族，僭礼称王，如楚庄、吴王阖闾、夫差；或功绩不足，如宋襄公；或事功与中原无关，如秦穆公；或不能继承霸业，如晋襄、晋悼、齐景等，都不能称之为霸主。

总之，家铉翁主张《春秋》经的特性，其主旨为"垂王法以示后世"，并从《春秋》学的诸多基本问题进行阐述。正因如此，家铉翁认为解经原则为"心圣人之心"，"《春秋》二百四十二年之行事，圣人心法之见于事者也"③，"圣人心法"与"王法"都体现在事件中。家铉翁提倡在史实、常法中探寻《春秋》大义，反对以日月名号等书例解《春秋》。

不难看出，家铉翁"《春秋》垂王法"的观点以至对《春秋》学基本问题的认识，大多是对程颐、朱熹《春秋》学观点的继承，其"心圣人之心"的解经原则又有陆九渊心学的影子。所以，有学者称家铉翁为"和会朱陆的先驱"④。

就《春秋集传详说》的具体内容而言，基本上是对"《春秋》垂王法"的进一步展开，并透露出身处乱世的家铉翁个人家国情怀。如关于君臣伦常，同大多数《春秋》学人一样，家铉翁强调"天之为天，人皆

---

① 家铉翁：《春秋集传详说·纲领·评三传上》。
② 家铉翁：《春秋集传详说·纲领·评三传下》。
③ 家铉翁：《则堂集》，卷3《心斋说》。
④ 魏崇武：《论家铉翁的思想特征》，《西南民族大学学报（人文社科版）》2006年第3期。

知其尊而无二上也;君之拟乎天,人皆知其尊而无二上也,惟夫有拟乎君者而后天之名始立",即君王政权的合法性、权威性。《春秋》所垂"王法"表现为等级伦常,"《春秋》首明大分以天加于王,示天下所共主而其尊不可以上,此《春秋》正名之先务也"①。《春秋》对君王不合礼制的行为也进行了讥讽、贬斥。对于臣下,家铉翁同样强调忠诚、有担当,以至身死殉国。"若不在其位,洁身而去犹之可也;苟为卿矣,临难自免,为臣不忠,罪莫大焉。"②"主少国疑,外有强敌,存亡安危于是乎系大夫,以身殉国,持兵遏敌,死生以之正也。"③ 家铉翁不仅以此解读《春秋》,更以身践行,北上请命,凛然有节。

对于霸主,家铉翁同样区分王于霸,指出霸主的条件是"尊王""以王命征不讨",进而维护中原秩序,建功立业。以此为标准,家铉翁称赞齐桓在"尊王室""正诸侯""攘寇乱"方面及晋文在"尊天子、安诸夏、却强楚"方面的功绩,同时,批评桓、文"未受命于王而先行霸讨",无名有实。无论如何,家铉翁还是肯定二人基本的道德操守,"彼二霸者,虽非纯乎为义之人,然犹欲仗义理以济其权术,如拂顺助逆之事,彼有不为矣",并进一步指出"王道熄而霸业兴,亦时使之然耳"④,即霸主的出现有时势发展的需要。现实政治中,南宋社稷倾覆,家铉翁何尝不希望有桓、文一样的强者出现,力挽狂澜。

至于夷夏关系,经历宋亡的家铉翁对"尊王攘夷"主题表达的鲜明而强烈。首先,家铉翁从地域、文化角度区分华夏民族与少数民族。"中国者,礼乐政教法度之所从出,乃有外王而僭号肆乱者,错居于侯服之内。故自周公以来,惩荆舒、斥徐戎、截淮浦,不使之得以僭号肆乱,其为后世之虑深矣。"⑤ 即春秋以前,以礼教文化区分夷夏不明显,主要是从空间地域进行区分。到春秋时期,少数民族势力日渐强大,逼近中

---

① 家铉翁:《春秋集传详说》,卷1隐公元年"秋七月天王使宰咺来归惠公仲子之赗"条。
② 家铉翁:《春秋集传详说》,卷14文公十四年"宋子哀来奔"条。
③ 家铉翁:《春秋集传详说》,卷5庄公二年"夏公子庆父帅师伐于馀丘"条。
④ 家铉翁:《春秋集传详说》,卷4桓公"十有六年春正月公会宋公蔡侯卫侯于曹夏四月公会宋公卫侯陈侯蔡侯伐郑"条。
⑤ 家铉翁:《春秋集传详说》,卷1隐公二年"公会戎于潜"条。

原诸侯国，无法再从地域区分加以区分，文化的区别更为明显。

其次，对待少数民族，家铉翁持坚决贬斥的态度。如反对同夷狄会盟，"书公会戎，讥隐公以望国之君与戎特会，非所当会而会也"①；反对蛮夷主持盟会，坚决反对中原诸侯国依附蛮荒之族。"夫夷夏有常分，中国之尊不与夷狄对峙，并存于宇宙之内也。……自入春秋以来百七十年，楚僻居南服，虽崛强自大而不得与晋齿也。中国诸侯依盟主以自存，其有屈于夷者暂也，非其常也。……陋儒苟见目前之暂安，遂以盟楚为天下之大利，是之谓邪说，有国有家者所当深惩而痛绝。"②反对褒进夷狄论，"《春秋》先书荆后书楚，亦因鲁史之旧文，纪其实耳。……此《春秋》辨内外之始，故法度尤严，其后楚患日深，书法与此少异，皆为中国忧，非以进之也"③。尤其是楚国，"《春秋》于楚使之三至，每书辄异者，著楚人之渐盛，将必为中国患也。……《春秋》所以外楚，为其僭王大号，有窥伺中原之心耳"④。家铉翁对楚僭越称王、破坏等级礼制、窥伺中原的这种行为始终持贬斥态度。对于吴，家铉翁因吴国牵制楚国，"为中国喜"；因吴与楚交战，"其外楚之心与中国诸侯同之"⑤，"《春秋》进之"；因吴国能选贤任能，"故贵之耳"。可见，同为蛮夷，家铉翁对待吴与楚截然不同，"吴之志常在于辅翼中国，楚之志常在于凭陵诸夏"⑥。即便如此，家铉翁仍旧以夷狄之道看待吴，因为"吴固姬姓太伯之后，而僭王称，弃周礼，《春秋》虽欲同之中国有不可得也"⑦，吴国"君臣上下悉均不知秉周礼，以同于齐晋，所以终于无成，《春秋》虽欲进之于中国，有不可得也"⑧。吴国礼制层面的落后，决定了其蛮夷的命运。可

---

① 家铉翁：《春秋集传详说》，卷1 隐公二年"公会戎于潜"条。
② 家铉翁：《春秋集传详说》，卷23 昭公元年"叔孙豹会晋赵武楚公子围齐国弱宋向戌卫齐恶陈公子招蔡公孙归生郑罕虎许人曹人于虢"条。
③ 家铉翁：《春秋集传详说》，卷6 庄公十年"秋九月荆败蔡师于莘以蔡侯献舞归"条。
④ 家铉翁：《春秋集传详说》，卷10 三文公九年"冬楚子使椒来聘"条。
⑤ 家铉翁：《春秋集传详说》，卷19 襄公五年"公会晋侯……齐世子光吴人鄫人于戚"条。
⑥ 家铉翁：《春秋集传详说》，卷25 昭公十七年"楚人及吴战于长岸"条。
⑦ 家铉翁：《春秋集传详说》，卷18 成公十五年"冬十有一月叔孙侨如会晋士燮齐高无咎……会吴于钟离"条。
⑧ 家铉翁：《春秋集传详说》，卷17 成公七年"吴入州来"条。

见，在家铉翁这里，夷与夏之别的关键是文化层面。

最后，家铉翁主张抗击夷狄。"《春秋》之待楚乃帝王待要荒之道，叛而威之，服而柔之，内外之辨……"① 尤其是最高统治者应当亲子领兵出征，"有国有家者以御侮为重事，诸侯为天子守土疆，躬擐甲胄，跋履山川，逾越险阻，敌王忾以固吾圉，此职分之所宜为也。诸侯若诿之大夫，大夫复诿之士卒，则皆望风退却，而国非其国矣"②。宣公十五年"六月癸卯晋师灭赤狄潞氏以潞子婴儿归"，家铉翁反对前辈学人所谓晋国"不仁""灭无罪之国"之论，认为"潞氏之辈日以肆为侵暴为事，尝灭我列国诸侯矣。今中国诸侯讨而灭之，愚以为《春秋》无讥也"，应当剿灭蛮夷之族。

可见，家铉翁一方面阐明对夷狄的态度，另一方面借此表达对南宋末年时局的看法，寄希望于南宋统治者带领军民反抗蒙元侵略。

除此，家铉翁强调复仇大义。"盖复仇，天下之大义。"尤其是父子之仇，不共戴天。"父之仇，子必报，无时而可解。"③ 即使为复仇而兴战，也是礼教所允许的。"《春秋》有复仇之义，齐于纪有累世之仇，义不容已而加之以兵，固礼教之所许。"④ 当然，复仇最重要的是要有坚强的意志力。"复仇大义也，力之不逮者犹欲因人之力以伸己之志，力可以为而不能尽其力，其志怠矣。怠而骄而失其初心，不能毙仇反为仇所毙……失之身死，宗社为墟，尚何复仇之有哉？"⑤ 不难看出，家铉翁论《春秋》复仇大义有对南宋以来政治、军事政策的反思。

综上，家铉翁《春秋集传详说》以"垂王法以示后世"为主线，从《春秋》学的基本问题到《春秋》学诸如伦常关系、夷夏关系等专题内容加以论证，且言辞中透露着经世致用、家国情怀。其观点大多是对前人《春秋》学思想，尤其是程朱《春秋》学观点以至陆九渊心学观点的继承和发挥，创新有限。有学者称："家铉翁生活的时代，理学已非常盛行，

---

① 家铉翁：《春秋集传详说》，卷7庄公二十三年"荆人来聘"条。
② 家铉翁：《春秋集传详说》，卷6庄公十八年"夏公追戎于济西"条。
③ 家铉翁：《春秋集传详说》，卷27定公四年"楚师败绩"条。
④ 家铉翁：《春秋集传详说》，卷3桓公五年"夏齐侯郑伯如纪"条。
⑤ 家铉翁：《春秋集传详说》，卷29哀公元年"冬仲孙何忌师伐邾"条。

作为理学北传的重要人物，他的《春秋》学深受理学影响。"① 这一评价不无道理。四库馆臣认为家铉翁《春秋》观"平正通达，与废传解经、袪旧说、辟私论者殆不可同年语"，更联系家铉翁个人气节，指出"其立身本末亦宋季之铮铮者"②。明代学者何乔新同样高度评价家铉翁其学其人相统一，"若家铉翁者，可谓不负所学矣。铉翁学专《春秋》，其于君臣上下之分，道义功利之辨，讲之明而信之笃矣。……忠臣不事二君者，铉翁有之矣，彼梦炎孟俯影缨垂组，扬扬出入元之朝廷者，闻铉翁之风，其颡能无泚乎？"③ 的确，家铉翁倡导《春秋》大义，更以身践履，与投降之叛臣形成鲜明对比。

概而言之，无论是洪咨夔以"天命"解《春秋》，黄仲炎《春秋》教戒论，还是吕大圭《春秋》"存天理"之说，家铉翁《春秋》"垂王法"观点，更多是对理学外壳的借用，对理学家《春秋》观的引用和说明，并不含有"理"的实质内容。其对《春秋》的解读离不开史实基础、王道主旨及史学借鉴之功能，体现出时代的需要和理学官学化的色彩。

第三节　创新与归纳

从吕本中到家铉翁，其解读《春秋》或偏重于史，或偏重于理，所依据的文本为《春秋》经文、《左传》史实。南宋时期，史学兴盛，其对《春秋》的影响是出现了用史书体例改编《春秋》的著作，即《春秋》学体例的创新。同时，有学者初步整理有宋一代《春秋》学人观点，甚至专门归纳理学家的《春秋》学观点。无论是《春秋》学体例的创新，还是对宋代《春秋》学观点的初步归整，体现的都是《春秋》经学的史学化。

一　《春秋》体例之创新

史学体裁众多，受南宋史学影响，《春秋》经、《左传》被改编为纪

---

① 张尚英：《家铉翁〈春秋〉学论述》，《儒藏论坛》2012年版，第84页。
② 家铉翁：《春秋集传详说·提要》。
③ 何乔新：《椒邱文集》，卷8《赐宋使者家铉翁号处士遣还乡》，《四库全书（文渊阁本）》。

传体、纪事本末体、国别体等诸多体裁，使《春秋》学被刻上史学的"烙印"。同时，出现了对《春秋》经传的考据、训诂，开后世实学之先河，并影响到清代朴学。

（一）章冲

章冲，字茂深，生卒年月不详。其"自序"中称"淳熙乙巳岁，冲假守山阳……"即1185年，章冲为官于山阳。至1187年，章冲守台州。著有《春秋左传类事始末》五卷。

《春秋左传类事始末》是现存较早的《春秋》纪事本末体著作。章冲"自序"其成书过程及刻版情况：章冲幼时从学于叶梦得，叶梦得作《春秋谳》《春秋考》《春秋传》三书时，章冲整理《左传》，方便叶梦得查阅。在此过程中，章冲有感于《左传》记事本末不清，"间见错楚，常病其不属"。所以，章冲"捃摭推迁，各从其类，有当省文，颇多裁损，亦有裂句摘字联累而成文者。二百四十二年之间小大之事，靡不采取，约而不烦，一览尽见。又总记其灾异、力役之数，时君之政，战阵之法，与夫器物之名，并系于后，读之者不烦参考而毕陈于目前"①。也就是说，《春秋左传类事始末》以《左传》为基础，选取鲁国十二公某些事件，记录其事件始末。如卷一收录"隐公"元年"郑伯克段"，三年"周郑交恶""宋穆立殇""州吁弑桓"，五年"如棠观鱼""郑败燕师""始用六佾"，六年"陈及郑平"，九年"郑伯以王命讨宋""郑人大败戎师"，十一年"滕侯薛侯争长""郑庄入许""息侯伐郑""羽父弑隐"。附文分类收录《左传》中"灾异""时政""器物""列国兴废"等。章冲《春秋左传类事始末》书成后，打算修改、校对。至1185年，章冲为官山阳时，排版印刷，以供学校使用。1187年，章冲任台州地方官时，修订《春秋左传类事始末》，再次出版。

章冲曾将书寄于谢谔，谢谔称："盖《春秋》之法，年为主而事系之，使君（即章冲）之法事为主而年系之。以事系年而事为之碎，以年系事而事为之全，二者不可一废。纪年也，故以事系而年全；纪事也，故以年系而事全。事系年而年全者，史法也；年系事而事全者，考史法

---

① 朱彝尊：《经义考》，卷188 章冲《春秋左传类事始末》条。

也，乃相为表里欤？"① 可见，谢谔认可章冲这种以时间顺序编写完整历史事件的新史体。

四库馆臣称："冲作是书，一如袁枢《通鉴纪事本末》之体，联贯排比，使一事自为起讫，虽无关经义，而颇便检寻。"② 《四库全书总目》中则直接将此书列于袁枢《通鉴纪事本末》之后，归入《史部·纪事本末类》，并说明袁枢《通鉴纪事本末》早于章冲《春秋左传类事始末》，章冲"殆蹱枢之义例而作"，二书同一体例。有学者指出：章冲著作"未必是对袁书的效法"，原因在于章冲《春秋左传类事始末》是"顺应了《春秋》学的学术需求，从而创作了经学意义下的纪事本末体著作"③。应该说，章冲《春秋左传类事始末》成书的直接原因是因《春秋》学的学术需求，但是否参考了袁枢的《通鉴纪事本末》，现有资料无从佐证。但正如《四库全书总目》中所称："惟《通鉴》本属史家，枢不过理其端绪；《春秋》一书经则比事属辞，义多互发，传文则或先经以始事，或后经以终义，或依经以辨理，或错经以合异。丝牵绳贯，脉络潜通。冲但以事类裒集，遂变经义为史裁，于笔削之文渺不相涉，旧列经部，未见其然，今与枢书同隶史类，庶称其实焉。"④ 即章冲《春秋左传类事始末》虽为《春秋》而作，但并不阐发经义，只是便于查阅，作为研究《春秋》的辅助性参考资料。所以，从体例上看，章冲《春秋左传类事始末》与袁枢《通鉴纪事本末》一样，都属于纪事本末体，列入《四库全书》之史部。

总之，章冲《春秋左传类事始末》虽侧重于事件始末，无关经义，但其体例的确为《春秋》学史上的一种创新，也成为后人研究《春秋》的工具书。

（二）沈棐

沈棐，生卒年月不详，著有《春秋比事》。陈亮"序"称："客有遗余以《春秋总论》者，曰是习《春秋》者之秘书也。余读之，洒然有当

---

① 朱彝尊：《经义考》，卷188章冲《春秋左传类事始末》条。
② 章冲：《春秋左传类事始末·提要》，《四库全书（文渊阁本）》。
③ 周翔宇、周国林：《纪事本末体经解序列探究》，《人文杂志》2014年第9期。
④ 永瑢等：《四库全书总目》卷49章冲《春秋左氏传事类始末》条。

于余心……或曰是沈文伯之所为也。文伯，名棐，湖州人，尝为婺之校官，以文辞称而不闻以经称也。……因为易其名曰《春秋比事》，锓诸木以与同志者共之。"① 即《春秋比事》原名为《春秋总论》，著者不详。陈亮猜测作者为湖州人沈棐，并改书名为《春秋比事》，刻版印刷。四库馆臣罗列宋代陈振孙、明代学人都穆对此书作者的质疑，虽缺少资料，无从考证，但"以亮去棐世近，始从所序，仍著棐名"②。所以，今本《春秋比事》仍以沈棐为作者。

《春秋比事》为《春秋》纪事本末体著作，"即经类事以见其始末"。《经义考》称此书"前以诸国为类，后以朝聘、盟会、侵伐等类，凡事之相同者，各为之说"③。也就是以《春秋》经我基础，以类排列，贯穿事件始末。如《春秋比事》共二十卷，前八卷分别为"周天王""二伯""鲁国十二公""晋世家""齐世家""宋世家""郑世家"，后十二卷分为"盟""会""侵伐""战""遂""夷狄"等类。

同章冲单纯的排列《春秋》经文不同，沈棐《春秋比事》不单是排列《春秋》经文，而且通过对经文的整合，阐发经义，"使圣人之志可以舍传而独考"。因此，《春秋比事》位列《四库全书总目》中的《经部·春秋类》。

从《春秋比事》内容看，其阐发的经义大多是前人《春秋》学观点，其中也贯穿沈棐对南宋时政的看法，经世色彩较浓。如关于"尊王"，沈棐同样强调纲常伦理的权威性、重要性。"夫天命人主君临万方，赏善罚恶，所以助天之生杀也。"④"古者诸侯朝于天子，天子报聘于诸侯，所以严君臣之公，通上下之情也。"⑤ 指出理学君王或天道君王的职责，但现实君王从修身、齐家到治国都有过失，违背礼制。"若有罪不诛而又加赏，则是背天者也，故经于此不书天王，所以甚庄王之

---

① 沈棐：《春秋比事·原序》，《四库全书（文渊阁本）》。
② 永瑢等：《四库全书总目》卷27 章冲《春秋左氏传事类始末》条。
③ 朱彝尊：《经义考》，卷188 章冲《春秋左传类事始末》条。
④ 沈棐：《春秋比事》，卷1 "来锡命者三"条。
⑤ 沈棐：《春秋比事》，卷1 "聘鲁者八"条。

不天也。"① "襄王……柔懦不断，养成其愆，卒致傲弟再入而身遂失守，则叔带之祸非特惠王之罪，抑亦襄王酝酿之也，故经于襄王书天王居于郑者，贬其出也。""景王尊为天子而不能容一母弟，伤艾手足，贼恩悖义莫大于此，故特书以甚其恶。"② 所以，《春秋比事》总结春秋时期君王大都"大阿之柄稍假于宠臣，至其末流极弊"，最终"君之所以为君惟名位仅存，而权势已阴移于下"，以此警戒后世君王，尤其是对历经国难的南宋君主。这一观点并无太多新意，北宋至南宋初期的《春秋》学人对此多有发挥。

又如霸主，沈棐一方面称赞齐桓、晋文攘却夷狄，维护中原统一之功。"自齐小白亡，中国无霸，楚之为患不可胜救。（宋）襄公虽有意服楚而终致败辱，为天下笑。傥非晋文兴起，厉其兵威以折之，则中国几何不胥而为夷哉！然则二霸之功诚有补于春秋矣。"③ 另一方面，对比齐桓与晋文，指出时势的客观性、条件性。"小白以盟服楚，重耳以战胜楚，课其缓急之效，则重耳之功若过小白。然论当时之势，则小白之用力盖难于重耳，此二霸伐国，所以详略不同也。"④ 齐桓、晋文二霸主面临的客观形势不同，《春秋》经对此详略也各不相同。无论哪一方面的论证，前人如苏辙、赵鹏飞、吕祖谦、陈傅良等都已经做过详细的分析。

再如夷夏关系，沈棐强调华夷之别，反对与少数民族会盟。"戎人狂狡反复靡常，可以兵威制，不可以信义结。"⑤ 反对前人对少数民族的褒进之论，"说者以谓圣人之于夷狄来聘，以其能慕中国，修礼文，故喜而录之，是不然。春秋之时，吴楚暴横，交乱中原……其所以来聘者，非好尚礼文欲交通中国也，实假聘问之礼而觊诸侯之尊，事若齐晋之君耳"⑥。主张以军事力量威服蛮夷之族，"若夫春秋季世，王道衰微，夷狄暴横杂处，华夏不胜其害，非惩乂剪灭禽狝而草剃之，则蛮戎丑类愈肆

---

① 沈棐：《春秋比事》，卷1"来锡命者三"条。
② 沈棐：《春秋比事》，卷1"总论"条。
③ 沈棐：《春秋比事》，卷8"成公"条。
④ 沈棐：《春秋比事》，卷16"经书霸主伐者九"条。
⑤ 沈棐：《春秋比事》，卷20"外裔"条。
⑥ 沈棐：《春秋比事》，卷14"经书夷狄来聘者五"条。

骄暴，中国之患无时而息矣。"① 当然，制服蛮夷的前提是君王个人的政治魅力及国力强盛。"夫戎之不可不伐久矣，必其勤修国政，在己无怨而后能攘却之耳。"② 这种以武力制服夷狄的观念在南宋初年尤为明显，大部分学人抛弃前辈学人，尤其是北宋学人夷狄褒进论，主张以武力打击少数民族，如戴溪、赵鹏飞等。其原因在于南宋政权偏居江南，少数民族强盛，频繁入侵中原。而南宋统治者妥协退让，无所作为。因此，学人们借《春秋》直抒胸臆，力主抗击蛮夷入侵。

在《春秋》学史上，沈棐解读《春秋》并不具有太多新意，但其《春秋》纪事本末体比较有"亮点"，体现出经史交融的特点。如前所述，章冲《春秋左传类事始末》虽然也为纪事本末体，但其不解经义，归入《四库全书》"史部"。沈棐《春秋比事》通过排列经文，诠释经义，属于《四库全书》"经部"，完全不同于章冲著作。陈亮"序"称："(《春秋比事》)虽其论未能一一中的，而即经类事以见其始末，使圣人之志可以舍传而独考，此其为志亦大矣。"③ 也是讲沈棐解读经义有限，但肯定其"舍传而独考"圣人之志的解读方式。四库馆臣也肯定沈棐《春秋比事》的体例，认为其"持论颇为平允"。

（三）程公说

程公说（1171—1207），字伯刚，号克斋，眉山人，为张栻再传弟子。四库馆臣记载：南宋吴曦在四川叛乱时，程公说："弃官携所著《春秋》诸书，匿安固山中修之，甫成而卒，年仅三十七。"其弟程公许作《序》称其兄"自童卯至强仕，殚思于《春秋》一书"，刘光祖《程伯刚墓志铭》也称程公说"尤积学苦志，平生于《春秋》一书究之，反复不厌"。程公说研读《春秋》，著述颇丰，有《春秋分纪》九十卷、《左氏始终》三十六卷、《左氏通例》二十卷、《左氏比事》十卷。又曾辑录诸儒《春秋》学观点，编为《春秋精义》，书未成而卒。《宋元学案》中记载程公说另有《诗古文词》二十卷、《语录》二卷、《士训》一卷、《程

---

① 沈棐：《春秋比事》，卷5"晋与戎狄仇好终始"条。
② 沈棐：《春秋比事》，卷3"伐戎"条。
③ 沈棐：《春秋比事·原序》。

氏大宗谱》十二卷,"弗尽传也"①。今只有《春秋分纪》传于世。

程公说仿照司马迁《史记》体例,将《左传》改编为纪传体,经义仍以《春秋》经为基础。程公说自述其著书原因及成书过程,"左氏传经,纪载博备,兼列国诸史之体,使后之诉事以求经,不为无取。然或谓艳而富其失也,诬公谷二传解经多而叙事略,亦蔽于短俗。学者高则束传而谈经,下则徇文而违理。尝窃病之,辄推《春秋》旨义,即左氏传分而记焉。事虽因于左氏而义皆本诸圣经,又旁采公谷及诸子之说精且要者附正其下"②。可见,程公说指出《左传》的优点及缺点,以及《左传》缺点所造成的学术后果,"束传而谈经""徇文而违理"。所以,程公说改编《左传》,经义则以《春秋》经为本,兼采《公羊》《谷梁》及诸儒之论。《春秋分纪》第一部分《年表》九卷,主要包括"周天王内鲁外诸侯年表",第二部分《世谱》七卷,包括周王室、鲁及齐晋等诸侯国公子公族诸氏,第三部分《名谱》二卷,第四部分《书》二十六卷,包括天文、五行、地理、职官等七类,第五部分《周天王》二卷、《内鲁》六卷、晋齐宋郑等诸侯世本二十六卷、次国二卷、小国七卷、附录四夷三卷,共九十卷。

《春秋分纪》体例虽仿照《史记》,但其所阐发的经义仍以《春秋》经为本,并辑录诸子之说。"若所论述大纲本《孟子》,而微词多取程氏、胡氏之论。杜预为左氏学祖,其师说今注虽本之,而至其曲说以求通,则不免有所更定,别以新注,庶几无戾乎经,非敢必其当也。"③ 意指《春秋分纪》以《春秋》经为基础,多采取孟子、程颐、胡安国之《春秋》观点,并有程公说自己的见解。《春秋分纪》大义基本上是《春秋》尊王攘夷之主旨,如关于"周天王内鲁外诸侯年表",程公说明确提出:"余今表周鲁以及外诸侯,旁行斜上,年经国纬,以统其时,尊周天王而内鲁,次之齐晋,主盟中夏,其事莫详焉。故得列于鲁之后……若楚、吴、越皆以僭号抑于《春秋》,则附下方。"④ 程公说虽然主张攘斥夷狄,

---

① 黄宗羲:《宋元学案》,第 2419 页。
② 程公说:《春秋分纪·序》,《四库全书(文渊阁本)》。
③ 程公说:《春秋分纪·叙传授》。
④ 程公说:《春秋分纪》,卷 1 "周天王内鲁外诸侯年表第一"。

但能够比较客观地、历史地看待少数民族的发展,强调中原诸侯国自身应当强大。"自昔外域之强弱,常视中夏之盛衰,非外域之自为强弱也,由中夏盛衰而致之也。"并分析从夏、商、至西周强盛时期,少数民族置于中央政权的管辖之下。至东迁后,王权衰弱,荆楚与中原抗衡,"故《春秋》夷狄之患非一也"①。所以,无论外敌是否强大,国家最终要靠自身的强大。"抑夷狄、同中夏者,霸主之事;兴灭国继绝世者,先王之道。……若秦之于梁盖同姓之国,且相近也。穆公乃间而取之,能无愧乎?虽然秦肆其暴,《春秋》没而不书,以梁自己为文。圣人之意若曰乘人之危,恶易见,灭人之国,罪易知,而自取灭亡者,其事微。所以为有天下国家之戒深切著明矣。"② 联系南宋国势衰微之政局,程公说此论更是有感而发。需要说明的是:程公说对少数民族的客观分析并非首创,前人如戴溪、吕祖谦等对此多有论证。

综上,程公说《春秋分纪》以《春秋》经为本,类比《左传》事例,仿《史记》体例而成《春秋》纪传体著作,出现经史交融的特色。四库馆臣一方面称赞其体例,"考核旧文,使本末源流犁然具见,以杜虚辨之口舌,于《春秋》可谓有功矣";另一方面肯定其对经义的解读,"条理分明,叙述典赡,所采诸儒之说与公说所附序论,亦皆醇正,诚读《春秋》者之总汇也"③。无独有偶,全祖望也称"克斋《春秋》之学最醇"。所谓"醇",意指程公说专注于《春秋》,对《春秋》大义的理解以孟子、程颐、胡安国《春秋》观为宗,较为纯正。程公说不仅解读经义,更以身践行《春秋》大义。"今事与文君既殚精竭思矣,其于义也不惟笔之,抑又身之。"④ 程公说《春秋分纪》既有经史交融的特点,又有借经济世之情怀。

(四)李琪

李琪,字开伯,吴郡人,官至国子司业,生平事迹不详,著有《春秋王霸列国世纪编》三卷。

---

① 程公说:《春秋分纪》,卷77"楚世本第四"。
② 程公说:《春秋分纪》,卷82"小国第二"。
③ 永瑢等:《四库全书总目》,第222页。
④ 程公说:《春秋分纪·序》。

《春秋王霸列国世纪编》是在《春秋》经、传的基础上，将其改编为《春秋》国别体。李琪"自序"其成书原因、过程及意义。"《春秋》一书，事变至繁，经文至约……夫以二百四十二年之记一百二十四国之行事，国各有史，晋乘楚杌，故典旧章，册书浩博，是非纷纠。而《春秋》以万八千言该之，国无不记之事，事无不著之实，自学者舍经求传，事始繁而晦矣。"也即《春秋》经文本身存在缺点，事件繁杂，经文简略。以至研究《春秋》者"睹本末之宏阔，而考之于训辞简严之中，错陈迭见，未究前后，不知据经以核传，固有按传而疑经，是不能比其事而观之也"，对经、传关系模糊不清，对事件过程混淆杂乱。因此，李琪"叙东周十有四王之统合，齐晋十有三伯之目，举诸侯数十大国之系，皆世为之纪，不失全经之文，略备各代之实；每纪之后，序其事变之由，得失之异，参诸传之纪载，以明经之所书"。如此，四库馆臣总结为：此书"以诸国为纲，而以《春秋》所载事迹类编为目，前有序，后有论断"①。《春秋王霸列国世纪编》第一卷为国王世纪与霸国世纪，霸主中存宋襄公而去秦穆公、楚庄王等夷狄之霸主，又录有晋文以下从晋襄公到晋定公十位君王，以及鲁国十二公。第二卷为"列国同姓世纪"，即周同姓诸侯国，如蔡、曹、卫、郑等，也包括所封夏、商等前代王朝后代诸侯国，如陈、杞、宋。第三卷为"列国庶爵世纪"，即周异姓诸侯国，如齐、许、莒、楚、吴、越等夷狄诸侯国。从周王室到各诸侯国前有简略介绍，后有评论。李琪自称此书对初学《春秋》者"或有取焉"。对一些历史事件、人物有初步了解。《春秋王霸列国世纪编》初稿完成于1191年，此时列国世纪"概括未竟"，李琪准备进行修订，后由子韶整理、补充完成，历经二十年，于1211年成书。最初此书只存于家塾，元代末年得以刻版流行。

关于《春秋王霸列国世纪编》经义，正如李琪"自序"所称"若夫《春秋》微旨奥义则不在是，深于经者固自知之也"。《春秋王霸列国世纪编》主要是为周王室、列国作传记，概括各诸侯国的兴衰事迹，于经义发挥有限。如卷一《王世纪》，李琪阐明"尊王"纲常伦理之义，"乾上

---

① 永瑢等：《四库全书总目》，第223页。

坤下而天道立，君尊臣卑而人极建，此义行乎古今之正。彝伦之所以叙，世教之所以不泯，百王法度之所以相承者也，《春秋》一经总摄万事而大本始于尊王"①。霸主的评价标准之一也是"尊王"，如对比齐桓、晋文之霸，齐桓公之功在于尊王室，统一中原，"王室既卑而稍尊，四裔已抗而仅戢，诸侯群起而略定"；晋文公则抵抗王室，破坏纲常，"会畿内则抗矣，盟子虎则悖矣……文为元咺执卫侯，则三纲五常于是废矣"②。又如对待蛮夷，同大多数《春秋》学人一样，李琪强调以礼制文化区分夷夏，"秦之为狄始于战殽，郑之为狄始于伐许，莒之为夷必有其故矣。……是其国无君臣之礼，无上下之节，无名号贵贱之等，无文物施报之容"。进而李琪主张痛击蛮夷之族，"吴楚之君，戎狄之人，亦既深排而力抑，痛惩而亟膺之矣"③。可见，无论是"尊王"，还是"攘夷"，李琪《春秋王霸列国世纪编》的这些观点并无新意，只是《春秋》学的一般观点。

　　值得注意的是，李琪借《春秋》抒臆，多有感而发，甚至为南宋统治者的不作为寻找借口。如"讥晋文借秦抗楚，晋悼结吴困楚，则为徽宗之通金灭辽而言；讥纪侯邻于仇敌而不能自强，则为高宗之和议而言，其意犹存乎鉴戒。至于称鲁已灭之后至秦汉犹为礼义之国，则自解南渡之弱。霸国之中退楚庄、秦穆而进宋襄，则自解北辕之耻。置秦、楚、吴、越于诸小国后，则又隐示抑金尊宋之意"。这种以《春秋》寓时事的方法，与胡安国《春秋传》相类似，但"安国犹坚主复仇之义，琪则徒饰以空言矣"④。不仅有上述四库馆臣所列事例，还有李琪所论"夫略近效而图大体，故纵狄而不足以为懦；匿大耻而求浅功，故治狄而不足以为武"⑤，也有为南宋偏居江南，懦弱无为而寻找托词之嫌。究其实，通观《春秋王霸列国世纪编》，从周王室到同姓诸侯国再到异姓诸侯国、蛮夷列国，又何尝不是在强调"正统"，一如突出南宋政权之"正统"，周

---

① 李琪：《春秋王霸列国世纪编》，卷1《王世纪》，《四库全书（文渊阁本）》。
② 李琪：《春秋王霸列国世纪编》，卷1《二霸世纪》，《四霸世纪》。
③ 李琪：《春秋王霸列国世纪编》，卷3《夷国世纪》。
④ 永瑢等：《四库全书总目》，第223页。
⑤ 李琪：《春秋王霸列国世纪编》，卷3《夷国世纪》。

边少数民族政权"非正统"。所以,《四库全书》收录此书,"以见南宋积削之后,士大夫犹依经托传,务持浮议以自文。国势日颓,其来渐矣,存之亦足示炯戒也"①。

如上所论,李琪《春秋王霸列国世纪编》改编《春秋》经传为国别体,虽然所论经义有限,但不失为经史交融之著作。或许如周自得《序》称"……其分王霸之行事,具世系之本末于治乱兴衰之际,复序而论之,读者一日而洞彻原委……"②如此结构,有助于学者了解事件梗概、诸侯国兴衰历史,为进一步研究《春秋》做准备。所以,有学者认为《春秋王霸列国世纪编》"仿佛是经学素材的史学著述,但该书又通过议论借'解《春秋》以寓时事',实则是史学体裁的经学作品"③。这种观点可作一解,抛砖引玉。

(五)魏了翁

魏了翁(1178—1237),子华文,邛州蒲江人,南宋中后期著名理学家,与朱熹弟子辅广、李方子交游论学,故为朱熹、张栻之私淑弟子。曾建鹤山书院,开门授学。著有《九经要义》《周易集义》《古今考》《经史杂抄》等。

《春秋左传要义》为《九经要义》之一经。四库馆臣称:"其书节录注疏之文,每条之前,各为标题而系以先后次第,与诸经要义体例并同。"④从《春秋左传要义》全书来看,其卷首"序"至卷一"隐公元年"再到卷三十一中最后一条襄公八年传文,大都节选自《春秋左传注疏》,即杜预所作注,孔颖达所作疏,魏了翁添加标题并排序。按《宋史·艺文志》记载《春秋要义》六十卷,则今本《春秋左传要义》或为残本,只收录至《左传》襄公八年。魏了翁曾为李明复《春秋集义》作"序",称:"参观诸儒之传,至本朝诸大老始谓此书为经世之大法,为传心之要典。又曰非礼明义精,殆未可学。然则是使人切己近思,以求为

---

① 永瑢等:《四库全书总目》,第223页。
② 朱彝尊:《经义考》,卷191李琪《春秋王霸列国世纪编》条。
③ 李建军:《宋代〈春秋〉学与宋型文化》,博士学位论文,四川大学,2007年,第55—56页。
④ 永瑢等:《四库全书总目》,第221页。

迁善远罪之归，非以考义例、订事实为足也。余闻其说而惧益深，乃裒粹以附于经，将以反诸身而益求其所可惧者。尚虑观书未广，析理不精，又虑开卷了然，只以资口耳之见，故未敢轻出也。合阳李君明复，乃亦先我心之所惧而为是书。"① 由此"序"可以看出：一方面，魏了翁为学谨慎，从不轻易著书立说。"比来山间温寻旧读，益觉今是昨非，安知数年后又不非今也？以此多惧，未暇轻有著述。"② "某循环读经，亦以自明此心，未敢便有著述。"③ "今未敢便有著述，且温旧读，以发新知。"④ 另一方面，魏了翁有意在《春秋左传要义》的基础上，再辑录诸儒《春秋》观点，编成《春秋集义》，正如其《周易集义》《礼记集义》。只是李明复《春秋集义》先出，魏了翁《春秋集义》未成。

的确，魏了翁"《九经要义》于孔颖达《五经正义》引纬书之说皆加黜削，然其书主于注释疏文，故几无思想资料可采"⑤，学术价值有限。但此书正是魏了翁经学思想的体现，尤其是其"穷经学古自为一家"的治学风格，以朱熹之学为基础又有其创新之处，推动南宋后期儒学的发展。

魏了翁自述其治经历程：少时"只喜记问词章"，"所以无书不记"。⑥ 在与友人的书信中也提到"某自为儿童即喜小学，如九江所刊钟鼎款识及篆韵，某皆有淳熙间善本"⑦。《宋史》本传也称魏了翁"少长，英悟绝出，日诵千余言，过目不再览，乡里称为神童。年十五，著《韩愈论》，抑扬顿挫，有作者风"⑧。至 1204—1205 年间，魏了翁二十七、八岁，与朱熹门人辅广、李方子邂逅于都城，并与二人研读朱熹著作。接触朱熹学术后，魏了翁"只数月间便觉记览词章皆不足以为学"，进而转为探究义理。"取六经《语》《孟》字字读过，胸次愈觉开豁，前日之

---

① 李明复：《春秋集义·原序》，《四库全书（文渊阁本）》。
② 魏了翁：《鹤山集》，卷36《答周监酒》，《四库全书（文渊阁本）》。
③ 魏了翁：《鹤山集》，卷36《答真侍卿》。
④ 魏了翁：《鹤山集》，卷108《师友雅言上》。
⑤ 侯外庐、邱汉生、张岂之主编：《宋明理学史》（上），第615页。
⑥ 魏了翁：《鹤山集》，卷35《答朱择善》。
⑦ 魏了翁：《鹤山集》，卷35《答薛检法》。
⑧ 脱脱等：《宋史》，第12965页。

记览词章者，亦未尝不得力。"① 即义理可寻，词章可用，义理与考据相结合。魏了翁谪居靖州期间，数次强调音韵、名物等考据的重要性，主张义理考据并用，回归经典本身。"既入诸经中重新整顿，则益觉向来涉猎疏卤，不惟义理愈挹愈深，而名物度数有一不讲便是欠阙。"②"……名物度数音训偏旁字字看过，益知义理无穷。"③ 魏了翁重视音韵训诂，批判性地看待汉晋诸儒义疏之学。"汉去古未远，诸儒已是臆度悬料其大者，如郊丘明堂、庙祧尸主、田制邦域往往一人之见，一时之意遂定为不可易之制，其不可忽者音训声韵、偏旁点画，往往诸儒所未及。今骤然理会，人亦惊怪，不知要作穷理格物工夫，无三代以前规模，胸次只在汉晋诸儒脚迹下盘旋，终不济事，程、邵、张、朱诸公亦皆由此而充者。"④ 主张像二程、邵雍、朱熹等理学家一样，考证三代典章制度、音训字义。

即便是自己甚为推崇的"不在孟子之下"的朱熹学术，魏了翁也主张独立思考，回到经书本身。"向来多看先儒解说，不如一一从圣经看来，盖不到地头亲自涉历一番，终是见得不真。又非一一精体实践，则徒为谈辩文乘之资耳。来书乃谓只须祖述朱文公诸书，文公诸书读之久矣。正缘不欲于卖花担上看桃李，须树头枝底方见活精神也。"⑤ 意指抛开前辈学人包括朱熹等理学家的注解，从经典本身出发，通过研究音训声韵，探求义理。其实，如前文所述，朱熹并不排斥训诂，"某所集注《论语》，至于训诂皆仔细者，盖要人字字与某著意看，字字思索到，莫要只作等闲看过了"⑥。魏了翁继承朱熹这一治学方法，重新整理经典。所以，有学者称："用朱熹的方法来超越朱熹建立的《四书学》，正是魏了翁在晚宋儒学推进中的一个贡献。"⑦ 同朱熹一样，魏了翁也强调"自

---

① 魏了翁：《鹤山集》，卷35《答朱择善》。
② 魏了翁：《鹤山集》，卷36《答丁大监》。
③ 魏了翁：《鹤山集》，卷108《师友雅言上》。
④ 魏了翁：《鹤山集》，卷36《答巴州郭通判》。
⑤ 魏了翁：《鹤山集》，卷36《答周监酒》。
⑥ 黎靖德编：《朱子语类》，第191页。
⑦ 何俊、范立舟：《南宋思想史》，第233—234页。

得"。"从诸经字字看过,思所以自得,不可只从前贤言语上作工夫。"①

不难看出,《春秋左传要义》正是魏了翁"穷经学古"、重视考据的治经方法的体现。相比当时"诸儒之书,家藏人诵,乃有剽窃语言,袭义理之近似,以眩流俗,以欺庸有司,为规取利禄计"这种空谈性理、追逐名利之士风,魏了翁这种求真朴实之学风独树一帜。所以,有学者称:"魏了翁谪居靖州期间,以经史并重的研究方法,跳出了后朱熹时代所呈现出的以章句、讲学来阐发心性大义的论学范式,对于晚宋儒学的发展起到了很大的转向作用。"②肯定了魏了翁在南宋儒学发展中的贡献。

综上,《春秋左传要义》引自孔颖达《春秋左传注疏》之文字,加以标题排列,体现了魏了翁"穷经学古"、直涉经典、考据与义理相结合的经学思想。或许《春秋左传要义》本身学术价值有限,但魏了翁承袭朱熹以训诂求义理的治经方法试图扭转当时空谈心性、计以功利的学风、士风,对后世学术影响深远。有学者认为魏了翁治学门径"实开后世实学自先河,其论调至于清代朴学时期之后,学人尽知义理、训诂不可偏废,其时上距魏了翁倡言实已数百年"③。评价甚高,可见一斑。

二 归纳宋代诸儒《春秋》观点

史学不仅在体例上影响《春秋》学,而且出现了对两宋学人《春秋》观,尤其是理学家《春秋》观的整理归纳,也可以说出现了简明宋代《春秋》学史或理学家《春秋》观汇总。

(一)李明复

李明复,又名俞,字伯勇,合阳(今重庆合川市)人,生卒年月不详,为嘉定年间太学生,著有《春秋集义》五十卷。

《春秋集义》辑录北宋以来理学家诸儒《春秋》观点,可以称其为濂洛理学家《春秋》学说汇总。李明复《进春秋集义表》称:"知孔子者

---

① 魏了翁:《鹤山集》,卷34《答严教授》。
② 何俊、范立舟:《南宋思想史》,第235页。
③ 彭东焕:《魏了翁经学著述考略》,《蜀学》第二辑,巴蜀书社2007年版,第189页。

惟轲,知轲惟惇颐乎。惇颐《春秋》之学程颢程颐得其传,颐尝作《传》而颢则间及之。若张载则与颢、颐讲明而得之,若刘绚、谢湜则见而发明之,若范祖禹诸人则见而知之,若胡安国则闻而发明之,若李侗诸人则闻而知之,其派分其源同……臣幼习《春秋》,靡惑他岐,尝取惇颐以下十有七家,或著书以明《春秋》,或讲他经而及《春秋》,或其说之有合于《春秋》,皆广搜博访,始乃定其后先,审其精粗……"① 可见,有周敦颐到二程再到张载、胡安国、李侗等理学家对《春秋》的认知虽都是上承孔孟之《春秋》,但对《春秋》的研究程度因人而异。李明复收集十七位理学家《春秋》学说,整理而成《春秋集义》。

虽然李明复《进春秋集义表》中称其收录十七位理学家《春秋》观点,但从其《春秋集义》内容来看,稍有出入。首先,李明复于《春秋集义》开篇作《诸家姓氏事略》,介绍诸理学家生平、官职、师承、师友关系及其对《春秋》的贡献,共收录周敦颐、程颐、程颢、范祖禹、谢良佐、杨时、侯仲良、尹焞、刘绚、谢湜、胡安国、吕祖谦、胡宏、李侗、朱熹、张栻十六位学人,与《进春秋集义表》所言十七位学人不符,缺少对张载的介绍。有学者解释为"漏收""漏检"②,可作一解。

其次,从《春秋集义》全文来看,其引用理学家及其《春秋》解的经文数量如下表:

表6—9 《春秋集义》引用理学家及《春秋》解为经文数量情况

条数＼学人	程颐	程氏学	张载	杨时	谢湜	谢氏
	253	124	5	22	1210	2
	胡安国	胡宏	尹焞	朱熹	吕祖谦	程颢
	756	16	5	75	191	2
	张栻	程氏杂说	李侗	范祖禹	侯仲良	
	10	17	3	18	1	

---

① 李明复:《春秋集义·进春秋集义表》。
② 参见黄觉弘《刘绚〈春秋传〉佚文考说》,《南京社会科学》2008年第12期。

由上表可知：第一，《春秋集义》中辑录比较明确的是十四位理学学人，其中引用最多的是谢湜。谢湜，字持正，怀衣金堂（今四川金堂）人，为程颐弟子，著有《春秋义》二十九卷，《春秋总义》三卷。李明复称："近年山阳度正始访得其书，于怀安锓板以行，世方获见。"① 也即在嘉定年间，谢湜《春秋》著作流传于世，今已不可见。《春秋集义》收录了谢湜大量《春秋》解文，实属珍贵。有学者认为李明复"尤重乡邦文献，于谢湜之说辑录最多"②。李明复收录谢湜《春秋》解文无论是有意还是巧合，都保存了文献资料，以供后学研究。

第二，《春秋集义》中出现的《程氏学》《程氏杂说》，已有学人进行考证。③ 其结论如下：《程氏杂说》原为十卷，今已佚而不传，《春秋集义》所收录的十七条《程氏杂说》其中四条出自刘绚《春秋传》。刘绚，字质夫，为二程弟子，曾作《春秋传》，程颐对此书不甚满意，自己解释《春秋》。刘绚《春秋传》在宋元时期广为流传，今已不可见。《程氏学》为程颐弟子李参所编，共十卷，前五卷为刘绚《春秋传》。《春秋集义》收录的一百二十四条《程氏学》，其中四十条为刘绚《春秋传》内容。总体而言，《程氏学》《程氏杂说》多为刘绚《春秋》观点。

第三，《春秋集义》收录了两条"谢氏"解经之文，一条为襄公十一年"夏四月四卜郊不从乃不郊"，另一条为定公十年"秋叔孙州仇仲孙何忌帅师围郈"。检录《春秋集义》全文，与襄公十一年"卜郊"类似的经文有四条，其中僖公三十一年"夏四月四卜郊"、宣公三年"春……牛死乃不郊"、成公十年"夏四月五卜郊……"、襄公七年"夏四月三卜郊……"四条经文，谢湜主要是解释"郊""卜郊"，卜郊的时间与次数不合礼制，"失诚敬之心"。而襄公十一年"夏四月四卜郊……"谢氏排比"不敬"的程度，"不郊"最为不敬。谢氏到底是谢湜还是谢良佐，不得而知。从对"卜郊"经文的解释看，似乎"谢氏"为谢湜，但李明复书"谢氏"。

---

① 李明复：《春秋集义·诸家姓氏事略》。
② 金生扬：《理学与宋代巴蜀〈春秋学〉》，《四川师范大学学报（社会科学版）》2006年第5期。
③ 参见黄觉弘《唐宋〈春秋〉佚著研究》，第144—179页。

与定公十年"围郈"经文类似的有襄公七年"小邾子来朝城费"、昭公十三年"春叔弓帅师围费"、定公十二年"堕郈"三条经文,谢湜从"上失制御""末大必折,尾大不掉",统御国家者不可不戒注解三条经文。而定公十年"围郈"条,谢氏解为"并后匹嫡,两政耦国,乱之本也",与上述三条经文之解词相类似。所以,"谢氏"为谢湜。至于两条经文何以书"谢氏",或许为李明复疏漏,又或有其他原因,有待后学研究。

至此,《春秋集义》正文收录了十五位理学家《春秋》论,缺少周敦颐、谢良佐《春秋》观点,《诸家姓氏事略》列举十六位理学家,漏缺张载。其中的原因或可解释为:周敦颐、张载作为理学家的奠基者,对《春秋》关注较少。如前所述,"周敦颐以《春秋》来说明圣人之道在孔子身上的落实,表明周敦颐对孔子的推崇","张载通过《春秋》这一儒家经典解说义理",二者都属于李明复所称的"或其说之有合于《春秋》"的类型。周敦颐、张载二人并无《春秋》专著,故《春秋集义》正文中没有收录周敦颐《春秋》观点,而收录了五条张载《春秋》说。谢良佐作为程门高弟,其功在于发展理学,引禅解经,倡导"格物穷理",于《春秋》关注甚少。所以,《春秋集义》全文并没有收录谢良佐的《春秋》观点。《诸家姓氏事略》缺少张载介绍,确有漏缺之实;《春秋集义》正文缺少周敦颐、谢良佐《春秋》说,则与二人的学术特点有关。

很明显,《春秋集义》整理从周敦颐至朱熹、张栻等理学诸儒《春秋》学说,"成为保存、传播理学《春秋》学的重要著作"[①]。尤其是其中保留的佚文、佚信、佚著,如《程氏杂说》《程氏学》中有关刘绚《春秋传》部分、谢湜《春秋》观点、胡安国的佚信[②]等,对后人研究《春秋》十分有益。所以,有学者称其为"一家之学"[③]。《春秋集义》的出现并非偶然,除却李明复个人的学术选择,其中大的背景是宁宗嘉定

---

① 金生扬:《理学与宋代巴蜀〈春秋学〉》,《四川师范大学学报(社会科学版)》2006年第5期。
② 参见黄觉弘《唐宋〈春秋〉佚著研究》,第198—205页。
③ 参见胡玉缙、王欣夫《四库全书总目提要补正》卷7,中华书局1964年版,第175页。

年间开始的理学官学化过程。嘉定二年（1209），宁宗赐朱熹为"文公"，八年（1215）谥张栻为"宣"，九年（1216）谥吕祖谦曰"成"。魏了翁上书乞为周敦颐、程颢、程颐定谥，至嘉定十三年（1220），宁宗下诏谥周敦颐为元公、程颢为纯公、程颐为正公，褒扬周、程开创理学之功。此后，各地方机构纷纷为周、程等理学家建立祠堂。至淳祐元年（1241），宋理宗颁布诏书，肯定周敦颐、张载、二程、朱熹传承孔孟道统的地位，理学官方统治地位确立。① 李明复《春秋集义》前有度正于嘉定十三年（1220）所作"序"及魏了翁嘉定十四年（1221）所作"序"，可推断《春秋集义》大概作于嘉定年间，正是从中央至地方政权大力褒奖理学时期，《春秋集义》可谓"应运而生"。

综上，一方面李明复《春秋集义》本身创新性有限，但保留了从周敦颐至朱熹、张栻等濂洛一派《春秋》学说，甚至一些学人的佚文、佚著、佚信等赖此留存，为后人研究理学《春秋》观提供了重要史料；另一方面，李明复《春秋集义》整理理学《春秋》论，其尊崇理学的实际行动在一定程度上顺应且推动了理学政治化进程。

（二）黄震

黄震（1213—1281），字东发，慈溪县（今浙江宁波慈溪市）人，学者称其为于越先生，南宋末年著名经学家、理学家、史学家。黄震为朱熹四传，即朱熹→辅广→余端臣→王文贯→黄震，著《黄氏日抄》九十四卷。其经学成就主要集中在《黄氏日抄》前三十一卷，而其《春秋》观集中于《黄氏日抄·读春秋》卷七至卷十三，共七卷。

黄震《黄氏日抄》卷七《读春秋》首论孔子"约史记而修《春秋》，随事直书，乱臣贼子无所逃其罪，而一王之法以明"，主张以事解《春秋》，反对以凡例褒贬论《春秋》。"自褒贬凡例之说兴，读《春秋》者往往穿凿圣经以求合其所谓凡例，又变移凡例以迁就其所谓褒贬……是则非以义理求圣经，反以圣经释凡例也。圣人岂先有凡例而后作经乎？

---

① 参见侯外庐、邱汉生、张岂之主编《宋明理学史》（上），第615—617页；何俊、范立舟《南宋思想史》，第217—219页。

何乃一一以经而求合凡例耶？"① 以此为标准，《读春秋》七卷中没有收录以褒贬凡例说经者。

黄震《读春秋》对经传关系、"三传"的总体认知、《春秋》大义的阐发大多是为宋代《春秋》学人的共识，并不具有创新性。如黄震关于《春秋》"三传"的评论，认为《左传》"虽依经作传，实则自为一书"，"舍经而别载行事，可以验其曾见当时国史"。同时，"左氏好诬"，"每借君子妄为之辞"，即其长于记事，于经义不明。虽有其弊端，但"不可以废左氏"。而《公》《谷》擅长解经义，所载事迹不明；《谷》解经"寂寥"、简明。"三传"的这些特点早已成为学人的共识。又如经传关系，黄震主张"以经为正""但当信经"，承袭有宋一代疑经惑古之思潮。再如《春秋》尊王攘夷之大义，黄震《读春秋》同样有所体现。"孔子作《春秋》正以扶王室，岂有反责天王之理？天王亦岂得已而下聘哉？"②"夫《春秋》固尊王之书也。"③ 以致黄震所谓"王"为王权、现实之王，对于周天子的失礼行为更强调"论其世谅其情"，从当时周王室的衰弱实情考虑。关于霸主，黄震认可齐桓、晋文因"攘夷狄以安中国"之功而为霸主，其他如宋襄公"狂愚戕中国而结夷狄"，秦穆公、楚庄王"以夷狄而胁中国"④，都不能称之为霸主。这一观点与前人赵鹏飞、家铉翁对霸主的认知大体一致。

黄震《读春秋》的特点在于继承朱熹"直书其事""随事观理""据直书而善恶自著"的《春秋》观，以史解读《春秋》中的大义，进而收录从东汉至南宋尤其是两宋学人的《春秋》论说，并以此评判诸儒《春秋》观，体现其经史交融的治学风格。

《读春秋》共收录东汉至两宋三十八位学人《春秋》说，如下表：

---

① 黄震：《黄氏日抄》，卷7《读春秋一》，《四库全书（文渊阁本）》。
② 黄震：《黄氏日抄》，卷7《读春秋一》，隐公七年"冬天王使凡伯来聘"条。
③ 黄震：《黄氏日抄》，卷7《读春秋一》，隐公九年"春天王使南季来聘"条。
④ 黄震：《黄氏日抄》，卷9《读春秋三》，僖公三十二年"冬十有二月己卯晋侯重耳卒"条。

表6—10　《读春秋》收录东汉至两宋学人《春秋》观情况

东汉	何休
西晋	杜预
东晋	范宁
唐	韩愈，陆淳，赵匡，啖助
北宋	孙复，石介，胡瑗，刘敞，欧阳修，刘恕，程颐，王安石，苏辙，崔子方，孙觉，黎氏，刘绚，许翰，叶梦得，冯山
南宋	赵鹏飞，胡安国，朱熹，戴溪，高闶，任公辅，吕本中，张洽，程迥，胡铨，薛季宣，陈傅良，郑樵，师氏，余氏

由上表可知：一方面，黄震引用两宋学人数量较多，共三十一位，几乎囊括了整个宋代《春秋》学人，这同黄震注重史学尤其是当代史研究相一致。又，三十一位学人中，黄震引用注解最多的学人是赵鹏飞、戴溪，因为二人以史实为基础的解经方式与黄震相近；另一方面，除去两宋《春秋》学人，黄震罗列的是研究《春秋》的必备、基本资料，如何休《春秋公羊传解诂》、杜预《春秋左氏经传集解》、范宁《春秋谷梁传集解》，以及"舍传求经，实导宋人之先路"的中唐啖助、赵匡、陆淳《春秋》著作。

黄震不仅收录诸儒《春秋》学，并以史实、义理为标准进行比较、评价。如隐公八年"三月郑伯使宛来归祊庚寅我入祊"，黄震比较赵鹏飞、戴溪之解词，认为"二说不同而皆精于考究"，"二说皆是也"，都表达"鲁、郑皆怀利以相接者"① 之义。又如僖公三十一年"夏四月四卜郊不从乃免牲犹三望"，关于祭祀礼制，黄震比较刘敞、赵鹏飞、叶梦得、陈傅良之解，肯定戴溪所谓"鲁僭用天子礼，国居东方，亲祭泰山济水而望祭西南北三方之山川"，"其理尤白"②。再如宣公十五年"初税亩"，黄震同样列举戴溪、胡安国、赵鹏飞的理解，评价"晦庵先生注二

---

① 黄震：《黄氏日抄》，卷7《读春秋一》，隐公八年"三月郑伯使宛来归祊庚寅我入祊"条。
② 黄震：《黄氏日抄》，卷9《读春秋三》，僖公三十一年"夏四月四卜郊不从乃免牲犹三望"条。

吾犹不足,云周制井田大率民得其九,公取其一。鲁自宣公税亩又逐亩十取其一,则为什而取二矣。此说简明,当从之也"①。可见,黄震虽为朱熹弟子,但并不盲从,于诸家学术都有吸收。无怪乎四库馆臣称:"黄震之学朱,一如朱之学程,反复发明,务求其是,非中无所得而徒假借声价者也。"②

由上:黄震《读春秋》以史实为基础解读《春秋》大义,并引用前辈学人尤其是两宋诸儒《春秋》说。更确切地说,黄震《春秋》学史对宋代《春秋》学的"总结",这种总结并不像黄震其他史学著作,如《戊辰修史传》《古今纪要》一样独立成册、成书,而是或罗列,或比较,或评论宋代诸儒《春秋》观点,偏向于《春秋》学资料汇编。无论如何,黄震对宋代《春秋》学的总结体现其"不坚持门户之见"、经史交融尤其重史的治学风格。

总之,宋代史学的繁荣一方面使得《春秋》体例得以创新,《春秋》被改编为多种史学体裁,《春秋》学更加丰富多彩;另一方面是对宋代学人《春秋》观的总结,尤其是对宋代理学家《春秋》观点的归纳,也就是宋代《春秋》学史的出现。

所以,无论是以史学方法、史学功能、史书体裁解读《春秋》,还是假借理学外壳解释《春秋》,都体现出史学与理学二者交汇中的《春秋》学发展。

---

① 黄震:《黄氏日抄》,卷10《读春秋四》,宣公十五年"初税亩"条。
② 黄震:《黄氏日抄·提要》。

结　　语

宋代学术丰富繁华，出现了高度哲学化的理学，史学空前兴盛，《春秋》学成为显学。《春秋》本身兼具经与史，其与理学的关系如何，成为亟须解决的问题。宋代《春秋》学的发展与理学关系紧密，可简要概括为：一方面宋代《春秋》学与理学之间经历了由相互"吸引"，到《春秋》学成为理学之附属，再到《春秋》学逐渐独立"成长"的过程；另一方面，《春秋》学始终与时代同呼吸、共命运，并逐渐摆脱理学的框架，走向自身的学术方向，并影响明清之考据学。在这一过程中，《春秋》经与史的属性交相显现，北宋以至南宋光宗时期，无论是一般儒学的解经方式还是以"理"解经，大都突显《春秋》经之属性，南宋中后期，随着时代的需要，《春秋》史之属性日渐高涨。当然，《春秋》这种或经或史之特点的突出并没有绝对的分界线，只是相比较之下的一种归纳。总体而言，宋代学人在解读《春秋》思想的过程中表现出以下几个特点：

1. 《春秋》始终处于宋代学人的研究视野内

北宋建国之初面临内忧外患，如何解决这些问题，维护社会的正常、稳定运转是当时朝廷和学者共同关心、思考的话题。《春秋》本身具备政治伦理、民族关系等原则，以当时最高权力者与士大夫敏感、焦急地政治神经，将求助的目光投向《春秋》，理所当然也必然。所以，宋初对《春秋》的研究盛于一时。当从《春秋》中所提取的制度性、法规性的政治原理应用于实践而遭受到挫败时，在更高理论层面的经典解读呼之欲出，《论语》《孟子》《中庸》《大学》等儒家资源于其中发挥了重要作用,《春秋》因不具备建构形上理论体系的特性而"隐退",但并没有消失,而是成为抽象理论的现实载体。南宋建国之初以至灭亡,内部社会矛盾激化,伦常礼制遭到破坏,外部与周边少数民族政权(金、蒙)战争不断。《春秋》"尊王攘夷"的主题适应时代的要求,因此,《春秋》学逐渐走出理学的门槛,走向史学、训诂等学术之路。总之,《春秋》不出宋代学人的研究范围,只是在被解读的方式方法上有所不同。

2. 宋代《春秋》学有强烈的致用性

先秦时,孟子指出"孔子成《春秋》而乱臣贼子惧",奠定了《春秋》社会功能的基础;两汉时,董仲舒发挥《公羊传》代,推进国家制度、体制的建立;中唐啖助、赵匡、陆淳《春秋》学派打通三传,申明己意,突出《春秋》的救世功用,导宋人义理解经学风之先。宋代《春秋》学者继续《春秋》学或政治或文化的实践精神,毕竟北宋与南宋初面临的社会问题、学术困境,成为有宋一代学人绕不开的现实关怀。无论是欧阳修、孙复等依托《春秋》而探寻三代王道精神,还是苏辙、程颐、胡安国、朱熹等以形上之"道"或"理"研究、评价《春秋》;无论是吕祖谦、陈傅良、戴溪、高闶、张洽等以史学解读《春秋》,还是洪咨夔、黄仲炎、吕大圭、家铉翁等理学"影子"下的《春秋》,最终目的指向济世、政治实践①,尤其在两宋之际如胡安国、南宋末年如家铉翁那里表现得极其鲜明。可以说,致用性贯穿两宋学人的《春秋》学研究。

3. 宋代《春秋》学与理学的互动关系

宋代学人对《春秋》的研究离不开广义上理学思潮的发生发展以至其官方学术地位的确立。庆历之际对章句训诂之学的否定,义理解经的兴盛,并且最终获得官方的支持,《春秋》经传于其中发挥了积极主动的作用。宋初士人普遍地批评《春秋》传注,倡导以《春秋》经为本,阐明己意,从而为日后性理之学的深究扫除了障碍。王安石虽然以法令的形式取消了《春秋》在科考中的地位,但其对性命之理的探讨,对《春

---

① 有学者研究指出:"'内圣'与'外王'在理学家的构想中,自始即是一不可分的整体。而且,'内圣'领域的开拓正是为了保证'外王'的实现。""理世界必归结于人间秩序确是宋代理学家共同信仰。"(余英时:《余英时文集》第 10 卷,广西师范大学出版社 2006 年版,第 3—4 页)

秋》"断烂朝报"的评判间接为《春秋》学的发展提供了新的思考方向；苏辙以"道""势"解《春秋》，直接把《春秋》推到形上之"道"的名下。周敦颐、邵雍、张载等理学家着重于抽象之"理"的建构，《春秋》于其学术体系中起到例证、论据的辅助性作用；到程颐、朱熹，《春秋》完全纳入庞大理学体系之内；南宋理宗时期，理学成为国家承认的官学，日渐失去其创新的活力，《春秋》也逐渐释放其史之特性，走向自觉。《春秋》在与理学的关系中经历了由相对主动到相对被动再到"独立"的过程，这与理学的兴起、发展以至顶峰的内在理路是一致的。

4. 理学大家没有完整的《春秋》类著作

虽然宋代《春秋》学与理学之间有相应的互动过程，但比较宋初孙复、刘敞等以至稍后苏辙、孙觉，南宋的吕祖谦、陈傅良、洪咨夔、家铉翁等与周敦颐、张载、程颐、杨时、李侗、朱熹等理学大家的《春秋》观，可以发现：孙复、刘敞、苏辙、孙觉、吕祖谦、陈傅良、洪咨夔都有完整的《春秋》专著，且刘敞、吕祖谦等《春秋》学自成体系；周敦颐、张载等只是论及《春秋》的某一点，程颐晚年作有《春秋传》，但只亲自解到桓公九年，且所解经文不完整，解词也较简略。道南学派的杨时、李侗只存有《春秋》遗说数条，朱熹对《易》《诗》《书》"三礼"、"四书"等都有研究，编著成书，唯独对《春秋》言简意赅，未有著作，其《春秋》观散存于《朱子语类》及其他著作中。

对于同一解释对象，何以有如此不同？笔者认为：这是由学术发展的逻辑进程决定的。宋初经学仍旧受到汉唐训诂之学的束缚，注重传注的权威性，烦琐而脱离现实生活。如果要寻求经文大义，则必须抛弃汉唐注疏，以义理解经，并结合实际，指导实践。孙复、刘敞全面阐发《春秋》经义，回向三代王道精神。即使是过渡时期的苏辙、孙觉，其治经取向仍是追求理想社会秩序，只是苏辙探索形上之"道"，并通过"道"与变化之"势"解读《春秋》而表达政治观点；孙觉大体上沿袭宋初孙复、胡瑗的解经思路，明确《春秋》的王道思想。经文框架内的、操作层面的儒家之道实践中的失败，必将要求学人在更高的理论层面阐释经典，致用于当下。所以，学人们趋向于普遍关注《论语》《孟子》《中庸》《大学》等儒家经典，并反复摸索、探究其中的奥妙。《春秋》

本身不具备形上资源，进而退出重点、焦点之列。但抽象理论体系的建构并非一蹴而就，需要对可利用资源吸收、消化、融合、创新，从而耗去研究者的大半生精力。这也就不难理解周敦颐、张载理论结构中《春秋》所处的辅助性地位，而程颐晚年以"理"解《春秋》至桓公九年。朱熹晚年则感叹《春秋》"尽教它是鲁史旧文，圣人笔削，又干我何事邪？"

5. 理学的《春秋》研究与一般儒学的《春秋》研究相异而又互补

宋代《春秋》学存在两种解经模式：理学的《春秋》研究与一般儒学的《春秋》研究，这种划分主要是解经标准的不同。前者以形上之"理"或"道"解经，主要包括周敦颐、张载、邵雍、程颐、胡安国、朱熹等的《春秋》观，后者以儒家之道解经，或着重于制度、法规等形下层面的阐释，或议论治经方法，或以史学角度解读《春秋》，以孙复、刘敞、叶梦得、吕祖谦、陈傅良等为代表。而且，从学术发展的内在逻辑看，批评章句之学，以儒家之道解经在先，以"理"解经在后。

虽然二者有内容、标准的不同，但并非截然对立，以熙宁新法前后的苏辙、孙觉的《春秋》观。因为这一时期的《春秋》学处于承上启下阶段，所以，苏辙不仅以最高范畴"道"与变化之"势"阐述《春秋》，其中又有对《春秋》一般问题的涉及；孙觉解经既承接宋初一般儒学的《春秋》研究模式，又有抽象理论的痕迹。又如理学确立为官学后，洪咨夔、黄仲炎、吕大圭、家铉翁等借理学外壳，内在则是一般儒学的《春秋》解读模式。应该说，两种解读《春秋》的方式你中有我，我中有你，只是不同阶段对二者有不同程度侧重、突出，且二者共同、最终的目的是经世致用，寻求理想的治国宪纲。

6.《春秋》与其他经、书的密切关系

两宋文化中存在着四书学兴起，五经地位下降的学术现象，对此学人们已有考论。①《诗》《书》《易》《礼》《春秋》五经虽然内容各异，

---

① 参考章权才《宋代退五经尊四书的过程与本质》，《学术研究》1996年第2期；束景南、王晓华《四书升格运动与宋代四书学的兴起》，《历史研究》2007年第5期；徐洪兴《思想的转型—理学发生过程研究》，上海人民出版社1996年版等相关论著。

但相互间有通达之处，都是对人的物质世界、精神世界的反应，《大学》《中庸》本为《礼记》中的两篇，《论语》《孟子》与五经相辅相成。宋初《春秋》学者一般多引证《诗》《书》《礼》等经典解说《春秋》，内容多为对古代礼制的补充说明，对政治伦理道德的强调，又或是对史实的叙述。即使《春秋》学过渡时期的苏辙、孙觉等援引《孟子》《中庸》，其对《春秋》大义的发挥作用有限，但其征引《论语》《孟子》的次数明显增多。至程颐的《春秋》观，则在方法上以四书规范《春秋》，"先读《论语》《孟子》，更读一经，然后看《春秋》，先识得义理，方可看《春秋》"①。既突出了四书的重要作用，也指出了《春秋》与四书的关系，成为其所建立的四书学体系的一部分。朱熹继承二程经学观，认为先研究《大学》《语》《孟》《中庸》四书之"理"，然后再研究其他经书，如《春秋》《尚书》等，并建立了完整的四书学体系。《春秋》在朱熹这里完全成为验证"理"的载体。其后，《春秋》在逐渐走出理学框架的过程中，《春秋》"三传"尤其是《左传》的地位日渐突出，如吕祖谦、陈傅良、魏了翁对《左传》史实、史文、名物深入研究、考证。

从《春秋》学发展的整个历史过程来看，宋代《春秋》学打开了《春秋》研究的新局面。先秦时《春秋》学初步形成，三传注解的出现，以及孟子、荀子等对《春秋》的基本定位，都为日后《春秋》学的发展打下基础。汉代《春秋》研究，一方面是发挥政治功能，指导国家体制的建立，并最终成为官方统一的意识形态；另一方面形成典章训诂的解经方式，并延续至唐初。唐中期啖、赵、陆《春秋》学派改变原来的注疏体解经模式，以经排击传注，开宋人义理解经的先河。这种变化虽然一直在缓慢发展，如五代十国时期的《春秋》学②片论倡导"尊王"即为明证，但毕竟是少数学者的开创性研究，且经由唐末五代的战乱，经学变古之风如强弩之末。至宋初庆历年间的经学革新，《春秋》传注大范围地遭到怀疑、否定，义理解经成为治学新风，《春秋》经受到学人们的

---

① 程颢、程颐：《二程集》，第164页。
② 冯晓庭：《五代十国的经学》，载彭林《经学研究论文选》，上海书店出版社2001年版，第1—31页。

普遍关注与阐释，并在理学家那里得到理论滋养。南宋，朱熹虽然强调以史看待《春秋》，但并不否认《春秋》经典地位及所包含的圣人精神。元明时期发挥《春秋》旨义仍是《春秋》学发展的主线，清代学者则对宋学治经宗旨、方法有所反思。

《春秋》学为宋学的三大阵地①之一，其在中国思想史上的地位具体表现为：

首先，宋代《春秋》学丰富了宋代学术的繁荣。陈寅恪曾讲："华夏民族之文化，历数千载之演进，造极于赵宋之世。"② 宋代文化包罗万象，史学、文学、哲学、科技等一应俱全，每一学科内部又分类复杂。就经学而言，有宋一代承接先秦、汉唐六经、七经、九经、十二经而发展为十三经，并沿袭至清。不难想象，宋代学人研治经典不亚于任何一历史时期，而宋代《春秋》学作为经学研究中的一域，功不可没，拓宽了中国思想史的研究范围。

其次，宋代《春秋》学为理学的兴起、发展提供了实践资源。宋代学人研究《春秋》打破僵化的章句体，重在阐发义理，而理学的兴起、高涨正是伴随众多的义理研究出现的，《春秋》被解读的过程也是理学健康成长的过程。由于《春秋》自身理论思维欠缺，所以并没有直接供给理学以有益理论营养，但并不妨碍其为理学提供实践载体，对理学的形成有间接贡献。

再次，宋代学人研究《春秋》所提出和讨论的观点、命题，成为时人以及后人思考、论证的起点。众所周知，王安石《春秋》"断烂朝报"说是《春秋》学史上一大公案，当时成为《春秋》学者批判的对象，进而又成为重解《春秋》的动力。即使在今天，"断烂朝报"说也是学人们考证、论辩某些学术问题的关注点。宋代《春秋》学中的政治论伦常，尤其是对君臣关系的阐述、对华夏民族与少数民族的关系的论证对政治哲学、社会学、边疆史研究都有一定的影响。

---

① 宋学三大阵地指"《易》学""《春秋》学""孟学"。
② 陈寅恪：《宋史职官志考证序》，《金明馆丛稿二编》，生活·读书·新知三联书店2001年版，第277页。

最后，宋代学人研究《春秋》所表现出的现实关怀值得我们继承和发扬。赵宋建国初以及南宋偏安所面临的社会、文化危机，强烈地激起士人内在的忧患意识，在探求理想政治宪纲的道路上，《春秋》有着不可抵抗的学术魅力。从欧阳修、孙复、程颐、胡安国到吕祖谦、陈傅良、张洽、家铉翁，其《春秋》观最终指向济世救民。《春秋》致用的学术品质值得我们研读，宋代学人研究《春秋》所体现出的人文关怀，更值得我们继承、发扬。

参考文献

班固：《汉书》，中华书局1962年版。
戴德：《大戴礼记》，《四库全书（文渊阁本）》。
杜预注，孔颖达疏：《春秋左传注疏》，《四库全书（文渊阁本）》。
范宁集解，杨士勋疏：《春秋谷梁传注疏》，《四库全书（文渊阁本）》。
何休：《春秋公羊解诂》，《四库全书（文渊阁本）》。
陆淳：《春秋集传微旨》，《四库全书（文渊阁本）》。
范仲淹：《范文正公集》，四部丛刊本。
范祖禹：《范太史集》，《四库全书（文渊阁本）》。
邵雍：《皇极经世书》，《四库全书（文渊阁本）》。
苏辙：《春秋集解》，《四库全书（文渊阁本）》。
苏辙：《栾城集》，《四库全书（文渊阁本）》。
孙复：《春秋尊王发微》，《四库全书（文渊阁本）》。
孙觉：《春秋经解》，《四库全书（文渊阁本）》。
沈棐：《春秋比事》，《四库全书（文渊阁本）》。
石介：《徂徕石先生文集》，中华书局1984年版。
戴溪：《春秋讲义》，《四库全书（文渊阁本）》。
晁公武：《郡斋读书志》，《四库全书（文渊阁本）》。
陈振孙：《直斋书录解题》，《四库全书（文渊阁本）》。
陈亮：《龙川集》，《四库全书（文渊阁本）》。
高闶：《春秋集注》，《四库全书（文渊阁本）》。
程颢、程颐：《二程集》，中华书局2004年版。

崔子方：《春秋经解》，《四库全书（文渊阁本）》。
崔子方：《春秋本例》，《四库全书（文渊阁本）》。
胡安国：《春秋胡氏传》，《四部丛刊本》。
黎靖德：《朱子语类》，中华书局1994年版。
李明复：《春秋集义纲领》，《四库全书（文渊阁本）》。
李焘：《续资治通鉴长编》，上海古籍出版社1986年版。
李心传：《建炎以来系年要录》，《四库全书（文渊阁本）》。
李心传：《建炎以来朝野杂记》，中华书局2006年版。
刘敞：《春秋意林》，《四库全书（文渊阁本）》。
刘敞：《春秋说例》，《四库全书（文渊阁本）》。
刘敞：《春秋权衡》，《四库全书（文渊阁本）》。
刘敞：《春秋刘氏传》，《四库全书（文渊阁本）》。
萧楚：《春秋辨疑》，《四库全书（文渊阁本）》。
杨时：《龟山集》，《四库全书（文渊阁本）》。
叶梦得：《春秋谳》，《四库全书（文渊阁本）》。
叶梦得：《春秋传》，《四库全书（文渊阁本）》。
罗从彦：《豫章文集》，《四库全书（文渊阁本）》。
脱脱等：《宋史》，中华书局1977年版。
张大亨：《春秋通训》，《四库全书（文渊阁本）》。
张载：《张载集》，中华书局1978年版。
朱熹：《四书章句集注》，中华书局1983年版。
赵鹏飞：《春秋经筌》，《四库全书（文渊阁本）》。
张洽：《春秋集注》，《四库全书（文渊阁本）》。
章冲：《春秋左传类事始末》，《四库全书（文渊阁本）》。
吕本中：《春秋集解》，《四库全书（文渊阁本）》。
吕祖谦：《左氏博议》，《四库全书（文渊阁本）》。
吕祖谦：《左氏传说》，《四库全书（文渊阁本）》。
吕祖谦：《左氏传续说》，《四库全书（文渊阁本）》。
吕大圭：《春秋或问》，《四库全书（文渊阁本）》。
李琪：《春秋王霸列国世纪编》，《四库全书（文渊阁本）》。

李明复：《春秋集义》，《四库全书（文渊阁本）》。
李清馥：《闽中理学渊源考》，《四库全书（文渊阁本）》。
洪咨夔：《春秋说》，《四库全书（文渊阁本）》。
王应麟：《玉海》，《四库全书（文渊阁本）》。
黄仲炎：《春秋通说》，《四库全书（文渊阁本）》。
黄震：《黄氏日抄》，《四库全书（文渊阁本）》。
陈傅良：《止斋集》，《四库全书（文渊阁本）》。
陈傅良：《春秋后传》，《四库全书（文渊阁本）》。
陈深：《读春秋编》，《四库全书（文渊阁本）》。
程公说：《春秋分纪》，《四库全书（文渊阁本）》。
魏了翁：《鹤山集》，《四库全书（文渊阁本）》。
家铉翁：《春秋集传详说》，《四库全书（文渊阁本）》。
家铉翁：《则堂集》，《四库全书（文渊阁本）》。
陈邦瞻：《宋史纪事本末》，《四库全书（文渊阁本）》。
黄宗羲：《宋元学案》，中华书局1986年版。
马端临：《文献通考》，《四库全书（文渊阁本）》。
赵汸：《春秋集传》，《四库全书（文渊阁本）》。
朱彝尊：《经义考》，《四库全书（文渊阁本）》。
孙诒让：《温州经籍志》，中华书局2011年版。
蔡上翔：《王荆公年谱考略》，上海人民出版社1959年版。
马宗霍：《中国经学史》，载《民国丛书》第二编，上海书店1989年版。
白寿彝主编：《中国史学史》，上海人民出版社2006年版。
范文澜：《群经概论》，《民国丛书》第二编，上海书店1989年版。
皮锡瑞：《经学历史》，中华书局2004年版。
陈来：《宋明理学》，辽宁教育出版社1991年版。
姜广辉主编：《中国经学思想史》，中国社会科学出版社2003年版。
彭林：《经学研究论文集》，上海书店2001年版。
陈寅恪：《金明馆丛稿二编》，生活·读书·新知三联书店2001年版。
陈植锷：《北宋文化史述论》，中国社会科学出版社1992年版。
蔡方鹿：《中国经学与宋明理学研究》，人民出版社2011年版。

陈荣捷：《朱子门人》，华东师范大学出版社 2007 年版。

戴维：《春秋学史》，湖南教育出版社 2004 年版。

葛焕礼：《八世纪中叶至十二世纪初的"新春秋学"》，山东大学出版社 2003 年版。

何兆武：《宋代理学和宋初三先生》，《史学集刊》1989 年第 3 期。

何泽恒：《欧阳修之经史学》，台湾大学出版委员会，1980 年。

侯外庐主编：《中国思想通史》，人民出版社 1959 年版。

侯外庐、邱汉生、张岂之主编：《宋明理学史》，人民出版社 1984 年版。

黄觉弘：《唐宋〈春秋〉佚著研究》，中华书局 2014 年版。

何俊、范立舟：《南宋思想史》，上海古籍出版社 2008 年版。

李建军：《宋代〈春秋〉学与宋型文化》，中国社会科学出版社 2008 年版。

李祥俊：《王安石学术思想研究》，北京师范大学出版社 2000 年版。

卢国龙：《宋儒微言》，华夏出版社 2001 年版。

蒲卫忠：《孙复与宋代春秋学研究》，载《经学今诠初编》，辽宁教育出版社 2000 年版。

彭东焕：《魏了翁经学著述考略》，巴蜀书社 2007 年版。

漆侠：《宋学的发展和演变》，河北人民出版社 2002 年版。

钱穆：《朱子新学案》，九州出版社 2011 年版。

饶宗颐：《中国史学上之正统论》，上海远东出版社 1996 年版。

宋鼎宗：《春秋宋学发微》，文史哲出版社 1983 年版。

沈玉成、刘宁：《春秋左传学史稿》，江苏古籍出版社 1992 年版。

束景南：《朱熹年谱长编》，华东师范大学出版社 2001 年版。

肖永明：《北宋新学与理学》，陕西人民出版社 2001 年版。

徐洪兴：《思想的转型——理学发生过程研究》，上海人民出版社 1996 年版。

徐余庆、潘富恩：《吕祖谦评传》，南京大学出版社 1992 年版。

永瑢等：《四库全书总目提要》，中华书局 1965 年版。

杨伯峻：《春秋左传注》，中华书局 1981 年版。

余英时：《朱熹的历史世界》，生活·读书·新知三联书店 2004 年版。

朱傑人主编：《朱子全书》，上海古籍出版社、安徽教育出版社 2002 年版。

张岂之主编：《中国思想学说史》，广西师范大学出版社 2007 年版。

章权才：《宋明经学史》，广东人民出版社 1999 年版。

赵伯雄：《春秋学史》，山东教育出版社 2004 年版。

仓修良：《朱熹和〈资治通鉴纲目〉》，《安徽史学》2007 年第 1 期。

董平：《论吕祖谦的历史哲学》，《中国哲学史》2005 年第 2 期。

范学辉：《董仲舒〈春秋繁露〉与经学开山》，《孔子研究》2006 年第 5 期。

葛焕礼：《论苏辙〈春秋〉学的特点》，《孔子研究》2005 年第 6 期。

郭正忠：《中国古代官僚机构的膨胀规律及根源》，《晋阳学刊》1987 年第 3 期。

高纪春：《宋高宗朝初年的王安石批判与洛学之兴》，《中州学刊》1996 年第 1 期。

顾少华：《知识社会史视野下的朱熹〈资治通鉴纲目〉新探》，《人文杂志》2017 年第 4 期。

黄觉弘：《杨时〈春秋〉遗说及其渊源》，《贵州大学学报（社会科学版）》2009 年第 5 期。

何俊：《王学、洛学之消长与南宋理学的开始》，《浙江社会科学》2000 年第 6 期。

何忠礼：《科举制度与宋代文化》，《历史研究》1990 年第 5 期。

贾贵荣：《〈春秋〉经与北宋史学》，《中国史研究》1989 年第 3 期。

姜广辉：《论宋明理学与经学的关系》，《湖南大学学报》2004 年第 5 期。

姜广辉：《"宋学"、"理学"与"理学化经学"》，《哲学研究》2007 年第 9 期。

江湄：《北宋诸家〈春秋〉学的"王道"论述及其论辩关系》，《中国哲学》2007 年第 7 期。

金鑫、曹家齐：《说欧阳修的正统论思想》，《史学史研究》2005 年第 2 期。

金生扬：《理学与宋代巴蜀〈春秋学〉》，《四川师范大学学报（社会科学版）》2006 年第 5 期。

卢钟峰：《论胡安国及其〈春秋传〉》，《中国史研究》1982 年第 3 期。

舒大刚、李冬梅：《苏辙佚文两篇：〈诗说〉、〈春秋说辑考〉》，《文学遗产》2004 年第 1 期。

束景南、王晓华：《四书升格运动与宋代四书学的兴起》，《历史研究》2007 年第 5 期。

孙旭红：《吕祖谦〈左传〉学中的王霸之辨》，《江汉大学学报》2010 年第 4 期。

吴德义：《论孙复思想的贡献及其时代价值》，《晋阳学刊》1990 年第 4 期。

王世光：《"由故训以明理义"——戴震哲学方法论思想的新阐释》，《江海学刊》2001 年第 4 期。

吴宁、范立舟：《南宋立国后的学术抉择与理学之兴》，《新疆师范大学学报》2003 年第 1 期。

王宇：《南宋科场与永嘉学派的崛起》，《浙江社会科学》2004 年第 2 期。

魏崇武：《论家铉翁的思想特征》，《西南民族大学学报（人文社科版）》2006 年第 3 期。

向世陵：《程学传承与道南学派》，《社会科学战线》2005 年第 2 期。

杨向奎：《宋代理学家的春秋学》，《史学史研究》1989 年第 1 期。

张尚英、舒大刚：《宋代〈春秋〉学文献与宋代〈春秋〉学》，《求索》2007 年第 7 期。

张尚英：《家铉翁〈春秋〉学论述》，《儒藏论坛》，2012 年。

张宗友：《吕氏〈春秋集解〉十二卷本作者与流传之探索》，《中国典籍与文化》2009 年第 4 期。

后　记

依然记得，2009年的我意气风发，以博士论文《北宋〈春秋〉学研究》通过答辩，顺利从西北大学思想文化研究所毕业。

参加工作以后，念念不忘自己的专业，一方面适应新环境，一方面修改博士论文，发表文章，积极准备申请国家社科基金项目。功夫不负有心人，2012年夏天，我申报的《宋代〈春秋〉学与理学研究》获得2013年国家社科基金项目审批立项。得到这个消息，欣喜之余更多的是担忧，因为我的宝宝刚刚两个多月。从那时开始，我才真真切切地体会到科研工作的艰辛。教学工作完成后，找时间准备项目所需要的书籍资料；学院、教研室的活动尽量不参加或少参加，节省出的时间继续找资料；早上五点宝宝没醒的时候，我整理相关书籍资料；晚上宝宝睡着后，我继续阅读和写作。比较难的是：撰写书稿的时候，思路经常会被打断。前一章节写完，因为工作、家庭等其他事情，后一章节可能会拖几个星期。等真正开始写的时候，必须翻看前一章节的相关内容，再次梳理相关资料，才会顺利下笔。如此反反复复的工作，终于在2019年4月提交了结题申请，最终得到"良好"的鉴定结果，这是六年的艰辛换来的最美好的回报。

如今书稿出版之际，再次阅读这熟悉的文字，感慨万千，仿佛看到六年中的日日夜夜。这份书稿凝聚着许多人的辛劳，有同事的热心帮助，有我爱人的无私支持，有婆婆背后的付出，有老师和朋友的解惑、交流。在此向他们表达深深的敬意和谢意！

著者

2020年7月28日